Señores de todo el mundo

Anthony Pagden

Señores de todo el mundo

Ideologías del imperio en España, Inglaterra y Francia (siglos XVI, XVII y XVIII)

Traducción de M. Dolors Gallart Iglesias

Alianza editorial
El libro de bolsillo

Título original: *Lords of all the world: Ideologies of empire in Spain, Britain, and France, C. 1500-C. 1800*

Publicado originalmente por Yale University Press

Diseño de colección: Estrada Design
Diseño de cubierta: Manuel Estrada
Ilustración de cubierta: *Carlos V y Felipe II,* A. Arias Fernández, 1639-1640. Óleo sobre lienzo (Museo del Prado)
© ACI / Alamy
Selección de imagen: Carlos Caranci Sáez

Calle Valentín Beato, 21
28037 Madrid
www.alianzaeditorial.es

ISBN: 978-84-1148-770-2
Depósito legal: M. 15.851-2024
Printed in Spain

Si quiere recibir información periódica sobre las novedades de Alianza Editorial, envíe un correo electrónico a la dirección: alianzaeditorial@anaya.es

Índice

Para John Elliott, il miglior fabbro

Necesitamos la historia, desde luego, pero no por las mismas razones que el ocioso cultivador del jardín del conocimiento, aun a pesar del altivo desdén que tal vez despierten en él nuestras toscas y mezquinas necesidades y requisitos. La necesitamos en beneficio de la vida y de la acción, no para dar tranquilamente la espalda a la vida y a la acción... Nos conviene servir a la historia solo en tanto y en cuanto la historia sirva a la vida.

Friedrich Nietzsche, *Sobre la utilidad y la desventaja de la ciencia histórica para la vida*

Agradecimientos

Este libro es una versión muy ampliada y revisada a partir del núcleo inicial del curso trimestral que impartí en 1993 en la cátedra Carlyle de la Universidad de Oxford. Desearía agradecer a los electores de dicha cátedra el honor que para mí supuso el nombramiento; en especial, a su presidente Larry Siedentop, que hizo tan agradable mi estancia en Oxford. También querría dar las gracias al director y a los miembros del consejo del Nuffield College por su hospitalidad, y a David Miller por su calurosa acogida. Como sucede con todas las obras que se entrometen de forma tan descarada en los cuidados jardines de muy variadas disciplinas, he contraído una inmensa deuda, que aquí me es imposible detallar, con muchísimas personas de diversos países por la amabilidad y paciencia con que me han prestado su ayuda. Debo, no obstante, una especial gratitud a Annabel Brett, gracias a la cual entré en conocimiento de la obra de Vázquez de Menchaca y se refinó de modo notable mi comprensión del derecho natural neotomista. Con gran generosidad, puso a mi disposición una tesis doctoral que, cuando salga publicada, modificará sin duda la visión que hasta ahora teníamos de la temprana historia de los derechos. Richard Tuck me prestó un borrador de sus propios cursos de la cátedra Carlyle que me sirvieron para advertir paralelismos entre los argumentos con que británicos y españoles pretendían justificar la conquista, y las fuentes clásicas de las que derivaban, que de otro modo no habría percibido. Anthony Black orientó mis indagaciones sobre el pensamiento político y legal de la Edad Media. James Tully leyó el capítulo 3 y me guio a través de las controversias en torno a la condición de los pueblos indígenas de Canadá. María Ángeles Pérez Samper me dio información sobre el conde de Aranda. Un lector anónimo del primer borrador del manuscrito realizó diversas sugerencias que me animaron a emprender una completa reestructuración de la obra y a agregar el capítulo que ahora la cierra.

La mayor deuda la he contraído, sin embargo, con David Armitage y Peter Miller, que leyeron entero el manuscrito y, con su especial percepción, sugirieron numerosos cambios para equilibrar el conjunto y me prestaron además una inestimable ayuda bibliográfica.

Finalmente, quiero hacer constar una vez más mi gratitud hacia el personal de la Yale University Press, que otorgó al libro el perfil que tiene ahora y, en especial, a John Nicoll, Candida Brazil y Beth Humphries, cuyo laborioso trabajo de corrección detectó muchos errores que me habían pasado inadvertidos. Ningún autor podría pedir más.

Este libro está dedicado a John Elliott. La deuda contraída con él se remonta a hace más de veinte años y no creo que pueda zanjarla ya. Mi única esperanza es que este gesto sirva como una pequeña muestra del alcance de mi gratitud.

Introducción

1

La creación y caída de los modernos imperios coloniales ha producido un cambio espectacular en la geografía humana del planeta. La «expansión de Europa» iniciada a finales del siglo XV dio lugar a migraciones masivas, en muchos casos forzosas; ocasionó, unas veces de manera intencionada y otras involuntaria, la destrucción de pueblos enteros; y generó nuevas naciones, criollos y razas mestizas, gentes nacidas y criadas en las colonias cuyo futuro y señas de identidad seguirían rumbos claramente divergentes con respecto a los de los invasores europeos y de las comunidades de pueblos indígenas. En su fase final creó también nuevos Estados y nuevas formas políticas o renovó y transformó versiones de antiguos sistemas políticos, uno de los cuales –el republicanismo democrático– pasaría a convertirse en la ideología dominante del moderno mundo industrializado. El colonialismo creó además las rutas comerciales y las vías de comunicación que han propiciado la lenta erosión de las viejas divisiones, naturales y culturales, entre pueblos. No en vano, las mismas rutas por las que antaño abandonaron el continente muchos europeos, las más de las veces indigentes, han servido en los últimos tiempos para traer de vuelta a él un número creciente de no europeos.

El mundo moderno se ha configurado a partir de esos cambios. Hoy en día vivimos con culturas permeables e inestables hasta extremos que pocas culturas, incluidas la mayoría de las de la Europa occidental, conocieron antes de iniciarse el siglo XVI. Vivimos, y cada vez somos más conscientes de ello, en sociedades abocadas a la pluralidad y la multiculturalidad, en las que el inglés ya no es de manera predominante el idioma de los ingleses ni el español el de los españoles, en las que las decisiones culturales, políticas y lingüísticas que tomamos están condicionadas por las decisiones y necesidades de otros que por regla general apenas conocemos. Vivimos asimismo en un mundo en el que la nación está sumida en un prolongado y a menudo violento conflicto con la confederación por el derecho a convertirse en la modalidad predominante de asociación política del próximo siglo. Esta pugna es también un legado del pasado colonial de Europa. La comprensión del proceso que ha conducido a ella es un importante elemento para entender lo que significa ser ciudadano de algún lugar, ya que, como David Hume reconoció hace más de 200 años, esto equivale a ser también ciudadano del mundo.

Los imperios europeos tienen dos historias distintas, pero interdependientes. La primera, en la cual se centra este libro, es la historia del descubrimiento y la colonización de América por parte de los europeos, que comienza con el primer viaje de Cristóbal Colón en 1492 y acaba aproximadamente en 1830 con la derrota definitiva de los ejércitos realistas en Sudamérica. La segunda es la historia de la ocupación europea de Asia, África y la zona del Pacífico, iniciada hacia 1730, pero que solo arranca con fuerza a partir de 1780 coincidiendo con el ocaso de la hegemonía europea en el Atlántico. Los «segundos imperios europeos»[1] no se han disuelto hasta hace muy poco tiempo a costa de un lento proceso que ha resultado mortífero para la mayoría de sus habitantes. Algunos podrían incluso afirmar, no sin razón, que dado que Francia todavía gobierna en Martinica y Guadalupe, los británicos ocupan Gibraltar y, lo que es más destacable aún, las islas del Atlántico Sur, y los españoles retazos del norte de África, dicho proceso todavía no ha culminado. La herencia más imprecisa de estos imperios –la Commonwealth británica, la informal tutela francesa de ciertas partes de África –continúa siendo un rasgo descollante de la relación mantenida entre el «Primer» y el «Tercer» mundo.

Este libro está dedicado a la primera de estas dos fases imperiales. El descubrimiento por parte de los pueblos de Europa de que entre su continente y Asia existía otro, del cual no tenían conocimiento ni constancia de contacto alguno antes de 1492, ha sido descrito como un acontecimiento de alcance histórico mundial casi desde el día en que Colón regresó de su primer viaje. Aquello representó, según lo formuló David Hume en 1757, «el comienzo real de la historia moderna»[2]. Las últimas décadas del siglo XV habían sido, según su dictamen, un periodo en que «se descubrió

América; se expandió el comercio; se cultivaron las artes; se inventó la imprenta; se reformó la religión; y cambiaron casi todos los gobiernos e imperios»[3]. El descubrimiento había devastado el mundo intelectual de Europa y expuesto a los europeos –si no por vez primera, sí de manera más drástica que nunca– a diversas culturas no europeas, y también había posibilitado la creación de los primeros grandes imperios europeos de ultramar. Por más que Hume y la mayoría de sus contemporáneos deploraran el hecho, el mundo moderno había estado presidido desde las primeras décadas del siglo XVI por la lucha que mantuvieron por el control del ámbito no europeo las tres principales potencias europeas –España, Francia e Inglaterra– en un pulso que tuvo a América como escenario principal.

Debido a esta percepción del Nuevo Mundo como una «especie de nueva creación», en palabras de Voltaire[4], los imperios europeos de América se convirtieron hacia la segunda mitad del siglo XVIII en objeto de un intenso escrutinio histórico. Parte de esta atención, como la plasmada en las crónicas españolas de la conquista o los relatos franceses e ingleses de exploraciones y asentamientos que las precedieron, era de inspiración claramente triunfalista y nacionalista. A medida que se intensificaba la competición entre las tres potencias principales, el descubrimiento, exploración y conquista pasaron a ser piezas esenciales, estandartes de ostentación del orgullo nacional. Hubo un sector de gente, compuesto en su mayoría por intelectuales con crecientes inquietudes de signo cosmopolita, que, durante el siglo XVIII, trató de dilucidar cuál podría ser el propósito común que se hallaba tras el proceso colonizador. La única vía posible que, en su opinión, facilitaría la comprensión del verdadero significado de las diferentes historias y objetivos de los imperios europeos era el método comparativo. «En un tema como la teoría colonial, tan novedoso y sobre el que tan poco se ha reflexionado –aconsejaba en marzo de 1790 a sus colegas de la Asamblea Nacional un diputado llamado Monsieur Blin, en el empeño de comprender el lugar que ocupaba el antiguo sistema colonial en el seno del nuevo Estado francés–, nada favorecerá más la abertura del camino a las nuevas ideas ni propiciará atalaya más ventajosa para el propio juicio que un método de comparación»[5].

Obras como *An Account of the European Settlements in America* (1757) de Edmund y William Burke, *Considérations philosophiques et géographiques sur les deux mondes*[6] de Anquetil-Duperron o, tal como fue planificada en un principio, *History of America*[7] de William Robertson, fueron tentativas de aplicación del tipo de comparación solicitada por M. Blin. La más destacada de ellas y la más amplia de todas, y que tal vez sirviera de referencia a M. Blin, fue *Histoire philosophique et politique des deux Indes,* del abad Guillaume Raynal, publicada en 1772. En ella se pretendía comparar no solo España, Inglaterra y Francia, sino también Portugal, Holanda, Suecia, Prusia, Rusia y Dinamarca. Si bien la obra de Raynal (sobre la cual volveré a centrarme en el capítulo 6) ha permanecido desde hace tiempo en el olvido, hasta mediados del siglo XIX fue la relación más leída, y también la acusación más descarnada, en torno al tema de los primeros imperios europeos de ultramar.

La *Histoire* es, como sugiere su título, un intento de hacer confluir en un mismo texto las dos principales esferas de la expansión europea. También fue, por más difícil que pueda resultar reconocerla como tal hoy en día, la primera obra que ofrecía una teoría del imperialismo. Raynal confiaba en que esta teoría transformaría los datos que había reunido en un tema predominante, en una especie de lección de la que pudieran en un futuro beneficiarse los europeos. No obstante, le constaba que únicamente podría ser comprendida de modo cabal en un lenguaje global y comparativo, y asumida plenamente solo por aquellas personas, entre las cuales se incluía, que estuvieran «libres de toda pasión y prejuicio»[8].

La *Histoire* no solo fue el más ambicioso de estos proyectos, sino, por desgracia, el último. Extrañamente, desde entonces tanto los teóricos del imperialismo como los historiadores han permanecido indiferentes ante las posibilidades que ofrecía la comparación. Han habido, desde luego, numerosos estudios que han comparado la formación política, las economías o las estructuras institucionales de más de un imperio europeo, y también tentativas de comparar el desarrollo de las culturas de las colonias europeas de América[9]. Son, sin embargo, pocos y dispersos los esfuerzos dedicados a examinar los prolongados debates, de gran complejidad teórica, en los que se analizaba la naturaleza y el propósito de los imperios. Lo curioso es que, en sus diferentes modalidades, dichos debates modificaron por completo el curso del pensamiento político europeo, y en estilos que, aun habiendo sufrido una radical transformación, todavía son identificables y continúan ejerciendo una profunda influencia sobre el pensamiento moderno en lo que afecta a la relación entre Estados.

Este libro no pretende emular a Raynal, ya que se centra en un espacio de tiempo mucho más restringido –desde el establecimiento de los primeros asentamientos en América en el siglo XVI hasta la independencia en el XIX– y se limita a tres de los imperios europeos, solamente en su proyección americana. Existen diversos motivos para esta limitación. A lo largo de este periodo, los británicos, los franceses y los españoles se observaban constantemente entre sí, calibraban su actuación en contra de los otros y, con más frecuencia de la que se supone, imitaban las tácticas del otro en su persistente afán por comprender la evolución de los imperios que ellos mismos habían creado. Los asentamientos de escandinavos, alemanes y rusos en América fueron demasiado transitorios para suscitar gran interés. La presencia portuguesa en Brasil, aun siendo más prolongada, se vio eclipsada por el imperio portugués en la India. Hubo, naturalmente, importantes teóricos portugueses del imperio (a uno de los cuales, Serafim de Freitas, volveré a referirme en el capítulo 2) y escritores franceses, británicos y españoles que contemplaron con vivo interés la aventura imperial portuguesa, pero pocos de ellos hablaron en extensión sobre el Brasil, aun cuando solo sea por el hecho de que, visto desde fuera, Brasil guardaba en muchos sentidos una estrecha semejanza con una colonia española, excesiva para tener un significado teórico de cierto alcance. Aun cuando se convirtieran en objeto de un intenso escrutinio por parte de los británicos, hasta el siglo XIX los holandeses no constituyeron un poder imperial en el pleno sentido de la palabra ni se consideraron ellos mismos como tal. La denuncia de los realistas ingleses en torno a 1660, según la cual la República de Holanda pretendía fundar una Monarquía Universal del mar, era un juego de palabras. Como todo imperialista sabía, «imperio» implicaba autoridad de gobierno, cosa que, tal como británicos y holandeses entendían el derecho de gentes, no se podía ejercer en el mar.

Cualquier intento de comparar las ideologías de los imperios británico, francés y español en América presenta dificultades estructurales y temáticas que, como ocurre con todos los proyectos comparativos, solo pueden resolverse en parte. Si bien los temas que he elegido corresponden a los predominantes en los diversos discursos surgidos en torno a la cuestión del imperio a lo largo de este periodo, no todos tuvieron la misma importancia ni recibieron igual atención de modo simultáneo en los tres imperios. Tratar de recuperar las respuestas de los teóricos de las tres naciones en la misma medida habría sido como tratar de reconstruir un partido de tenis con tres jugadores. Por ello, algunos de los capítulos se centran en una cultura nacional en detrimento de las otras dos. La preocupación por el auténtico «señorío de todo el mundo», por ejemplo, se inició en España y continuó siendo en gran medida una preocupación concerniente a España. A finales del siglo XVII, muchos europeos acusaron a Luis XIV de abrigar pretensiones de Monarquía Universal, pero como deja claro la sátira de Leibniz *Mars Christianissimus* de 1683, con ello se referían a poco más que la hegemonía política en Europa. Los ideólogos del imperio español, en cambio, plantearon con convicción, aun cuando solo fuera durante un breve periodo de mediados del siglo XVI, la posibilidad de que su rey pudiera erigirse en soberano de un Estado mundial. Por esta razón, y también porque incluso quienes partían de ambiciones más modestas reconocían que la identidad de la monarquía española estaba vinculada a la antigua visión de la Roma imperial de un solo *orbis terrarum,* el capítulo 2 está consagrado en su casi totalidad a España.

De igual modo, en la América española y británica, la cuestión de la esclavitud solo adquirió magnitudes de inquietud moral y política después de la independencia. En Francia, por el contrario, a partir de 1730 ocupó un espacio preeminente en la literatura antimonárquica y antiimperial, y hacia 1790 figuraba en lugar destacado en los proyectos revolucionarios. En este país, la esclavitud se consideró –de una manera que no tuvo réplica en ninguno de los otros dos imperios– una consecuencia directa de los imperios atlánticos europeos. Por este motivo, en el capítulo 6 la cuestión de la esclavitud se debate enteramente dentro de su contexto francés, inmersa de pleno en la crítica cuyo blanco era, de hecho, la totalidad de la cultura colonial del *ancien régime*[10].

Ningún estudio comparativo puede pretender abarcarlo todo. El volumen de información sobre los tres imperios ha alcanzado tales dimensiones desde los tiempos de Raynal que cualquier tentativa de manejarlo en su integridad exigiría la mitad de la vida del estudioso. Hay algunos aspectos destacados –como la pérdida de población, el efecto del crecimiento del comercio americano en los mercados mundiales y, el que quizá sea más relevante, la cuestión de las relaciones entre los colonizadores europeos y los colonizados–, que o bien no he tratado o he tomado en cuenta solo tangencialmente. Por su misma naturaleza, este es un estudio eurocéntrico, un intento de comprender qué pensaban los europeos de los imperios que habían creado y de las consecuencias que tuvieron que arrostrar. También intenta ilustrar la evolución que experimentó este pensamiento, mostrar que en torno a las primeras décadas del siglo XIX se habían forjado unas pautas de expectación –y de ansiedad– que determinarían en gran medida las relaciones posteriores que mantendría Europa con casi todo el resto del mundo.

2

Con el desmoronamiento de los imperios europeos en América, concluyó la primera fase de la expansión europea. En sus distintas modalidades y a pesar de su, en ocasiones, tímida modernidad, dichos imperios habían sido sin excepción tentativas de perpetuar las tradiciones y los valores de los imperios del viejo mundo. Los términos «imperio» e «imperialismo», sin embargo, pasaron a quedar asociados no con este temprano periodo de expansión, sino con la globalidad de los imperios europeos instituidos en el siglo XIX, en los cuales –exceptuando la presencia residual de los británicos en Canadá y en el Caribe, y de los franceses en Martinica y Guadalupe– no estaba comprendida América[11]. Las invasiones de la India y más tarde de África, el poblamiento de Australia y la zona del Pacífico, la apropiación de parte de China y el dominio económico del golfo Pérsico iban a tener una repercusión económica muy superior, y seguramente también más perdurable desde el punto de vista político y humano, de la que tuvo nunca la colonización de América. No obstante, no es tan fácil distinguir lo que a menudo se ha denominado los «primeros imperios europeos»[12] con estas empresas posteriores. El lenguaje del imperio y muchos de los presupuestos antropológicos en los que este se asentaba persistieron desde el siglo XVI hasta entrado el XIX, y en muchos casos hasta el XX. Los centros de poder imperial se trasladaron del sur de Europa al norte, pero dos de los principales Estados que participaron en la colonización de las Américas, Gran Bretaña y Francia, tuvieron también un activo papel en la colonización de otras partes del mundo en el siglo XX. La experiencia americana demostró, además, que, a pesar de los enormes problemas logísticos y técnicos que presentaba, el asentamiento en regiones de ultramar no solo era factible, sino que además deparaba un enorme potencial económico.

Con todo, la auténtica lección intelectual que extrajeron los europeos de sus diversas experiencias en América fue la evidencia de lo que un imperio de éxito *no* debía tratar de ser. Hacia principios del siglo XIX la Europa ilustrada había llegado al convencimiento de que los asentamientos a gran escala en tierras de ultramar como los que habían llevado a cabo en América, con distintas variaciones, tanto España como Inglaterra y Francia acababan resultando destructivos para la propia metrópoli. Había quedado claro que cualquier comunidad de emigrantes, con independencia de sus orígenes culturales o del grado de autogobierno que se le permita ejercer, exigía al cabo autosuficiencia económica y autonomía política. También había quedado probado que la explotación en masa de la fuerza de trabajo de indígenas sometidos –y de esclavos importados– suponía un desperdicio de los recursos económicos, así como la destrucción ingente de vidas humanas hasta grados que incluso los imperialistas más despiadados no podían dejar de tomar en cuenta. Por otra parte, había faltado muy poco para que el cataclismo experimentado por los británicos en 1776, por los franceses en 1790 y por los españoles entre 1820 y 1830 destruyera los sistemas políticos de los poderes metropolitanos. A finales del siglo XVIII todos los Estados europeos dominantes habían sufrido serios reveses y sus teóricos habían adoptado una postura que proclamaba que ninguna persona honrada podía considerar deseable la creación de nuevos imperios. ¿Por qué fue, pues, precisamente en ese momento cuando se inició la andadura que concluiría con el sometimiento de la India y más tarde de África?

La respuesta, como ya había observado en 1797 Charles Maurice de Talleyrand, notable superviviente político y ministro de Exteriores de Napoleón, era que las nuevas colonias que los británicos habían establecido en la India eran, de hecho, muy distintas de los antiguos asentamientos en América. América había sido un lugar de conquista y expatriación, un sitio al que habían ido, en palabras de Talleyrand, «individuos sin oficio ni líderes ni moral» precisamente para huir de las obligaciones del Viejo Mundo. La India británica, en cambio, no fue un lugar para poblar, sino para explotar. En América los europeos habían cometido el error fatal de entregar sus colonias a gentes que las consideraban solo lugares donde podrían conseguir para sí propiedades y un modo de vida al que no habrían podido aspirar en sus países de origen. Habían incurrido en dicho error al tratar de controlar a esa clase de personas gobernándolas directamente desde una distante metrópoli[13]. Su error más grave fue, sin embargo, cultivar los productos –azúcar principalmente– de los cuales dependía el beneficio económico de las colonias en tierras donde no había mano de obra disponible. El traslado masivo de seres humanos al otro lado de la tierra, aparte de constituir una crueldad inaceptable –lo cual no preocupaba demasiado a Talleyrand– , era un enorme desperdicio y había dado pie a la creación de sociedades que, como demostró la revuelta ocurrida el 24 de agosto de 1791 en Santo Domingo, estaban abocadas a sucumbir, tarde o temprano, a la rebelión. En Bengala, los británicos habían comenzado a cultivar azúcar en zonas donde ya existía una abundante fuerza de trabajo a la que podían pagar, en lugar de esclavizar. Según las previsiones de Talleyrand, esta política aseguraría la dependencia de las poblaciones nativas sin despertar su animosidad. En estos imperios más informales, los costes administrativos eran bajos y escaso el peligro de desarrollo de una sociedad colonial independiente. También se creía que la relación existente entre colonizador y colonizado beneficiaba tanto al productor como al consumidor. El pueblo que vivía bajo la «tutela» más que bajo la autoridad de otro resultaría sin duda más cooperante y productivo. Francia, concluía Talleyrand, debería emular esta excelente política y consultar, de acuerdo con este nuevo enfoque racional de la colonización, a los viajeros-científicos, como Antoine de Bougainville –«el «descubridor» de Tahití y primer francés que había dado la vuelta al mundo–, con el fin de determinar cuáles eran los lugares propicios para la instalación de estas futuras colonias[14].

La India británica, como tampoco dejó de observar Talleyrand, había sido producto de una sociedad esencialmente comercial. Dichas sociedades sentían un permanente recelo ante la conquista y el tipo de gobierno imperial que tras ella se instauraba. Para el «comerciante-aventurero», incluso la «plantación» norteamericana apenas pasaba de ser una pura reliquia. Tal como señaló el gran economista austriaco Joseph Schumpeter, para estos modernos comerciantes, que fueron los auténticos protagonistas de la creación de los «segundos imperios» europeos, el imperialismo «quedaba comprendido dentro de ese amplio grupo de rasgos residuales de una era anterior» que son característicos de «cada situación social concreta»[15]. Para ellos el imperialismo no era más que «un elemento derivado de las condiciones de vida, no del presente sino del pasado». Los empresarios –«capitalistas», en el vocabulario de Schumpeter– preferían el provecho económico adquirido con un coste reducido de capital. Las conquistas, aun la de pueblos relativamente «primitivos», exigían una enorme inversión inicial tanto en actividades militares como en la administración posterior. Como habían sostenido muchos en torno a 1770, las colonias americanas habían costado a Inglaterra tanto, si no más, de lo que habían reportado, ya fuera en comercio o en bienes agrícolas y manufacturados. Era, con diferencia, preferible sacar provecho del trabajo no forzado de otros. Se había iniciado la explotación del Tercer Mundo por parte del Primero.

El nuevo imperio británico de la India probablemente no llegó a ser tal como Talleyrand lo había imaginado. En la misma Gran Bretaña surgieron criticos, como el disidente radical Richard Price, para quienes la India británica apenas pasó de ser una repetición de la invasión española de América, un lugar donde «los ingleses, impulsados por la ambición de pillaje y el espíritu de conquista, han despoblado reinos enteros y arruinado a millones de gentes inocentes por medio de la más infame opresión y rapacidad»[16].

Talleyrand no se equivocó, con todo, al suponer que esa clase de imperio se había forjado en sus inicios con la intención de basarse no en el asentamiento sino en el disfrute de un «superávit» producido por una población nativa que, aunque mal pagada, consentía la situación. También acertó al suponer que, al menos en su estadio de formación, se habían concentrado los esfuerzos en impedir la aparición de una sociedad de pobladores que pudiera seguir un día el ejemplo de las Trece Colonias.

Los británicos también evitaron, en la India y más tarde en África, la destrucción generalizada, tanto física como cultural, de las poblaciones indígenas. Ello no significa que no se produjeran múltiples matanzas ni que no hubiera muchos administradores coloniales que se plantearon seriamente la posibilidad del genocidio. A partir de 1870, británicos, franceses, belgas y alemanes aplicaban de manera entusiasta métodos que no parecían diferir mucho de los seguidos por los españoles en la invasión y poblamiento de América. Los efectos ulteriores de estos actos nunca llegaron a ser, sin embargo, tan desastrosos como lo fue la colonización de América. En la actualidad, la India y África están mayoritariamente habitadas por indios y africanos, mientras que los pueblos autóctonos de América, a pesar del incremento experimentado en los últimos tiempos, son en general una minoría privada de derechos civiles, con derechos culturales limitados y sin una función política ni económica relevante en el seno de una comunidad predominantemente criolla. Ello puede atribuirse en parte a una superior fortaleza militar de la mayoría de los pueblos asiáticos y africanos, en comparación con la de los amerindios, y a la mayor predisposición de los europeos a aceptar como sociedades civilizadas las culturas asiáticas. Esta política tuvo, con todo, un componente voluntario. Aun siendo en gran medida interesada, la doctrina del «gobierno indirecto» –que iba a convertirse en el rasgo ideológico distintivo del posterior imperialismo británico– también se consideraba beneficiosa tanto para el colonizado como para el colonizador, y fue útil para la creación de una amplia y flexible base comercial.

Hacia mediados del siglo XIX, no obstante, muchas de las características políticas y económicas que tanto había admirado Talleyrand habían desaparecido. Los imperios europeos de América se habían creado a la sombra de un legado de universalismo transmitido desde la Antigüedad y la Edad Media, de un supuesto derecho de dominio sobre la totalidad del mundo. Incluso los británicos, cuya particular tradición jurídica los había aislado hasta cierto punto de este patrimonio predominantemente deudor del derecho romano, nunca renunciaron totalmente a la ambición de crear para sí un auténtico *Imperium britannicum.* Si bien a finales del siglo XVIII los imperios europeos de América habían llegado a constituir entidades políticas muy diferentes, en lo relativo a los vínculos con sus respectivas «madres patrias» no pudieron sustraerse a las condiciones de su creación. Este es el motivo por el que, cuando su predominio sobre las colonias americanas comenzó finalmente a debilitarse en el siglo XVIII, las «madres patrias» reaccionaron con un desesperado intento de afianzar los antiguos lazos tradicionales. Como veremos en el capítulo 7, las soluciones semifederalistas a la inminente disolución de los imperios nacionales que presentaron a sus respectivos gobiernos el conde de Aranda, Adam Smith y Anne Robert Turgot fueron tentativas unánimes de formular unos principios totalmente nuevos para toda futura relación colonial, inspirados más en modelos griegos que en romanos.

A pesar de su apariencia neoclásica, el imperio británico instaurado en India y África apenas respondía a los principios romanos de universalismo. Tal como ha señalado recientemente C. A. Bayly, este imperio era el fruto de otro legado, más siniestro, de la Ilustración: el nacionalismo. La asunción por parte de la Corona británica del gobierno directo sobre la India en 1858 supuso precisamente el traspaso a un Estado burocrático centralizado del poder que hasta entonces había estado en manos de los «republicanos aristocráticos» de la Compañía de las Indias Orientales, quienes, en su intento por preservar sus privilegios, habían recurrido a la misma dialéctica de oposición país-partido que habían utilizado setenta años antes los revolucionarios americanos. La coronación de la reina Victoria como «Emperatriz de la India» fue la tentativa más elaborada que se haya dado en el mundo moderno de recrear el antiguo *imperium* romano, pero esta iba destinada en gran medida al consumo interno, como elemento integrante de la táctica concebida por Disraeli para apuntalar el vacilante prestigio de la monarquía. De igual modo la «pompa virreinal» de lord Cornwallis, que combinaba los símbolos de triunfalismo romano con la imagen transfigurada de «benevolencia imperial», tenía como objetivo reforzar el concepto de lealtad al rey por oposición al radicalismo obrero[17]. Aun cuando el imperio francés de ultramar nunca se hubiera alimentado del simbolismo imperial romano en igual medida que el español o el británico, el nuevo imperialismo de Francia fue también producto del nacionalismo surgido tras el derrumbe del imperio napoleónico, el último de los grandes proyectos unificadores, de inspiración republicana en sus inicios.

Al margen de las realidades particulares de su organización política o de sus objetivos económicos, los «segundos» imperios europeos se consideraban claramente diferenciados de los primeros. La afirmación que en su momento realizó el historiador inglés J. R. Seeley de que el imperio británico se había adquirido en un lapso de distracción, aun siendo manifiestamente absurda, cuando no carente de todo sentido, no deja de ser merecedora de interés, puesto que el imperio que, en tiempos de Seeley, pudo dar pie a que se *creyera* que se había adquirido de tal manera, no podía estar, dejando a un lado toda consideración sobre el rumbo que tomaría después, sustentado por ningún gran propósito político, jurídico o de cohesión cultural. En la medida en que los nuevos imperialistas europeos poseían algún objetivo ideológico declarado, estos se suponían limitados a la consecución de una civilización de ámbito mundial basada en los principios políticos y sociales europeos.

Es aquí, en el terreno del propio imaginario político y cultural –el terreno, utilizando el ya famoso término de Lacan, del *imaginaire*–, donde se halla el vínculo histórico más duradero entre los primeros y segundos imperios. Los lenguajes en los que pretendieron encuadrarse los imperios del siglo XIX eran productos transfigurados de sus antecesores premodernos, con la salvedad de que la transfiguración no tomó como sustrato los lenguajes del imperio sino los de las críticas que los adversarios del imperialismo habían vertido contra ellos en las últimas décadas del siglo XVIII, en las que se había insistido en que todas las formas de colonialismo dejaban como ineludible legado un desperdicio humano y material seguido de una degeneración moral. La relación entre Europa y el mundo no europeo debería limitarse en el futuro a un programa de armonioso intercambio. Así como el comercio había sustituido a la conquista, la Ilustración sustituiría a la evangelización y las modalidades más burdas de dominación cultural. El programa de Condorcet para el 'Progreso futuro del espíritu humano' *(Esquisse d'un tableau historique des progrès de l'esprit humain),* un texto que ejercería una considerable influencia sobre las posteriores concepciones de imperio, trueca los árbitros del antiguo orden mundial –los «tiranos, sacerdotes e hipócritas»– por científicos ilustrados del nuevo y reemplaza la conquista, física y espiritual, por la instrucción ilustrada, puesto que, en opinión de Condorcet, los pueblos de América, África, Asia y otros «países distantes» «parecen estar aguardando solo a que los civilicen y a recibir de nosotros los medios para civilizarse, y a encontrar un espíritu de hermandad entre los europeos para convertirse en sus discípulos y amigos»[18]. La concepción de una base imperial mundial, generadora de ilustración y tecnología e impregnada de una cierta dosis de cristianismo que constituía la «responsabilidad de los blancos», estaba en perfecto acuerdo con las nociones de imperio forjadas a finales del siglo XVIII. El que los imperios del siglo XIX carecieran de grandiosas visiones de sí mismos y del impulso para articularlas con un mínimo de insistencia o que fueran, como supusieron Marx y otros pensadores, tan solo la expresión necesaria de un determinado tipo de sistema económico, se debió, al menos en parte, a que sus fundamentos ideológicos ya habían sido asentados. Los antiguos lenguajes providencialistas del imperialismo se habían transformado en una pretensión de racionalismo ilustrado, formulada en unos lenguajes en torno a cuyos orígenes y desarrollo se centra el presente libro.

1. El legado de Roma

> Haec est in gremium victos quae sola recepit humanumque genus communi nomine fovit matris, non dominae ritu, civesque vocavit quos domnuit nexuque pio longinqua revinxit.
>
> Claudiano, *De Consulatu Stilichonis,* III, 150-154

1

El historiador escocés William Robertson hacía en su *History of America,* de 1777, una entusiasta descripción del periodo de finales del siglo xv como una época

> en que la Providencia decretó que los hombres traspasaran los límites dentro de los cuales habían estado tanto tiempo confinados y tuvieran acceso a un campo mucho más amplio en el que pudieran demostrar sus talentos, su energía y su valor[1].

El sentimiento de Robertson fue compartido y expresado por muchos de sus contemporáneos, como David Hume y Adam Smith en Inglaterra, el abad Raynal (al cual volveremos a referirnos en el capítulo 6) en Francia y el historiógrafo real y compañero de Robertson Juan Bautista Muñoz en España. En términos estructurales, políticos y económicos, las colonias que fundaron en América primero Portugal y España, luego Francia e Inglaterra y finalmente, aunque de manera no sostenida, Holanda, Suecia y Dinamarca suponían, tal como reconocieron todos estos escritores, una novedad incuestionable. A diferencia de los precedentes de la Antigüedad clásica, eran colonias remotas y se gobernaban desde lugares muy distantes. Habían sido creadas a partir de una necesidad al parecer insaciable de metales preciosos y de la ambición –que los antiguos a duras penas habrían comprendido– de trastocar las creencias religiosas de sus habitantes autóctonos.

No obstante, a pesar de su aparente novedad, proclamada a los cuatro vientos, las raíces teóricas de los modernos imperios europeos de ultramar se remontaban a los imperios de la Antigüedad clásica. Fue Roma sobre todo la que suministró a los ideólogos de los sistemas coloniales de España, Inglaterra y Francia el lenguaje y los modelos políticos que necesitaban, dada la singular posición que había ocupado siempre el *Imperium romanum* en la imaginación política de la Europa occidental. Además de ser considerado como la comunidad política más extensa y poderosa que jamás hubiera existido en la tierra, el imperio romano había quedado dotado, gracias a una larga cadena de escritores, con un propósito bien definido, que en ocasiones adoptó un cariz de inspiración divina.

Para ilustrar el significado de esta dependencia imaginativa de lo nuevo con respecto a lo antiguo, iniciaré la exposición trazando un bosquejo de los rasgos que a mi entender fueron determinantes para el imperio romano, pasándolos por el cedazo de las interpretaciones que de ellos hicieron sus comentadores medievales y modernos. No es mi intención, sin embargo, realizar aquí una descripción del imperio romano ni del medieval, ni siquiera del concepto que de ellos tenían los que vivieron en esas épocas. Mi objetivo es tratar de perfilar los elementos que hacia comienzos del siglo XVI se habían vuelto predominantes en las prácticas discursivas de todas aquellas personas que se plantearon qué era un imperio, qué debería ser y la posible justificación de su existencia. Dichos elementos dominarán, de un modo u otro, el discurso mantenido hasta finales del siglo XVIII.

2

La palabra «imperio» es un término de por sí escurridizo, dada la constante variación de significados y contextos de aparición que presentaba hasta que adquirió su significado moderno a finales del siglo XVIII. El siguiente apartado es solo un intento de hallar un hilo conductor a través del embrollado mapa semántico perfilado por esta situación.

En un principio, el término «imperio» –en latín, *imperium*– describía la esfera de autoridad ejecutiva que poseían los magistrados romanos y, al igual que cualquier otro componente del Estado romano, estaba imbuido de una marcada aura de sacralidad que persistiría hasta bien entrado el periodo moderno[2]. Fue empleado con frecuencia en especial en los diversos discursos humanísticos de finales del siglo XV y del XVI, que tomaron su etimología de Cicerón, en el sentido un tanto vago que más adelante adquiriría la palabra «soberanía». La primera frase de *El príncipe* de Maquiavelo comienza, por ejemplo, así: 'Todos los estados y dominios que han tenido y tienen imperio sobre los hombres...' *(che hanno avuto et hanno imperio sopra gli uomini...)*. El término también se utilizaba en el contexto, más limitado, del poder no subordinado ejercido en el seno de lo que los aristotélicos denominaban una 'comunidad perfecta' *(perfecta communitas)*[3]. Este es el sentido en el que se emplea en la frase a menudo repetida por los juristas canónicos y posteriormente por los juristas franceses en la que se afirmaba que fuera cual fuese la categoría de emperador, todo gobernante era asimismo 'emperador en su propio reino' (*rex imperator in regno suo*)[4]. Tal como ha explicado Francesco Galasso, esta frase «no significó desde el principio más que esto: que los poderes que en dicho periodo se reconocían como propios del emperador en condición de *dominus mundi,* debían reconocerse también a todos los reyes libres dentro de los límites de sus reinos»[5]. «Todos estos poderes –rezan las famosas *Siete Partidas* de Alfonso X el Sabio– que (...) tienen o deberían tener los emperadores sobre los pueblos de sus imperios, los mismos que deben ejercer los reyes en sus propios reinos» (II. 1. 8).

En muchos casos, «imperio» había adoptado, como mínimo a finales del siglo XVI, significados sinónimos a los que antes correspondían al término *status*, 'estado'[6]. Francis Bacon, por ejemplo, hablaba de los *«conditores imperiorum*, fundadores de estados y repúblicas»[7], adjudicándole al término un sentido que mantendría hasta el siglo XVIII, en especial en el contexto de la definición de las relaciones coloniales. Cuando sir Francis Barnard, gobernador de la Bahía de Massachusetts, declaró en 1774 que «el reino de Gran Bretaña es *imperial»,* aludía simplemente, como él mismo explicó, a que «es soberana y no está subordinada ni depende de ningún otro poder terrenal»[8]. Tal como Walter Ullmann demostró ya hace tiempo, este también es sin duda el sentido en que se empleó la palabra en la célebre frase del Acta de Restricción de Apelaciones de 1533: «Este reino de Inglaterra es un imperio»[9]. «Imperio» podía utilizarse asimismo para expresar el marco de relaciones políticas que mantenían unidos a diferentes grupos de pueblos en «un sistema ampliado –en palabras de J. G. A. Pocock– cuyas condiciones de asociación no estaban establecidas de modo permanente»[10]. Este tipo de relación podría muy bien describir la relación *de facto* (y en muchos casos *de iure)* que mantenía Gran Bretaña con sus colonias, y también describía la que mantenían entre sí las Coronas de Inglaterra, Gales y Escocia a partir de 1707. Como exponía con característica pesadez de estilo Thomas Pownall, gobernador de Massachusetts,

> esta modelación del pueblo en varios órdenes y subordinaciones de órdenes, de forma que sea capaz de recibir y comunicar cualquier iniciativa política y de actuar bajo dicha dirección como un todo, es la que los romanos denominaban con la peculiar palabra *imperium*, para cuyo grupo o idea concreta carecemos de palabra en inglés, si no es adoptando la palabra *imperio.* Es únicamente por medio de este sistema como un pueblo se convierte en una entidad política; es la cadena cuyos vínculos de unión cohesionan muy vagas e independientes partículas[11].

En este contexto es significativo que la obra de Oliver Goldsmith *The Present State of the British Empire* ('El estado actual del imperio británico'), de 1768, se inicie con 200 páginas dedicadas a Inglaterra, Gales y Escocia.

Ya en el siglo I d. C. el término había adquirido, no obstante, parte de su moderno significado que ahora nos es familiar. El historiador romano Salustio utiliza (probablemente por primera vez en la historia) la expresión *Imperium romanum* para describir la extensión geográfica de la autoridad del pueblo de Roma. Cuando Tácito se refería al mundo romano como un 'inmenso cuerpo de imperio' *(inmensum imperii Corpus)* estaba describiendo precisamente el tipo de unidad política y cultural creado a partir de una diversidad de Estados distintos separados por amplias distancias, la cual calificaba Edmund Burke en 1775 de «imperio extenso y separado» aludiendo a los imperios español y británico[12]. El *imperium* abarcaba en este sentido Estados distintos que anteriormente fueron independientes o «perfectos».

El *imperium* podía crear asimismo esta categoría de Estados en sitios donde no había existido ninguno antes. Este fue el significado del término que rescató Carlos el Calvo, duque de Borgoña, al autoproclamarse «emperador y augusto» a raíz de la invasión de Lorena en el año 869. Aun cuando su autoridad solo se extendiera a dos territorios, regir más de uno equivalía, de hecho, a ser «emperador». Esta misma presuposición se trasluce de la declaración efectuada por Alfonso VI de Castilla en 1077, según la cual era «por la gracia de Dios emperador de toda España»[13]. Por más limitadas que pudieran ser en realidad las ambiciones territoriales de estos dos personajes, ambos eran muy conscientes del alcance que tenían sus reclamaciones en la medida que eran eco de las de los *imperatores* romanos, cuyos sucesores imaginaban ser en cierta medida. La grandeza de los Estados podía evaluarse por el número y diversidad de las naciones que los constituían. «Una nación ampliada en vastas extensiones de tierra y números de pueblos –escribió sir William Temple– alcanza con el tiempo ese antiguo nombre de reino o el moderno de imperio»[14].

Todos estos significados de *imperium* perduran, combinados a veces, a través de la totalidad del periodo que vamos a estudiar. El término «imperio» solo queda restringido al sentido actual de «imperio extenso», en definición de Burke, con la expansión de los imperios del siglo XIX, en su mayoría concebidos como tales tras el desmoronamiento de las aventuras colonizadoras europeas en América.

3

Imperium también tenía otros significados, dotados de más sutiles matices. El sentido etimológico de la palabra es 'orden' o 'mandato'[15]. En un principio, por lo tanto, un 'emperador' *(imperator)* había sido simplemente la persona, generalmente una entre tantas, que ostentaba el derecho de ejercer *imperium*. Durante la República, el ejercicio del *imperium* había estado circunscrito al Senado, que obraba en nombre del pueblo de Roma. Tras la instauración del Principado, el título quedó limitado a un grupo de dirigentes militares cuyo *imperium* ya no derivaba, como el de la magistratura republicana, de la esfera civil *(domi),* sino de la militar *(militiae)*. –Como observaría más tarde Edward Gibbon, la división entre estos poderes ocasionó la corrupción que acabaría provocando el fin del imperio–[16]. Aun manteniendo la debida deferencia al 'imperio del pueblo de Roma' *(imperium populi romani),* Augusto esperaba que el honor debido al pueblo se le rindiera a él, y en el siglo I los juristas romanos Gayo y Ulpiano ya insistían en que el *imperium* del «príncipe emperador» absorbía el del *imperium populi romani*)[17].

Dado que todos los imperios se iniciaron con conquistas, la asociación de «imperio», entendido como dominio territorial ampliado, con gobierno militar, ha pervivido tanto como el propio imperialismo. Los emperadores romanos, empero, no eran solo generales. Con el tiempo, se convirtieron también en jueces y, si bien la célebre frase del Digesto que afirmaba que el príncipe era un 'legislador no obligado' –*princeps legibus solutus*–, originalmente solo eximía al emperador de ciertas normas, y pasó después a implicar la existencia de una autoridad legislativa suprema, tal como lo interpretaron los glosadores medievales de los textos del derecho romano. Aun cuando el emperador siguiera teniendo la obligación moral –que hasta el más absolutista de los monarcas de comienzos de la era moderna habría de retener– de observar sus propios mandatos, no existía, ni siquiera en teoría, ninguna fuerza legal capaz de obligarlos a ello. No es difícil comprender cómo, con el tiempo, el *imperium* pasó a otorgar un poder militar y legislativo supremo sobre amplios y diversos territorios. Esto explica que Augusto se hubiera planteado la adopción del título de Rómulo, como fundador de la nueva Roma, aun cuando, según su biógrafo, el respeto por sus antepasados le hiciera desistir de su propósito, y que en las generaciones posteriores el título de Augusto pasara a ser sinónimo de absolutismo en este sentido ampliado[18]. Proclamarse *imperator* equivalía a reclamar un grado, y eventualmente un tipo de poder, negado a los meros reyes. Además, la dimensión teocrática adquirida por el *imperium* a lo largo del reinado de Augusto, que reforzarían luego los emperadores cristianos y sus apologistas, acentuó aún más la distinción entre autoridad real e imperial[19].

Esta nomenclatura del poder fue, hasta bien entrado el siglo XVIII, objeto de profundos afanes exegéticos. Al referirse a los reyes de Europa llamándolos *reguli,* Rainald von Dassel, canciller del imperio de los Hohenstaufen, estaba negándoles de manera explícita los atributos del imperio. Petrarca, un hombre que poseía una sensibilidad fuera de lo común con respecto al poder que transmiten las palabras, hablaba con desdén del «*rey* Carlos [VIII] que con el sobrenombre de "Carlomagno" osa encumbrar los pueblos bárbaros al nivel de Alejandro y Pompeyo»[20]. De igual modo, cuando en 1625 Carlos I de Inglaterra declaraba que Virginia, Somers Island y Nueva Inglaterra formaban parte de «nuestro imperio real que nos ha sido concedido», no podía ignorar que estaba reclamando algo de un alcance muy superior a lo que hubiera podido hacer referencia el «reino de Gran Bretaña» al que aludía Francis Barnard[21].

La transformación de la condición de los emperadores romanos que se produjo desde Augusto a Constantino el Grande supuso la transformación efectiva del *princeps* romano en monarca teocrático helenístico, a pesar de la gran disparidad de los respectivos orígenes históricos de la corte romana y de la monarquía macedonia[22]. En el siglo VII, san Isidoro de Sevilla identificó esta noción de lo que representaba ejercer *imperium* con la palabra «monarquía», que tomó prestada del griego. «Las monarquías –escribió– son aquellas en que el principado pertenece a una sola persona, como fue el caso de Alejandro entre los griegos y de Julio

César entre los romanos»[23]. A partir de entonces –y de ello se derivarían importantes consecuencias, en especial para la España del siglo XVI– el término «monarquía» se empleó a menudo como sinónimo de «imperio» para designar un ámbito compuesto por un determinado número de Estados distintos en los que no se cuestionaba la voluntad legislativa de un único gobernante y en los que el príncipe no solo era *legibus solutus,* sino cuyas leyes eran expresión de su voluntad. En términos de la *Lex regia,* la compilación de leyes romanas que había establecido la autoridad del emperador: 'lo que place al príncipe tiene vigor de ley', *quod principiplacuit legis habet vigorem* (Digesto, 1.4.1). En este contexto, no es insignificante que Dante optara por titular su defensa de la función del imperio en la Europa del siglo XIII *De Monarchia* ('Sobre la monarquía'), en lugar de *De Imperio,* puesto que como él mismo expuso, «la monarquía temporal, normalmente llamada *Imperium*, es ese único principado que se encuentra por encima de todos los demás principados del mundo, en lo que atañe a todas las cuestiones de orden temporal». El *imperium*, en cambio, podía también ser ejercido, tal como explicó de manera más minuciosa en *Il Convivio*, en asuntos espirituales por el pontificado, por lo cual no era un término adecuado para una institución puramente temporal[24]. El término *monarchia,* por el contrario, no tenía ninguna de esas asociaciones papales deploradas por Dante y retenía a la vez el sentido crucial de gobernante universal. De modo similar, en su *Monarchia* de 1444, el jurista Antonio de Roselli (que en torno a 1430 se vio envuelto en la disputa originada por las pretensiones portuguesas sobre las islas Canarias) intentó sostener las mismas reivindicaciones imperiales de ejercicio de 'dominio universal' *(dominium universale)* a partir de la condición del emperador como juez supremo en asuntos terrenales[25]. Al referirse a sus dominios americanos con la denominación de «Reinos de las Indias», los Habsburgo españoles trataban de distinguirlas como parte separada de una comunidad geopolítica más amplia que por aquel entonces se llamaba la «monarquía» de España.

En esta identificación con imperio, entendido como una diversidad de territorios regidos por una sola autoridad legislativa, y de imperio entendido como monarquía, reside la base de la oposición que se estableció durante la Edad Media y la primera etapa de la modernidad entre imperio y república. En principio, no había motivo alguno para que una auténtica república –una *respublica*– no pudiera ser también un imperio, aun cuando de ningún modo pudiera, al menos hasta que Montesquieu alteró los términos de la discusión en el siglo XVIII, ser una monarquía. Tanto Atenas como Roma habían sido, naturalmente, imperios republicanos. La mera cuestión de tamaño, tal como señaló Alexander Hamilton en 1788, no era un impedimento para formar un auténtico gobierno republicano, siempre y cuando las diversas partes del Estado constituyeran «una asociación de Estados o una confederación»[26], como tampoco era la constitución republicana de los Estados Unidos un motivo que pudiera impedir su conversión en un genuino imperio, «capaz de dictar las condiciones de relación entre el antiguo y el nuevo mundo»[27].

La oposición entre las visiones políticas de imperio y república radica en la presuposición de que como todos los imperios están basados en conquistas, ninguno logra nunca llevar a cabo, en términos de Hamilton, la transición de una extensa amalgama de Estados a una verdadera confederación. En un momento u otro, todos están destinados a ser dirigidos por un solo individuo que ejerce un poder supremo, cuando no arbitrario, y por ello se ven abocados a convertirse en monarquías. El Principado romano no solo había conseguido ampliar en gran medida los límites territoriales del *Imperium* romano, sino que al hacerlo le había conferido una nueva identidad política que suponía precisamente la negación de los valores políticos –la participación de todos los ciudadanos en el gobierno del Estado– a los cuales se debió su creación. Como destacaron muchos comentadores posteriores, solo Esparta entre las repúblicas de la Antigüedad y Venecia entre las de la era moderna lograron mantener su integridad política durante un periodo prolongado de tiempo, lo cual se consiguió mediante la prohibición expresa de emprender una expansión territorial que no estuviera sujeta a estrictas limitaciones.

La indagación de por qué la extensión debía desembocar de modo inexorable en una u otra modalidad de gobierno absoluto fue una de las grandes cuestiones de debate teórico del pensamiento político europeo moderno. De todas formas, al margen de las distintas respuestas puntuales que se dieron a tal interrogante, a principios del siglo XVIII la mayoría de comentadores europeos habían llegado a la convicción de que, tal como lo formuló en 1701 el teórico en política y economía inglés Charles Davenant, «mientras los Estados amplían de este modo sus límites, están labrando su propia perdición, pues todos los grandes imperios convergen en una sola persona»[28].

4

Todos estos sentidos de la palabra *imperium* –como gobierno limitado e independiente o «perfecto», como territorio que abarcaba más de una comunidad política y como soberanía absoluta de un solo individuo– pervivieron hasta finales del siglo XVIII y en ocasiones aun después. Los tres tenían su origen en las prácticas discursivas del imperio romano y, en menor medida, del ateniense y el macedonio. El ejemplo de Roma –un imperio que había adquirido una identidad simbólica, una personalidad política y legal que iba más allá de las contingencias de la relación entre colonia y metrópoli– fue el que determinó ante todo que la totalidad de imperios futuros quedaran estrechamente asociados a la institución de la monarquía. No en vano, ya en el periodo de declive de la República, Roma era el mayor Estado del mundo mediterráneo y su extensión era, como destacó san Agustín, una demostración de la potencialidad trascendental de los valores de la sociedad que lo había creado.

Por la época en que Constantino el Grande emprendió su masivo y violento ataque contra el mundo pagano –aunque no contra los paganos de Roma–, esta capacidad expansiva había pasado a ser identificada con un cierto sentido de exclusividad. Podían existir muchos reinos, pero solo podía haber un imperio. En los textos de Cicerón, Virgilio, Livio, Polibio, Tácito y Salustio –los autores que más influyeron en los teóricos posteriores del imperio, de Maquiavelo a Adam Smith–, el *Imperium* romano no solo constituía un orden político particular sino, lo cual era aún más destacable, una clase de sociedad distintiva, cuya identidad venía determinada por lo que comúnmente se describió con el término *civitas.* Esto implicaba en primer lugar, como ocurría con la noción aristotélica de 'animal político' *(zoon politikon),* una vida que transcurría en ciudades, ya que para los antiguos, tanto griegos como romanos, las ciudades eran los únicos lugares donde podía practicarse la virtud. Se trataba, por encima de todo, de comunidades gobernadas por unas normas legales que exigían adhesión a un determinado tipo de vida, el de la 'sociedad civil' *(societas civilis),* y que estaban estrechamente identificadas con la ubicación física en donde habitaban los ciudadanos. En gran parte de la literatura producida en las postrimerías de la República y durante el imperio, la *civitas* y el centro urbano *(urbs)* se describen como si fueran coextensivos. La ciudad de Roma, la *Princeps urbium* de Horacio[29], era en palabras de Claudiano, poeta del siglo IV, «madre de las armas, que proyecta *imperium* sobre todos»[30]. Roma, por otra parte, era no solo el centro político de la República y del imperio, sino también el centro de las actividades legislativas y de casi todos los cultos religiosos del Estado. Era el enclave de la costumbre *(mores),* la vida ética colectiva de toda la comunidad; un espacio finito y delimitado cuyas murallas pasaron a constituir un importante elemento de autoafirmación en la última fase de la República. Durante el reinado de Augusto, las murallas pasaron a ser consideradas como un sistema que procuraba defensa, no de la estructura material de la ciudad –que, o al menos así parecía, ya no corría ningún peligro–, sino de la tradicional *virtus* romana que se había perdido en los últimos tiempos de la República y que había restablecido el imperio. A Augusto se atribuye esta declaración: «He transferido la *res publica* de mi poder *(potestas)* al dominio *(arbitrio)* del Senado y del Pueblo de Roma»[31]. El espectáculo de una ciudad rodeada de grandes murallas transformó la visión poética de Virgilio en una realidad: *mores*, 'la costumbre', quedó vinculada a *moenia* ('murallas')[32].

La ciudad también es, por supuesto, la metáfora angular de la obra cumbre de un cristiano romano: *De Civitate Dei* ('La ciudad de Dios'), de san Agustín. Y como tal, fue la imagen en la que se basó gran parte del pensamiento posterior relativo a la política de asociación civil. Esta misma imagen sería cuidadosamente alimentada por las ciudades-Estado (reales) de la Italia del siglo XV, así como los artífices de las (ilusorias) *Cities on the Hill* ('Ciudades de la colina') de la Nueva Inglaterra puritana. La *civitas,* aseguraba Tomás de Aquino, era «la comunidad perfecta»[33], y la *perfecta communitas* se define aquí no simplemente como una sociedad políticamente autónoma –aun cuando también deba serlo–, sino como aquella que «se basta a sí misma para proveer a las necesidades de la vida»[34]. Esta definición evocaba también la noción aristotélica de *autarkeia* ('autosuficiencia') como condición necesaria de toda auténtica comunidad, la cual implicaba, retomando los términos de Cicerón, una adhesión estricta a las exigencias de la *societas civilis*[35]. La *civitas*, empero, no era únicamente defensiva. Era asimismo el origen y el sostén del imperio, aun cuando solo fuera porque, como señaló Maquiavelo, la ciudad proporciona tanto los hombres para los ejércitos como la fuente de la autoridad necesaria para conservar las provincias una vez que se han conquistado[36]. Como también observó Maquiavelo –apuntando un tema que para él revestía una especial importancia–, las ciudades eran para los romanos el reflejo de la grandeza de sus dirigentes[37]. Muchos de estos elementos perdurarán, como veremos, o serán recreados, en la era moderna.

5

Para los teóricos romanos, en especial para Cicerón, la *civitas*, como único lugar potenciador del florecimiento humano, era también, y de manera exclusiva, la comunidad política romana[38]. Debido a la estrecha identificación que se establecía en todo el pensamiento político antiguo entre lo que representaba ser un ciudadano y lo que representaba ser una persona, el *Imperium* romano, aun cuando nunca fuera definido como tal, pasó a considerarse no solo como una expresión geográfica o política, sino como una fuente de conocimiento. Tal como lo formuló el historiador griego Polibio –que no contaba con ninguna palabra para *imperium*–, el *orbis terrarum* era la parte del planeta que había «quedado bajo la mirada de la curiosidad»[39].

La mirada de los romanos, sugería Polibio, había transmitido al mundo una identidad, que, siendo como era la identidad de la *civitas*, dependía de modo esencial del imperio de la ley.

> Oh, romanos –exclama Anquises al final de su célebre exhortación a la nueva raza–, gobernar a las naciones con *imperium*, esas serán vuestras artes... coronar la paz con la ley, perdonar la vida a los humillados y someter a los orgullosos en la guerra[40].

«La majestad imperial –señalaba Justiniano al comienzo de sus *Institutes*– debería ir armada con las leyes, además de ser glorificada con las armas»[41]. El derecho era lo que configuraba todos y cada uno de los aspectos de la vida en el seno del mundo romano. Era, como lo fueron la filosofía moral y las ciencias naturales para los griegos, el gran logro intelectual de los romanos, que no solo creó un orden social y político, sino que confirió un propósito ético a toda la comunidad. En el último periodo de la República, y de modo más marcado durante el Principado, la formulación legal de *imperium* quedó unida a la noción estoica concebida en el siglo II a. C. de una sola raza humana universal, de una «sola comunidad conjunta de dioses y hombres», en expresión de Cicerón[42]. El propio Zenón, fundador de la escuela estoica, había enseñado, o cuando menos así nos lo ha transmitido Plutarco, que

> todos deberíamos vivir no en ciudades y demes (municipios), cada uno de ellos distinguido por diferentes normas de justicia, sino considerar a todos los hombres como conciudadanos; de modo que debería existir solo una vida y un orden *(koinos)* como el de un mismo rebaño que pasta junto en un terreno comunal[43].

Para los griegos –como, por ejemplo, Panaecio de Rodas (*ca.* 180-109 a. C.), profesor y compañero intelectual de Escipión Emiliano, cuya obra desaparecida *Sobre la obligación* ejerció una profunda influencia en el propio *De Officiis* de Cicerón–, y para la gran mayoría de moralistas romanos, era un paso relativamente sencillo identificar el *koinos* de Zenón, y el *oikumene* griego en general, con el *Imperium* romano[44]. Ya que el mundo *(mundus)* constituía una *universitas,* únicamente podía tener un señor que le proporcionara la *ratio* «de protección y jurisdicción» (Digesto 6.1.2)[45]. El derecho del imperio romano se convirtió de este modo en personificación que reivindicaba su condición de ley universal para toda la humanidad, o lo que Aristóteles había denominado *koinos nomos*[46]. No se trataba de un mero conjunto de disposiciones políticas, aun cuando la igualdad ante la ley fuera un elemento crucial para definir qué representaba ser un *cives;* era una auténtica «civilización», si bien dicha palabra no adquiriría su moderno significado hasta la segunda mitad del siglo XVIII[47].

El derecho civil, que había sido creado por la razón humana –la *ratio scripta*, en la famosa formulación de Leibniz– a partir de la comprensión del derecho natural, era la ley humana, la *lex humanus.* Los que vivían de acuerdo con ella eran, por definición, «humanos»; los que no, no eran humanos. Y puesto que también fue el pueblo romano el responsable de la creación del derecho, en cierto sentido solo los romanos podían calificarse de humanos. Tal como refiere Suetonio, el emperador Calígula (37-41 a. C.) –que quizá no fuera el observador más imparcial– se refirió al 'pueblo de Roma, o más bien, digo, al género humano' *(populus Romanus vel dicam humanum genum)*[48]. Los que eran racionales y, por consiguiente, en un hondo sentido, humanos, eran quienes vivían dentro de los límites del imperio, por mor de una serie de asociaciones que permitieron establecer a los juristas romanos, y a sus comentadores medievales, la oposición entre la 'razón del imperio' *(ratio imperii)* y el 'imperio de la razón' *(rationis imperium)*[49]. El pensamiento político y social romano y el cristiano consiguiente iban a depender sobremanera, y de modo prolongado, del sistema semántico del derecho romano. El mismo término *civil,* que continúa siendo uno de los ejes de todas nuestras reflexiones políticas, se empleó originariamente para designar un tipo específico de ley y después se aplicó a un tipo concreto de sociedad. De igual manera, el verbo *civilizar* significaba en un principio transferir un caso de una rama del derecho a otra[50].

Incluso para Cicerón, cuya interpretación del concepto de la 'república de todo el mundo' *(respublica totius orbis)* varía de manera clara según el público al que se dirige o la tradición retórica en la que se adscribe, el «mundo» aparece a menudo dividido por una marcada distinción entre romanos y «provincianos», y de igual forma que le resultaba difícil concebir un Estado territorial independiente, también le costaba repetidamente aceptar la existencia de sistemas políticos o culturales independientes[51]. Los «provincianos», decía en *De República,* son los «bárbaros», cuyo sometimiento, declaraba con énfasis, «es justo precisamente porque para esta clase de hombres la servidumbre se establece para su propio bien»[52].

Cicerón sostenía asimismo otros puntos de vista más humanos sobre la posible relación social y política entre romanos y bárbaros. No obstante, su aceptación de que el mundo pudiera estar dividido de forma tan radical entre aquellos cuya naturaleza es gobernar y los que eran simplemente idóneos para la servidumbre tiene su origen en una convicción muy enraizada en la Antigüedad, la cual iba a ejercer una profunda influencia sobre los teóricos que se ocuparían de la naturaleza y legitimidad de los imperios posteriores.

La expresión más extrema, y la más controvertida, de dicha convicción es la misma en la que implícitamente se inspiraba Cicerón: la teoría de la esclavitud natural de Aristóteles. El esclavo natural –por oposición al hombre racional que ha sido hecho esclavo a causa de infortunadas circunstancias– es el que está condenado *por naturaleza* a una vida de perpetuo trabajo. La definición de esta anómala criatura hundía sus raíces en la distinción entre lo que, en la psicología griega, se denominaban almas «racionales» e «irracionales»[53]. En los varones llegados a su pleno desarrollo, la tendencia racional triunfa de manera invariable sobre la irracional. Esto es lo que significa disponer de la capacidad para la deliberación o la decisión moral *(prohairesis).* Ni las mujeres ni los niños son, desde el punto de vista de Aristóteles, plenamente racionales, dado que las primeras carecen de lo que él llama 'autoridad' *(akuron),* mientras que en los segundos la facultad de raciocinio solo está formada en parte. El esclavo natural debía de parecer una criatura francamente aberrante ya que, aun siendo un varón adulto plenamente desarrollado, solo posee una porción de la facultad de raciocinio, sin llegar a disponer de ella en toda su plenitud. Podía considerársele –lo cual era muy conveniente para sus potenciales amos– capaz de cumplir órdenes, pero incapaz de emitirlas. En los términos utilizados por el propio Aristóteles, es capaz de acceder al 'entendimiento' *(sunesis)* pero no a la 'sabiduría práctica' *(phonests),* puesto que «la sabiduría práctica emite órdenes... pero el entendimiento solo juzga»[54]. En su estado libre viola lo que la naturaleza quiso que fuera, ya que su amo piensa por él y él es poco más que «una parte viva pero separada del cuerpo de su amo»[55]. En la práctica debía ser, sin embargo, difícil distinguir estas criaturas. En un pasaje crucial, Aristóteles señaló que podían ser precisamente idénticas a los «bárbaros», lo cual resultaba cuando menos bastante vago, dado que *barbaroi* era un término genérico para designar a todos aquellos que no hablaban griego y debía incluir, por lo tanto, a los súbditos de la monarquía persa, hacia los cuales Aristóteles había demostrado en otras ocasiones gran respeto. No existe, empero, duda de que es a este pasaje al que hace alusión Cicerón en su descripción de los provincianos, ni de que para Cicerón la palabra «bárbaro», o su traducción como «provincianos», poseía algunos de los significados más sutiles que ha ido adquiriendo después. Los «bárbaros» eran los que carecían de las cualidades necesarias para ser miembros de la *civitas*, y todo aquel que no compartiera la correcta concepción de la naturaleza de la vida de los griegos, y más tarde de los romanos, inspiraba temor y desconfianza. Era un ser aparte cuya relación con quienes vivían en el seno de la comunidad civil únicamente podía ser de servidumbre. Para Aristóteles, y en ocasiones también para Cicerón, la condición de esclavo era así una identidad necesaria. No es de extrañar, pues, que el autor de la obra pseudoaristotélica *De mirabilibus auscultationibus* creyera que incluso los pájaros que observaban desde lo alto el templo de la isla de Diomedia podían distinguir de modo adecuado entre griegos y bárbaros[56].

Esta aparente dicotomía que separaba de forma tan rígida a los que vivían o no vivían en «el mundo», tal como se definía en Atenas o en Roma, posiblemente no resulte tan sorprendente como podría parecer a primera vista. Los antropólogos nos han demostrado que son muy pocos los pueblos que poseen un concepto plenamente articulado de género humano único e indiviso. Como observó en una ocasión Lévi-Strauss, «un gran número de tribus primitivas se refieren a sí mismos simplemente mediante el término que designa a los "hombres" en su idioma, evidenciando que, a sus ojos, fuera de los límites del grupo desaparece una característica esencial del hombre»[57]. Los griegos precisamente parecen haber sido un caso insólito, si no único, al poseer un término –*anthropos*– capaz de designar la especie biológica, al margen de cualquier categoría social. No obstante, si *anthropos* se interpreta, como se hizo en la mayoría de los textos de ética de la Antigüedad, como algo más que una categoría morfológica, y si la pertenencia a una comunidad debe depender al cabo de la aceptación por parte de dicha comunidad, la no aceptación de los *barbaroi* o de los «provincianos» practicada por los griegos y más tarde por los romanos, equivalía a una negación de su humanidad.

A diferencia de las tribus «primitivas» descritas por Lévi-Strauss, o incluso de las *polis* griegas, la *civitas* romana era, sin embargo, y ante todo, una civilización destinada a la exportación, lo cual estaba ya implícito en el mito de la fundación del Lacio como lugar donde, en formulación de Virgilio, «Saturno había reunido a las razas salvajes y les había otorgado leyes»[58]. En Roma, aunque no en Atenas, un esclavo podía ser manumitido, promovido directamente al rango de ciudadano. La manumisión, que fue una práctica bastante frecuente a partir del siglo IV a. C., implicaba, en efecto, una transformación legal de la identidad de una persona. Constituía, en palabras de Bernard Williams, «la metamorfosis más radical que pueda imaginarse», de objeto a sujeto de derechos[59]. Lo que diferenciaba al «bárbaro» de Aristóteles de los «provincianos» de Cicerón era que mientras el primero parecía inmutable en su esclavitud –puesto que por más que se le instruyera en la civilidad jamás podría otorgarse a un hombre la capacidad de raciocinio–, los segundos podían ser educados en los usos de la sociedad civil. Por este motivo, Cicerón, que siempre estuvo entre los más chauvinistas de los romanos, insistía de todas formas en que los africanos, los hispanos y los galos tenían derecho a un gobierno justo, aun a pesar de ser «naciones salvajes y bárbaras»[60]. Las fronteras entre el mundo de los hombres civiles y el de los bárbaros se disolvían de manera constante. El *Imperium* era, cuando menos en potencia, una cultura sin límites y por ello Término, el dios de los límites y fronteras, declinó asistir a la fundación de la ciudad de Roma.

El *Imperium* era en este sentido, como daba a entender un pasaje frecuentemente citado de *De Clementia* de Séneca, el *vinculum societatis,* y los eslabones de la cadena que mantenían juntos a los miembros de comunidades muy dispersas[61]. Tal como señaló el humanista veneciano Paolo Paruta en 1599, el verdadero origen de la grandeza de la República de Roma había sido la enorme diversidad de los elementos culturales, éticos y políticos que la componían, lo cual había dado lugar a una sociedad que, en su opinión, estaba «dirigida con tal prudencia y justicia, que sería imposible formar un gobierno real más perfecto»[62].

Como no podía ser de otro modo, existía una tensión entre un marcado sentido de pertenencia, derivado de la peculiar importancia que concedían los griegos al papel de la comunidad en la vida humana, y la posterior insistencia romana en que, para cumplir los propósitos para los que se había concebido dicha comunidad, esta debía, en cierto sentido, englobar a todos los habitantes del mundo; y esta tensión persistiría más tarde en todas las concepciones europeas del imperio hasta su ocaso final a mediados del presente siglo. La comunidad –la *civitas* que para los romanos era idéntica al *Imperium*– era el único contexto que hacía posible la consecución de los propios objetivos como persona. La *civitas* tenía, no obstante, el poder de transformar a todos cuantos entraban en ella. Es decir, que, en cuanto se permaneciera fuera de ella, como bárbaro o provinciano, se era en cierto modo algo menos que humano. Una vez dentro, uno se volvía con el tiempo «civilizado». Como observaría James Wilson en 1790 al ponderar el significado político de la caída del imperio británico en América, «podría decirse que no fueron tanto los romanos los que se expandieron por todo el orbe, sino que los habitantes de todo el orbe afluyeron por sí solos en tropel hacia los romanos», lo cual, añadía sin detenerse a considerar la fuerza moral que de ello pudiera derivarse, era sin lugar a dudas «el método más seguro de ampliar un imperio»[63].

No es de extrañar, por tanto, que hacia el siglo I d. C. este *Imperium* llegara a ser identificado ni más ni menos que con 'el mundo', el *orbis terrarum* u *orbis terrae*. Cicerón hablaba en *De República* de 'nuestro pueblo cuyo imperio posee ahora la totalidad del mundo' *(Noster hicpopulus... cuius imperio iam orbis terrae tenetur)*[64] y Livio pone en boca de Rómulo la expresión del deseo de que *mea Roma caput orbis terrarum sit* ('mi Roma sea la cabeza del mundo')[65]. Tras el establecimiento del nuevo régimen de Augusto en el 27 a. C., este se tornó formalmente expansionista hasta el punto de convertirse en lo que sería un «estado mundial», limitado tan solo por el *oceanus*[66] en la imagen acuñada por Virgilio y que más tarde utilizarían los europeos, en especial los españoles, para demostrar su superioridad sobre los antiguos. Esto no significaba que los romanos hicieran caso omiso de la existencia real del resto del planeta; al contrario, poseían una viva y refinada curiosidad etnográfica por los pueblos que habitaban en las tierras que quedaban más allá de las fronteras del imperio. Lo que ocurría es que esos otros mundos, como el de los chinos por ejemplo o de los habitantes de las Antípodas, no tenían una identidad definida como comunidades –y mucho menos como poderes políticos– y, por la evolución natural de las cosas, acabarían siendo absorbidos algún día por el *Imperium*, 'el mundo' propiamente dicho. Este era, como lo expresó Theodor Mommsen en su gran historia del derecho público romano, «un concepto normal para los romanos según el cual no solo eran el poder principal de la tierra, sino también en cierto sentido, el único»[67].

Cuando menos *de iure*, Augusto y sus sucesores se habían convertido en los dirigentes del mundo. Ahora solo faltaba un cuerpo legislativo, que oportunamente proporcionó el emperador Antonino Pío en el siglo II en la famosa *Lex Rhodia*[68] para transformar al *imperator* en 'señor de todo el mundo' *(dominus totius orbis)*. El concepto de *orbis terrarum* pasó a ser la apropiación efectiva por parte del ámbito político de la noción estoica de un solo género humano, la cual constituyó, como comentaría el historiador francés Claude Nicolet, un «triple logro: espacial, temporal y político»[69].

6

Tras el triunfo del cristianismo, estas nociones de simultánea singularidad y exclusividad se vieron reforzadas por la insistencia cristiana en la cualidad exclusiva tanto de la verdad de la Palabra de Dios como de la Iglesia como fuente de autoridad interpretativa. Aun cuando en el siglo V Gelasio I hubiera instaurado la división formal entre la autoridad secular y la sacra[70], la extensión de la cristiandad permaneció circunscrita en gran medida al territorio que se consideraba que había ocupado el mundo romano. La cristiandad se consideraba espacialmente coextensiva con el *Imperium romanum*[71]. El *orbis terrarum* se convirtió así, a través de la variación efectuada por León el Grande en el siglo V, en el *orbis Christianus*, que a su vez se transformó pronto en el *Imperium Christianum.* Un siglo después, Gregorio el Grande lo traduciría por la *sancta respublica*, una comunidad dotada de la misma exclusividad simultáneamente abierta que había caracterizado a la *respublica totius orbis* de Cicerón.

En la base de dichas pretensiones de autoridad política y territorial se hallaba el sentimiento, cuyas vías de desarrollo resultan difíciles de precisar, de que para ser humano –para ser, por lo tanto, «civil» y capaz de interpretar correctamente las leyes de la naturaleza– ahora había que ser también cristiano. En el periodo en que Gregorio empleó la palabra «bárbaro», esta se había convertido ya en sinónimo de *paganus,* y en este sentido se utilizó en el lenguaje de la curia como mínimo hasta el siglo XV. Además de «paganos» e «infieles», los *pagani* tenían el estigma de la *rusticitas,* y por eso, en descripción de Peter Brown, rehusaban «ver el mundo como algo inteligible»[72]. Si bien resultaba evidente que para ser humano no se tenía por qué ser cristiano, para Gregorio, igual que para Aristóteles, todos los *barbari et pagani*» rozaban los límites de la inhumanidad. No en vano eran ellos, como explicó Alberto Magno, quienes confundían «las interrelaciones *(communicationes)* mantenidas en la sociedad y destruían los principios de justicia que operaban en dichas interrelaciones»[73].

Los no cristianos, paganos que también eran *barbari,* debían ser animados a sumarse a la *congregatio fidelium* al igual que habían sido alentados los «bárbaros» a integrarse en la *civitas* romana. En términos del derecho natural, además, todos los hombres, ya fueran paganos o cristianos, tenían idénticos derechos políticos. Esta creencia tendría, como veremos, importantes repercusiones en las disputas centradas en la legitimidad de las conquistas europeas de territorios que eran, de hecho, los dominios políticos de gobernantes no cristianos.

Aun así, mientras continuaran siendo no cristianos, los pueblos podían quedar excluidos de la definición más rigurosa del término «mundo». A pesar de su insistencia en la auténtica universalidad del derecho natural, santo Tomás de Aquino y sus seguidores nunca lograron borrar del todo la anterior identificación, de tendencia más agustiniana, entre razón y creencia. El propio san Agustín había expresado, por otra parte, indicios bastante obvios de que, al igual que Cicerón, tendía a considerar a algunos paganos como esclavos por naturaleza[74]. De esto se desprendía de forma clara, tal como ha demostrado Richard Tuck, que quienes se encontraban dentro del «mundo» estaban legitimados a declarar la guerra contra los de fuera, sobre todo cuando estos, además de ser paganos, habían persistido, como los otomanos –a quienes Aquino había calificado de «vencibles ignorantes»– en su infidelidad obstinada incluso después de haber oído la Palabra de Dios. Con excesiva frecuencia la *pax christiana* era una paz solo para cristianos[75]. La diferencia, en ocasiones tan acusada con que las dos corrientes principales del cristianismo occidental –el catolicismo romano, que desde finales del siglo XV era mayoritariamente tomista, y las diversas variantes del protestantismo, que eran todas de inspiración agustiniana– enfocaron la cuestión de las creencias de los demás, iba a tener una profunda influencia en las diversas historias de los modernos imperios europeos de ultramar.

El monoteísmo cristiano contribuyó a acentuar este sentimiento de singularidad. Desprovistos de la noción de una única deidad creadora, los romanos no habían tenido motivos para confundir la observancia de la ley con la adscripción a una creencia religiosa específica, ni siquiera con la observancia de un culto religioso determinado. Para los nuevos cristianos, en cambio, la diversidad cultural y religiosa que había sido un rasgo distintivo del imperio pagano era un puro síntoma de la pobreza espiritual sobre la que se había cimentado siempre el concepto romano, militar y esencialmente secular, de *virtus*. Ciertamente, los cristianos, de Juan de París en adelante, toleraron una amplia diversidad de formas de gobierno y de costumbres y leyes locales. La 'variedad de las cosas' –*varietas rerum*– había sido garantizada por la infinita inventiva de Dios y avalada por los argumentos de Polibio, y más tarde de los aristotélicos, en torno al significado psicológico de la variación climática[76]. No obstante, todas las formas de asociación civil debían hacerse inteligibles en el marco de un solo sistema de creencias. La idea de una multiplicidad de culturas, y por extensión de una multiplicidad de Estados en el seno del *Imperium,* resultaba a la postre difícil de armonizar con la imagen de Dios como padre de la familia humana. En términos del mismo tropo, si el cuerpo político únicamente podía tener una cabeza, de igual modo podía tener solo una voz y, sobre todo, un único sistema de creencias. El propio Cristo, había predicado san Bernardo, había dejado en manos de Pedro el gobierno de toda la raza humana[77]. Desde estos supuestos, si el imperio debía ser a la vez uno solo y universal, en la imaginación cristiana debía ser también sagrado.

Si bien el Imperio medieval de Occidente, como convencionalmente suele denominarse aun incurriendo en un equívoco, no empleó el término *sacrum* hasta que fue incorporado por Federico I en 1157, no cabe duda de que en la reconstrucción figurativa de su propia historia fue considerado una comunidad sagrada desde el día de la conversión de Constantino. En un sentido más amplio siempre había sido un imperio sagrado, puesto que la propia Roma clásica había estado dotada desde su fundación de un origen y una categoría divinos. El Júpiter de Virgilio concede a la nueva ciudad un imperio sin límites espaciales y temporales. La frase «para estos [romanos] no dispongo fronteras ni periodos de imperio; *Imperium* infinito les otorgo»[78] tendría más tarde eco en la definición del jurista del siglo XIV Baldo de Ubaldis del Imperio Cristiano como «poder supremo sin límites». El concepto de «divinidad» del mundo pagano era, evidentemente, muy distinto del cristiano. Aun así, en los diversos textos (cristianos) que pretendían establecer un vínculo entre el mundo antiguo y el moderno, ambos coincidían en un único acontecimiento. En una cultura como la cristiana que concedía un gran significado escatológico al tiempo y lugar de nacimiento, el que Jesucristo naciera durante el reinado de Augusto, el artífice de la nueva Roma imperial, identificaba a este con un momento cumbre de la historia mundial. En la formulación de Lactancio, el Principado de Augusto había sido una «Edad de Oro», el equivalente puramente humano del Paraíso Terrenal. Junto con la *Eneida* –que durante el reinado del emperador Federico II se leía como un poema semisacro (y como tal lo leyó, por ejemplo, Dante)– y la supuesta predicción del nacimiento de Cristo en la cuarta égloga, era posible concebir el *Imperium romanorum* no solo, tal como había hecho san Agustín, como una recompensa divina a la virtud suprema aunque secular de los romanos[79], sino como instrumento de Dios en el mundo cuyo objetivo era preparar el camino para su posterior conversión al cristianismo.

La *Lex regia* había sido una norma puramente humana. Para Baldo, sin embargo, este origen humano había adquirido sanción divina como consecuencia del reconocimiento formulado por Cristo hacia la autoridad imperial. («Dad al César lo que es del César».) A partir de ello, era posible sostener que la *Lex regia* había sido una expresión de la ley del pueblo validada por mandato divino. El que en tiempos del nacimiento de Cristo la dirección del mundo estuviera en manos de los romanos debió ser por voluntad divina[80]. Ninguna reivindicación posterior de «derecho divino» podía ser comparable al respaldo personal del propio Hijo de Dios. De este modo el imperio teocrático pasó a ser algo marcadamente distinto de un reino teocrático.

También para Dante el *Imperium* era el instrumento político idóneo para satisfacer la necesidad humana, más duradera, de crear una única comunidad de saber y una única civilización humana, unida por lo que en *Il Convivio* denominó la «religión universal de la especie humana»[81]. Con el aval de los textos de Mateo XXVIII, 18 –«todo el poder recae sobre mí en el cielo y en la tierra» y de 1 Corintio XV, 27: «pues Él ha puesto todas las cosas a sus pies»– podía llegar a mantenerse incluso, tal como concluyó Tomás de Aquino entre otros, que el verdadero *dominus totius orbis* fue Cristo, y Augusto no pasó de ser su regente[82]. Este *ordo* político solo podía ser, por consiguiente, invirtiendo la famosa máxima de Voltaire «sagrado, romano e imperio».

El origen de este orden político único simbolizado en la donación de Júpiter referida por Virgilio, también adquirió un amplio significado para las posteriores generaciones ansiosas de mantener la por otra parte frágil continuidad entre los imperios pagano y cristiano. A tal fin se argüía que el imperio fundado por Júpiter y recreado por Augusto había pasado a través de una serie de sucesiones políticas hasta Constantino el Grande, y Constantino –como mínimo para la fértil imaginación política del pontificado del siglo VIII– había legado su *imperium* (que para entonces se concebía como una propiedad casi hereditaria) al pontificado, el cual lo había transferido a su vez a una dinastía de dirigentes germánicos[83]. Poco importaba que, tal como observó Jean Bodin en el siglo XVI, en este imperio germánico el emperador estuviera en realidad tan a merced de sus propios Estados, hasta el punto de no ser siquiera soberano sino, como el dogo veneciano, el primer ciudadano de un Estado aristocrático[84]. Las realidades tenían escasa importancia teórica. Lo que contaba, para los otros príncipes de la cristiandad y para las futuras generaciones de gobernantes europeos, era el pedigrí histórico que revestían las pretensiones tanto del emperador como del papa de disponer de *imperium* sobre la totalidad del mundo cristiano.

La imagen del imperio como objeto de sucesivas «renovaciones» en el transcurso del tiempo pasó a ser, como veremos, el eje de las formulaciones ideológicas que darían los posteriores imperios europeos a sus distintos proyectos e identidades políticas. Fue esto lo que convirtió en poderosas ideologías políticas descripciones aparentemente tan absurdas del imperio universal como la realizada en el siglo XVII por Tomasso Campanella en su *De monarchia hispanica*, cimentada en hermenéuticas proféticas y abstrusos cálculos astrológicos. No en vano los imperios romano y medieval, y todos los imperios que pudieran sucederlos en el futuro, estaban considerados como algo más que simples estructuras de poder. También se presentaban como los medios que Dios había dispuesto en la tierra para uso de los hombres con el fin de cumplir sus designios. En este punto al menos tenían un fuerte componente aristotélico. La antigua *polis* había hecho posible el florecimiento humano *(eudamonia)*. Al traducir en el siglo XIV la *eudamonia* de Aristóteles como *beatitudo*, Robert Grosseteste había hecho de ella una condición que claramente solo podía alcanzarse dentro de los límites territoriales de la *monarchia* cristiana. La idea de la *monarchia* como sistema único que englobara el total de la cristiandad se convirtió, en palabras de J. H. Burns, en «uno de los elementos más destacados del pensamiento político del periodo»[85].

7

La prolongación durante siglos de los debates que privilegiaban de este modo la noción de un único ámbito mundial exclusivo hizo del mundo romano y de sus sucesores partícipes de un proceso de transformación cuyos orígenes se remontaban a los de la propia comunidad política humana. Aunque *de facto* pudieran existir otros reinos en el mundo, como también existían *de facto* otros sistemas de creencias aparte del cristianismo, *de iure* solo podría haber un emperador y una sola religión. Esta visión exclusivista es la que animaba al jurista del siglo XV Bartolo de Sassoferato cuando escribía que, considerados de manera individual, podían existir ciertamente otros gobernantes en el mundo, cuyo derecho a gobernar defendía con ardor, pero que desde una óptica universal, el emperador era, tal como había proclamado ser Antonino Pío en el siglo II, *dominus totius mundi vere*[86]. Como decía Bartolo en otro texto, imprimiendo una variación significativa a las palabras empleadas, el emperador es *de iure*, 'señor y monarca de todo el mundo' *(dominum et monarcham torius orbis)* y negarlo –aun cuando como buen jurista se mostrara cauteloso en este punto– podría constituir herejía[87].

Si bien esta célebre afirmación fue descartada por absurda, y posiblemente por blasfema, por los teóricos posteriores, la estrecha asociación establecida entre el imperio como marco del florecimiento humano y la reivindicación de la Iglesia de ser la única fuente de redención espiritual determinaban de forma ineludible la universalidad de la jurisdicción del emperador, la cual respaldaron la gran mayoría de juristas tanto de derecho canónico como de derecho civil[88]. El contexto en que Bartolo realizó esta aseveración es también muy significativo. En un principio dividió el mundo en cinco *genera gentium*, que después clasificó situando, por una parte, el *populus Romanus* y por la otra las cuatro clases de *populus extranei*[89]. El primero lo definió –también con la apropiada cautela legal– como «casi todos los que siguen los dictados de la Santa Madre Iglesia»; los *populi extranei* los identificó como turcos, judíos, griegos y sarracenos. El emperador dispondría, al parecer, del dominio *de iure* sobre ambas categorías de personas, aun cuando *de facto* no fuera siquiera el gobernante indiscutido de todo el *populus Romanus*. El efecto de la división étnica efectuada por Bartolo es, una vez más, la limitación de «el mundo» a una sola comunidad cultural, política y, en este caso, religiosa. Una vez más, instituye barreras entre lo que puede considerarse el ámbito del mundo plenamente humano y el de los otros –entre los que entonces ya se contaban, a causa de su rechazo de la hegemonía de la Iglesia occidental, los griegos–, que no tienen cabida en la *civitas* y por ende no son acreedores de consideración moral por parte de los que están integrados en ella.

Las pretensiones de *dominium* universal, que en su origen fueron consecuencia de un cambio gradual de visión de la identidad de la comunidad política óptima, implicaban necesariamente la extrapolación de una definición de humanidad de la esfera moral a la política. Esto exigía la restricción de lo «humano» a una entidad política específica que, por fuerza, solo podía ser la de un gobernante indiscutido de categoría muy próxima a la de un «Dios en la tierra». La traducción del concepto de la *civitas* al mundo cristiano reforzaba el sentimiento de diferencia entre quienes estaban dentro o fuera del imperio universal romano. Este es el legado de universalismo, desarrollado a lo largo de siglos y respaldado por una élite de eruditos poderosamente articulada, del que nunca acabaron de desprenderse los imperios europeos de ultramar, en especial el de España. Por más incontestado y, para muchos, reconfortante que pudiera ser este sentimiento de unicidad, planteaba por otro lado problemas en apariencia insolubles, tanto de legitimación como de representación para los proyectos políticos que aspiraban a ampliar los límites del *orbis terrarum* hasta puntos en que la restrictiva noción de dos géneros de pueblos ofrecida por Bartolo dejaba de tener sentido.

2. *Monarchia universalis*

> Nos autem, cui mundus est patria velut pisicibus equor...
>
> Dante Alighieri, *De vulgari eloquentia*, I VI 3

1

Con los emperadores cristianos, el antiguo sueño de universalidad transformó la ambición pagana de civilizar el mundo en el objetivo análogo de convertir literalmente a todos sus habitantes al cristianismo. El único sistema legal unificador –el *koinos nomos*– se convirtió así en un único sistema de creencias. La enorme influencia que tuvo la noción estoica de ley en las reformulaciones realizadas por los Padres de la Iglesia, de san Agustín a santo Tomás, aseguró un alto grado de continuidad teórica entre los imperios pagano y cristiano, así como el convencimiento no menos acusado de que la conversión no podía lograrse de manera plena o adecuada sin una correspondiente transformación política y cultural.

En la mitología fundamental del imperio romano había otro componente que facilitó una absorción relativamente sencilla de la teoría clásica del imperio por parte de sus sucesores cristianos. El que el *Imperium* hubiera extraído la legitimidad de su ilimitado poder político de una única cultura moral se debió a que dicha cultura estaba basada en la *pietas*, cuyo arquetipo había sido el Eneas de Virgilio, 'destacado en las armas y en la piedad' *(pietate insignis et armis)*[1]. La *pietas* denotaba lealtad a la familia y a la comunidad en general, junto con la estricta observancia de las leyes religiosas de dicha comunidad. También implicaba el reconocimiento de la singularidad de un credo y la fidelidad a dicho credo, que, en el caso de los romanos, expresaba la completa fusión de lo espiritual y lo político. Roma, en expresión de Cicerón, había prosperado precisamente gracias a «nuestra escrupulosa atención a la religión y a nuestra sabia comprensión de una sola verdad»[2]. La *pietas*, que había sido causa de la fundación del imperio romano, debía interpretarse como humanidad, según aseguraba en el siglo XIII Santiago de la Vorágine, autor de *La leyenda dorada*, una recopilación de vidas de santos que alcanzó una inmensa popularidad. «¿De qué nos serviría –se interrogaba, empleando una paradoja muy usual en el cristianismo– conquistar a los bárbaros, si por nuestra parte estuviéramos sometidos a nuestra propia brutalidad?»[3]. Para conquistar hay que ser conquistado primero; para ser libre antes hay que estar esclavizado.

Las virtudes englobadas en esta noción de piedad habían sido, como afirmaba san Agustín en un pasaje frecuentemente citado del Libro V de la *Ciudad de Dios*, la razón de que Dios confiara a los romanos la tarea de unificar el mundo antes del advenimiento de Cristo. Los romanos habían recibido *excellentissimi imperii* como recompensa por

> las virtudes con las que persistieron en el arduo camino que les reportó finalmente tamaña gloria... Descuidaron el interés privado en aras del interés común. Resistieron a la avaricia, administraron consejo a su país con inquebrantable juicio y no cometieron ningún delito contra la ley ni fueron culpables de ningún deseo ilegítimo[4].

La *pietas* comprendía pues la práctica de la *virtus,* la calidad de «humanidad» que se expresaba en la disposición no solo de morir por las propias creencias y la propia comunidad, sino también de valorar el bien de dicha comunidad, la *utilitas publica*, por encima de la propia conveniencia personal, la *utilitas singulorum.* Tal como ocurriera con el término relacionado *virtus,* que el filósofo cristiano Boecio transformó en el siglo VI en la noción moderna por todos conocida de «virtud», la conversión de la concepción romana, y por extensión imperial, de «piedad» al contexto del imperio medieval resultó relativamente sencilla. En la transformación final de la humanidad entera en comunidad de seguidores de Cristo, sería el imperio el que garantizaría la disolución de todas las diferencias culturales, políticas y confesionales. La frase 'El imperio del pueblo de Roma se propagará hasta los más remotos confines de la tierra' *(imperium populi Romani propagaverit in ultimos terrarum fines)*[5] que Livio atribuyó a Escipión, tiene un eco claro en la traducción que hizo san Jerónimo del salmo XVIII, 5: 'Su sonido se ha extendido por todo el mundo y la Palabra ha llegado hasta los confines de la tierra'. *(In omnem terram excivit sonus eorum et finis terrae verba eorum).*

Bajo la égida del nuevo orden, las diferencias desaparecerían en la fraternidad de Dios, que era también el Hijo del

Hombre. Este «nuevo hombre», informaba San Pablo a los colosenses, que se va renovando con miras al conocimiento profundo, según la imagen del que lo creó, donde no hay ya griego ni judío, circuncisión ni incircuncisión, bárbaro, escita, esclavo, libre; sino que Cristo es todo en todos (II.11).

Los emperadores cristianos tenían, por lo tanto, no solo la obligación de sostener y proteger el cristianismo, sino de extender el imperio a aquellos, los no cristianos, a los que debido a su ignorancia, les había sido negado el acceso histórico a la 'congregación de fieles' *(congregatio fidelium).* El orden del mundo cristiano, cuyos orígenes estaban indisolublemente unidos a los del *Imperium* romano, había sido considerado siempre como idéntico *de iure* al mundo –el *orbis terrarum*– y, por consiguiente, como potencial orden cultural, moral y finalmente político carente de fronteras naturales.

Animar a los no cristianos a integrarse en el mundo de la cristiandad planteaba serias dificultades morales. La conversión se concebía como un proceso esencialmente cognitivo, un acto de instrucción que desembocaría en la integración por voluntad propia del converso en la congregación de los fieles. Aunque practicadas con frecuencia, las conversiones forzosas estaban –como denunciaría más tarde con violencia el gran «apóstol de los indios», Bartolomé de las Casas– desprovistas de auténtico significado. La estrecha relación establecida por la mentalidad cristiana entre creencia y determinados tipos de comportamiento social propiciaba, sin embargo, la existencia de sectores que sostenían la legitimidad de la introducción forzosa a la «civilidad» como condición preliminar necesaria para la conversión voluntaria, hasta tal punto que buena parte de la legislación colonial de Hispanoamérica, y en parte de Canadá, estaba orientada hacia ese fin.

2

El imperio cristiano era una institución secular. El emperador continuaba siendo, no obstante, aun sin conservar su anterior condición sacerdotal, la segunda espada de la Cristiandad. Para Dante –que fue el más influyente defensor de la autoridad imperial durante la Edad Media– era precisamente la función del emperador como defensor secular, políticamente independiente, de la fe lo que hacía de él el posible agente de la armonía política universal. Esta relación era, sin embargo, inestable. El propio Dante había insistido, como se sabe, en que «la autoridad del Imperio no depende en modo alguno de la Iglesia»[6], y sostenido que el gobierno imperial, y por lo tanto extranjero, era la única solución a los problemas de Italia. Aun así y a pesar de la persistente hostilidad mutua que mantuvieron el imperio y la Iglesia hasta el final de la Guerra de los Treinta Años, en 1648, la Iglesia continuó siendo, por más que le pesara a Dante, la única entidad capaz de conferir al imperio el halo de sacralidad que necesitaba para sostener su identidad como *el* imperio y no como un imperio más. Por otra parte, el imperio era también la única entidad capaz de ofrecer a la Iglesia, si bien de manera esporádica, la protección militar que tan a menudo necesitaba. Incluso después de que Roma fuera saqueada por las tropas amotinadas de un emperador, Carlos V, la antigua relación entre las «dos espadas» de la cristiandad sirvió para mantener vinculado al imperialismo europeo con el destino y el futuro del cristianismo.

El compromiso en torno a un programa de evangelización adquirido por los españoles, cuyo soberano también ostentaba el título de «sacro emperador romano» durante el periodo de mayor expansión en tierras de ultramar, era, en cierta medida, ineludible. Este quedó, además, reforzado por el hecho de que las reivindicaciones de la Corona castellana sobre las posesiones americanas se apoyaran desde un principio en una concesión papal. Las bulas (cinco en total) emitidas por el papa Alejandro VI en 1493 concedían a los Reyes Católicos el derecho a ocupar una región vagamente definida como «todas las islas y tierras firmes descubiertas y por descubrir, halladas y por hallar hacia el Occidente y Mediodía»[7]. Hasta finales del siglo XVII, estas bulas fueron representadas en la historiografía del imperio español como una donación, y como tal se consideraron análogas, en cierto sentido, a la Donación de Constantino. Aun cuando no garantizaran el *dominium* indiscutido de América a la Corona de Castilla, sí le proporcionaban un vínculo con el Imperio de Occidente, que ansiaban mantener incluso aquellos que negaban la pretendida prerrogativa papal de disponer de soberanía sobre «todo el mundo». Esto podría explicar la repetida insistencia de tantos autores españoles, desde Francisco de Vitoria en torno a 1530, pasando por el jurista Gregorio López[8] –que, por lo demás, se mostró en desacuerdo con Vitoria en muchas otras cuestiones– hasta Francisco de Ugarte en 1655[9], en la autenticidad de un documento cuya falsedad había quedado ya demostrada en 1440.

La asociación con Constantino se vio reflejada asimismo en dos estadios cruciales de la historia de la conquista de

México. La primera es la declaración realizada por Hernán Cortés en 1519 desde México en la cual afirmaba que pronto haría posible que Carlos V «se pueda intitular de nuevo Emperador della y con título y con no menos mérito que el de Alemania que por la gracia de Dios Vuestra Sacra Majestad posee»[10]. La segunda es la «donación» ficticia que hizo Moctezuma de su «imperio» a Carlos V en un episodio cuidadosamente preparado en el que el dirigente azteca dona su *imperium* al monarca cristiano en unos términos que, tal como mostró John Elliott hace mucho tiempo, presentaban marcadas reminiscencias bíblicas y de la retórica foral medieval castellana[11]. En ambos casos se trataba de reforzar la imagen del imperio americano de Occidente como una prolongación del antiguo imperio del Este. Desde estos presupuestos quizá no sea de extrañar que Felipe II se hubiera planteado la posibilidad de adoptar el título de «Emperador de las Indias» para compensar la pérdida del propio título imperial, o que, en el siglo XVII el rey de Castilla recibiera en las publicaciones semioficiales el tratamiento de «Emperador de América»[12]. La dependencia de este tipo de figuración política con respecto de los textos narrativos exigía asimismo la constante escritura y reescritura de la historia oficial. Por esto, como reconocía Hakluyt, los castellanos habían comprendido desde un principio la necesidad de disponer de una historiografía de corte, lo cual había recomendado, aunque con escaso éxito, Hakluyt a la Corona inglesa[13]. El historiador y el cosmógrafo, escribía André Thelvet en 1575, que «mediante sus observaciones oculares facilitan [la comprensión] de la conquista» eran los custodios del simbolismo imperial[14].

Aun cuando sería errado dar demasiada importancia a este aspecto, no por ello es menos evidente que la prolongada dependencia en círculos próximos a la corte de Castilla de la donación papal y el papel clave que esta desempeñó en la historiografía oficial del imperio español sirvieron para mantener el firme anclaje de la continuidad entre la monarquía española y el antiguo *Imperium romanum,* y el subsiguiente imperio cristiano.

Además de iniciarse con la autorización explícita del pontificado, el imperio español fue en gran medida dirigido, hasta que las reformas de las dos últimas décadas del siglo XVIII alteraron por completo su naturaleza, como una aventura coprotagonizada por el Estado y la Iglesia. Una prueba de la estrecha colaboración mantenida durante la primera fase de la colonización es que, entre 1516 y 1518, la isla de La Española estaba directamente gobernada por la orden de los jerónimos, que a su vez había sido creada por el rey Alfonso XI de Castilla. A pesar de las tempranas tentativas auspiciadas por la élite de conquistadores y por las órdenes franciscana y dominica de crear una nueva Iglesia independiente en el Nuevo Mundo, las instituciones eclesiásticas de Hispanoamérica se mantuvieron sometidas a un firme control real durante todo el periodo colonial. Salvo en breves periodos de los siglos XVII y XVIII, esta estrecha relación entre Estado e Iglesia configuró la forma de gobierno de América y sirvió a un tiempo como sostén de la presencia ideológica de la Corona a medida que las nuevas colonias desarrollaban identidades culturales y aspiraciones políticas propias.

En estos dos aspectos, el imperio español de América fue un caso sin réplica. Los españoles no fueron, sin embargo, los únicos que expresaron su propósito inicial de crear un imperio de ultramar a la manera de una misión. Los france ses no contaban, al menos en un principio, con una sanción papal ni tampoco, pese a sus continuadas tentativas, mantenidas desde Carlos VIII a Luis XIV, de asumir el título imperial, con un vínculo inmediato con los antiguos objetivos imperiales. Aun así, desde los tiempos de Francisco I habían definido sus proyectos coloniales en términos muy similares a los de los españoles[15]. La concesión otorgada el 15 de enero de 1541 a Jean de la Rocque, señor de Roberval, después del tercer viaje de Cartier a Norteamérica, expresaba el deseo del rey de que

> pobléis las dichas tierras y países y construyáis allí ciudades y fortalezas, templos e iglesias, con objeto de impartir nuestra Santa Fe Católica y nuestra Doctrina Católica, para constituir y establecer la fe y la paz, por medio de oficiales de justicia a fin de que éstos [los indios americanos] puedan vivir de modo acorde con la razón y la civilidad *(police)*[16].

Un siglo más tarde, Enrique IV aún insistía en que su política colonial, tanto en el Atlántico como en el Índico, era una mera continuación de los objetivos de sus predecesores[17]. Esta postura se enmarcaba en parte en una estrategia dirigida a rebatir las denuncias de los españoles y del pontificado, que acusaban a los franceses de transgredir los límites de la esfera de influencia ibérica. Francisco I y Enrique IV negaron en repetidas ocasiones la validez de las bulas de Donación de Alejandro VI y la interpretación que de ellas hacía la Corona castellana[18]. Todos los poderes cristianos tenían, a fin de cuentas, la obligación de evangelizar tanto si seguían un dictado específico del papa como si no. No obstante, la afirmación que Francisco I hizo en la concesión otorgada a Roverbal el 15 de enero de 1541, según la cual no tenía intención de invadir los territorios de «ningún príncipe o poder aliado a nosotros, y en especial los de nuestros muy queridos y amados hermanos el emperador [Carlos V] y el rey de Portugal», es reflejo del grado de malestar que generaba, de forma continuada, esta cuestión[19].

Aun siendo un componente capital de los alegatos ideológicos de las tres potencias destacadas en el Atlántico, la resolución de las disputas de rivalidad no era, sin embargo, el único, ni siquiera el principal, objetivo de los ideólogos franceses. Lo que pretendían ante todo era apaciguar la conciencia real ante Dios. Más imprecisa, aunque no menos urgente, era la necesidad de establecer algún tipo de identidad moralmente admisible y claramente definida para las nuevas colonias. Las órdenes religiosas estaban movidas, como es evidente, por intereses propios cuando sostenían, como lo expresó una de ellas en 1691, que los reyes franceses habían actuado con el propósito de crear «un imperio cristiano, más que de ampliar las fronteras de una monarquía temporal»[20]. No eran, sin embargo, los eclesiásticos los únicos en efectuar tales declaraciones. En 1627, cuando ninguno de los reinos ibéricos representaba ya un peligro para Francia, al establecer la primera empresa comercial en Canadá, la *Compagnie des Cents Associés pour le Commerce du Canada,* Luis XIII retomaba lo que para entonces se había convertido en una especie de tradición familiar. Su objetivo, aseguraba, era «continuar el mismo deseo del difunto Enrique el Grande, su padre de gloriosa memoria» –en referencia a la creación de la colonia de Acadia en 1603– de que Francia descubra en las tierras y países de Nueva Francia, llamados Canadá, algún poblamiento capaz de sostener las colonias, con el propósito de intentar, con la asistencia divina, atraer a las gentes que los habitan al conocimiento de la verdad de Dios, civilizarlas *[les faire policer]* e instruirlas en la fe y en la religión Católica, Apostólica, Romana.

El único medio para conseguir dicho fin, proseguía, era «poblar esas tierras con franceses católicos que, con su ejemplo, pudieran predisponer a esas naciones a la religión cristiana y a la vida civil». Casi a modo de dato secundario, añadía que estos colonos podían asimismo «extraer de las mencionadas tierras recientemente descubiertas, algún provecho comercial para utilidad de los súbditos del rey»[21]. Luis XIV también realizaba la misma aseveración al informar al gobernador de la Nueva Francia, Daniel de Rémy de Courcelle, de que «el rey tiene dos objetivos principales con respecto a los indígenas. El primero es lograr su conversión a la fe católica y cristiana tan rápidamente como sea posible». El segundo, de mucha menor repercusión ideológica, era «hacer de esos indios súbditos aptos para el trabajo con el fin de aumentar el comercio»[22]. Dichos objetivos, huelga decirlo, no eran percibidos, ni remotamente, como contradictorios. El comercio, al igual que los recursos naturales con los que Dios había bendecido a América, se consideraba como una recompensa por los esfuerzos que realizaban los europeos para llevar el conocimiento de Dios a los indios, e incluso como un vehículo de evangelización por sí mismo. «Las ventajas del comercio –escribía el jesuita François du Creux en 1664– comienzan a dejarse sentir entre estos pueblos miserables y con ellas, la luz de la Palabra Divina»[23]. Adonde quiera que fueran los barcos mercantes, iban también los sacerdotes.

Las órdenes religiosas instaladas en las Antillas también sostenían en nombre de la Corona francesa esta prioridad dada a la evangelización, aun cuando las poblaciones indígenas de esta zona hubieran dejado prácticamente de existir cuando llegaron los franceses a ella. El único objeto de las primeras colonias francesas, aseguraba Charles de Rochefort en 1665 en su *Histoire naturelle et morale des Iles Antilles de l'Amérique* –la obra de la que extraería Rousseau los datos para construir su personaje del «pobre indio caribe»– había sido «la edificación y la instrucción de los pobres bárbaros»[24]. Aun en una fecha tan tardía como 1744, el historiador jesuita Pierre Charlevoix todavía mantenía que los franceses se habían granjeado como ninguna otra nación «el afecto de los americanos», debido a que, a diferencia de las de sus dos rivales, sus colonias habían sido fundadas principalmente, si no de manera exclusiva, con objeto de «asentar la fe entre los bárbaros», y, algo aún menos creíble, porque los colonos franceses «a menudo habían sacrificado su interés a tal fin»[25].

Incluso los ingleses, que al separarse del tronco del cristianismo dependiente del Vaticano se habían desvinculado al mismo tiempo del legado histórico del imperio medieval, basaron sus primeras reivindicaciones de legitimidad en nombre de la obligación, en apariencia contradictoria, de convertir a los paganos a la fe. «Ahora los reyes y reinas de Inglaterra llevan el nombre de Defensores de la Fe», declaraba Richard Hakluyt en *A Discourse of Western Planting*, de 1584, ya que habían asumido la obligación no solo de «mantener y auspiciar la fe de Cristo, sino también de expandir la misma, de modo que este fuera el principio y objeto fundamental entre todos los demás [actos]»[26]. De igual forma, la Carta de la Compañía de Virginia, de 1609, proclamaba que su propósito era servir a

> la propagación de la religión cristiana entre esos pueblos, que aún viven en la oscuridad y la miserable ignorancia del auténtico conocimiento y adoración de Dios, de modo que con el tiempo puedan incorporar a los infieles y salvajes que viven en esas regiones a la civilidad humana y a un gobierno establecido y pacífico[27].

Aún en 1725, cuando ya debía de resultar más que improbable el éxito de cualquier misión inglesa entre los indios americanos, el obispo Berkeley seguía solicitando la creación de un centro para «propagar la Palabra de Dios y la vida civil entre las naciones salvajes de América», aduciendo que este había sido «el motivo principal que indujo a la Corona a enviar los primeros colonizadores ingleses allá». El obispo esperaba mediante dicho centro

> eliminar los reproches que nos dirigen desde hace tanto tiempo, de que nuestro celo en propagar la religión es mucho menor que el de nuestros vecinos de la comunión papista, cuando en realidad supera al de ellos en pureza y tesón[28].

Para la mayoría de los pobladores ingleses, sin embargo, la evangelización era –en los supuestos en que llegaban a planteársela siquiera– solo una parte de un proyecto en el que se mezclaban de forma indiscriminada la gloria militar, la obra de Dios y el beneficio personal. En el *Pamphlet for the Virginia Enterprise*, escrito en 1585, Richard Hakluyt había definido los tres objetivos principales de la nueva colonia: «implantar la religión cristiana, traficar, conquistar»[29].

Aun cuando la implantación de la religión, semánticamente y literalmente vinculada a la implantación (*planting*) de los nuevos asentamientos europeos, se mencionaba en primer lugar, en la mentalidad de Hakluyt resultaba virtualmente indisociable de los otros dos. Como señaló Edward Winslow en 1624, América era un lugar donde «la religión y el provecho van unidos de la mano»[30]. La estrecha asociación que la mentalidad inglesa establecía entre el provecho y la obra de Dios hacía incluso posible que alguien como John Smith, gobernador de la colonia de Roakane de 1608 a 1609, siguiera la lógica de este argumento hasta el punto de celebrar las «virtudes sin par» de los españoles y los portugueses, y atribuir «sus montañas de riquezas» al «fruto de sus generosos esfuerzos»[31]. La clase de personas a las que aludirían, con el debido sarcasmo, los escoceses en el siglo XVIII con la expresión «apóstoles de la mitra y la bota»[32] no eran en modo alguno un producto exclusivamente español.

Estas voces no son excepcionales; pero son parciales. Las colonias inglesas de América habían sido fundadas por hombres inscritos en una gran variedad de creencias religiosas. Tal como observó el economista político sir Josiah Child (1630-1699) en 1665, los españoles habían logrado la unidad entre la colonia y la madre patria imponiendo un rígido código de uniformidad religiosa (si bien creía que esto había propiciado también un escaso crecimiento de la población y una excesiva indolencia entre los pobladores españoles), mientras que los ingleses que «en vano se esforzaban por llegar a una uniformidad religiosa en su madre patria» estaban en disposición de «permitir una Ámsterdam de libertad en nuestras colonias»[33]. Al margen de la naturaleza de estas diferencias, con excepción de los católicos instalados en el breve asentamiento de Avalon, en Terranova, todos los colonos británicos eran anglicanos o bien protestantes de tendencia mayoritariamente calvinista. Como lamentaban a menudo los anglicanos de Inglaterra, este tipo de personas tenían escaso interés en convertir a los indios americanos. «Ojalá», escribía en 1624 Richard Eburne,

> hubiera entre los *protestantes*, que profesan y tienen una religión mejor que la de los *papistas*, la mitad del celo y el deseo de propagar y dispensar nuestra buena y sensata religión del que parece haber entre ellos de propagar la suya[34].

Al igual que Berkeley, Eburne no pareció haber comprendido la tendencia profundamente aislacionista de las creencias de la mayor parte de los colonos. El punto de vista habitual en ellos, que atribuía el origen de todo derecho civil a la ley mosaica y situaba al derecho natural en dependencia de la voluntad divina –la tradicional ecuación establecida por Wyclif, y más tarde por Calvino, entre poder y gracia–, habría de ejercer una influencia formativa en el desarrollo de una teoría de asociacionismo político (por no mencionar los rituales de los actos políticos) distintiva de América, que al final sería capaz de transformar las comunidades religiosas en comunidades nacionales. «Puesto que el designio de Dios siempre ha sido reunir sus Iglesias al margen del mundo –escribió John Winthrop en 1637–, ahora el mundo o el Estado laico deben erigirse al margen de las Iglesias»[35]. Para la mayoría de estos colonos, sus colonias no habían sido fundadas con otra finalidad religiosa que no fuera su propia perfección. Las *Cities on the Hill* puritanas debían ser *sus* ciudades, y en ellas no había lugar para elementos ajenos. La Carta para la colonización de Carolina concedida por Carlos II se refiere de manera característica a los indígenas con el término «salvajes», a la vez que los sitúa en la misma categoría genérica de «otros enemigos, piratas y salteadores»: personas que debían ser desplazadas, no incorporadas[36]. «Nuestro primer cometido –opinaba el gobernador Wyatt en 1623– es la expulsión de los salvajes... pues es infinitamente mejor no tener paganos entre nosotros, que en el mejor de los casos son como piedras en nuestros zapatos, que mantener con ellos relaciones pacíficas y tenerlos como aliados»[37]. Tal como lo expresó Isaac de Pinto en vísperas de la Revolución americana, la cual era en gran medida deudora de este tipo de mentalidad, «por desgracia, ha sido el temperamento de Oliver Cromwell el que ha echado raíces y germinado en las vastas tierras de América»[38].

Con el tiempo, los británicos renunciaron a sostener, salvo en su mínima expresión, la ficción de que habían establecido una misión en ultramar, aun cuando hasta entrado el siglo XIX seguirían afirmando que exportaban su propia versión de la «civilización». Incluso Francia, que, como los españoles, mantenía una fuerte vinculación ideológica entre la Iglesia y la monarquía, trasladó sus objetivos fundamentales del cultivo de las almas al cultivo de la tierra y a las oportunidades del comercio. Hacia la segunda mitad del siglo XVIII, los tres imperios, hasta el de la propia Castilla, habían pasado a ser considerados por sus respectivas metrópolis como empresas eminentemente comerciales. De todas maneras, a pesar del realismo político y económico que ya a finales del siglo XVII caracterizaba el debate sobre la extensión y legitimidad de los imperios, los tres conservaron una acusada conciencia de que habían comenzado, y durante mucho tiempo habían permanecido, bajo la poderosa sombra del *koinos nomos* transfigurado en el molde del cristianismo.

3

La transformación inicial del concepto de imperio de *civitas* a misión introdujo notables tensiones en el plano teórico. En primer lugar, planteó algunas cuestiones de difícil resolución en lo tocante al grado y la clase de violencia que era legítimo ejercer con objeto de facilitar la conversión. Tal como observó sagazmente James Abercromby en 1774, las «modernas naciones de Europa» habían sustituido, en efecto, la antigua «*Ius Belli* para el dominio» por la pretensión de expandir el «dominio de Cristo y la fe cristiana, mediante la conversión de los paganos». No obstante, añadía,

> es evidente que nuestro Salvador no vino al mundo para destruir sino para salvar a la humanidad, que el reino de Cristo no estaba circunscrito a uno u otro reino terrenal concreto ni que este pudiera expandirse por medio del brazo armado, la sangre y las matanzas.

Aun cuando sus observaciones estuvieran explícitamente dirigidas contra los españoles, y en particular contra los argumentos del jurista del siglo XVII Juan de Solórzano y Pereira (al cual volveremos a referirnos más adelante), Abercromby reconocía que, si bien «han sido menos sanguinarios» en sus hazañas, los ingleses tampoco estaban libres de culpa a ese respecto[39]. La cuestión de la posible identificación de la conquista militar con la conversión religiosa y de la posible creación de los supuestos necesarios para una «guerra justa» tomando como base las diferencias religiosas, continuaron siendo hasta bien entrado el siglo XVIII el eje fundamental de todas las controversias centradas en la legitimidad del imperio.

La identificación del imperio con la propagación de la fe cristiana también exigía, en especial a partir de comienzos del siglo XVI, la revisión del pleno significado de la reivindicación imperial de soberanía sobre la totalidad del mundo. Como vimos en el capítulo 1, los romanos tendían a definir la humanidad en función de la pertenencia a una única comunidad. Los términos *terra, orbis terrarum* y el acuñamiento posterior *mundus* adolecían, sin embargo, de una gran ambigüedad y, aunque literalmente hicieran referencia a la extensión geográfica de todo el planeta, su significado político-cultural era por lo general más limitado. El propio san Agustín afirma que, tal como se empleaba en Roma, la expresión *orbis terrarum* era solo una sinécdoque[40]. Los eruditos posteriores, por lo común más literalistas, se inquietaron mucho más por la cuestión del grado de correspondencia –o la evidente ausencia de correspondencia– entre el mundo romano y *el* mundo propiamente dicho.

Aun cuando los nuevos herederos de Roma –de Carlomagno a Carlos V– o sus consejeros aludieran con mayor o menor convicción a una Monarquía Universal que sería el auténtico Estado sucesor del *orbis terrae*, no podían pasar por alto que el «mundo» se componía por entonces de una multiplicidad de culturas y Estados independientes, algunos de los cuales, en particular el otomano –la otra única entidad política descrita formalmente como un imperio– y el chino, tenían casi la misma extensión territorial y complejidad que cualquier Estado europeo. En el periodo posterior a 1492, el descubrimiento de la existencia de todo un continente que los antiguos desconocían por completo descartaba la posibilidad de que cualquier emperador de la Antigüedad hubiera podido ser gobernante del mundo. La nueva geografía –y con ella una nueva cartografía y topografía que plasmaban el avance de los imperios europeos y que culminarían con el *Theatrum orbis terrarum* de Abraham Ortelius y el *Civitates orbis terrarum* de Franz Hogenberg de 1572-1618– presentaba una imagen totalmente inédita y mucho más inmediata del «mundo» que aquellas de que disponían la Antigüedad o la Edad Media[41]. Hacia mediados del siglo XVI con excepción de los polos y la zona del Pacífico, el planeta había adquirido un perfil muy parecido al que tiene en la actualidad. Tal como lo describió el inglés Charles Davenant a finales del siglo XVII a propósito de las posibilidades existentes de creación de un moderno imperio mundial, «quedaron más tierras fuera de su jurisdicción [de Roma] que dentro»[42]. Los propios romanos, señaló, «tras haber sometido cuanto consideraron que valía la pena tomar, se habían detenido finalmente». Y allí donde se habían detenido, creyeron que estaba el fin del mundo. La pretensión de dominio sobre la totalidad del mundo en la era moderna, cuando se contaba con conocimientos geográficos muchísimo más avanzados, declaraba el jurista holandés Hugo Grocio en 1625, era una 'pura idiotez' *(stultum titulum).* ¿Cómo podía, se preguntaba Grocio –que había desempeñado un papel destacado en el prolongado debate sostenido en el siglo XVII en torno al origen de los indios americanos–, un solo gobernante reclamar el ejercicio de una autoridad previa sobre «remotos pueblos ignotos», muchos de los cuales aún aguardaban presumiblemente a ser «descubiertos»?[43].

Los intentos de combatir la nueva geografía se demostraron siempre inviables, y a menudo absurdos. El historiador humanista Lucius Marineus Siculus afirmaba que en «Tierra firme» se había encontrado una moneda con la efigie de Augusto, lo cual demostraba que, pese a no haber quedado constancia escrita de ello, en un tiempo América había formado parte del imperio romano[44]. Gonzalo Fernández de Oviedo, el primer historiógrafo real de las Indias, sostenía que, si bien Colón había sido efectivamente el «primer descubridor» de América, los propios indígenas americanos eran en realidad descendientes de los supervivientes de una diáspora visigótica[45]. Si bien tales afirmaciones raras veces se tomaron en serio ni se emplearon nunca para respaldar ningún argumento formal en favor de la jurisdicción en las Américas, son muestras representativas de la desesperación que producía la necesidad de establecer un vínculo entre los límites geográficos del antiguo imperio y los posteriores.

Otra estrategia para preservar la antigua imagen del imperio era argumentar, como había hecho san Agustín, que «todo el mundo» no era más que una sinécdoque, con lo cual la expresión podía ampliarse hasta cubrir la totalidad de las tierras recientemente descubiertas y también las que pudieran quedar por descubrir[46]. También podía sostenerse, como declaró más tarde el cardenal Bellarmino –más conocido por ser quien trató de convencer a Galileo de que no divulgara las pruebas que respaldaban el heliocentrismo de Copérnico–, que «puede decirse que esas provincias no pertenecen al mundo»[47]. Ambos argumentos carecían, sin embargo, de base para sustentarse. La pretensión de inclusividad total resultaba incoherente en cuanto se la examinaba con un mínimo de detenimiento. La tentativa de excluir de la definición del «mundo» a todos los continentes salvo los tres que se conocían en la Antigüedad clásica no solo equivalía a negar una evidencia manifiesta, sino que además privaba al imperio de la razón legítima para ocupar América y también de su significado como agente de la escatología cristiana.

La imposibilidad de hallar argumentos más eficaces para contrarrestar la tangible presencia de la geografía parecía indicar que la reivindicación prescriptiva del imperio de soberanía sobre el mundo se había perdido de modo irremediable. Como tema de teoría política no parecía merecer más atención de la que Grocio le prestó. En cierto nivel, empero, la ocupación *de facto* llevada a cabo por los españoles de las tierras que, en ese momento, parecían abarcar la mayor parte de América encumbró dicho imperio hasta extremos en que realmente se percibía abarcando «todo el mundo». Ya en 1526, Gonzalo Fernández de Oviedo, atendiendo el cometido que se había autoimpuesto como creador de la historiografía del Nuevo Mundo, había tratado, para desagrado de Richard Hakluyt, de integrar América en una monarquía mundial española en condición de «universal y única monarca del mundo»[48]. No es de extrañar pues que, a finales del siglo XVI, teóricos políticos milenaristas como el visionario calabrés Tommaso Campanella (1568-1639) e incluso, en cierta medida, el más sobrio antiguo jesuita piamontés Giovanni Botero, hicieran cábalas sobre la posibilidad de que América no fuera más que un puente para acceder a Asia y de que en breve se cumpliría el inicial sueño imperial de Colón con la institución de España como soberana suprema del antiguo imperio del Gran Kan. El nombre *Christophorus* –escribió Campanella– debe interpretarse con el significado de «aquel que lleva a Cristo» [interpretación esta que el propio Colón había dado a su nombre] y *Colombus* como *Columba*, 'la Iglesia'. Y en otro pasaje: «Todo el mundo te servirá» (Salmo LXXLll)[49]. Al llevar a Cristo, y con él a Europa, a América, Colón, Columba, el *Christum ferrens*, había puesto en marcha un proceso político que culminaría un día, de acuerdo con la visión más ecuménica de Botero, en un mundo donde, «siendo todos súbditos de un solo príncipe, se podría viajar a todas partes con una sola lengua y una sola moneda»[50].

Ninguna de estas proyecciones tuvo, como es evidente, gran resonancia fuera de los dominios europeos y americanos de los monarcas Habsburgo. En su seno, sin embargo, la concepción y formulación simbólica del imperio pasó a ser un rasgo característico de las culturas políticas de España y en gran medida de Italia. Los recelos de los propios castellanos ante las pretensiones de Carlos V y sus posibles consecuencias para el futuro lugar de Castilla en el marco del imperio llegaban al punto de prohibirle el uso del título imperial en tierra castellana; no obstante, había sido un castellano, Pedro Ruiz de la Mota, obispo de Palencia, quien redactó la primera declaración «imperialista» (para la reunión de las Cortes de La Coruña en 1520), como también fueron castellanos Pedro de Mexía y Juan Ginés de Sepúlveda, que con el tiempo se convertirían en los más entusiastas historiadores del emperador[51].

La incorporación de las Columnas de Hércules junto a las armas de los Habsburgo ornadas con el lema horaciano transfigurado *plus ultra* llevada a cabo por Carlos V era más que una simple insinuación de que su mandato iba a ser efectivamente la encarnación final del «supremo poder sin límites» al que aludía Baldo[52]. El verdadero artífice de la simbología imperial de Carlos V fue, sin embargo, el piamontés Mercurio de Gattinara, gran canciller del emperador de 1518 a 1530[53]. Gattinara había sido un ferviente admirador de *De Monarchia,* de Dante, hasta el punto de haber tratado en vano de convencer a Erasmo de que preparase una nueva edición «imperial» de esta, y en su obra *Pro divo Carolo* hizo frecuentes referencias a la categoría de Carlos V como heredero de Justiniano[54]. En las elaboraciones figurativas de los intelectuales denominados «erasmistas» –hombres como Juan y Alfonso de Valdés que Gattinara había situado en el entorno del emperador–, Carlos V había sido enviado por Dios a la tierra para culminar la obra iniciada por Carlomagno en el siglo IX[55].

La propia Castilla contaba con una larga historia de ambiciones expansionistas a sus espaldas: primero contra los árabes, que habían invadido la península en el siglo VIII, y después contra sus propios vecinos cristianos. A pesar de lo limitado de la expansión, que además quedó circunscrita a un lenguaje de «re-conquista» amparado bajo el presupuesto, en principio absurdo, de que los insignificantes dirigentes cristianos del norte poseían derechos prioritarios, políticos y territoriales sobre Al-Ándalus, esta se describía a menudo con una terminología de imperio. La unidad de la península, que continuó siendo uno de los objetivos políticos principales de los reyes cristianos en el período de avance hacia el sur, fue formulada como la recuperación de la antigua provincia romana de Hispania[56]. Ya en 1077, Alfonso VI utilizaba el título *imperator constitutus super omnes Ispaniae nationes*, y en 1135, su sucesor Alfonso VII se había coronado como *Hispanae Imperator*. Ni en Francia ni en Inglaterra se dieron condiciones y actitudes semejantes. Los ingleses destacarían posteriormente su ascendencia imperial preamericana basándose en su adquisición de Anjou, Aquitania, Gascuña, las islas de Guernsey y Jersey, y más tarde Irlanda y Gales, y tanto la monarquía de los Valois como la de los Borbones se reclamarían, como los Habsburgo, descendiente de Eneas a través de Carlomagno[57]. Ninguna de estas manifestaciones e incorporaciones era, sin embargo, equiparable a la Reconquista española. La mayoría de las posesiones inglesas, con excepción de Irlanda y Gales, habían sido adquiridas por vía dinástica, cuya legitimidad derivaba, por otra parte, desgraciadamente para sus reyes, no de una herencia legítima sino de conquistas previas; incluso para Luis XIV, el último monarca francés que reivindicó el título imperial, resultaba evidente que el legado de Carlomagno había pasado *de facto* mucho tiempo atrás al más poderoso enemigo de Francia.

Los reinos de España también estaban vinculados por sucesión dinástica al reino de Nápoles, al cual Carlos V había añadido su propia reivindicación del feudo imperial de Milán, que finalmente había sido incorporado al patrimonio de los Habsburgo en 1533. De este modo España pasó a ser partícipe de un ampliado proyecto italiano para la creación de un *imperium* europeo que asumiría la defensa ante los turcos en el exterior y hacer frente a la amenaza de conflicto religioso que suponía la presencia del calvinismo en el interior[58]. En este sentido, no cabía duda de que el nuevo imperio carolingio aportaba los mismos beneficios que había prestado su antecesor romano: protección y seguridad de la *civitas*, ahora entendida no ya como sociedad civil hostigada por los bárbaros, sino como cristianismo amenazado por infieles y herejes. La continuidad entre los *imperia* antiguo y moderno estaba garantizada tanto por la transferencia de poder de Augusto a Constantino el Grande y de Constantino a Carlos V, el *alter Karolus*, vía Carlomagno, como por los objetivos que todos estos monarcas habían perseguido. Tal como observó el historiador imperial Pedro de Mexía (1500-1552), la historia de Roma era la del más grande de los imperios en «tiempo, grandeza y poder», puesto que «ha poco menos de dos mil trescientos años que se fundó Roma y vive hoy»[59]. Tanto Carlos V como sus consejeros eran conscientes de que la reclamación de soberanía del emperador Augusto se basó en su actuación para restablecer el orden y la estabilidad en un mundo desgarrado por la guerra civil y amenazado por los bárbaros del norte[60]. Para muchos, la situación que se vivía a finales del siglo XVI presentaba, en efecto, un claro paralelismo con la del siglo I d. C. El imperio romano, aseguraba el cronista benedictino Gonzalo Arredondo y Alvarado en 1528, expresando lo que para entonces se había convertido en un tópico hiperbólico tomado de san Agustín, era una fuerza moral, la creación de un pueblo que –de modo improbable– «no atienden a su propio provecho, sino al común [de la humanidad]», y que Carlos V «de su mano [es decir, de Dios] fue asumpto al imperio, y de su mano es ayudado». «Hijo mío», pone en boca de la madre de Carlos V dirigiéndose a él durante su coronación, en una clara alusión a la *Lex Rhodia*:

> buen emperador, las leyes os llaman y dicen ser señor del mundo. Y es, como dicen los doctores, de protección, y defendimento y jurisdicción y sois príncipe de todo el orbe *de iure* y, después de Dios, común padre de todos[61].

Algún entusiasta llegó incluso a trazar una analogía directa entre la elección papal e imperial: «Oy día –escribió Álvaro Gutiérrez de Torres en 1523, ofreciendo la descripción como supuesto testimonio ocular de la elección de Carlos V– los príncipes electores entraron en conclavia y por inspiración del Espíritu Santo vos han escogido y elegido rey de los Romanos», lo cual añadía, equivalía en efecto, a una «elección por todo el mundo [para el] regimiento de la altísima y mayor prefectura del mundo, que es la monarchia del imperio romano»[62].

El propio Carlos V aseguraba en 1536 al papa Pablo III, no sin cierta exasperación, que «algunos dicen que yo quiero ser Monarca de todo el mundo, [pero] mis pensamientos y obras demuestran que es lo contrario». Ese no era, sin embargo, el mensaje que sus consejeros, españoles, flamencos, alemanes e italianos, transmitían al mundo. En un mundo agitado por la inestabilidad religiosa como era el del XVI, España aparecía para muchos destinada a cumplir la *translatio imperii* final profetizada en el Libro de Daniel. La visión de Daniel de cuatro imperios mundiales había finalizado en uno que era «en parte de hierro y en parte de arcilla, de modo que una parte del reino será fuerte y otra parte será frágil». En ese momento Dios

> suscitará un reino que nunca será destruido, y ese reino no será entregado a otro pueblo. Pulverizará y aniquilará a todos esos reinos y él subsistirá eternamente. (Daniel, II, 44)[63].

Los exegetas cristianos coincidían por lo general en la identificación de esa monarquía mundial definitiva con Roma. La incertidumbre con respecto a su posible duración dejaba, con todo, margen para que diversos panegiristas del imperio, entre los que se contaba Campanella, afirmaran que los Habsburgo españoles, en calidad de herederos de Augusto, habían sido elegidos por Dios como agentes de la unificación final del mundo. Una imagen contemporánea representa al propio Daniel explicando esta cuestión a la figura sentada de Carlos V[64]. «Los españoles esgrimen esto como un oráculo délfico y la más infalible profecía –manifestaba con inquietud un panfletista inglés de mediados del XVII en alusión a la profecía de Daniel– de que la última Monarquía tendrá su sede en España»[65].

Para numerosos teóricos castellanos, España era, en efecto, en su condición de nuevo punto central del imperio y de verdugo del islam designado por Dios, la depositaria de la *pietas* de la que había emanado la grandeza de la antigua

Roma. El que los españoles fueran los evidentes herederos del *Imperium romanum* no se debía solo a su posición histórica, ni siquiera a su patente poderío militar, sino también a su singular devoción –fanatismo, para algunos– por la religión cristiana. «Los romanos –observaba Bernardo de Vargas Machuca, uno de los más encarnizados enemigos de fray Bartolomé de las Casas– tenían la religión por principal artículo de gobierno, y no sufrían que fuese violada», para precisar a continuación que igual postura mantenían los españoles[66]. Ahora, indicaba Gutiérrez de Torres, con Adriano VI –flamenco y antiguo regente de Castilla– en el pontificado y Carlos V en el trono imperial, las dos espadas de la Cristiandad quedaban reunidas en una sola nación, detalle del que, por otra parte, eran perfectamente conscientes tanto los franceses como los ingleses[67].

Con su tremenda capacidad militar y sus recursos financieros, en apariencia inagotables, España continuaría siendo, aun después de la abdicación de Carlos V en 1556 y la separación formal del *Imperium* de la *Monarchia*, la única candidata viable a un imperio auténticamente universal. Desde 1556 hasta la segunda mitad del siglo XVII como mínimo, los reyes españoles se tomaron plenamente en serio las implicaciones que el título de «monarquía» conllevaba. Cuando Campanella, por ejemplo, escribió su *De monarchia hispanica* entre 1600 y 1601 –que tal vez fuera la obra más influyente y sin duda la que aportaba argumentos de mayor alcance en favor del imperio universal español– empleó el término *monarchia* en su sentido literal. De igual modo, el célebre diccionario de Sebastián de Covarrubias, el *Tesoro de la lengua castellana o española*, de 1611, define «monarca» como «señor absoluto y príncipe solo, sin reconocimiento de otro; antes todos se lo tienen a él». La palabra «rey», en cambio, aparece solo en una explicación sobre ajedrez. Hacia finales del siglo XVI, cuando el imperio propiamente dicho se había reducido ya a sus anteriores límites germánicos, la expresión *monarchia universalis* ('monarquía universal') había pasado a sustituir a *imperium* como término en el que se expresaba la continuidad de la aspiración a una autoridad supranacional. En palabras de Giovanni Botero, únicamente la monarquía española se hallaba en condiciones de garantizar la difícil consecución de ese sueño de unidad cristiana, de proyección global, precisamente

> porque ninguna monarquía ha demostrado tanto su valía y su capacidad para mantener la paz bajo su mandato, durante tantos años, sobre un imperio que no solo es vasto y extenso, sino también disperso y dividido[68].

Para los franceses e ingleses, en cambio, el imperialismo español solo parecía ofrecer la inquietante perspectiva de una Europa sometida al yugo de la estricta intolerancia religiosa asociada con la versión española del catolicismo y representada en las mentes de la mayoría de europeos por la espantosa imagen de la Inquisición. Lejos de constituir una liberación frente a las amenazas externas e internas y de garantizar la supervivencia de la *respublica christiana*, un imperio de tales características parecía augurar tan solo la erradicación definitiva e irreversible de los derechos de todos los hombres libres. Tal como advirtiera Guillaume du Bellay a los príncipes de la Liga Protestante de Esmalkalda en 1535, el que Carlos V utilizara el título *Caesar invictissi-*

mus, con sus siniestras connotaciones militares, anunciaba a las claras su ambición de reducir a todos los gobernantes independientes de Alemania a la condición de esclavitud[69].

La impresionante extensión y riqueza potencial lograda por el imperio de los Habsburgo tras las conquistas de México en 1521 y de Perú en 1533 inducían a pensar a muchos europeos que era solo cuestión de tiempo que España se hiciera con el control prácticamente total del mundo. Si al final no lo conseguían, sería por una cuestión de suerte o por la supuesta ineptitud de los propios castellanos, sujetos como estaban a la tiranía de sus sacerdotes. Como observó en 1701 William Paterson, primer gobernador del Banco de Inglaterra, en su propuesta para establecer una colonia escocesa, calvinista, en el centro de «Tierra Firme»,

> ha sido solo por puro accidente y por la desastrosa gestión de los españoles el que cualquiera de las naciones de Europa dignas de consideración se haya mantenido en condiciones de preservar su libertad[70].

El universalismo de Carlos V estaba estrechamente asociado a la figura de Gattinara. Contrariamente a lo que han afirmado muchos historiadores, las ambiciones universalistas de Gattinara no murieron, sin embargo, con él. Estas no perecieron ni siquiera con la abdicación del imperio por Carlos V, que en apariencia habría privado definitivamente a Felipe II y sus sucesores de la única base legal con que contaban para reivindicar la universalidad, el propio título imperial. Aun cuando una rama de la dinastía de los Habsburgo hubiera sucedido al antiguo título imperial, resultaba más que evidente que era la otra la que conservaba la pretensión de ser *dominus totius orbis.* Con la ascensión de Felipe II al trono, la estructura de poder en el seno de los territorios que había heredado sufrió una inevitable alteración. Las tierras de los Habsburgo estaban ahora divididas en los bloques del norte y del sur, y Castilla se erigió en centro de un imperio que a partir de ese momento sería sin sombra de duda *español.* Como consecuencia de este nuevo ajuste, las posesiones de ultramar se convirtieron, de forma más acusada que en el reinado de Carlos V, en foco principal de atención de la monarquía, mientras que las zonas que anteriormente habían ocupado un lugar central en la estructura del imperio, en especial los Países Bajos, Milán y Nápoles, quedaban relegadas a la periferia.

Algunas partes de esta amalgama de territorios habían sido adquiridas mediante sucesión dinástica por matrimonio y otras –ciertas regiones de los Países Bajos y, sobre todo, la totalidad de América– mediante conquista y lo que los españoles denominaban «descubrimiento». La cuestión que más acuciaba a los teóricos españoles, en especial después de la abdicación de Carlos V, era cómo podía otorgarse una identidad conceptual y una legitimidad política a ese desmesurado amasijo. Hacia mediados del siglo XVI, aun cuando se continuara insistiendo con ahínco en la validez de los derechos dinásticos, estos comenzaban a aparecer insuficientes como forma de argumentación política si no iban respaldados por una concepción más amplia del propósito y el destino potencial del Estado. Los derechos dinásticos de España sobre sus más destacados dominios de Europa eran, además, muy endebles, ya que Milán y gran parte de los Países Bajos habían sido feudos imperiales y no propiamente de los Habsburgo y, como tales, deberían haber pasado a manos de Fernando I junto con el imperio.

Al situar otra vez la nueva monarquía española en Castilla, Felipe II alteró de forma radical la estructura y el equilibrio de poder de Europa. En 1581 incorporó también la Corona de Portugal y desde entonces hasta 1640, el imperio portugués de ultramar quedó unido al de Castilla. Durante todo su periodo de ascenso, la «monarquía española» fue una entidad cambiante que exigía constantes redefiniciones y renovados planteamientos ideológicos.

Desde principios del siglo XVI, la teoría de la razón de Estado se empleaba tanto en España como en Francia para redefinir unas monarquías de arcaicos orígenes dinásticos a partir de una orientación más moderna. Así, había voces como la del jurista Fernando Vázquez de Menchaca –al cual volveré a referirme más adelante– y el diplomático Diego Saavedra Fajardo que sostenían, en consonancia con Botero, que si bien los rasgos de la monarquía española habían sido determinados por la sucesión dinástica, en esos momentos podían validarse en función de su capacidad para proporcionar seguridad a sus miembros –o, en palabras de Vázquez, sus *cives et subditi* ('ciudadanos y súbditos')–[71], cometido que se reconocía como primordial en todo Estado moderno.

Aun cuando la monarquía española cada vez se definiera más en este sentido positivo de tendencia humanista, la simple aportación de defensa no podía ofrecer, en contra de lo sostenido por Grocio y Hobbes, ni siquiera para los humanistas, una justificación suficiente de la perpetuación de cualquier Estado. Aun a pesar de su deficiente articulación teórica, el principio definido por el Sacro Imperio Romano, heredado de Justiniano, y que habrían de respaldar todos los monarcas españoles hasta Felipe V (que la transformó efectivamente en un imperio compuesto por provincias), era la imagen de la monarquía como personificación suprema de la ley. Esta era la imagen, loada en repetidas glosas por todos los teóricos del imperio españoles e italianos, que había inspirado las infructuosas tentativas de Gattinara de crear un nuevo centro en Italia, aun cuando solo fuera porque Italia había sido siempre, en expresión de Dante, «el jardín del imperio». El concepto de un derecho único, un *ius publicum*, para todos los Estados integrados en la monarquía también proporciona un contexto desde el que se comprende mejor la insistencia de Felipe II en la necesidad de contar con una capital y de dirigir su monarquía desde un centro de poder perfectamente constituido. Como observó John Elliott: «Desde Madrid debió de parecer que uno podía gobernar la totalidad del mundo»[72]. A despecho del escepticismo que pudieran albergar con respecto a la viabilidad o la legitimidad de los grandes imperios, o del mayor o menor grado de realismo de sus posturas, esta fue la imagen a la que se aferraron con más ahínco los teóricos españoles del imperio.

Dado que las posesiones americanas formaban legalmente parte del reino de Castilla, los Estados europeos incluidos en la monarquía española serían, hasta la Guerra de Sucesión (1701-1714), un factor crucial en todas las especulaciones destinadas a clarificar qué tipo de comunidad política era o debería ser la monarquía. No obstante, la pura extensión del imperio de ultramar, sobre todo después de las conquistas de México y Perú, determinó que la función del emperador, y posteriormente de los monarcas españoles, como *dominus mundi* pasara a depender cada vez en mayor medida de la posesión de esos distantes «reinos de las Indias» que no parecían tener fin. En los años inmediatamente posteriores al descubrimiento y conquista de América central primero y luego de Sudamérica, el alcance de la autoridad legítima del emperador se convirtió en un componente capital de los debates en torno a la legitimidad de las conquistas españolas. No es difícil comprender el motivo del que en términos de burla mostraron rechazo los escritores ingleses, holandeses y franceses ante cualquier argumento histórico basado en la vinculación, que no fuera puramente metafórica, entre los imperios antiguo y moderno; incluidos los suyos. Ninguna de estas naciones podía reclamar ningún vínculo inmediato con el imperio medieval ni tampoco, exceptuando las asociaciones más fantasiosas de los humanistas, con el antiguo mundo romano. Lo más sorprendente en todo esto es que algunos de los que mostraron una oposición más frontal a la idea de que el derecho imperial al *dominium totius orbis* pudiera utilizarse para validar la adquisición del imperio de ultramar fueran precisamente españoles, y que entre ellos, los que expresaron con mayor franqueza su postura estuvieran en ese momento al servicio de la Corona de Castilla.

4

En el periodo comprendido entre 1539, cuando el teólogo dominico Francisco de Vitoria *(ca.* 1485-1546) pronunció su influyente conferencia sobre la legitimidad del incipiente imperio español en América –*De los indios de América* (*De*

Indis)–, y el fin de siglo, las conquistas de América pasaron a ser materia de disquisición en las facultades de Teología y de Derecho canónico y civil de las universidades de Salamanca y Coimbra. El debate tenía como eje un único problema, que al final se demostró insoluble y que podía resumirse, según la formulación de Vitoria, en la pregunta: «¿Con qué derecho *(ius)* han sido sometidos los bárbaros al dominio español?»[73].

La legitimidad de la ocupación inicial de las Antillas por parte de la corona de Castilla se basaba, como hemos visto, en las bulas otorgadas por el papa Alejandro VI en 1493. El papa, sin embargo, en su supuesta capacidad como *dominus mundi* espiritual, había realizado dichas concesiones a dos soberanos que, en ese momento, no podían reivindicar un dominio universal. El objetivo principal de las bulas de 1493 y del tratado de Tordesillas de 1494, estrechamente relacionado con estas, había sido precisamente limitar la futura rivalidad entre Castilla y Portugal. El hecho de que el papa pudiera dividir de esta forma su reino eliminaba tácitamente la posibilidad de que más tarde una de las partes implicadas en el tratado reclamara la soberanía de un mundo, a la mitad del cual había renunciado de antemano en favor de otro gobernante. Aun así, con la elección de Carlos V como cabeza del imperio, la donación papal y las antiguas aspiraciones universales contenidas en la *Lex Rhodia* quedaron estrechamente asociadas. Una y otra serían, sin embargo, rechazadas con firmeza –aunque con un talante bastante distinto– tanto por españoles como por ingleses y franceses.

Las críticas vertidas por ingleses y franceses contra las bulas derivaban de la negación de la jurisdicción conjunta sobre la esfera temporal y espiritual implícitamente asumida por el papa y de su pretensión, aún más discutible, de ejercer *dominium* tanto sobre cristianos como sobre paganos, la cual le había llevado, según denunció James Otis en 1764, a «entregar los reinos de la tierra sin más miramientos que los que pueda mostrar alguien al desprenderse de un rebaño de ovejas»[74]. ¿Dónde estaba la cláusula del testamento de Adán, cuentan que le preguntó Francisco I a Carlos V, que le hacía heredero de la mitad del mundo? En caso de pertenecer a alguien, América pertenecía a sus gobernantes autóctonos. El papa no podía hacer entrega de ella como tampoco podía hacer entrega del territorio de un príncipe cristiano a otro. Por otra parte, tal como señalaban los británicos, aun cuando los católicos consideraran legítima la donación, esta no era vinculante para los protestantes[75].

Los teólogos neotomistas y juristas de derecho civil (aunque, curiosamente, no los de derecho canónico) que trabajaban en Salamanca en el siglo XVI –la denominada Escuela de Salamanca– rechazaron la autoridad de las bulas utilizando exactamente los mismos argumentos. Si bien reconocían la condición del papa como director espiritual de todos los cristianos, negaban que pudiera ejercer *dominium* en el mundo secular o que dispusiera del más mínimo grado de autoridad sobre los no cristianos. No es de extrañar, dadas las tensas relaciones del pontificado con el imperio durante el reinado de Carlos V y posteriormente con la monarquía castellana en tiempos de Felipe II, que fueran muy pocos los españoles dispuestos a apoyar la vieja reivindicación papal de arbitraje supremo en disputas internacionales. Los teólogos y teóricos de Derecho civil de la Escuela de Salamanca también eran contrarios al argumento agustiniano en el que se basaba la aceptación de las bulas por parte de los juristas canónicos, de acuerdo con el cual el papa podía privar a los infieles de sus derechos, e incluso de sus propiedades, por el hecho de ser infieles. Esta postura la atribuían no tanto a san Agustín como a las tergiversaciones de algunos de sus seguidores, como Wyclif, Huss y los «nuevos herejes» Lutero y Calvino. Todos ellos habían sostenido que el poder *(potestas)* no emanaba de la ley divina, tal como había mantenido santo Tomás de Aquino, sino de la gracia divina, de lo cual se desprendía que los impíos que no eran partícipes de la gracia no podían ejercer *dominium*. Los exponentes más radicales de esta posición llegaban a afirmar que todo rey que fuera, desde su punto de vista, «impío» podía ser legítimamente desposeído del poder por cualquiera de sus súbditos más piadosos o incluso por cualquier otro príncipe piadoso[76]. Los juristas y los teólogos eran muy conscientes de que toda teoría política de tal índole, que se utilizara para legitimar la conquista de los territorios de los gobernantes no cristianos, podía muy bien ser empleada como arma por los dirigentes cristianos en los conflictos mantenidos entre sí. Este temor era especialmente acusado en una época en la que en Francia se libraba una guerra civil de religión y de contención en los Países Bajos, cuya población estaba también dividida a causa de ideologías determinadas por principios confesionales. Los argumentos esgrimidos tanto por los hugonotes de Francia como por los seguidores de Guillermo el Taciturno en los Países Bajos se apoyaban precisamente en la denuncia contra los reyes de Francia y España por haber demostrado ser «gobernantes impíos». Resulta asimismo curioso que una de las personas que más contribuyeron a la controversia en torno a la legitimidad de la ocupación española de América –el teólogo dominico Domingo de Soto (1494-1560), que presidió el célebre debate celebrado en 1551 en Valladolid entre el humanista Juan Ginés de Sepúlveda y Bartolomé de las Casas– fuera uno de los artífices de los principios propugnados por la Corona española en el concilio de Trento.

El aparente éxito con que fueron rebatidos los planteamientos de los cesaropapistas por parte de escritores como Francisco de Vitoria y Domingo de Soto ha dado origen a la impresión generalizada de que una vez concluido el siglo XVI las bulas de Donación pasaron a considerarse papel mojado, cuando la realidad fue muy otra. A pesar del temprano rechazo de la validez de las bulas expresado por los teólogos de Salamanca y sus inmediatos sucesores, lo que William Paterson describió desdeñosamente como «ciertas líneas matemáticas imaginarias establecidas entre el cielo y la tierra»[77] siguió constituyendo el punto principal de disputa ideológica entre España y sus rivales europeos en América. Apenas existe ningún ataque contra las pretensiones de soberanía española en ultramar que no se inicie con la impugnación de la validez de las bulas y de las estipulaciones del tratado de Tordesillas.

Todo indica asimismo que la corona de Castilla continuó insistiendo en su relevancia hasta el mismo final del siglo XVII. Las bulas y el tratado son, por ejemplo, la única explicación que da el historiógrafo real Antonio de Herrera a la presencia de España en América en su voluminosa obra *Décadas,* de 1601-1615[78]. Incluso el oidor de la Audiencia de Lima Juan de Solórzano y Pereira (1575-1654) –español de nacimiento, que, como veremos en el capítulo siguiente, normalmente prefería el argumento de mayor contundencia preceptiva, según el cual por más tiránicos que sean los orígenes de una sociedad, ésta «pasa a ser con el tiempo una comunidad perfecta y legítima»[79]– respaldaba la importancia de las bulas con la afirmación, de parecidas características preceptivas, de que aun cuando posteriormente se hubieran demostrado «insuficientes», en su tiempo proporcionaron fundamentos legítimos a la conquista. La revisión retrospectiva de los argumentos que inicialmente justificaron un acto de conquista no podía alterar las consecuencias de dicho acto en el presente.

Otra tentativa, aún más ingeniosa, de ampliar los límites de la donación inicial se encuentra en *De iusto imperio Lusitanorum asiático* ('Del justo imperio asiático de los portugueses'), de Serafim de Freitas, escrito en 1625, cuando Portugal y las posesiones portuguesas de Asia formaban parte de la monarquía española. Este tratado es una réplica a la obra de Hugo Grocio *Mare liberum*, de 1608, en la que sostenía que los holandeses poseían los mismos derechos que las otras naciones a comerciar en las aguas reivindicadas por los portugueses, habida cuenta de que los océanos eran propiedad común de toda la humanidad[80]. Freitas tomaba en consideración las tres distintas interpretaciones que podía darse a las bulas. Como reivindicación de *dominium,* reconocía, no eran válidas. De igual manera, el pontificado no estaba en posición de conceder a los portugueses, ni a ningún otro poder cristiano, «el derecho a navegar y viajar a las Indias consideradas en abstracto *(de iure abstracto)*». La Iglesia sí tenía, en cambio, autoridad para otorgar el derecho exclusivo de evangelizar a un monarca, puesto que ello era (al menos para los católicos) un atributo indiscutido del papa en su calidad de *dominus mundi* espiritual. Dado que para ser efectiva la evangelización conllevaba necesariamente el comercio y la conquista limitada, las Coronas portuguesa y castellana estaban legitimadas para hacer valer sus derechos de exclusión dentro de los límites establecidos por las bulas[81]. Este prolijo argumento que, aun contando con la aprobación de Solórzano, quedó al parecer relegado sin que nadie volviera a retomarlo, es, con todo, un ejemplo representativo de la importancia de las bulas de Donación. No en vano, a pesar del debilitamiento sufrido por la autoridad papal en asuntos internacionales desde mediados del siglo XVI[82], estas ofrecían a los castellanos un vínculo histórico con el imperio como segunda espada de la Cristiandad que jamás podría aportar ningún argumento enmarcado en el derecho natural. Por ello, hasta que los Borbones trataron de modificar a mediados del siglo XVIII toda la estructura imperial, ningún monarca español tuvo interés en disociar por completo *monarchia* de *imperium*.

Los juristas y teólogos de Salamanca estaban, no obstante, más pendientes de la posición de la monarquía en Europa y de sus relaciones con la Iglesia que de la legitimidad de las posesiones españolas de ultramar. En este contexto, la arrogación papal de soberanía sobre los no cristianos suponía una amenaza ineludible para su insistencia en que todo *dominium* derivaba del derecho natural. La proclamación del emperador como *dominus mundi* no presentaba, sin embargo, una amenaza, por lo que su categórico rechazo de la *Lex Rhodia* podía resultar a primera vista incongruente.

Los miembros de la Escuela de Salamanca eran, no obstante, antiimperialistas a su modo, y así lo percibían de manera vaga quienes habían ido a poblar América. Su antiimperialismo no se debía, empero, como suponían antes los historiadores, al horror inspirado por el sufrimiento humano infligido por los colonizadores españoles a los colonizados –aun cuando dicho horror fuera, ciertamente, real–, sino a la amenaza que bajo su punto de vista suponían todos los grandes imperios para la que en su opinión era la verdadera naturaleza de la comunidad civil. La discusión en torno al derecho de *dominium totius orbis* se convirtió, por consiguiente, en el eje fundamental de un innovador proyecto de largo alcance que pretendía imprimir una trayectoria completamente distinta a las desmesuradas ambiciones intelectuales de los paladines de la Monarquía Universal.

La primera de sus objeciones a los vastos imperios provenía de su insistencia colectiva en el principio tomista según el cual (exceptuando la autoridad de los padres y maridos) toda supremacía *(praelatio),* aun estando englobada en el derecho natural, había sido instituida no por la naturaleza sino por promulgación humana *(lex)*[83]. Como señalaba Domingo de Soto[84], solamente habían existido dos gobernantes por designación divina, Saúl y David; el resto había sido elegido, de una manera u otra, por los hombres con el fin de preservar la comunidad política humana. Por consiguiente, no había, según la inquietante conclusión de Vitoria, ningún motivo inmediato por el cual «el *dominium* imperial debiera corresponderle a España y no a Francia»[85]. Siempre era peligroso, como sabían muy bien Vitoria y Soto, abrazar doctrinas que pudieran ser tan útiles para los enemigos como para uno mismo.

El principio de *rex imperator in regno suo* era el único que garantizaba el mantenimiento de las relaciones en el marco de un orden internacional. El imperio mundial, aun disponiendo del tipo de fuerza capaz de preservar la armonía, la civilidad y la ortodoxia religiosa tal como argumentaban los teóricos de la Monarquía Universal, debía de todos modos circunscribirse, *de iure*, a las tierras que el emperador gobernaba, en formulación de Vitoria, «a partir de una toma formal de posesión *(traditio)*»[86]. En este sentido, y solamente en este sentido, era legítimo afirmar, sostenía Soto, citando la propia *Lex Rhodia,* que «el orden del mundo estriba en la tranquilidad del imperio romano»[87].

En tanto el emperador moderno limitara sus ambiciones a las fronteras del antiguo *imperium* romano, no podía por tanto formularse ningún argumento (de derecho romano) en contra. Aun cuando en la práctica no pudiera conquistar Francia o Inglaterra, por ejemplo, contra lo cual existían razones morales de peso que desaconsejaban siquiera intentarlo, los teólogos de Salamanca estaban dispuestos a admitir que disponía de bases razonables para disponer de *dominium* sobre esos territorios. El problema surgía cuando, como ocurría en América, se procuraba trasladar por la fuerza el argumento de Bartolo de la universalidad *de iure* del *dominium* del emperador para justificar la posesión *de facto* de territorios que quedaban de modo incuestionable fuera de las fronteras históricas del imperio romano.

Todos los neotomistas insistían en que el poder civil solo podía ser transferido por la sociedad en calidad de cuerpo representativo. Para crear un auténtico imperio universal sería necesario, argüía Soto, que «se celebrara una asamblea general y que al menos la mayor parte de sus componentes dieran su consentimiento a dicha elección». La posibilidad de convocar una asamblea en la que estuviera representado prácticamente todo el mundo resultaba, sin embargo, inimaginable. Aun en el supuesto de que, tal como parecía exigir la prehistoria de la sociedad civil, en algún momento se hubiera celebrado un encuentro de tales características, este quedaría invalidado a raíz de los nuevos descubrimientos, ya que, tal como concluía Soto, «ni el nombre ni la fama de los césares romanos habían llegado a los Antípodas por nosotros descubiertos»[88].

Lo que la Corona de Castilla reclamaba sobre la base de las bulas papales –y lo que con más urgencia necesitaba– no era la simple jurisdicción en América sino también derechos de propiedad: lo que en el vocabulario de los neotomistas se designaba *dominium rerum*. El argumento propuesto por los juristas canónicos, y que había tenido su expresión más vinculante en la decretal de Hostiensis del siglo XIII, era que el papa, como genuino heredero de los emperadores romanos, gozaba no solo de soberanía *(dominium jurisdictionis)* sobre todo el mundo sino también de derechos de propiedad *(dominium ac proprietatem bonorum omnium)*, por autoridad del decreto de Justiniano *Bene a Zenon (Codex* VIL 37. 3), que reserva derechos exclusivos de propiedad en «el mundo» al emperador, y por consiguiente al pontificado. Esto permitía, en opinión de los juristas canónicos, que el papa distribuyera dicha propiedad entre sus súbditos según le placiera. Como es evidente, solo los más acérrimos defensores de la supremacía papal podía hallar razones que respaldaran estas reivindicaciones. Soto las rechazaba de modo tajante, acusándolas de ser una carta blanca para la tiranía. En la práctica, solo los turcos habían ejercido tales derechos. Los príncipes cristianos, en cambio, cuyo gobierno era absoluto pero no arbitrario, no podían hacer uso de los bienes *(bona)* de sus súbditos «salvo cuando sea necesario para la defensa y el gobierno de la comunidad». Soto tampoco estaba dispuesto a aceptar que se utilizara para legitimar la conquista de América la peligrosa y escurridiza noción de *necessitas*, el término clave del discurso de la «razón de Estado» que había servido de excusa a todos los monarcas europeos para suspender el imperio de la ley[89]. Bajo el punto de vista de Soto, la única reivindicación válida de *dominium* universal era, en efecto, el tipo de autoridad supralegislativa que Carlos V ejercía sobre los príncipes alemanes, puesto que solamente este tipo de relación podía considerarse como previamente aceptada por consenso universal. Además, este tipo de dominio solo podía ejercerse, evidentemente, dentro de los límites del antiguo *Imperium*.

La única circunstancia en la cual la monarquía castellana podía reclamar soberanía *y* derechos de propiedad en América era pudiendo argumentar que los propios indios americanos habían cedido de manera voluntaria su autoridad legislativa natural al imperio. En formulación de Bartolomé de las Casas, el más fervoroso defensor de los derechos naturales y políticos de los amerindios, «el único derecho que Su Majestad posee es este: que todos o la mayor parte de los indios deseen por voluntad propia ser vasallos vuestros y tengan por un honor el serlo», pues únicamente eso se ajustaría a las exigencias del principio del derecho romano: 'Lo que atañe a todos debe ser acordado por todos' *(quod omnes tangit ab ómnibus tractari et approbari debet)*[90]. El mismo Vitoria había sostenido idénticos supuestos en

De indis. De igual modo que los franceses habían elegido como rey a Pipino en el 752, los indios podían «elegir» rey a Carlos V, puesto que toda *respublica* estaba autorizada a «constituir su propio *dominium* con el consenso de la mayoría»[91]. Según lo estipulado en esta formulación, los derechos que para la Corona de Castilla pudieran derivarse de esto en las Indias serían equiparables, no a los que poseía sobre los pueblos de la península, sino a los que disponía en Milán o en Nápoles. Los caudillos indios, al igual que los duques de Milán, gobernaban Estados que eran, en todos los sentidos, «perfectas repúblicas» y sus súbditos eran, por lo tanto, hombres libres con plena autoridad de acuerdo con sus propias leyes. El rey de Castilla, concluía Las Casas en *De regia potestate* (1544), la última obra que escribió, no podía repartir los amerindios entre sus súbditos castellanos de igual forma que no podía entregar los milaneses a los franceses. El anhelo que persiguió Las Casas a lo largo de toda su vida fue negociar para los indígenas americanos una garantía legal de trato más humano dentro de los límites políticos de la monarquía española. Tal como destacó en múltiples ocasiones, en ningún momento había puesto en duda la legitimidad de la ocupación española de América. Únicamente el argumento de que los indígenas americanos habían renunciado por voluntad propia a sus derechos naturales a la autodeterminación política podía dejar intacta la estructura política del imperio y al mismo tiempo liberar a los indios y a sus gobernantes. De este modo, Las Casas fue uno de los pocos que respaldaron tanto la validez de las bulas papales como la reivindicación de soberanía universal del emperador. El énfasis puesto en las condiciones precisadas en las bulas de Donación –que hacía de ellas, ante todo, una carta para la evangelización– tuvo, sin embargo, como consecuencia devolver al primer plano de la actualidad la *obligación* delegada por las bulas en la Corona de convertir al cristianismo a los indios de América, la cual había quedado casi por completo relegada por el encarnizado debate en torno a los derechos de la Corona. Es posible que Las Casas contribuyera a apuntalar la posición política de la Corona en América, pero no es menos cierto que al mismo tiempo la privó de una buena parte de las ventajas que hasta entonces le había reportado su presencia allí[92].

Los pronunciamientos de Vitoria y Soto en relación a los derechos de soberanía de la Corona de Castilla en América eran aún menos alentadores que los de Las Casas. Soto llegó incluso a argüir que ni siquiera las cosas que los habitantes de una región poseen en común, aunque no les den uso alguno, pueden serles arrebatadas por otro «sin el consentimiento de quienes viven allí», en clara referencia a los metales preciosos que, bajo su punto de vista, los españoles habían estado extrayendo de forma ilegal y que por lógica deberían devolver a sus legítimos propietarios. Una vez más, la razón fundamental que amparaba tales sugerencias era que cualquier argumento que otorgara derechos naturales de minería en América no podría restringirse exclusivamente a América, «puesto que –observaba Soto– tampoco pueden entrar los franceses en España con el mismo propósito ni podemos entrar nosotros en Francia sin permiso de los franceses»[93]. Para proteger la integridad de su propio proyecto intelectual y apoyar la posición del imperio en Europa –objetivos fundamentales del grupo–, los teólogos de Salamanca estaban obligados a negar la validez de toda reivindicación formulada con objeto de ampliar el *dominium* del emperador más allá de los territorios que había adquirido por «toma formal de posesión *(traditio)*»[94]. Podría decirse que para los teólogos y juristas españoles, en igual medida que para Grocio, el título imperial solo podía ser, en palabras del jurista español Francisco de Amaya, «completamente inadecuado y ridículo»[95]. Como veremos en el capítulo siguiente, los teólogos salmantinos y sus continuadores acabaron reconociendo que solo había un derecho natural capaz de proporcionar la clase de soberanía que su monarca necesita en América –es decir, un derecho que le permitiera gobernar sin su consentimiento–, el cual se basaría en la afirmación de que la conquista de América había sido una «guerra justa».

5

En España también surgieron otras dos réplicas a los argumentos implícitos en la pretensión de que el emperador pudiera ser «señor de todo el mundo» que habrían de tener profundas consecuencias para la futura conceptualización de la monarquía española. La primera de ellas la formuló Domingo de Soto. En el cuarto libro de su gran tratado sobre derecho y justicia, *De iustitia et iure*, de 1556, Soto comienza señalando que la afirmación realizada por san Agustín y más tarde por el tomista del siglo XIV Ptolomeo de Lucca en su influyente obra *De Regimine principum*[96], había sido gravemente mal interpretada. La *virtus* colectiva de los romanos, aducía Soto, se componía de cualidades puramente seculares y civiles, como la justicia y la entereza, que conservaban su mérito intrínseco aun cuando se cultivaran por motivos erróneos. La suposición en la que se había fundamentado buena parte del pensamiento cristiano en torno al imperio pagano –que puesto que Dios había permitido su existencia, esta debía haber sido, en cierto sentido, ordenada por Dios– era falsa. El imperio romano había sido una creación estrictamente humana, limitada, como todas ellas, en el tiempo y en el espacio. Soto estaba dispuesto a admitir que «la autoridad imperial... supera a todas las demás, [y] es la más excelsa de todas», dado que implica el gobierno de más de un pueblo *(natio)*. «De esto no se desprende, empero –continuaba–, que sea el único que domine el mundo»[97]. Las reivindicaciones de soberanía basadas en un momento histórico concreto no pueden ampliarse indefinidamente en el tiempo. Los orígenes del imperio cristiano pueden remontarse al juramento de lealtad que formuló la República de Roma a Augusto. Desde ese momento inicial su jurisdicción pasó a Constantino y después al Imperio de Occidente. De este modo, por un proceso de transferencia histórica continuada pero limitada podía existir un emperador legítimo de todos los cristianos. Una reivindicación de soberanía limitada como esta no podía, sin embargo, hacerse extensiva a la totalidad del mundo.

> No hay ninguna razón ni derecho *(ius)* que sustenten que él [el emperador] deba ser señor de todo el mundo puesto que la parte sobre la que gobernaba era muy reducida en relación a la totalidad del mundo. Así, esta pequeña parte no podría, contraviniendo el derecho natural, imponer un gobernante a sus antípodas y otras regiones[98].

Por otra parte, proseguía, formulando un componente crucial de muchos de los argumentos que más tarde se esgrimirían en contra de los grandes imperios, aun suponiendo que el emperador pudiera *reivindicar* la soberanía universal, en modo alguno estaría en posición de poder ejercerla en la práctica. Para Soto, como para la mayoría de juristas romanos, el *dominium* estaba destinado a ser ejercido:

> Las cosas que no cambian tienen límites de tamaño prefijados, pues una hormiga no puede alcanzar la talla de un hombre, ni un hombre la corpulencia de un elefante. De ello se desprende que tampoco un príncipe puede dispensar su afecto a toda una sociedad *(respublica)* que comprende todas las regiones y todos los pueblos, de forma que le sea posible conocer, enmendar, corregir y disponer de lo que ocurre en cada una de las provincias... Por consiguiente, dado que el poder existe con el fin de ser ejercido *(potestas sit propter usum)* y que su ejercicio es imposible sobre tan vastos territorios, es de deducir que una institución de esta envergadura sería en vano. Pero ni Dios ni la naturaleza hacen nada en vano *(nihil fecit frustra)*[99].

Tras aportar un argumento de derecho natural para circunscribir la autoridad imperial a los límites territoriales del antiguo imperio romano, adoptando una táctica característica de los humanistas, Soto pasaba a examinar los posibles significados implícitos en el término clave de la globalidad del debate: *mundo (terra)*, el cual, aseguraba, tenía un abanico de acepciones mucho más limitado del que le habían atribuido los juristas. Significaba, desde luego, la totalidad del orbe, el *orbis terrarum*, pero en discursos políticos y legales se utilizaba las más de las veces para designar tan solo una zona concreta y conocida. En el caso de los emperadores romanos, esta había correspondido simplemente a los límites territoriales de su jurisdicción. «De la misma manera –señalaba– y con el mismo lenguaje en que hoy en día hablamos de un Nuevo Mundo o de una Nueva Tierra *(novum orbem, novumque mundum appellamus)* de islas y un continente que engloba vastos espacios». Nadie suponía que estos lugares fueran «nuevos» en sentido literal. Eran solamente nuevos para *nosotros*. Los mismos romanos, aducía Soto, citando una frase de Lucano –«Árabes, habéis venido a un mundo desconocido para vosotros»– eran plenamente conscientes del uso de esta acepción[100]. Por consiguiente, concluía, al formular aquella proclamación inicial de visos hiperbólicos, lo único que había pretendido el emperador Antonino Pío era reafirmar su soberanía sobre lo que ya gobernaba por *traditio*.

Toda la argumentación de Soto desplazaba la discusión acerca de la posibilidad de universalismo del plano del tiempo escatológico al tiempo natural. En san Agustín y en Ptolomeo de Lucca (y también en Tomás de Aquino), los hechos relativos al imperio de Roma habían sido algo más que meros hechos. Habían constituido señales, pruebas, donde el hombre podía atisbar el propósito último de Dios. Para estos autores, el «mundo» de los romanos, y posteriormente el imperio medieval, formaban parte, tanto en su extensión territorial como en el marco temporal en el que se desenvolvían, del designio divino asociado a la creación. Para Soto, en cambio, el imperio era una entidad natural que, al igual que el resto de instituciones humanas, existía solamente en el tiempo cronológico y no podía ser depositario de ninguna de las significaciones divinas que le habían atribuido los autores paganos y cristianos de la Antigüedad. Un imperio universal que había sido una creación puramente humana (que era *solo* un hecho) y que existía en el tiempo natural era una entidad natural imposible. Esta separación entre el ámbito de lo humano (y de las concepciones humanas tanto de la cronología como de la territorialidad) y el *ordo divino* se convirtió en el arma principal para negar cualquier legitimidad posible a los grandes imperios. En manos de Soto, el *Imperium*, creado por el pueblo de Roma y sancionado por el propio Jesucristo, había quedado reducido a una mera *respublica* entre otras, que, como toda *respublica*, debía tener una extensión limitada y desenvolverse según las demandas de la contingencia.

La segunda réplica la formuló el jurista de derecho canónico Diego Covarrubias y Leyva (1512-1567). A diferencia de la gran mayoría de canonistas, que por lo general aceptaban la reivindicación de autoridad secular del papa, y por tanto la reivindicación de *dominium* mundial del emperador como consecuencia de la coronación papal, Covarrubias negaba ambos supuestos. Señalaba que el reconocimiento explicitado por Daniel de la autoridad de Nabucodonosor ofrecía una prueba bíblica de que era posible acordar legitimidad política a gobernantes infieles o paganos. Si a ello se sumaba la existencia en el mundo moderno de numerosos príncipes, tanto cristianos como no paganos, que no estaban sujetos *de facto* al imperio, el argumento de Bartolo aun circunscrito al *de iure dominium totius orbis* quedaba francamente debilitado[101]. Al igual que la mayoría de juristas de derecho civil, Covarrubias era también partidario de la célebre norma de Baldo según la cual *ex fado oritur ius* ('la ley tiene su origen en los hechos')[102]. La ley debía estar basada, por consiguiente, en «la experiencia de las cosas», lo cual, aun sin llegar a disolver la distinción *de iure/de facto*, exigía de manera clara una relación más estrecha entre los hechos y la ley de la que presuponía la declaración bartolista, que equiparaba a una herejía la negación de que el emperador fuera *dominus mundi.* Si el emperador no mandaba de hecho sobre los habitantes de «todo el mundo», la pretensión de ser su gobernante *de iure* constituía una mera absurdidad.

Las objeciones no acababan, sin embargo, aquí. Tanto Covarrubias como Soto argumentaron, al igual que lo había hecho Aristóteles[103], que si ya era de por sí difícil gobernar de manera adecuada una numerosa cantidad de ciudades, gobernar la totalidad del mundo era un imposible. Al igual que para Aristóteles, para Soto y Covarrubias el gobierno era un medio que tenía como finalidad la mejoría de la vida. «La función *(scopum)* del legislador –había escrito Soto– es beneficiar a los ciudadanos e imbuir buenas costumbres en ellos»[104]. Si los únicos objetivos posibles del verdadero gobernante eran la creación de buenas costumbres, de una sociedad justa y armoniosa, un imperio sobredimensionado –que por fuerza supondría un impedimento para dicho objetivo– no podía ser bajo ningún concepto legítimo. «Por derecho natural y por su propia naturaleza –concluía Covarrubias– no se ha concedido al emperador la jurisdicción de la totalidad del mundo»[105]. Esta es una de las primeras ocasiones en que se utilizó en la era moderna un argumento que posteriormente ocuparía un lugar destacado en las críticas dirigidas al imperialismo en su globalidad. Lo que aquí se dirime no es una cuestión de derechos conferidos a través de un precedente histórico o de un consentimiento por mediación divina. El ataque de Covarrubias tiene como blanco *todas* las pretensiones de universalidad por supeditación a la capacidad de la comunidad humana de cumplir la finalidad que la naturaleza –o Dios– ha dispuesto para ella, y como no podría ser de otro modo, cualquier argumento de esa índole debía estar en dependencia directa de las contingencias, humanas y geográficas, de un momento histórico concreto.

Soto y Covarrubias habían logrado restringir la antigua reivindicación imperial de soberanía sobre todo el mundo a un conjunto de realidades geopolíticas precisas y perfiladas. El autor que mejor comprendió el rumbo que había tomado la discusión y el significado de los cambios introducidos por Soto y Covarrubias fue el burócrata humanista Fernando Vázquez de Menchaca (1512-1569), cuya *Controversiarum illustrium aliarumque usu frequentium libri tres* se publicó por primera vez en Venecia en 1564[106]. Vázquez, jurista de oficio, era en el momento de la redacción de la *Controversiarum illustrium*, oidor de la Contaduría Mayor del Consejo de Hacienda. En 1561 asistió a la sesión final del concilio de Trento, lugar donde al parecer escribió buena parte de su obra. Se trataba pues de un miembro relevante de la casa real, que, tal como indica el título de «Famosas controversias», acometió su obra con la intención inicial de defender la preeminencia de los representantes del rey de España sobre los del rey de Francia.

Partiendo de este modesto y, en cierta medida, arcano comienzo, Vázquez acabó ofreciendo la que sin duda es la más original de todas las discusiones sobre derechos políticos producidas en el siglo XVI y la que en muchos sentidos resultó más corrosiva para las bases ideológicas en las que se asentaba el poder teórico de su rey. A pesar de ello, apenas ha sido tenido en cuenta en las disquisiciones modernas centradas en lo que Lewis Hanke definiera hace tiempo como «la lucha española por la justicia» en América. Esto puede deberse, por una parte, a la curiosa estructura del libro, y por otra, al predominio casi exclusivo otorgado a la Escuela de Salamanca en todos los tratados históricos –incluidos los míos– que se han ocupado de los debates sobre la legitimidad de la conquista de América[107]. La *Controversiarum illustrium* guarda conexión con la obra de la Escuela de Salamanca y, de hecho, retoma en cierto sentido el hilo de los argumentos de Vitoria, Soto y Covarrubias imprimiéndoles un posterior desarrollo[108]. Sin embargo, llega a conclusiones muy distintas, y por caminos muy diversos; en algunos aspectos fundamentales se opone a convicciones muy arraigadas acerca de los derechos naturales expuestas por Vitoria y Soto. Su caída en el olvido también podría deberse al hecho de que, aun cuando Vázquez se mostrara hostil a las reivindicaciones imperialistas españolas, tampoco tomaba en cuenta los derechos naturales de los indios, los cuales consideraba meramente ilusorios. Con todo, a pesar de su ausencia en la mayoría de estudios históricos contemporáneos, la *Controversiarum illustrium* ejercería una influencia capital en Grocio –cuyos ataques al universalismo apenas pasan de ser un resumen de las conclusiones de Vázquez– y, a través de él, en las futuras discusiones en torno a las bases jurídicas de las relaciones entre Estados[109].

Vázquez inicia el Libro II de la *Controversiarum illustrium* (un examen del derecho romano preceptivo) con una tradicional disquisición jurídica sobre los posibles significados de la *Lex Rhodia*[110]. Uno de ellos, asegura, es el argumento de la *Metafísica* de Aristóteles que declara que como solo puede haber un bien humano, únicamente puede existir un imperio de la ley. Vázquez imprime un rumbo bastante novedoso a este argumento, apuntando a dos direcciones distintas. Una de ellas consiste en afirmar primero, basándose en la autoridad de Soto, que todo poder civil depende de la sumisión voluntaria. Ninguna otra forma de «principado o jurisdicción es legítima»[111]. Este es, naturalmente, el mismo argumento que había esgrimido Vitoria contra la posibilidad de cualquier imperio de alcance mundial. Para Vázquez, sin embargo, y a diferencia de Soto, no implicaba ni la aceptación de los magistrados por parte del pueblo ni el momento histórico en que los primeros hombres habían establecido el contacto que más tarde se denominaría el «estado de naturaleza». Para él significaba que

> el poder supremo del emperador, rey, príncipes y poderes, en una palabra, cualquier categoría de mando supremo (*potestas),* es para uso exclusivo de los ciudadanos y súbditos y no, bajo ningún concepto, para sus gobernantes[112].

Rechazando de manera explícita la distinción efectuada por Soto entre la *respublica* y el ámbito puramente particular de los ciudadanos *(cives)* que la componían, Vázquez insistía en la sola existencia de la sociedad de los ciudadanos particulares:

> Lo único que existe entre los ciudadanos –dejó escrito– es una especie de sociedad con un contrato de buena fe... cuyo objeto es una mejor orientación de la vida de cada cual, dentro de un marco de seguridad que procure todas las comodidades[113].

En la formulación de Soto es el *consensus* de los futuros gobernados el que determina quién debe gobernar. No obstante, dado que las personas se reúnen para someterse a una modalidad u otra de gobierno, su voluntad colectiva (por oposición a su razón) es débil. La voluntad del ciudadano de Vázquez, en cambio, está facultada para determinar las condiciones de gobierno, de igual manera que determina el destino futuro de sus bienes la voluntad de quien hace un testamento. Tal como más tarde veremos en el capítulo 6, esta insistencia en que el bien público es un conglomerado de buenas voluntades puramente particulares se reavivará más tarde, con un vocabulario distinto, para aportar la que sería la crítica más contundente y definitiva del imperio.

En común con los autores humanistas anteriores adscritos a una tradición republicana de amplio espectro[114], Vázquez también pasó a concebir la *potestas*, imperial o de otra clase, como destinada para el beneficio exclusivo de aquellos sobre quienes debía ejercerse. Y estos deben ser considerados, como no se cansa de repetir, en tanto que ‘ciudadanos’ *(cives),* agentes políticos autónomos depositarios de derechos, categoría esta que apenas hace acto de presencia en los textos jurídicos y teológicos anteriores. Un Estado no puede, por lo tanto, alcanzar una extensión que impida que su gobernante ejercite la autoridad necesaria para velar por los intereses de sus *cives et subditi.* Tal como ha evidenciado Annabel Brett en *Nature, Rights and Liberty,* donde presenta un brillante análisis de esta obra, Vázquez pretendía demostrar no solo que la autoridad de los gobernantes deriva del consentimiento de los miembros de la comunidad en cuanto individuos, sino que dado que el único objetivo posible de todas las sociedades es procurar el bien de dichos individuos, estos no pueden ser más que acuerdos *ad hoc*, sin ninguna garantía de perdurabilidad. Como bien sabía Vázquez, esta era la conclusión a la que ineludiblemente conducía la afirmación de Covarrubias, pero que él no había querido extraer, estando inmerso como estaba en una visión del imperio de la ley mucho más decantada hacia el estoicismo.

Al igual que Soto, Vázquez reconocía que las sociedades son creaciones humanas, y por tanto históricas, sujetas a cambios inevitables en el curso del tiempo, los cuales conllevan necesariamente cambios en el lenguaje que debe describirlas. A diferencia de Soto, negaba, en cambio, que «el poder civil público es una disposición *(ordinatio)* de Dios»[115]. Este poder está inscrito solo en el ámbito de las relaciones humanas, y por ello su legitimidad no emana de la naturaleza sino únicamente de la costumbre. En términos de la distinción crucial del derecho romano, sobre la que se fundamenta toda la argumentación de la *Controversiarum illustrium,* entre las cosas que existen *de iure* y las que existen *de facto,* la supremacía *(praelatio)* no pertenece al ámbito de *ius,* sino al de los hechos. La *praelatio,* como destacaba Vázquez en el prefacio de su obra, «es algo de hecho, que no debe creerse a menos que se haya probado»[116]. Puesto que los hechos cambian con el tiempo, del mismo modo cambian las leyes y las modalidades de gobierno que sustentan, «pues la ley relativa a tales cosas –argumentaba– es para un solo día, y al otro día muere»[117]. Y lo que es más relevante aún, el propio derecho a gobernar, el *ius imperii,* debe también modificarse en consonancia con los cambios que se producen en la auténtica naturaleza de la sociedad en la que revierte. No en vano, para Vázquez, el gobierno significa solamente una cosa, administración: «Imperio *(imperium)* y reino *(regnum)* no son más que jurisdicción». Al igual que otras entidades políticas, declara –citando ahora como autoridades a los poetas, Manilio, Virgilio, Juvenal, Séneca y Ovidio– que los imperios son criaturas sujetas al azar, y por lo tanto mutables, y deben tener su auge y su ocaso de la misma manera que varían, imponiéndose y perdiéndose, las costumbres:

> Pues según cambian día a día las vicisitudes y las costumbres, así deben cambiar los imperios; ya que como hemos podido ver, los imperios van ligados a las costumbres *(mores imperia insequi)*[118].

De esto se deduce que ninguna sociedad puede fundamentar su autoridad política en una identidad basada en la continuidad indefinida tanto en el tiempo como en el espacio, como la que había pretendido el imperio romano. Otra conclusión es que dada la inmensa variedad de seres humanos existentes en el mundo, cualquier sociedad que se extendiera por todo el planeta sería, en palabras de Vázquez, «inadecuada, perniciosa y nociva»[119]. Por consiguiente,

> lo que vulgarmente se dice, que el emperador de los romanos es señor del mundo, y por tanto superior en dignidad a todos

> los demás príncipes... es comparable a los cuentos de niños, al consejo de los ancianos y a las sombras de un sueño agitado[120].

El único argumento extraído de la naturaleza que podía aplicarse al problema era, a su parecer, la afirmación contenida en *De anima* de Aristóteles de que cada cosa alcanzaba el tamaño que por naturaleza le era consustancial[121]. De acuerdo con ello, el gobierno universal no era solo una violación de los principios que rigen los necesarios límites de la jurisdicción humana, sino que contrariaba la estructura del mundo natural. Un imperio de extensión desmesurada sería –tal como lo expresaba Vázquez, sacando de nuevo a colación la preocupación predilecta de los neotomistas en torno a la finalidad de la naturaleza– «vano», en cuanto que sería incapaz de cumplir su propósito, y Dios nunca ha creado nada que no sea intrínsecamente capaz de cumplir su finalidad[122]. De acuerdo con ello, todo imperio excesivamente vasto estaba condenado a ser, tal como habían denunciado los enemigos protestantes de Carlos V, no una sociedad civil, sino una forma de esclavitud[123]. Como todos los humanistas, Vázquez era muy reacio a admitir cualquier grado de razonamiento apriorístico. En su opinión, el derecho que regulaba los asuntos humanos era esencialmente un conjunto de normas aprobadas de común acuerdo por los hombres para su mutuo beneficio. Si Europa debía exportar algo a todo el mundo, la materia a expandir solo podía ser –tal como habían convenido de manera tácita Vitoria y Soto– el derecho civil, que era, naturalmente, un derecho positivo que por lo tanto debería basarse en la representatividad. No obstante, la pura realidad era que en ningún lugar de lo que Vázquez denomina «los hechos conocidos de los asuntos humanos y otras referencias escritas» había existido jamás algo semejante a un gobierno universal, salvo, por así decirlo, en los brumosos intersticios de la distinción *de iure/de facto* donde lo había situado Bartolo.

La existencia del Nuevo Mundo, «situado –en expresión de Vázquez– en las más remotas e ignotas regiones que son de difícil acceso» y a las que solo se puede llegar cruzando «inmensos y tempestuosos mares», había demostrado sin margen de duda este supuesto.

> Tras el descubrimiento –escribió– ahora se percibe con mucha mayor claridad que es del todo imposible que la soberanía *(dominium)* sobre tantísimas regiones, pueblos y provincias separados unos de otros por enormes distancias, recaiga en un solo hombre[124] .

Por otra parte, la posibilidad de que aún pudieran existir más regiones desconocidas en el mundo acababa de clarificar la cuestión. El término *mundus*, añadía (ponderando la crucial exclusión del mar del *dominium* del imperio romano efectuada por Justiniano), debía interpretarse en sentido indefinido, aplicado de modo limitado a una circunstancia que todavía era solo potencial o, expresado en el vocabulario latinizado de la física de Aristóteles empleado por Vázquez, que era *in habitu* e *in potentia*, pero todavía no 'actual' *(in actu)*. Evidentemente, ningún hombre podía disponer de *dominium* sobre algo que era meramente potencial[125], y sin embargo, en vista de la incertidumbre que en el momento se tenía sobre la geografía del mundo, cualquier reivindicación de *dominium totius orbis* consistía precisamente en eso. La pretensión de soberanía universal se basaba en la asunción tácita de que todas las nuevas sociedades, según fueran saliendo a la luz, deberían conformarse a unas normas –los conceptos jurídicos de la Europa occidental– que habían sido proyectadas sin conocimiento previo de su existencia. Además, para ser legítimas, estas normas deberían haber sido creadas para «uso exclusivo» de los pueblos, cuyas necesidades concretas desconocían quienes las habían redactado, lo cual, concluía Vázquez, sería «digno motivo de risa y mofa»[126].

Hasta este punto, los argumentos de Vázquez habían consistido en gran medida en un desarrollo que llevaba mucho más lejos las implicaciones contenidas en las observaciones más veladas de Soto y Covarrubias. Su argumento final, en cambio, se inscribe en una estrategia humanística que hasta entonces nadie había aplicado de lleno en este contexto. Al igual que Soto, presenta una reflexión sobre las aplicaciones naturales de los términos utilizados en la *Lex Rhodia,* con objeto de demostrar que toda la base lingüística sobre la que se habían fundado los argumentos del imperialismo era falsa. Para Vázquez, esto se plasma en una prolija y muy imaginativa etimología de la palabra *mundus*, tal como se emplea en la expresión *dominus mundi.* «*Mundus* –asegura– significó en un principio el tocador de una mujer», y en este sentido se utilizó en el Digesto[127]. A partir de aquí, continúa, pasó a emplearse como sinónimo de «naturaleza», entendida como la belleza del mundo romano, la cual se había conseguido precisamente gracias a sus elevados logros culturales y a la ausencia de barbarie.

A primera vista, este argumento podría calificarse de frívolo, en el mejor de los casos, y la *Controversiarum illus-*

trium a menudo tiene un tono, si no exactamente frívolo, sí impregnado de una gran ironía, que normalmente tiene como blanco a los neotomistas. Su alcance es, sin embargo, mucho mayor del que pudiera parecer, pues en la etimología de Vázquez, *mundus* pasa a definir no un dominio político, como habían dado por sentado muchos por falta de insuficientes conocimientos filológicos, sino cultural. Si bien Vázquez no acaba de precisar si sería legítimo exportar la belleza romana por la fuerza, no dejaba margen de duda de que esta pudiera emplearse contra quienes amenazaran de un modo u otro dicha belleza. Al igual que un gran número de humanistas legales, de Alberico Gentile a Grocio, Vázquez aceptaba la postura de que lo único que podía justificar la guerra contra los bárbaros era que «son nuestros enemigos, perjudiciales, odiosos y peligrosos»[128]. La gran diferencia que separa nuestras costumbres de las suyas constituye una amenaza para nosotros. Su propia existencia es una amenaza para la belleza inherente del *mundus* que «nosotros» hemos creado. Lo paradójico es que, según los planteamientos de Vázquez, dichos bárbaros podían ser conquistados a fin de impedir que causaran males mayores, pero sus conquistadores no podían, por la naturaleza intrínseca de las cosas, ejercer un auténtico *dominium* sobre ellos.

Por si esto fuera poco, el siguiente paso de Vázquez resultaba aún más chocante. Aunque alejadas de la ortodoxia, hasta ese momento sus afirmaciones se habían mantenido amparadas en gran medida por las autoridades tradicionales. Tras haber dejado sentado que ningún *imperium* de gran extensión podía ser legítimo puesto que ninguna entidad política de tales características podía atender los intereses de todos sus miembros, ahora, aplicando una táctica característica de los humanistas, traía a escena a los poetas para oponerlos al «Filósofo», a los teólogos y a los juristas. Horacio y Claudiano habían sostenido que la navegación y los largos viajes por mar eran contrarios a la naturaleza, ya que la naturaleza había situado los mares donde se hallaban precisamente para mantener separados a los hombres. El hombre, sin embargo, con su capacidad creativa –su *ingenium*– y su *audacia*, es capaz de atravesar las fronteras que la naturaleza ha puesto en el mundo[129]. «El primero que osó surcar el profundo mar con un barco construido por su propia mano y que con sus toscos remos agitó las aguas», escribió Claudiano, había violado esa frontera natural, y por ello los dioses habían atraído tantas penalidades sobre los marineros a partir de entonces. Todos los vastos imperios dependían para su existencia de esa terca y perversa aplicación de las excepcionales facultades mentales del hombre, de ese «crimen prohibido e impío», en descripción de Horacio.

> Un solo hombre no puede ser señor de todo el mundo», escribió Vázquez, ni siquiera en lo que atañe exclusivamente a la jurisdicción y defensa, sin obligar a cruzar vastos mares a los súbditos y magistrados que con gran frecuencia acuden hasta él. De esto se deduce que ningún imperio de tanta extensión puede pertenecer *de iure* a un hombre[130].

Aun adoleciendo de ambigua, la tradición literaria en la que Vázquez había enmarcado su argumento era muy rica. Su insistencia en que la única sociedad civil genuina era aquella cuyo reducido territorio no imponía la necesidad de largos viajes no obedecía tan solo a una consideración práctica. Sus fundamentos residían en la profunda convicción, de origen griego y romano, de que la auténtica comunidad era un compendio de personas que mantenían comunicación entre sí, compartían una misma lengua y vivían de acuerdo con un sistema de costumbres común.

En la Europa cristiana, sin embargo, la asunción de que todas las variantes de florecimiento humano solo podían darse en comunidades sedentarias entraba en contradicción con el convencimiento, no menos enraizado, de que los hombres eran, en formulación de san Francisco, *homines viatores,* que las sociedades europeas no podían ser nunca endogámicas, que la total inmovilidad que Platón había propugnado para los habitantes de su *polis* ideal no era una opción adecuada para la mayoría de las personas. Esta propuesta también se contraponía a la imagen del *mundus* u *orbis terrarum* como otro tipo de comunidad, una *civitas* universal regida por un sistema de costumbres universal, el derecho natural. En el plano de esta imagen, los viajes y la comunicación –y más tarde el comercio– se hacían indispensables para la interacción humana. «Por el mar –escribió Diego Saavedra Fajardo en el siglo XVII– vienen a ser tratables todas las naciones, las cuales serían incultas y fieras sin la comunicación de la navegación»[131]. Por este motivo los neotomistas consideraban como un dictado de la naturaleza el derecho de acceso a todas las naciones o *ius peregrinandi.* Uno de los escasos argumentos legitimadores de la conquista de América que Vitoria, y con él algunos de sus continuadores, se mostraba dispuesto a aceptar era que al ofrecer resistencia al supuestamente legítimo deseo de los españoles de «viajar» a sus tierras, los indígenas americanos habían violado el «derecho de sociedad y comunicación natural», y podían ser por ello castigados mediante conquista[132].

Todos los imperios europeos, que habían sido, por definición, creados por viajeros armados y codiciosos, se hallaban inmersos en estas contradicciones.

> La conducta *antihospitalaria* de los Estados civilizados de nuestro continente –se lamentaría más tarde Kant–, la injusticia de que hacen gala al *visitar* países y pueblos extranjeros (que en su caso equivale a *conquistarlos*), parece abrumadoramente inmensa[133].

Estos mismos «visitantes» no solo habían sido, sin embargo, responsables de la conquista y las masacres subsiguientes. A ellos se debió también la apertura de las rutas comerciales entre el Viejo y el Nuevo Mundo, rutas que constituían, según sostuvo el propio Kant, el único medio posible de crear el orden mundial genuinamente cosmopolita, el único orden que sería capaz, a la postre, de poner fin a todos los conflictos humanos[134].

Al afirmar que el *mundus* solo podía concebirse como un tipo concreto de cultura e insistir en que los viajes, una actividad consustancial a todos los imperios, eran algo antinatural, Vázquez de Menchaca había trasladado, como no volvería a hacerlo nadie hasta finales del siglo XVIII, los argumentos relativos a la legitimidad de la conquista y colonización de América desde la pura disquisición de derechos –aunque de derechos se trataba– a una actitud que valoraba y calculaba simplemente los beneficios humanos que de ellos podían derivarse. De este modo, como había hecho anteriormente Soto, centró la atención en los orígenes y las circunstancias particulares del imperio inaugurando vías que no podrían dejar de ser tomadas en cuenta a partir de este momento. A dos de estas circunstancias capitales –la conquista y la colonización– está dedicado el siguiente capítulo.

3. Conquista y colonización

> Extensive conquests when pursued, must be the ruin of every free government; and of the more perfect governments sooner than of the imperfect; because of the very advantages which the former possess above the latter.
>
> David Hume, *On the Idea of a Perfect Commonwealth*

1

Joseph Schumpeter definió en cierta ocasión el imperialismo como «la tendencia carente de objetivo que tiene el Estado a expandirse de forma ilimitada mediante el uso de la fuerza». Todos los aspectos de esta frase son discutibles. Ni los imperios del Nuevo Mundo, ni en mi opinión ninguna otra clase de imperio que haya existido, se fundaron sin objetivos; tampoco su expansión fue ilimitada ni se consiguió siempre por la fuerza; ni fueron, como mínimo al principio, una creación del Estado. Lo que sí es lícito afirmar es que casi todos los imperios europeos se iniciaron como expresión ideológica de lo que Schumpeter describía en otro lugar como «la inclinación puramente instintiva por la guerra y la conquista»[1].

Dado que todos los imperios europeos de América fueron imperios de expansión, todos ellos se basaron, efectivamente, en un momento u otro, en la conquista y fueron concebidos y legitimados con el lenguaje de la guerra. Para Andrew Fletcher de Saltoun (1655-1716), un hombre que demostró un vivo interés por el futuro de las monarquías universales, la gran mayoría de gobiernos se habían «erigido para la conquista»[2]. La beligerancia y el deseo de expansión territorial, concluía, eran pura y simplemente un aspecto ineludible de la condición humana. Hasta Esparta y Venecia, las repúblicas más estables de la era antigua y moderna –precisamente debido a que sus fundadores habían procurado contener de antemano su futura expansión– habían concluido en el fracaso; y este fracaso se debió, a juicio de Fletcher, a que «ni siquiera en esas constituciones había algo capaz de refrenar el deseo de ampliar sus dominios»[3]. Las consecuencias para ambas habían sido, naturalmente, desastrosas.

Este anhelo al parecer ineludible de expansión territorial mediante conquista estaba ligado asimismo a un código de valores aristocráticos que desempeñó un papel fundamental en la creación de todos los primeros imperios de ultramar. La expansión a ultramar ofrecía a quienes contribuían a ella no solo oportunidades comerciales y, con suerte, metales preciosos, sino también la promesa de gloria, y con ella cierto grado de promoción social que, con anterioridad al siglo XVIII difícilmente podía lograrse por otros medios. Esta fue una marcada característica de los imperios español y portugués, cuando menos antes de 1447[4], fecha en que estos últimos aceptaron que, en África, el comercio era más ventajoso y mucho menos arriesgado que la conquista. También se dio, sin embargo, en el inglés y en el francés de una forma mucho más intensa de lo que se ha reconocido posteriormente. Durante los primeros años, los viajes de ingleses y franceses a América se fraguaron en gran medida como intentos de imitar los éxitos de los españoles. El viaje de Drake de 1577, con su «descubrimiento» de la todavía imaginaria *Terra australis*, constituía, según declaró el mago inglés John Dee, el comienzo de un auténtico *Imperium britannicum*[5]. En 1596, George Chapman escribió:

Que se expanda el soberano Imperio,
Y con el Neptuno ibérico comparta la estaca
Con cuyo Tridente él el triple mundo forjaría[6].

Este es el motivo por el que, como observaría en 1789 David Ramsay, primer historiador de la Revolución americana, la patente concedida por Enrique IV a John Cabot en 1496 repetía los términos exactos de las bulas de Donación de Alejandro VI al otorgarle derechos de «conquistar y poseer» para el rey todo territorio que no estuviera ya en manos cristianas, igual que sucedería con la que concedió en 1584 Isabel I a sir Walter Raleigh[7].

Ninguna nación europea podía olvidar, por otra parte, que el imperio romano –el modelo al que de un modo u otro se remitían todas– se había fundado tanto en la gloria como en la *pietas,* ni que, en la formulación de Virgilio, el honor, la piedad y las armas habían sido siempre inseparables. «El honor de nuestra nación es ahora muy grande gracias a Su Majestad», escribió en 1609 Robert Johnson en un opúsculo para el fomento de Virginia, pero, continuaba, los ingleses, como les había sucedido anteriormente a todas las naciones marciales, se habían vuelto ociosos y se había apagado su deseo de búsqueda de mayores oportunidades, al igual que les había ocurrido a los romanos, «quienes teniendo la diosa Victoria en Roma, le habían recortado las alas y la habían dejado entre los dioses, para que así no pudieran hacerle remontar el vuelo nunca más»[8]. La conquista de las nuevas tierras de América tendría, en su opinión, por saludable efecto la reanimación del espíritu militar de los ingleses.

> Continuad pues –exhortaba con parecido tono Hakluyt a Walter Raleigh– como habéis comenzado, dejad para la posteridad un monumento imperecedero de vuestro nombre y fama que no destruya jamás el tiempo. Pues no hay gloria mayor que pueda legarse a la posteridad que conquistar a los bárbaros, rescatar a los salvajes y paganos a la civilidad e integrar a los ignorantes en la órbita de la razón[9].

También en Francia puede hallarse una retórica similar, con la que se expresan parecidos sentimientos. Al igual que Hakluyt, André Thevet, cosmógrafo de Enrique IV, urgía a su monarca a no quedar rezagado detrás de España y Portugal en la carrera para lograr un imperio, aunque solo fuera para proporcionar a su desmesurado ego materia sobre la cual escribir. Hacia finales del siglo XVI se impuso, sin embargo, la evidencia de que el «monumento imperecedero» de Raleigh debería seguir existiendo en un plano ilusorio, ya que ni los ingleses ni los franceses dispondrían nunca de la oportunidad ni de los recursos necesarios para emprender conquistas a gran escala en ultramar. A juicio de sus críticos, entre los cuales se contaban bastantes españoles a finales del siglo XVI, solo España había sido capaz de llevar a cabo conquistas sostenidas y bien amparadas con propaganda, las cuales se vieron rápidamente marcadas con el estigma, que aún perdura hoy en día, de constituir uno de los más horribles capítulos de la historia de la brutalidad humana. Únicamente los pobladores españoles se autodenominaron formalmente «conquistadores», y únicamente los pobladores de raigambre española («criollos») fundamentarían, al final, sus reivindicaciones independentistas en su vinculación con una aristocracia de conquista. Un imperio de tales características debía basarse en una masa de personas, de súbditos derrotados capaces de ser transformados en dócil fuerza de trabajo. En América, solo los españoles, y en menor grado los portugueses, habían encontrado gente en número suficiente susceptible de ser sojuzgada de este modo. Los ingleses y los franceses, por causas interrelacionadas, se vieron obligados o bien a excluir a los indígenas americanos de sus colonias o a incorporarlos como socios comerciales. A pesar del infructuoso intento inglés de someter a las poblaciones de Carolina, en ningún lugar de Norteamérica se produjo, como ocurrió en toda Hispanoamérica, la conversión de los indios en «vasallos».

Castilla había sido, en cierto sentido, afortunada. Había sido la primera potencia europea que se había asentado en América y, por azar geográfico, había elegido una zona en la que los pueblos autóctonos habían logrado el más alto nivel de densidad demográfica y de destreza tecnológica. La complejidad y la organización militar –que resultó, de todas formas, insuficiente frente a los conquistadores– de las sociedades azteca e incaica facilitó asimismo su gobierno, una vez hubieron sido conquistadas y se hubieron sofocado todos los intentos de resistencia. Las tribus que habitaban la costa este de Norteamérica, Canadá y los Grandes Lagos demostraron una mayor capacidad de resistencia a la larga. Las «Cinco naciones de los iroqueses –informaba a París en 1711 el gobernador general de Nueva Francia, Philippe de Rigaud de Vaudreuil– son más temibles que toda Nueva Inglaterra junta»[10]. Por más temibles que resultaran a los ojos de muchos europeos, estos pueblos eran también nómadas o seminómadas y además carecían de una sociedad «civil» y de base agrícola. Este último aspecto sería crucial, ya que tales pueblos no podían ser lo que en el lenguaje de la caballería se denominaba «enemigos dignos», y por lo tanto no se consideraban aptos para hacer de ellos verdaderos vasallos[11]. La coronación del «emperador» Pouhatán a manos de Christopher de Newport se realizó quizá con la intención de crear la imagen de un Atahualpa norteamericano[12]. (El Privy Council, envió una corona de cobre para la ceremonia, dejando así expresamente patente la inferior categoría del nuevo gobernante tributario de Jacobo I)[13]. En la práctica, no obstante, las guerras de conquista de franceses e ingleses en América no pasaron de ser campañas relativamente limitadas en las que por norma general intervinieron diversos grupos de indios que a la vez mantenían hostilidades entre sí. A despecho de los intentos, como el efectuado por William Strachey, de trazar un paralelismo entre los pobladores de América y los generales romanos que habían invadido la antigua Britania

> y reducido las zonas conquistadas a provincias y establecido en ellas colonias de viejos soldados que construyeron castillos y ciudades en todos los rincones del territorio, enseñándonos incluso a abrazar el poderoso discurso de la razón divina»[14],

la «conquista» de Virginia nunca se prestó a ser descrita con un mínimo de credibilidad en los términos marciales empleados para narrar la toma de México y Perú. Los relatos españoles de conquista eran a menudo falsos, como lo fue, por ejemplo, la muy fantasiosa relación que hiciera Cortés de la rendición de Technotitlán, basada en gran medida en los textos contemporáneos que narraban la rendición de Granada, pero no eran del todo absurdos. Si bien contamos con abundantes textos donde se describen los asentamientos franceses e ingleses en América, no existe, como bien se ha señalado muchas veces, ningún equivalente inglés o francés de la relación de la conquista de México hecha por Bernal Díaz del Castillo ni de la evocación del imperio inca de Garcilaso de la Vega. Por no existir, no existe siquiera algo comparable al abstruso relato de Antonio de Herrera, que trató de crear una versión española de la gran historia de Livio para el Nuevo Mundo. El origen de esta ausencia no está, como han apuntado algunos, en una falta de sensibilidad histórica de estas naciones, sino en que simplemente en la América francesa o británica no tuvieron lugar acontecimientos que pudieran ser plasmados de este modo.

2

Había asimismo otro rasgo, estrechamente asociado con los anteriores, que diferenciaba el imperio de España de los de Francia e Inglaterra. Hacia mediados del siglo XVII como muy tarde, la mayoría de observadores convenían en que las colonias británicas y francesas eran primordialmente bases para el comercio y la producción agrícola. Hispanoamérica, por su parte, había sido el fruto en gran medida involuntario de la necesidad, que ya se había tornado crónica en el siglo XV, de oro y plata. Es erróneo suponer, como lo hicieron los críticos franceses y británicos en el siglo XVIII, que hasta las reformas borbónicas de finales de ese siglo la Corona española fue totalmente ajena al potencial valor comercial de sus colonias. Ya en 1475, la Corona portuguesa había creado un organismo gubernamental, la Casa da Guiné, para controlar el comercio con África, y en 1503 la Casa da India para administrar el comercio con la India. En la misma fecha, España fundó una institución similar en Sevilla, la Casa de Contratación, exclusivamente dedicada a controlar la totalidad del comercio con las colonias americanas. Durante todo el periodo del imperio, el comercio y las manufacturas representaron asimismo una parte significativa de los ingresos nacionales. Muchos conquistadores, entre ellos Hernán Cortés, advirtieron en repetidas ocasiones de las consecuencias desastrosas que podía acarrear la mentalidad de pura rapiña con que actuaban la mayoría de sus homólogos. La devastación ocurrida en las Antillas fue un episodio que pocos deseaban ver repetido en el continente, y las leyes que obligaban a los pobladores a instalarse en un lugar, casarse y cultivar la tierra fueron una parte capital de la legislación que elaboró la Corona de Castilla para América.

No obstante, a lo largo de toda la historia del imperio español de América, la extracción de metales preciosos continuó siendo uno de los principales objetivos económicos de la Corona. Incluso las reformas borbónicas diseñadas entre 1770 y 1790, basadas en parte en el mercantilismo colbertiano y los principios de limitación del libre comercio, estaban destinadas de forma desproporcionada a la reactivación de la producción de plata americana[15]. Al igual que Francia e Inglaterra, la España metropolitana obtuvo considerables y continuados beneficios del comercio con sus colonias de ultramar, pero hasta la decadencia final del imperio culminada en torno a 1830, continuó considerando la importación de metálico como única fuente fiable y definitiva de riqueza.

Los franceses y los británicos, por el contrario, siempre habían dedicado, cuando menos en su evolución nacional, mayor atención al comercio y a la agricultura. Esta fue, aseguraba Verrón de Forbonnais, autor del largo y complejo artículo que la *Encyclopédie* dedicó al término *«colonie»,* «la única razón para la fundación de las modernas colonias». Esto era también lo que las diferenciaba de las diversas categorías de colonias antiguas, cuya función había sido ante todo defensiva o para servir de depósito de la escoria humana de la metrópoli[16]. Esta afirmación resultaba a todas luces evidente en 1772, pero no siempre habían sido así las cosas. Como con la conquista, los primeros objetivos de todas las potencias europeas del Atlántico habían sido simplemente imitar a los españoles. Al igual que Colón, Jacques Cartier se había hecho a la mar en su primera expedición de 1534 con el propósito de «descubrir ciertas islas y tierras donde se dice que podrían descubrirse grandes cantidades de oro y otras ricas materias», aunque luego todas las muestras que envió resultaran ser, al examinarlas, piritas de hierro y cuarzo[17]. Al igual que Colón, también él regresó contando historias de una tierra misteriosa de inenarrable riqueza que, todavía por descubrir, quedaría integrada en la mitología de las exploraciones francesas de Canadá a lo largo de las décadas venideras[18]. Las expediciones a Terranova capitaneadas por Martin Fisher en 1576, 1577 y 1578 estaban destinadas sin excepción a la búsqueda de metales preciosos. Ellos también regresaron con las manos vacías y tuvieron que contentarse con muestras de rocas y un esquimal vivo como «testimonio del largo y tedioso viaje del capitán»[19]. Todavía en 1612, inasequible al desaliento, Robert Johnson seguía asegurando a los potenciales pobladores de Virginia la «indudable certeza de la existencia de minerales»[20]. El más célebre de los futuros *conquistadores* ingleses, sir Walter Raleigh, demostraba un franco desdén hacia el comercio y la agricultura como posibles objetivos del imperio:

> El poder de España, escribió, no se había conseguido mediante el comercio de sacos de naranjas de Sevilla, ni de ninguna otra mercancía que producen España, Portugal o cualquiera de sus otras provincias. Ha sido su oro de las Indias el que ha puesto en peligro y provocado inquietud en todas las naciones de Europa[21].

Raleigh no fue, naturalmente, más afortunado que Cartier o Frobisher en su búsqueda del nuevo El Dorado que, según había asegurado a su reina, se hallaba en algún lugar más allá del estuario del Orinoco, y su fracaso determinó, inexorablemente, su ejecución[22].

Tampoco fueron los españoles los únicos europeos que creyeron en la existencia de una relación casi escatológica entre el oro y la devoción. Aquellos, declaraba Hakluyt, que estuvieran dispuestos a defender la Palabra de Dios en las tierras recién descubiertas verían recompensados materialmente sus afanes, y afirmaba que esa era la única razón por la que Dios había llenado las Indias con tamañas riquezas. «El sonido de la Palabra de Dios y de la Cruz» escribió Joseph Mede a William Twisse en 1635, había llevado a un «grupo de naciones bárbaras» a cruzar el estrecho de Bering y bajar hasta el Nuevo Mundo, donde ahora aguardaban la llegada de los ingleses, que irían atraídos por la promesa de infinitas riquezas, a revelarles la verdad del cristianismo[23].

Como ocurrió con la conquista, la diferencia fundamental entre España y sus rivales se debió al puro azar. España, como lo expresó Adam Smith, fue la única a la que la fortuna presentó «algo que no difería mucho de la profusión de metales preciosos que andaban buscando»[24]. Solamente cuando se hizo patente que no había ningún nuevo México ni Perú que conquistar y que el «Saguenay» de Cartier y el «vasto, rico y hermoso imperio de Guayana»[25] de Raleigh eran ficticios, los ingleses y los franceses pasaron con cierta desgana a considerar sus colonias como fuentes de riqueza, no de minerales ni humana, sino agrícola y comercial. En el siglo XVIII habían quedado, sin embargo, relegados al olvido los objetivos iniciales que la Corona francesa había perseguido en América. Montesquieu declaró, en la que quizá fuera la observación más influyente sobre el tema, que en tanto que los españoles habían considerado América como «objeto de conquista», los que eran «más refinados que ellos, la consideraron como objetos de comercio y a tal fin dirigieron su atención hacia ella». La finalidad de estos pueblos, entre los que probablemente incluía a los ingleses además de los franceses, en ningún modo había sido «la fundación de una ciudad o de un nuevo imperio»[26], sino la explotación pacífica del comercio y de los recursos naturales. «Riqueza, conquista y fama celebro», escribió en 1596 Robert Chapman en la oda *De Guiana carmen epicum* que sirvió de introducción al relato que hiciera Laurence Keymis de su viaje a América; pero, añadía, «Riqueza con honor, conquista sin sangre».

La renuncia a la búsqueda de oro y plata por parte de Francia e Inglaterra pronto se transformó en una especie de triunfalismo. Los ingleses, que antaño se habían planteado seriamente qué designio pudo tener Dios para conceder tamaños recursos naturales a los españoles, no tardaron en contemplar –como ha demostrado hace poco David Armitage– la riqueza mineral de las Indias como un cáliz envenenado[27]. «Colón ofreció oro a uno de vuestros reyes –escribió James Harrington– a través de cuya alegre incredulidad otro príncipe ha bebido el veneno, incluso hasta llegar a consumir a su pueblo»[28]. En España eran muchos los que a mediados del siglo XVII compartían este mismo punto de vista. El propio Dios, sostenía Diego Saavedra Fajardo, había ocultado los metales preciosos en la tierra precisamente para que no hubiera más cantidad de ellos de la que era necesaria para mantener la actividad comercial. El oro y la plata, reconocía, solo eran beneficiosos si se utilizaban como medios para un fin. La riqueza ilimitada como la que habían proporcionado a la Corona de Castilla las minas de México y Perú estaba condenada a mermar los recursos humanos naturales de una nación. Los marineros de un barco cartaginés, argüía, que habían visto «una isla muy rica y deliciosa (que se cree era La Española)» fueron ejecutados a su regreso a fin de impedir que lo que habían visto tuviera efectos nocivos para la *respublica.* Los reyes españoles, por desgracia, no habían aplicado tan honorable política.

> ¿Quién habría creído –proseguía, haciéndose eco de la famosa observación realizada por el humanista flamenco Justus Lipsius en 1603– que con el oro de aquel mundo se había de conquistar luego este? Y vemos que se hicieron antes mayores empresas con el valor solo, que después con las riquezas, como notó Tácito del tiempo de Vitelio. Estos mismos daños [para España] del descubrimiento de las Indias experimentaron luego los demás reinos y provincias extranjeras por la fe de aquellas riquezas[29].

La imagen de los metales preciosos como algo intrínsecamente corruptor estaba estrechamente relacionada con la del oro en particular, como sustancia semimilagrosa que, en la célebre frase de Colón, podía «elevar las almas al paraíso». Dicha imagen estaba asimismo determinada por la dependencia residual que aún conservaba el debate sobre los metales preciosos con respecto al lenguaje de la alquimia[30]. En un contexto así era difícil considerar el oro como un mero valor de intercambio. Adam Smith, con su extraordinaria sensibilidad para los matices del léxico empleado en los lenguajes de intercambio económico, ya se había percatado de ello:

> La misma pasión –escribió– que ha despertado en muchas personas la absurda idea de la piedra filosofal ha suscitado a otras la idea, igualmente absurda, de inmensas minas de oro y plata. No tuvieron en cuenta que el valor de dichos metales ha

derivado siempre, en todas las épocas y naciones, prioritariamente de su escasez[31].

De la misma manera que las monedas finalmente servirían para acuñar, los metales preciosos no eran más que símbolos cuyo valor estribaba de un acuerdo entre los distintos pueblos.

> El oro y la plata –afirmaba Montesquieu en un conocido pasaje– son una riqueza de ficción o de símbolo. Estos símbolos son por su naturaleza muy duraderos y casi indestructibles. Cuanto más abundan, más valor pierden, debido a que representan cosas escasas. Al conquistar México y Perú, los españoles abandonaron la riqueza natural para disponer de una riqueza de símbolo que poco a poco fue desvalorizándose.

Al igual que Harrington, Montesquieu consideraba como una bendición imprevista el que los otros monarcas europeos hubieran rechazado la propuesta de Colón. Uno tras otro, los gobernantes españoles se habían comportado como Midas, pero a diferencia de este, los españoles no podían recurrir a ninguna deidad para «poner fin a su miseria»[32].

La galopante inflación que había sumido en la postración a Castilla no solo había sido el infortunado fruto de la persistente ceguera de los españoles con respecto a la función real del oro y la plata, sino que además había ocasionado, a juicio de Smith, la limitación y falta de flexibilidad de su economía nacional. También había sido la causa de la actitud, sostenida en todos los niveles –social, legal y cultural–, que ligaba las posesiones de ultramar a la cultura metropolitana con una intensidad que ni los franceses e ingleses hubieran podido, ni deseado, lograr. En palabras de Smith,

> desde el momento de su fundación, las colonias españolas suscitaron una gran atención en su madre patria; mientras que las de las otras naciones europeas permanecieron durante largo tiempo sin apenas despertar interés[33].

Esto podría resultar paradójico a primera vista, dado que las conquistas españolas parecían garantizar desde el principio un elevado grado de independencia política por parte de los conquistadores. Tal como señaló en 1758 el marqués de Mirabeau, ningún otro grupo de colonizadores había dispuesto de la ambición ni de los recursos con que habían contado los conquistadores para fundar Estados independientes en América. Con todo, el fracaso de la revuelta de los hermanos Pizarro en 1548 había aportado, decía, «el primer ejemplo de que jamás iba a aflojarse la dependencia del nuevo mundo respecto del antiguo»[34]. A juicio de Smith, esto había dado como consecuencia que «las colonias españolas se tengan por menos populosas y prósperas que las de casi todas las demás naciones europeas»[35]. Lo que destacaban, cada uno a su manera, Montesquieu y Mirabeau era que la sobredependencia de la metrópoli de la única materia prima producida por las colonias había tenido por efecto la supresión del tipo de independencia política que en mayor o menor grado disfrutaban las colonias británicas, y que esa combinación había traído como consecuencia la decadencia de la economía de la metrópoli, al tiempo que había entorpecido el crecimiento, tanto humano como económico, de las propias colonias. Así resumió David Hume la totalidad del proceso en su ensayo *Del equilibrio del poder:*

> El poder de la casa de Austria, fundado en extensos pero divididos dominios, y sus riquezas derivadas fundamentalmente del oro y la plata, eran más idóneos para entrar por sí solos en decadencia a causa de defectos internos que para derribar todos los bastiones erigidos en su contra[36].

La permanente importancia del oro y la plata tuvo asimismo otras consecuencias, aún más insidiosas. De no haber podido hipotecar con tanta facilidad la plata, a Castilla le habría resultado imposible mantener sus operaciones militares en Europa, que a la postre fueron causa de su autodestrucción. Como explicaba en 1789 desde México alguien que se autodefinía como un «celoso profesor de comercio», la riqueza que habían producido sus antepasados se había destinado a financiar «guerras en Flandes, guerras en Francia, guerras en Inglaterra». Había ido a parar a los bolsillos de banqueros y agentes extranjeros para preservar la menguante y arcaica «reputación» del «monarca católico»[37]. Esta queja se repitió muchas veces desde el inicio de las revueltas de los Países Bajos en el siglo XVI. En 1631, el mismísimo conde-duque de Olivares, que era quien virtualmente gobernaba España, dijo en una reunión del Consejo de Estado que

> las grandes conquistas (aunque sea venciéndolas y conquistándolas y adquiriendo aquellos dominios para nosotros mismos) han puesto esta monarquía a tan miserable estado, que se pue-

de decir con gran fundamento que fuera más poderosa si hubiera menos aquel nuevo mundo[38].

La consecuencia más nociva de toda esa riqueza espuria era, para la mayor parte de los españoles ilustrados, el haber posibilitado que los castellanos mantuvieran, mucho después de que hubiera desaparecido en las restantes naciones de Europa, el espíritu militar que había presidido la creación del imperio. Tal como deploraba José Campillo y Cossío, secretario de Marina, Guerra e Indias entre 1741 y 1743, la extracción minera estaba indisolublemente ligada a ese «espíritu de conquista» que, a su juicio, compartido por la mayoría de los ministros reformistas de Carlos III, constituía la permanente maldición del sistema imperial español.

> Tras las conquistas –escribió– entró la codicia de las minas, las que por una temporada dieron grandes utilidades a España, mientras eran suyos los géneros con que rescataban el oro y la plata; pero en lo sucesivo, cuando debiéramos haber proporcionado nuestra conducta a las circunstancias y aplicarnos a las culturas y a ocupaciones que emplean últimamente a los hombres, hemos continuado sacando infinito tesoro que pasó a enriquecer a otras naciones[39].

El «espíritu de conquista –escribía con desesperación en el año 1775 Pedro Rodríguez Campomanes (1723-1803), ministro de Finanzas de Carlos III– había transformado a España en un «canal que desparramaba en toda la Europa el producto de sus minas y riqueza de las Indias». Los Estados vecinos, en particular los antiguos enemigos de Castilla, Inglaterra y Holanda, habían ampliado y diversificado su economía. España, amparada en el espejismo de una interminable disponibilidad de metálico, «decaía con el peso de la guerra que sostenía sola, casi contra toda la Europa». Por la época en que Felipe II accedió al trono, España tenía «límites tan extendidos» que no había monarquía antigua o moderna que pudiera comparársele. Felipe II, sin embargo, no había heredado la carga de un imperio, sino un conjunto de Estados heterogéneos y divididos. A diferencia de su padre, él hubiera podido advertir la urgente necesidad política de «abandonar el espíritu de conquista». De haber sido así, sostenía Campomanes, de haber «útilmente convertido el producto de las Indias, en aumentar y consolidar la población de España, en sostener sus fuerzas con la navegación y el comercio, animando y dando salida a sus manufacturas y sobrantes de la agricultura», España habría podido ser tan rica como sus rivales, que inicialmente habían tenido menos recursos. Pero el ciclo no se rompió nunca. El orden social y político que había impuesto en Castilla el «espíritu de conquista» en los años posteriores al descubrimiento de América era la causa por la que la nación «no conocía en aquella crisis política de Europa, sus verdaderos intereses»[40]. Campomanes había comprendido por amarga experiencia lo que los franceses e ingleses habían advertido gracias a una mezcolanza de resentimiento y de *Schadenfreude* reflexivo: que los éxitos comerciales de los ingleses, franceses y holandeses se debían a que *no* habían dispuesto de oro y plata en abundancia.

Lo que determinó la profunda diferencia de la historia imperial española con respecto a la de los demás poderes europeos no fue su sistema político ni sus creencias religiosas, sino la infortunada casualidad que puso en sus manos las minas de México y Perú. Las actitudes triunfalistas que adoptaron en el siglo XVIII los escritores franceses e ingleses frente a la monarquía española, en un momento en que incluso en la misma España se reconocía que había sido precisamente la excesiva dependencia de la plata americana lo que había devastado la economía del país en el siglo anterior, estaban, en el mejor de los casos, fuera de lugar. Absortos en lo que el economista político inglés sir Josiah Child llamó su «intensa y singular industria en sus minas de oro y plata», hasta la segunda mitad del siglo XVIII los españoles no estuvieron nunca en condiciones de comprender plenamente el valor de «cultivar la tierra y producir mercancías para su crecimiento»[41]. Por otra parte, la pobreza de la industria castellana de finales del siglo XV y el extremo grado de dependencia de la nación de los banqueros y mercaderes extranjeros habrían significado que, sin conquista, la Corona española jamás habría podido, ni aun habiéndolo deseado, competir con el resto de Estados comerciales de Europa. Como resaltó más tarde Campomanes, a modo de réplica a la condena realizada por Montesquieu de la preferencia española por la conquista en detrimento del comercio,

> sin conquista, el país hubiera pasado el comercio de la América a las Naciones más industriosas que hoy [1762] lo están haciendo clandestinamente, a pesar de las rigurosas penas impuestas a los contraventores, además de las confiscaciones. De otro modo la España nada conservaría de las Indias[42].

La consiguiente dependencia de los metales preciosos había suscitado, como señaló Child, una especie de ceguera económica que había hecho descuidar a los españoles la agricultura del país y toda suerte de industria manufacturera para concentrarse en la consecución de valor en metálico[43]. Las importaciones de plata no solo habían causado la pérdida de la hegemonía política que España había tenido en Europa durante casi todo el siglo XVI. También habían impedido que los españoles encontraran el modo de salir de la trampa inflacionista en que habían caído. No obstante, como reconocía Child, cualquier otra potencia europea que se hubiera encontrado en las mismas circunstancias habría actuado de la misma manera. «¿Las habrían acaso abandonado y despreciado? Si el día de hoy se las cedieran los españoles, ¿las desecharían con ceña filosófica? ¿Acaso estas naciones filosofantes son más desinteresadas que las españolas de aquellos tiempos oscuros?», preguntaba en 1784 el jesuita exiliado Juan Nuix[44]. La respuesta, tal como Child había advertido, solo podía ser negativa. Incluso algunos de los observadores más hostiles a España se mostraban en ocasiones dispuestos a reconocer este punto. La minería, aseguraba el historiador escocés William Robertson, era una especie de enfermedad, que en todo caso no era privativa de los españoles,

> pues es cosa constatada que toda persona que emprende una vez ese seductor camino es casi imposible que vuelva atrás; sus ideas se alteran, parece poseído por otro espíritu; ante sus ojos se suceden constantes visiones de riqueza imaginaria, y no sabe pensar, hablar ni soñar en otra cosa[45].

A diferencia de otras naciones europeas, España había topado con las riquezas de América en un estadio temprano de su historia, en el cual, como bien señaló Arthur Young en 1772,

> no se conocía tan bien como ahora la importancia general que tiene para las naciones la actividad manufacturera. Nosotros contamos actualmente con su ejemplo para guiar nuestras apreciaciones; no es por tanto de extrañar que se dejara cegar por la deslumbrante perspectiva de inmensas riquezas; y menos si tenemos en cuenta que un genio tan destacado como sir Walter Raleigh dedicó tanto tiempo, esfuerzo y experiencia a buscar oro en Guayana como invirtió luego en plantar tabaco en Virginia[46].

Debido a esta ceguera, únicamente el imperio español de América continuaría identificando la colonización con una cultura de conquista y con la adquisición de metales preciosos, hasta que, como veremos en el capítulo 7, en las dos últimas décadas del siglo XVIII se transformó, al igual que sus dos principales rivales, en una empresa comercial.

3

La oportunidad, el azar geográfico y la desafortunada ignorancia de las posibles consecuencias que podía tener a largo plazo la súbita y excesiva disponibilidad de riqueza no fueron los únicos factores que determinaron el compromiso español con una política de conquistas continuadas en América, distinta de la de sus dos rivales. A diferencia de franceses e ingleses, que al principio se instalaron entre la población india antes de tratar de integrarlos, como hicieron los franceses, o de exterminarlos, como hicieron los ingleses, los españoles estaban obligados, incluso por las condiciones de las capitulaciones realizadas por Colón en 1492, a llevar a término una ocupación expansiva.

Desde un punto de vista ideológico, las conquistas españolas diferían también de los asentamientos de franceses e ingleses. Su creación derivaba de una concesión papal y su legitimidad había quedado, por lo tanto, establecida incluso antes de que se hubiera hecho realidad, cosa que por lo general tachaban de absurda tanto franceses como ingleses. España tenía asimismo una larga y compleja historia de conquista tras de sí, la Reconquista de la península de las manos de los moros, que también se había llevado a cabo bajo los auspicios papales. Muchos de los títulos y sobre todo los tipos de cesiones que la Corona otorgó a los colonizadores castellanos tenían su origen en la Reconquista, si bien con el tiempo perderían buena parte de su definición inicial al ser adaptados a un entorno tan radicalmente distinto como el de América.

Desde el punto de vista económico, político y militar, la conquista de América tenía más rasgos en común con las guerras que España sostuvo en Italia que con la recuperación de la península, pero en el terreno ideológico, la lucha contra el islam ofrecía un lenguaje descriptivo que permitía revestir las por lo general lamentables campañas de América de un significado de similares tonos escatológicos. La abundante literatura española de conquista servía para resaltar ese sentimiento de continuidad, redescribiendo las acciones de los más celebrados conquistadores con el lenguaje de los romances fronterizos españoles. A sus propios ojos, y a los de sus lectores, los hombres como Hernán Cortés y Francisco Pizarro eran a un tiempo herederos de César y del Cid, el gran héroe de la Reconquista, por cuya alma era costumbre dedicar una misa al llegar a las costas de América[47]. La contigüidad con la Reconquista implicaba, además, si no la sanción divina, cuando menos el favor divino. Eran pocos los conquistadores que podían afirmar que estaban ejecutando la voluntad de Dios, pero la mayoría daba por sentado que Dios favorecía activamente su causa. ¿Cómo podía explicarse si no la extraordinaria conquista primero de México y después de Perú? No es pues de extrañar que un viejo soldado mentiroso como Bernal Díaz llegara a asegurar que había visto a Santiago de Compostela, el «Matamoros» y santo patrón de Castilla, combatiendo codo a codo junto a él.

Ni los franceses ni los británicos habrían podido, aun de haberlo deseado, mantener similares pretensiones de inspiración cuasidivina para sus empresas colonizadoras. Los historiadores del imperio francés de ultramar –muchos de los cuales pertenecían a órdenes religiosas– dieron por supuesto que Dios había aprobado su proyecto, pero esta aprobación no daba pie a la conquista, sino solo a la colonización, que tendría como finalidad la evangelización pacífica. Los británicos, durante el periodo de la Commonwealth, adoptaron una visión asombrosamente providencialista de sus hazañas en América, cuya manifestación más extrema fue el «Designio de Occidente» de Cromwell, de 1654-1655 (un vano intento de establecer la supremacía inglesa en el Caribe). El Designio de Occidente se había fraguado bajo el supuesto de que la revolución inglesa, y la semilla del calvinismo que la alentó, debían tener como fin su propagación universal. «Damos gracias a Dios por habernos enviado aquí donde nos hallamos –escribió el lord Protector– con el único fin de considerar la labor que podemos realizar en el mundo así como en nuestro país». La Commonwealth inglesa estaba destinada a convertirse en una nueva Roma de Occidente, y, como observó Milton tras su fracaso, en una nueva Jerusalén[48].

Tal como ocurría con las posturas puritanas más moderadas de la *City on the Hill*, esa república miltoniana de virtud excluía de entrada a las poblaciones indígenas de América. Incluso los británicos eran, con todo, conscientes de que para el buen desarrollo de su ocupación necesitaban algún tipo de reivindicación sobre la que legitimar la posesión de las tierras de los «pueblos aborígenes». Por más «salvajes» y «odiosos» que pudieran aparecer los indígenas americanos a la sensibilidad europea, y por más ajenos que resultaran para los objetivos de los colonos, eran, sin embargo, pocos los europeos capaces de aceptar que no fueran humanos, y en tanto que humanos, poseían derechos políticos y territoriales indiscutibles. Los británicos no podían, ni siquiera durante el periodo de Cromwell, apelar a un derecho divino de ocupación basado en la superioridad de la fe para cuya implantación en el Nuevo Mundo los habría elegido Dios. Todos eran, no obstante, protestantes de uno u otro signo y, tal como señalaría más tarde David Ramsay, aun cuando los primeros pobladores hubieran ridiculizado las condiciones de la concesión papal, «ellos habían adoptado igualmente la fantasiosa distinción entre los derechos de los paganos y los derechos de los cristianos, a fin de cimentar en ellas sus respectivas concesiones»[49].

Esto hace alusión al argumento que, como vimos en el capítulo 2, los autores españoles identificaban con los «nuevos herejes»: que puesto que todo *dominium* –es decir, derechos de propiedad y soberanía– emana de la gracia divina y no de la ley divina, ningún pagano ni cristiano «impío» podía ser sujeto de derechos. Para los colonos de Nueva Inglaterra, mayoritariamente calvinistas, dicha afirmación parecía constituir una base suficiente para desposeer a los indígenas. Por su condición de infieles, estos se veían privados de la gracia divina y no tenían por consiguiente ningún derecho legal. Sus propiedades, o incluso ellos mismos, podrían ser confiscados por la primera persona «piadosa» con capacidad suficiente para someterlos. Las personas que, como el disidente deán de Gloucester Josiah Tucker, contemplaban con horror la cultura que habían creado los colonos ingleses al otro lado del Atlántico, creían que esa era precisamente la manera en que habían tratado de legitimar sus acciones los primeros pobladores.

> Nuestros emigrantes instalados en *Norteamérica* –escribió en 1775 a Edmund Burke– eran en su mayoría entusiastas del mismo cuño. Pertenecían a esa clase de republicanos que creían, o fingían creer, que el *dominio estaba fundado en la gracia* y consideraban que tenían por tanto todo el derecho del mundo a *imponer contribuciones* y a *perseguir* a los *impíos*. Y en cuanto tuvieron el poder en sus manos lo hicieron de la manera más descarada y atroz[50].

Si bien las actitudes y el comportamiento de los calvinistas a menudo parecían estar acordes con esta postura, fueron pocos los autores británicos que utilizaron formalmente este argumento. Casi todos ellos preferían pensar que se trataba de una aberración católica más que protestante, lo cual no carecía de lógica teniendo en cuenta que en su afán por defender la soberanía papal, los juristas canónicos habían adoptado una posición que no distaba mucho de la de Wyclif y Hus (cuando no de Lutero y Calvino), y que era precisamente sobre estos supuestos sobre los que se habían suscrito, aunque solo fuera de modo implícito, las bulas de Donación de Alejandro VI.

Cuando más atractivo pudo haberse presentado este argumento fue con ocasión de la frustrada tentativa escocesa de fundar una colonia en el istmo de Darién en la última década del siglo XVII, que avivó la polémica en torno a la legitimidad de los asentamientos, y en especial de la legitimidad de establecer colonias en territorios que ya habían sido ocupados oficialmente por una potencia europea rival[51]. En 1699, el defensor más serio del proyecto, Robert Ferguson, aducía que las reivindicaciones españolas de ocupación previa no eran válidas porque se basaban, a su juicio, en la propia versión de los juristas canónicos del principio de Wyclif, según el cual, «el dominio civil y la propiedad [están] fundados en la gracia o en la ortodoxia de la fe». A despecho de su calvinismo, Ferguson compartía, no obstante, la postura de los tomistas, para quienes los derechos de propiedad solo podían emanar de los «principios de la naturaleza»: «Puesto que son criaturas racionales, al igual que los otros hombres –concluía– son sociables» y son por lo tanto acreedores de los mismos derechos que les corresponden a los cristianos[52]. De ello se deducía que si los gobernantes indígenas eran legítimos propietarios de sus tierras, podían, si así lo deseaban, permitir que los escoceses se instalaran en ellas, lo cual harían, a su parecer, de inmediato en cuanto estos tuvieran ocasión de exponerles las ventajas de contar con una colonia británica que los defendiera de la tiranía de los españoles.

Aun cuando utilizara este argumento con fines puramente instrumentales, Ferguson era también consciente, como la gran mayoría de protestantes británicos y casi con la misma agudeza que sus contemporáneos católicos, que este argumento basado en la supuesta «piedad» de los individuos –y no en el derecho natural– podía ser utilizado para legitimar a cualquiera que tuviera la inmodestia de considerarse un «gobernante piadoso». Este era motivo suficiente para calificarlo, como hizo James Otis en 1764, de «locura» que, como mínimo en su tiempo, «se había refutado de forma generalizada y abucheado entre bastidores»[53].

Al no poder respaldar su derecho de ocupación con ningún argumento sólido derivado de la supuesta naturaleza de los habitantes indígenas, los británicos, y en menor grado los franceses, se vieron obligados a legitimar sus asentamientos mediante una u otra variante del argumento del derecho romano conocido como *res nullius,* el cual sostenía que todas las «cosas vacías», entre las que se incluían las tierras no ocupadas, eran propiedad común de toda la humanidad mientras no se les diera algún uso, normalmente agrícola. La primera persona que utilizara de este modo la tierra pasaba a ser su propietario[54]. La interpretación británica de las implicaciones de este argumento queda plasmada en la que tal vez sea la más conocida, pero menos analizada, celebración de las posibilidades de la colonización: la *Utopía* de Tomás Moro. En el segundo libro, Moro explica que cuando los utópicos fundaban colonias –lo cual hacían a la manera genuinamente griega, cuando «el crecimiento de la población rebasaba las cuotas fijadas»– «incorporan con ellos a los nativos, si éstos quieren vivir con ellos». Pero si los nativos se niegan a ello, les declaran la guerra, ya que

> consideran la más justa causa de guerra que un pueblo que no da uso a su suelo y lo mantiene improductivo y baldío prohíba su uso y posesión a otros que por derecho natural deberían extraer su sustento de él[55].

A partir de 1620 fueron muy pocos los colonos ingleses y sus defensores que no se aferraron a este argumento. Aun en el supuesto de que hubiera podido sustentarse históricamente, el argumento derivado de la conquista no podía tener mucho peso en una cultura política como la británica que, siendo ella misma producto de la conquista normanda de 1066, se adhería a la «teoría de continuidad» del derecho constitucional por la cual debían respetarse tras la conquista las instituciones legales y políticas de los conquistados[56]. Virginia, afirmaba Richard Bland en 1764, nunca había sido «conquistada», y prueba de ello era que los indígenas americanos siguieran rigiéndose «a pesar de ser unos salvajes, por sus leyes y costumbres autóctonas, en igual medida como lo hacían antes de que los ingleses se asentaran en su continente». Ahora bien, aun cuando no se hubieran «sometido al gobierno inglés en términos pacíficos y amistosos», no podían ser privados de sus «privilegios naturales mediante conquista», pues el mismo Francis Bacon había demostrado que «un país incorporado mediante conquista no tiene derecho a ser gobernado por la ley inglesa»[57].

El argumento *res nullius* también fue utilizado con frecuencia por los franceses, que en muchas zonas tomaron, al menos en un principio, la precaución de ocupar las tierras que los propios indígenas americanos consideraban faltas de valor y no se tomaban la molestia de defender. Al instalarse en los sitios que los indios empleaban únicamente como territorio de caza, los ingleses y los franceses habían adquirido derechos de propiedad. Dichos derechos habían sido, además, validados por haber «mejorado» –un término omnipresente en el vocabulario de los primeros colonos– por medio de la agricultura, lo que, al margen de las realidades concretas de la situación, a menudo se designaba, en expresión de John Locke, como «el sitio vacante de América»[58].

Jim Tully ha establecido recientemente la relación entre la necesidad histórica de adhesión al *res nullius* y el célebre argumento expuesto en el *Second Treatise on Government* de Locke, según el cual un hombre solo adquiría derechos de propiedad cuando había «mezclado su *trabajo* con la tierra y aportado a ella algo que es suyo»[59]. Los indígenas americanos, declaraba Thomas Pownall (1722-1805), gobernador de Massachusetts de 1757 a 1760, en alusión al *Second Treatise,*

> no eran «propietarios de tierras, sino cazadores que vagaban de un lugar a otro y no tenían noción de propiedad de la tierra, ni de esa clase de propiedad que obtiene el hombre que mezcla su trabajo con ella[60].

De acuerdo con lo argumentado por Locke, si los nativos trataban de recuperar las tierras en las que ya se habían asentado otros, incurrían en una violación de las leyes de la naturaleza y podían, en palabras de Locke, «ser destruidos como un león o un tigre, una de esas fieras salvajes»[61]. Aplicado al caso de América, el argumento de Locke, en formulación de Tully,

> no tiene en cuenta uno de los principios básicos del derecho occidental, el principio de consentimiento o *Quod omnes tangit ab omnibus tractari et approbari debet* ['lo que atañe a todos debe ser tratado y acordado por todos'].

Los españoles habían tratado de eludir este principio acogiéndose a la más que discutible aplicación del supuesto que otorgaba al Papado el poder para imponer el consentimiento en la propagación de la fe, o a la afirmación aún más discutible de que puede considerarse que ha consentido en algo que redunda en su propio interés toda persona capaz de reconocerlo, siquiera de manera retrospectiva, aun cuando no haya dispuesto de libertad de elección[62]. Aunque los indígenas americanos no se hubieran dado cuenta en su momento de que les convenía por su propio bien aceptar el cristianismo y el orden civil que gobernaba la sociedad europea, era evidente que con el tiempo, la experiencia y, en caso necesario, la coerción, acabarían tomando conciencia de ello. De este modo podía por consiguiente considerarse que habían consentido en ser absorbidos por la monarquía española. Los británicos habían ejecutado una maniobra similar apoyándose en el supuesto de que quienes no hacían prosperar la tierra que Dios les había dado no podían considerarse capacitados para otorgar consentimiento, cuando menos en las cuestiones relativas a la propiedad. Como ocurre con muchos de los otros argumentos legitimadores esgrimidos por ambas potencias colonizadoras, los españoles se centraban casi exclusivamente en los derechos sobre las personas y los británicos, sobre las cosas, en este caso la tierra, de lo que se desprende que los derechos de propiedad –el *dominium* ejercido sobre las cosas– fueran de inferior condición que los derechos ejercidos sobre las personas. Tanto para los juristas romanos como más tarde para Locke, la propiedad era algo más que el derecho de posesión, dado que para ellos constituía una de las bases fundamentales para el desarrollo de la sociedad civil. Como posteriormente observaría James Madison, entendida en este sentido amplio, la propiedad era una «palabra abierta y majestuosa», que «abarca todo cuanto es susceptible de tener un valor al que el hombre pueda vincular un derecho»[63]. El hombre que era incapaz de llevar a cabo las acciones necesarias para granjearse tal derecho sobre la naturaleza corría, por consiguiente, el peligro de no ser considerado ni siquiera un hombre.

Esta versión del *res nullius*, o el «argumento agrícola» como se ha designado a veces, ocupaba un lugar destacado en *Le Droit de gens ou principe de la loi naturelle,* escrito por Emeric de Vattel en 1758, que en la segunda mitad del siglo XVII se utilizó como libro de texto en lo referente a los derechos naturales de propiedad. Vattel escribió:

> El cultivo de la tierra no solo merece la atención de los gobiernos debido a su gran utilidad, sino que es además *una obligación que la naturaleza impone al hombre* [cursiva añadida]. Todas las naciones están por consiguiente obligadas por ley natural a cultivar la tierra que les ha correspondido... Los pueblos que, como los antiguos germanos y algunos tártaros modernos, aun viviendo en países fértiles, desdeñan el cultivo de la tierra y

> prefieren vivir del pillaje, faltan a su deber para consigo mismos, perjudicando a sus vecinos, y merecen ser exterminados como animales de rapiña... Así, mientras que la conquista de los civilizados imperios de Perú y de México fue una usurpación notoria, la fundación de diversas colonias en el continente de Norteamérica, efectuada dentro de límites justos, podría ser perfectamente legítima. Los pueblos de esas vastas extensiones de tierra, más que habitarlas, vagaban por ellas[64].

Al igual que el de Locke, el argumento de Vattel se basaba en gran medida en la distinción establecida en el derecho romano entre «natural» y «civil», según la cual la posesión natural de la tierra es la que resulta claramente evidente para quien se digne mirar. Vattel rechazaba de manera explícita todo argumento que respaldara la conquista u ocupación aduciendo una misión «civilizadora» o evangelizadora[65]. El Estado de las culturas de otros pueblos, por más deplorable que llegara a ser, no constituía en sí mismo un motivo suficiente para reclamar soberanía o derechos de propiedad sobre ellos. Para Vattel, el cultivo de la tierra, o la «mezcla del trabajo» de Locke, no era, sin embargo, una mera mejora; en su opinión, de acuerdo con el argumento aristotélico, una parte vital de la esencia del ser humano está definida por el impulso de actualizar el potencial de la naturaleza, cumpliendo una obligación «que la naturaleza impone al hombre». Aquellos que faltan a esta obligación –en referencia implícita a todos los indígenas americanos salvo los aztecas y los incas– no solo eligen un medio de subsistencia, inferior, en detrimento de otro. También faltan «a su deber para consigo mismos» como hombres, lo cual, al constituir una clara violación de la ley de la naturaleza, los convierte en criaturas que no alcanzan a ser humanas, representan una amenaza para la raza en su conjunto y, como los esclavos naturales de Aristóteles, pueden incluirse en la misma categoría que los animales salvajes. Estas afirmaciones tendentes a deshumanizar a los cazadores-recolectores aparecieron en muchas obras del siglo XVIII que apoyaban la conquista de América y volverían a salir a la luz con los intentos británicos de legitimar su ocupación de Australia. El argumento de Vattel presentaba la ventaja añadida de reforzar la postura mantenida por franceses y británicos, que proclamaba que su colonización había sido pacífica y legítima, aun cuando hubiera recurrido a la fuerza, pero que no podía decirse lo mismo de los españoles, que habían erradicado comunidades políticas ya constituidas movidos por la ambición.

El empleo, tan frecuente entre los escritores ingleses de la época, de los términos «colonia» y «plantación» *[plantation]* como sinónimos adquirió una auténtica relevancia legal. La palabra latina *colonia,* explicaba Adam Smith, «significa simplemente una plantación»[66]. Ambos términos estaban estrechamente ligados a los tipos de comunidades que en la práctica constituían las colonias y a los argumentos destinados a legitimar su existencia, y ambos se hacían eco de la estrecha asociación establecida entre el verbo 'plantar' *(to plant)* y el «argumento agrícola».

> Me complacen las *plantaciones* –escribió Francis Bacon– en un suelo puro, donde no se erradique *(displant)* a unas personas a fin de plantar a otras. Pues lo contrario sería más una extirpación que una plantación»[67].

Si bien Bacon reconoce que es aceptable «plantar donde hay salvajes», solo le concede validez siempre y cuando los salvajes no «planten» de manera efectiva.

Los españoles, por su parte, habían fundado colonias basadas no en la «plantación» sino en la conquista. En ellas no se producían bienes agrícolas, sino metales preciosos rodeados de una aureola de sacralidad, y eran descritas siempre como «reinos»: los «reinos de las Indias». En el plano legal, estaban incorporadas al reino de Castilla desde 1523, pero raras veces se designaban de manera conjunta[68]. Incluso el propio Carlos V hacía mención de ellas por separado en la relación de sus títulos, y en el siglo XVII se aludía a América como si constituyera un imperio aparte. Fuera cual fuese su condición legal, hasta la segunda mitad del siglo XVIII no fueron ni siquiera «colonias», ni menos aún «plantaciones».

Para tener validez frente a las potencias europeas rivales en las mismas zonas, todo argumento fundado en el *res nullius* debía incluir alguna reivindicación de descubrimiento previo, puesto que el descubrimiento constituía obligatoriamente el primer paso para llegar a una ocupación efectiva. Tal como señaló Francisco de Vitoria en 1539, el «derecho de descubrimiento» había sido «el único título alegado en un principio, y fue solo con este pretexto que Colón de Génova se hizo a la mar». En el caso español era, sin embargo, evidente, y así solía reconocerse incluso por parte de la Corona, que los indígenas americanos habían sido los genuinos gobernantes de sus territorios antes de la llegada de los europeos. El descubrimiento, advertía con sequedad Vitoria, «no justifica de por sí la posesión de esas tierras, como tampoco lo justificaría de habernos descubierto ellos a nosotros»[69].

Los franceses y los británicos invirtieron grandes esfuerzos en una serie de reivindicaciones y contrarreivindicaciones de propiedad sobre unos territorios que se jactaban de haber sido los primeros en «descubrir». «La cuestión de los derechos territoriales en América –observó James Abercromby en 1774– al principio giró exclusivamente en torno a la prioridad de descubrimiento»[70]. Por lo general dichos argumentos se planteaban bastante a la ligera, se presentaban con escasas bases y se aplicaban con gran incoherencia. En 1609, cuando tan solo había un puñado de colonos resistiendo en los insalubres terrenos pantanosos del río Saint James, la primera Carta Real para la Compañía de Virginia reivindicaba con tono solemne

> todos los territorios de América que o bien nos pertenecen a nosotros o que no posee en la actualidad ningún príncipe o pueblo cristiano, que se sitúan, extienden y hallan a lo largo de las costas marítimas entre los treinta y cuatro grados de latitud norte desde la línea equinoccial y cuarenta y cinco grados de dicha latitud, y en tierra adentro entre los mismos treinta y cuatro y cuarenta y cinco grados, y las islas adyacentes o comprendidas en las cien millas de la costa[71].

Por aquel entonces, huelga decirlo, nadie sabía nada acerca de la extensión real de dichas regiones ni de las características de sus habitantes. En sintonía con esta actitud, en un momento en que solo había 107 colonos franceses en Canadá, concentrados en los asentamientos de Acadia y de San Lorenzo y totalmente aislados entre sí, la Corona francesa hacía valer en 1627 sus derechos sobre un territorio que iba desde Florida hasta el Círculo Polar Ártico, prácticamente inexplorado y que no era ni *res nullius* ni estaba, dada la presencia española en el sur, «por descubrir» ni en modo alguno podía catalogarse como tal ni siquiera en teoría[72]. Los conflictos surgidos entre británicos y franceses por sus respectivas áreas de influencia solo se resolverían con el final de la Guerra de los Siete Años y la pérdida definitiva de Canadá por parte de los franceses. Durante casi todo este tiempo, desde principios del siglo XVII hasta finales del XVIII, la lucha por el territorio se libró sobre todo en el terreno cartográfico. La sarcástica observación de Malachy Postlethway sobre el mapa de Danville de 1746 –según la cual «el autor ha tomado para sí con ayuda de tinta y papel una parte considerable de los dominios británicos de Norteamérica y con gran modestia lo ha añadido a los de su gran monarca»– podía de igual modo aplicarse a la totalidad de los mapas británicos y franceses de la época[73].

La necesidad de apoyar las reivindicaciones de descubrimiento previo frente a las de las otras potencias rivales dio lugar a algunas lecturas francamente inverosímiles de la temprana historia de los viajes europeos y a un prolongado debate en torno a quién había sido el primer europeo que llegó a América. De los viajes de un galés ficticio, Prince Madoc –que supuestamente huyó de la guerra civil en 1170 a lo que en la actualidad es Alabama– se deducía, declaraba Richard Hakluyt, que «las Indias Occidentales fueron descubiertas y habitadas 325 años antes de que Colón realizara su primer viaje». Y por si este dato aparecía, en el mejor de los casos, como una base bastante endeble para la ocupación territorial, añadía, con una dosis mayor de verosimilitud, que habían sido los Cabot navegando en barcos ingleses por encargo inglés quienes habían «descubierto primero Florida para el rey de Inglaterra»[74]. Incluso en fecha tan tardía como 1754, los delegados del Congreso de Albany, enfrentados a la perspectiva de una invasión francesa, no tuvieron reparos en afirmar

> que el derecho de Su Majestad sobre el continente norte de América aparece fundado en el primer descubrimiento y la primera toma de posesión efectuada en 1497 por delegación de Enrique VII de Inglaterra por Sebastian Cabot[75].

Francisco I, por su parte, aludía vagamente a una tierra descubierta por los franceses treinta años antes del primer viaje de Colón, e incluso André Thevet –que sin tomar en cuenta ni a ingleses ni a españoles, rebautizó la totalidad del continente con el nombre de «Francia Antártica»– no tuvo escrúpulos en inventar «ciertos papeles y cuadernos de bitácora antiguos que, a su juicio, demostraban de modo concluyente que unos marineros bretones habían llegado a América durante el reinado de Carlos VIII»[76].

Aparte de su evidente absurdidad, estas historias suscitaban otro problema, y era que, de acuerdo con la ley, el descubrimiento –aun siendo genuinamente «anterior»– constituía únicamente el primer paso para la ocupación legítima. «Echar una ojeada a una tierra –informó con frialdad Francisco I al embajador español– no da derechos de posesión»[77]. Tampoco lo daban, podría haber añadido, los actos de ocupación más formales que a menudo se permitían las potencias coloniales europeas: erigir una cruz de piedra (denominada un *padrao)* como habían hecho los portugueses a lo largo de toda la costa occidental de África, plantar un estandarte como hizo Colón en las Antillas, o un tablón, como hizo Bougainville en Tahití en 1768. Ninguno de estos gestos era bajo ningún concepto suficiente para establecer derechos de propiedad o de soberanía. Como señalaba a Bougainville el personaje del sabio tahitiano inventado por Diderot:

> ¿De modo que esta tierra es vuestra ¡porque habéis puesto los pies en ella!? Si un día un tahitiano desembarcara en vuestras costas y grabara en una de vuestras piedras o en la corteza de uno de vuestros árboles: «Esta tierra pertenece al pueblo de Tahiti», ¿qué pensaríais entonces?[78].

La gran mayoría de los juristas europeos se habría expresado en parecidos términos. «Descubrir» algo en el sentido de adquirir derechos de posesión sobre ello significaba, tal como había sostenido Grocio en 1633, no solo «apropiarse de ello con la vista *(oculis usurpare)* sin aprehenderlo». «Si bordear la costa otorgara derecho sobre un país –observó Richard Price en 1776–, el pueblo de Japón podría convertirse, en cuanto quisiera, en propietario de Inglaterra»[79]. Bajo la capa de sarcasmo se hallaba una auténtica cuestión legal: para tener la condición de «derechos», los derechos de propiedad y la soberanía *(dominium)* debían ser ejercidos. Tal como señaló Price, esta constituía también la auténtica debilidad teórica de las bulas de Donación, puesto que si el papa hubiera tenido la atribución indiscutida para efectuar donaciones de este tipo, lo que a lo sumo haría sería conceder algo similar a una opción prioritaria. La conclusión de Price era que «no es una donación que garantice el dominio, sino la consiguiente entrega de lo que se trata y su subsiguiente posesión». Para ser amos de América, los ingleses, o los franceses, deberían haber ejercido su mandato, cosa que evidentemente no habían hecho[80].

> Lo único que puede otorgar hoy en día derechos derivados del descubrimiento –escribió Arthur Young– es la posesión por parte de una colonia, un asentamiento o una fortaleza... Mr. Postlewayt habla en su diccionario de los derechos que tenemos sobre California, porque sir Francis Drake fue el primero en descubrirla. ¡Qué absurdidad! Nosotros no hemos efectuado ningún asentamiento allí; es decir, que dejamos el camino libre para que lo hicieran otros, y así lo hicieron los españoles, por lo que son ellos los que tienen derecho sobre el país[81].

El interés de Price y Young en respaldar lo que interpretaban como derechos naturales de otra potencia europea tenía como objetivo fortalecer las reivindicaciones de los colonos ingleses sobre buena parte de la zona costera oriental y la zona occidental interior de Norteamérica. Otros, en cambio, rechazaban de plano el argumento de *res nullius*, aduciendo que, como muchos reconocían, casi toda América –y sin duda lo que todas las potencias europeas consideraban merecedor de apropiación– estaba ya ocupado. La gran parte de las zonas estaban controladas por sociedades que poseían las mínimas características necesarias para recibir el calificativo de «sociedades políticas»[82]. Tal como apuntó al respecto Jeremiah Dummer en 1721, «la reivindicación por descubrimiento u ocupación previa» solo era aplicable a «las tierras abandonadas, cosa que no era [América], dado que estaba llena de habitantes que tenían sin lugar a dudas tantos derechos sobre su propio país como tienen los europeos sobre los suyos». Por consiguiente, si los indígenas americanos habían sido, en efecto, los verdaderos propietarios de «sus» tierras, la única manera legítima de que las adquirieran los colonos era mediante compras o «concesiones».

> No podía haber –insistía Dummer– ningún derecho más que el que adquieren los honrados colonos de Nueva Inglaterra comprándola con su dinero. El derecho de los indios, por más que se critique e infravalore aquí, parece por lo tanto el único equitativo y justo[83].

Para Dummer y para quienes compartían su postura, era fundamental que los indígenas americanos disfrutaran de derechos naturales de propiedad sobre sus tierras puesto que esta era la única manera de que pudieran disponer de ellas según desearan. Ninguna banda de cazadores nómadas desprovista de instituciones civiles se hallaría en situación de efectuar «concesiones» a los colonos, detalle este que, de modo harto significativo, omitió tomar en consideración Thomas Pownall en su laboriosa tentativa de legitimar la ocupación de Nueva Inglaterra[84].

Las reivindicaciones basadas en la compra o concesión no se ajustaban por lo general a lo establecido por Locke y Vattel, y que posteriormente se repetiría en casi todas las polémicas en torno a los potenciales derechos sobre tierra «no ocupada»: que la simple ocupación no confiere derechos de propiedad. Si los indígenas americanos no habían cultivado su tierra, no les correspondía cederla. Tal como destacó en 1725 el reverendo John Bulkey de Colchester, de Connecticut, en la teoría de Locke «solo sobre las tierras sometidas o mejoradas por nuestros aborígenes tenían estos derechos o títulos fundados». Los británicos, a su vez, tenían derecho a «apropiarse de todas las zonas yermas o que no habían mejorado los nativos». Dado que, bajo su punto de vista, eran escasas o inexistentes las tierras que los indígenas habían «sometido» o «mejorado», esto ponía en evidencia «ese principio tan apreciado por muchos, a saber, que los derechos de los nativos son el único título válido sobre todas las tierras del país», por la absurdidad que en realidad constituía[85].

Absurdo o no, fue un hecho, como Bulkley reconocía, que en los sitios donde los indígenas habían demostrado una fortaleza que impedía desplazarlos fácilmente, tanto los ingleses como los franceses habían recurrido, hasta finales del siglo XIX a la compra o al tratado. Como han señalado muchos historiadores, estos acuerdos a menudo eran fraudulentos –incluso contemplados desde los criterios legales, bastante holgados, del periodo– y debieron de resultar ininteligibles para la mayoría de los pueblos amerindios, por carecer de un concepto análogo de propiedad de la tierra. La Proclamación Real de 1763, que tenía por finalidad sentar los principios de gobierno de las tierras adquiridas por los británicos a raíz del tratado de París, trató de limitar los perjuicios que causaban por estos procedimientos los colonos a los indios. La Proclamación reconocía que «se han cometido grandes fraudes y abusos en las compras de tierras a los indios, lesionando grandemente nuestro interés y provocando una gran insatisfacción en los mentados indios». A partir de ese momento se prohibía comprar, si no eran los propios indígenas quienes tomaban la iniciativa, e incluso en ese caso todos los acuerdos debían efectuarse «para Nos en nuestro nombre en alguna reunión pública o asamblea de los mentados indios»[86]. De este modo, lo que antes eran contratos privados se convertían en una cuestión de derecho público. Con todo, a pesar del carácter abusivo que a juicio del Privy Council habían tenido los casos concretos de compra, esta constituía un medio de intercambio indiscutido que, como mínimo desde el punto de vista de los europeos, cumplía con todos los requisitos legales.

Las demás pretensiones de legitimidad que no pasaban por la compra, afirmaba Arthur Young en sus *Essays concerning the Present State of the British Empire* de 1772, «son ficticias: solo se sostienen comparándolas entre sí». La posición de Young era que aun cuando pudiera decirse, en términos de Locke, que más que poseer sus tierras, los indios las ocupaban, ese argumento no podía tener ningún sentido para *ellos.* Puesto que, como consecuencia de ello, era muy improbable que aceptaran sin protestar las pretensiones de los colonos, cualquier intento de desplazarlos se convertiría *de facto* en conquista. Su conclusión era que «el único [derecho] que resiste el más somero examen... se sustenta en la compra»[87]. La compra, según la concebía Young, estaba también estrechamente relacionada con los argumentos legales basados en la noción de «mejora». Los colonos que habían entrado de manera pacífica en su propiedad eran más idóneos para el trabajo agrícola que los conquistadores, dado que la principal meta de estos últimos había sido siempre no la agricultura, sino la subyugación de la gente; no la fructificación de las «dádivas de Dios», sino el simple poder y la gloria que confería el poder. La compra y la mejora consiguiente propiciaban mejores y más productivas colonias que aquellas que se habían fundado con «actos de violencia». La mejora también servía para respaldar la reivindicación de propiedad basada en la compra o el intercambio. Las tierras ocupadas en aquel momento por los colonos procedentes de Inglaterra, aducía Richard Price en 1776, habían sido primero compradas y después explotadas.

> Por consiguiente –concluía– ahora son con doble motivo propiedad suya y ningún poder de la tierra puede poner en entredicho su posesión ni arrebatarles, sin su consentimiento, una parte de su producción[88].

Price era un acérrimo defensor de la causa de los colonos americanos durante la Guerra de la Independencia. Al igual que anteriormente los de Dummer, sus argumentos estaban no solo destinados a exonerar a los primeros colonos de la acusación que tantos autores ingleses vertían contra los españoles –ocupación ilícita sustentada en conquista–, sino que también pretendían reforzar el argumento según el cual las colonias habían sido desde un principio asentamientos independientes a todos los efectos, sobre los cuales, en palabras de Dummer, «el rey inglés no podía otorgar... más que un mero *derecho de preferencia*»[89]. Así, la alegación de compra o concesión, respaldada por la de haber «mejorado» la tierra, reforzaba la resistencia de los colonos a un gobierno que les había negado el derecho de representación en el parlamento.

La polémica en torno a la condición jurídica de las tierras que los colonos habían tratado de arrebatar a los indígenas finalmente dio como resultado el reconocimiento de lo que se denominarían los «Pueblos Aborígenes de América», a los que se concedía una mal definida categoría de nación *de iure.* El objetivo de la Proclamación de 1763 era establecer una vinculación más estrecha de Canadá a la Corona que la que habían tenido los primeros asentamientos en Norteamérica. Para lograr esta meta, la Corona se vio obligada a otorgar un amplio grado de autonomía a lo que con vaguedad designaba como «las diversas naciones o tribus de indios», aceptando que los indios tenían derecho de usufructo sobre «las partes de nuestros dominios y territorios que, no habiendo sido cedidas ni compradas por nosotros, les están reservadas a ellos como territorios de caza». Precisaba que las tierras situadas al oeste de los Apalaches se encuentran «bajo nuestra soberana protección y dominio para el uso de los dichos indios», y prohibía cualquier futuro asentamiento en ellas[90]. Esta orden reforzaba el tratado de Easton de 1759, que había prohibido los asentamientos al oeste de los montes Allegheny. Además de resultar inviable en la práctica, pasó a engrosar la lista de agravios que los colonos dirigían contra la Corona[91]. La Proclamación no era, sin embargo, una simple tentativa de limitar la capacidad de adquisición de los colonos, ni tampoco fue un caso aislado. En muchos sentidos puede considerarse como la resolución final de la disputa legal –a la cual había contribuido, entre otros, John Bulkley con su obra *An Inquiry into the Right of the Aboriginal Natives to Land in America*– que mantenían desde 1690 la nación mohicana y el gobierno de Connecticut. Los mohicanos habían aducido que eran una nación soberana y, como tal, no podían ser desposeídos de sus tierras con el pretexto de que carecían de «un gobierno civil y de que [no cumplían] apenas ninguno de los requisitos indispensables para la existencia de un Estado»[92]. El 24 de agosto de 1705, el Privy Council se pronunció en favor de los mohicanos y, a pesar de las violentas presiones de los colonos, reafirmó su decisión al cabo de un año. La cuestión no quedaría, empero, zanjada, hasta 1763 mediante un decreto real oficial que se pretendía irrevocable[93].

La Proclamación ha tenido una larga pervivencia histórica. Fue incorporada al Acta de Constitución de 1867 y todavía constituye la base de referencia de las relaciones que mantiene el gobierno de Canadá con los pueblos autóctonos. Hace tan solo unos años, en 1982, lord Denning declaró que la Proclamación era tan vinculante hoy en día «como si en los estatutos constara la frase: "Los pueblos indígenas de Canadá continuarán disfrutando de todos los derechos y libertades que les reconoció la Proclamación Real de 1763"»[94]. La Proclamación abrigaba sin duda, tal como ha venido interpretándose, el propósito de conceder un grado de autonomía legal a los indígenas americanos. No obstante, la repetida alusión que se hace en el documento a la «soberanía», «protección» y «dominio» que la Corona británica afirmaba ejercer sobre la totalidad del continente al norte de Nueva España, Florida y California indicaba a las claras que su autoridad estaría sometida a severas cortapisas. Las «naciones» indias podían ser comunidades autogobernadas con derechos sobre sus tierras ancestrales, pero distaban mucho de ser «comunidades perfectas» y no podían reclamarse independientes de Su Majestad. En palabras de Bruce Clark,

> eran soberanas en la misma medida en que lo era el gobierno colonial; es decir, que contaban con una jurisdicción delimita-

da independiente de los demás gobiernos salvo el gobierno imperial[95].

Si tal era su situación, también mantenían –aun cuando ningún autor británico haya trazado nunca esta analogía– la misma relación con la Corona británica que la que, en la relación de Bartolomé de las Casas, vinculaba a las «repúblicas de los indios» y los Estados de Milán y Nápoles a Castilla[96].

4

Dado que los argumentos que esgrimían tanto los franceses como los ingleses para legitimar sus asentamientos se basaban en alguna de las variantes del *res nullius* o en la compra y la «concesión», ambas naciones pasaron de manera progresiva a contemplar la conquista como algo insostenible en la práctica y moralmente inconveniente en la teoría. «La conquista», había dictaminado Locke,

> es tan distinta de la implantación de un gobierno como demoler una casa lo es de construir otra en su lugar. Si bien es cierto que a menudo prepara el camino para una nueva estructura de Estado destruyendo el anterior, sin el consentimiento del pueblo nunca puede erigir uno nuevo[97].

La Constitución para Carolina –en cuya redacción colaboró– advierte a los colonos, con intenciones de conquista a la española, que la «idolatría, ignorancia o errores [de los indios] no nos da derecho a expulsarlos o a abusar de ellos»[98]. En opinión de los ingleses, la conquista nunca podía conferir legitimidad, y por lo general, tal como señaló James Otis en 1764, había sido «en la gran mayoría de naciones, la causa de muchas penalidades y nefandas violaciones del derecho natural»[99]. Con objeto de exonerar a los ingleses de la mácula que pudiera haberles quedado de los periodos iniciales de su historia colonial, Dummer llegó incluso a asegurar que el inglés que más gala había hecho de actitudes de conquistador, sir Walter Raleigh, «no había conquistado ni tratado de conquistar», limitándose a instalarse en pacífica coexistencia con los nativos[100]. Los franceses, que no tenían ningún caso como el de Raleigh susceptible de causar controversia, se mostraban asimismo ansiosos de presentarse ante el mundo como una nación de pacíficos colonos.

> Convengo de buen grado con los españoles –escribió el jesuita del siglo XVIII Pierre de Charlevoix, al realizar un repaso de más de un siglo de colonización francesa– en que los franceses no han contado con conquistadores ni fundadores de colonias como éstos [Cortés y Pizarro] –que han– irrumpido con deslumbrantes proezas en el escenario del Nuevo Mundo»[101].

De acuerdo con sus respectivas historias nacionales, los ingleses y los franceses solamente se habían asentado en las tierras disponibles con el consentimiento y la colaboración entusiasta de las poblaciones indígenas, en tanto que los españoles habían invadido territorios ocupados a todos los efectos por gobernantes legítimos, aunque un tanto primitivos. Para los hombres como Richard Bland –que hacia mediados del siglo XVIII destacaban con vehemencia el carácter independiente que habría tenido desde sus orígenes el proyecto colonizador–, esto significaba que el imperio británico se había convertido en algo de características radicalmente distintas a las de cualquier otra aventura imperial previa. Así, declaraba Bland,

> la «plantación» de colonias es un fenómeno reciente, y ni en las antiguas leyes de los reinos se halla nada que haga referencia a dichas «plantaciones»; ni tampoco recibimos más información al respecto si extendemos nuestras pesquisas a las historias de las colonias fundadas por las distintas naciones en los periodos más tempranos del mundo.

Los romanos se habían propuesto someter «toda la tierra a su imperio» mediante conquista. Los ingleses, en cambio, habían ido a América para «establecerse, sin causar ningún perjuicio a las naciones de aquellos países no cultivados y casi deshabitados». Esta fue una afirmación muy repetida: la colonización inglesa había sido *sui generis* y, como tal, solo podía comprenderse correctamente «por medio del derecho natural y de los derechos de la humanidad que de él emanan»[102]. A pesar de lo extremado de sus conclusiones –que habían sido, además, formuladas con el objetivo de respaldar la causa de la independencia legal de las colonias americanas de la legislatura de la metrópoli–, las teorías de Bland son reflejo de una convicción muy extendida entre los ingleses según la cual sus asentamientos habían sido pacíficos, habían redundado en el beneficio mutuo de los emigrantes y los nativos y habían logrado llevar a la práctica la proclamada ambición de crear un nuevo orden social, más virtuoso, en el Nuevo Mundo. Los ingleses, escribió

Dummer, no bien hubieron aceptado con agradecimiento las tierras que les ofrecieron los indígenas americanos

> y se hubieron provisto de lo necesario para ellos, habían aplicado sus desvelos en favor de los indios, procurando desprenderlos de sus salvajes formas de vida para que aceptaran los modos civiles y educados de Europa[103].

Este supuesto contraste radical entre el comportamiento y los objetivos ideológicos de los españoles y los de los ingleses y franceses se inspiraba en gran medida en la tradición de propaganda antiespañola y anticatólica, alimentada por las historias que circulaban sobre las atrocidades cometidas por los españoles durante la revuelta de Holanda y por la gran difusión que alcanzó a partir de 1583 la *Brevísima relación de la destrucción de las Indias* de Bartolomé de las Casas. En el imaginario político de británicos y franceses, España no solo se erigió en aspirante a la Monarquía Universal; también se convirtió en un malvado tirano responsable de la destrucción deliberada, y totalmente inútil, de miles de personas inocentes que, hasta 1492, habían llevado una vida pacífica, aunque primitiva y a menudo grosera, en la ignorancia de la existencia siquiera de sus verdugos. En América, los españoles habían actuado como los turcos –con los cuales pasaron de modo progresivo a ser identificados en la Europa del siglo XVIII–, destruyendo a aquellos cuyos destinos debían proteger. Como escribió en 1728 Thomas Gordon en sus comentarios sobre Tácito, todo gobierno había sido instituido para el bien de los gobernados, pero «¿dónde existe un conquistador que corrija la situación de los conquistados?».

A fin de asegurarse la posesión de América –declaraba Gordon– el español ha destruido más vidas de las que sumaban sus súbditos de Europa; y el imponente imperio que allá tiene con sus montañas de tesoros emite en verdad un horrible sonido; sin embargo, es sabido que ha perdido mucho más de lo que obtuvo, aparte de la culpa que clama al cielo por haber asesinado a una gran parte del planeta[104].

A principios del siglo XVII no era raro que los colonos ingleses, o como mínimo los de tendencias más evangélicas, se representaran a sí mismos como benévolos pobladores que ayudaban a los ignorantes indios a hacer fructificar las dádivas de Dios. Los indígenas americanos eran, en palabras de Hakluyt, un pueblo «que nos llama a voces... para que acudamos en su ayuda». Este sentimiento fue plasmado en 1629 en el sello de la Compañía de la Bahía de Massachusetts, en el que figura un indio diciendo: «Venid a ayudarnos». Con el tiempo, los británicos pasaron a considerarse no solo como los potenciales salvadores de los indios frente al paganismo y a los modos de subsistencia preagrícolas, sino también frente a la tiranía española[105].

E imaginad –invitaba Robert Johnson a los eventuales colonos ingleses de Virginia– cuando llevéis a cabo la gran obra de liberar a los pobres indios de sus devoradores... los niños, al acudir a que los salvéis, bendecirán el día en que su padre vio por primera vez vuestras caras[106].

El argumento de que los indígenas recibirían a los ingleses como libertadores –de igual forma como aseguraba haber sido recibido Raleigh por los habitantes de Guayana– se convirtió en el puntal de la guerra propagandística dirigida contra los españoles y en favor de casi todos los proyectos colonizadores británicos[107]. Los escoceses –alardeaba «Philo-Caledón», autor del opúsculo que defendía el frustrado plan de establecer una colonia en el Darién– «entrarán de modo pacífico en su nueva colonia sin recurrir al fraude ni a la fuerza» para así librar a «sus hermanos, los hijos de Adán, de tan horrible servidumbre y opresión»[108]. Al igual que los ingleses habían acudido en auxilio de los infortunados súbditos del rey de España en los Países Bajos en nombre de sus derechos naturales a la autodeterminación, de igual forma podían ellos ahora redimir a sus súbditos de América de la esclavitud *de facto* que padecían.

Los franceses se mostraban igualmente deseosos de eludir la acusación de usurpación que también ellos dirigían con tanta frecuencia contra los españoles, si bien por diferentes motivos. La ambición francesa de crear una Nueva Francia, un Estado único (al cual me referiré con más detenimiento en el siguiente capítulo), aun a pesar de su vacilante y, en la práctica, incompleto desarrollo, exigía un elevado grado de deferencia formal, cuando no de respeto práctico, hacia lo que se consideraban derechos de los indios. La evidente inquietud de la Corona francesa en lo tocante a su relación con los indígenas americanos dio origen a una extensa legislación y a frecuentes decretos reales destinados a poner freno a los posibles excesos de los colonos. Luis XIV dio orden a Daniel de Rémy de Courcelle, gobernador de Nueva Francia, de que jamás se permitiera a los colonos usurpar las tierras de los indios, «bajo pretexto de que los franceses las prefieren por ajustarse más a sus conveniencias». Su Majestad tenía por objetivo, decía, «hacer de ellos, sus súbditos, personas útiles para el trabajo a fin de incrementar el comercio», pero «su intención es que esto se haga con equidad y que los indios se presten a ello por propia voluntad»[109]. Cuando los franceses capitularon en septiembre de 1760 ante el general de división Jeffrey Amherst, en las condiciones de la rendición incluyeron una cláusula que exigía el respeto del principio por el cual la conquista no podía privar a un pueblo de los derechos de que disfrutaban según sus propias leyes. Para ello debía

> mantenerse a los indios en las tierras que habitan, si así lo desean; no deben ser importunados con ninguna pretensión de ningún tipo... tendrán, al igual que los franceses, libertad de religión y conservarán sus misioneros[110].

Amherst, que en una ocasión describió a los indios como «la raza más vil de seres que haya infestado jamás la tierra y cuya eliminación debe tenerse por un acto meritorio, para el bien de la humanidad», y cuyo ayudante de campo, un mercenario suizo llamado Henri Bouquet, trató una vez de «contagiarles la viruela» mandándoles mantas de hospital infectadas, al parecer aceptó a regañadientes la primera de las demandas, si bien, como era de prever, rechazó de plano la segunda[111].

5

Pocos, por no decir ninguno, de los títulos para el asentamiento inicial en América tenían la consistencia suficiente para resistir un detenido escrutinio. Como señaló en 1732 Antoine Bruzen de la Martiniére, traductor al francés de la obra del gran jurista sajón Samuel Pufendorf *Einleitung zu der Histoire der vornehmstem Reiche und Staaten in Europa* ('Introducción a la historia de los principales reinos y Estados de Europa'), lo único que a la postre conferiría legitimidad a las posesiones europeas del Nuevo Mundo era el hecho de su existencia continuada[112]. Incluso algunos españoles –que eran los que más esfuerzos habían dedicado a la elaboración de múltiples argumentos basados en la conquista y en derechos naturales de ocupación– estaban en disposición de aceptar que sus alegaciones con el tiempo solamente podrían sostenerse si había una ocupación prolongada, tanto si al final resultaban ser justas como si no. La ley romana de prescripción permitía que se reconociera *de iure* como un caso de *dominium* la prolongada ocupación *de facto* de una cosa determinada (*praescriptio longi temporis*). De acuerdo con esta norma, la ocupación duradera podía confirmar de manera retrospectiva los derechos de propiedad e incluso –aun cuando esto fuera más dudoso– de jurisdicción. «Hasta una tiranía pasa a ser con el tiempo una monarquía perfecta y legítima», escribió en 1629 Juan de Solórzano y Pereira tras una meticulosa revisión de todos los argumentos expresados en favor y en contra de la legitimidad de la conquista española de América. Para Solórzano, que era asimismo consciente del papel que otorgaban los juristas humanistas del siglo XVI a la costumbre *(consuetudo)* como el medio por el cual la prescripción podía convertir los casos de existencia *de facto* en casos *de iure*, era siempre la condición objetiva que confería derechos legales y, al final, la cuestión que se debatía era de derechos legales y no naturales[113]. Tal como destacaba Solórzano, la única alegación presentada por otros Estados europeos marítimos para justificar los derechos de ocupación –y el consiguiente *dominium*– de los mares próximos a sus costas se asentaba en una base histórica similar. Nadie (a excepción de Grocio, que, por lo demás, era un hereje) había recusado el derecho del papa Alejandro III a conceder a Venecia *dominium* sobre el Adriático ni el derecho de los genoveses a controlar el mar de Liguria. Consultad, indicaba a sus lectores, el *Mare clausum* de John Selden y allí hallaréis argumentos que pueden aplicarse tanto a las reivindicaciones españolas sobre los territorios de América como a las reivindicaciones de soberanía del rey inglés sobre el mar del Norte y el Atlántico Norte[114].

A pesar de la hostilidad generalizada del derecho consuetudinario inglés a la noción de prescripción, los británicos mostraron una buena predisposición a aceptar dichos argumentos. El motivo de ello era que las reivindicaciones basadas únicamente en el *res nullius* topaban siempre con un problema insuperable: la ocupación de las tierras y bienes muebles –o en el lenguaje del derecho romano, el *dominium rerum*– no era equivalente a la soberanía o *dominium iurisdictionis*. El derecho de los británicos a la ocupación «como consecuencia de la posesión de tierras», se lamentaba Thomas Pownall en 1765, por más incontestable que esta sea, constituye de todas formas una «vana y desleal reivindicación de dominio sobre ellos» que, a juicio de Pownall, había sido causa de «nuestra horrenda injusticia»[115].

Esta dificultad podía, sin embargo, eludirse recurriendo a la prescripción, que, además, era uno de los elementos integrantes del mismo argumento jurídico, esencialmente existencial, del que participaba el *res nullius*. La legitimidad de un Estado o de una situación dependía de la continuidad de su existencia. Los ingleses, afirmaba Robert Johnson en 1609 con interesada imprecisión, habían estado allí «desde hace tiempo –en realidad solo fueron dos años– sin ninguna interrupción ni invasión por parte de los salvajes –la población autóctona– ni de cualquier otro príncipe o pueblo», lo cual bastaba en su opinión para conceder a Jacobo I «derecho de gobierno o dominio» sobre todos «los ingleses e indios». Por otra parte, si bien negaba, como buen inglés, la validez de las bulas de Donación papales, reconocía que este argumento era igualmente aplicable a «su *Nova Hispania*»[116]. La aceptación de la presencia española en el sur por «derecho de descubrimiento» y la subsiguiente prescripción era, como advirtió Johnson, una de las consecuencias que ineludiblemente conllevaba la reivindicación inglesa sobre el norte. Tal como reconoció Robert Ferguson en 1699, los únicos derechos que podían poseer los españoles en América derivaban exclusivamente de «su alegación basada en la prescripción de haberlas habitado, ocupado y heredado durante 200 años sin interrupción, pérdida ni desposesión»[117]. Una de los objeciones que se formularon al frustrado plan del Darién fue precisamente que constituía, como lo expresó en 1700 un crítico autodenominado «Britanno sed Dunensi», un intento de «fundar una colonia en los dominios de otro hombre». Como seguía denunciando el «Britanno sed Dunensi», esgrimiendo con precisión el argumento de Robert Ferguson, la única excusa que podían aducir los escoceses para invadir los dominios del rey de España era «por la virtud de vuestro dogma presbiteriano según el cual los dominios se fundamentan en la gracia y vosotros seáis los presuntos elegidos, que os reclamáis poseedores de un derecho divino sobre los bienes de los malvados», cosa que –como el mismo Ferguson había señalado– era «injusta y carente de base»[118].

6

Las reivindicaciones españolas de derechos de propiedad, y en especial de soberanía, en América jamás recurrían al *res nullius.* Ello se debía en parte, tal como destacó Vitoria, a que las tierras donde se habían asentado no estaban en modo alguno desocupadas. A ello contribuían también dos circunstancias que determinaron la gran diferencia que desde el punto de vista legal guardaba la ocupación española con respecto a las de sus dos principales rivales. La primera era que, dado que su origen procedía de una donación papal, la Corona de Castilla había reclamado derechos de soberanía y propiedad en América con anterioridad a la ocupación propiamente dicha. A diferencia de los contratos y tratados efectuados *a posteriori* en América que alegaban británicos y franceses, los «títulos» españoles no requerían ningún acto de concesión y a duras penas necesitaban de una somera aceptación por parte de los propios indígenas americanos. La única relación legal, por así decirlo, que mediaba entre los conquistadores y los indios tenía, por lo tanto, un carácter altamente perentorio. En un primer momento adoptó la forma de una declaración, probablemente redactada por el jurista Juan López de Palacios Rubios en 1512, que llevaba el acertado título de «Requerimiento». Este documento –que sin duda constituye el más craso ejemplo de legalismo que se haya dado en la historia moderna de Europa– se iniciaba con una breve historia del mundo desde la creación, exponía después las bases sobre las cuales los monarcas de Castilla se reclamaban legítimos gobernantes de América y acto seguido, prometía a los indígenas americanos toda suerte de atroces castigos, entre los que se incluían, por supuesto, su esclavización y la confiscación de sus tierras si oponían resistencia a los «embajadores» de su nuevo gobernante. Bartolomé de las Casas confesó en una ocasión que, al leerlo, no supo si echarse a reír o a llorar.[119].

La segunda razón por la que el argumento *res nullius* resultaba de escasa utilidad para los teóricos españoles era el hecho de que la Corona de Castilla prestaba igual interés a los derechos potenciales sobre los propios indios que a los derechos sobre sus propiedades. Las cesiones que la Corona otorgaba a los pobladores de Hispanoamérica –llamadas «encomiendas»– no eran feudatarias como las de Canadá y el Caribe francés, ni tampoco cartas de ocupación semiindependiente, como las que se daban en la América británica[120]. Eran derechos de uso de fuerza de trabajo. Los indígenas americanos eran asignados («encomendados») a su amo, el cual podía beneficiarse de su trabajo a cambio de un reducido salario y el deber de protegerlos e instruirlos en la religión cristiana. La tierra seguía siendo, en gran medida, propiedad de la Corona. Hubo como mínimo un escritor, Juan de Matienzo, que trató de argumentar que puesto que el encomendero era una de las partes obligadas por un contrato establecido con el rey, realizaba la función de un feudatario aun cuando no gozara de los derechos que como tal le habrían correspondido y debía por tanto poder ejercer *dominium utile*, lo que convertía la encomienda en un auténtico feudo a todos los efectos salvo en el del título legal. La Corona, no obstante, deseosa de cortar de raíz el posible desarrollo en el Nuevo Mundo de un tipo de sociedad que tanto le había costado desmantelar en el Antiguo, rechazó con contundencia tales pretensiones. Nadie se hallaba en mejor posición de saberlo que los propios encomenderos, que desde 1530 hasta la abolición de la institución en 1720, se agitaron de manera persistente, y en ocasiones violenta, reclamando la creación de cesiones de tierra a perpetuidad. En tanto que no los convirtieran en auténticos vasallos feudales –informaron en 1556 a Felipe II –, la Corona no podría contar con la plena lealtad de los colonizadores.

> Como feudatarios harán rostro y amatarán el fuego [de rebelión] pues va por su casa, como se vio por experiencia en las alteraciones, lo cual hasta aquí no se ha hecho, antes acaso se han holgado algunos dellos, por no estar encomendados perpetuamente[121].

La Corona española necesitaba un argumento que conciliara la apropiación de las tierras y bienes muebles de los pueblos indígenas a los que habían sometido con la insistencia que ponía en los derechos de soberanía sobre ellos. A diferencia de los que supuestamente se adquirían por prescripción, dichos derechos debían ser, además, apriorísticos. La única alternativa era la afirmación, bastante inverosímil, de que los indígenas habían cedido por propia voluntad sus territorios. No obstante, dado que de este modo deberían haber cedido no solo sus tierras sino también sus derechos naturales a disfrutar de una autonomía política, esta afirmación era poco plausible, puesto que, como suponían los británicos y los franceses, los indios eran perfectamente capaces de ver que era más ventajoso «conceder» o vender tierras a los europeos. Para actuar de esta forma debía haberlos impulsado la creencia, de mayor peso legal, acorde con la formulación de Las Casas, de que «todos o la mayor parte de los indios deseen por propia voluntad ser vasallos [del rey de España] y tengan por un honor el serlo»[122].

La única alternativa a un argumento basado en una cesión de este tipo era declarar que América había sido adquirida mediante conquista en el tipo de contienda que se definía como «guerra justa». El supuesto de que los derechos sobre América se habían ganado a través de una guerra legítima era mucho más aceptable para las tradiciones políticas y legales españolas que para la francesa o la británica. Desde el siglo XI, las nociones de imperio españolas habían ido indisolublemente ligadas al lenguaje, las tradiciones culturales y la mitología de la Reconquista. Desde 1519, como muy tarde, fecha en la que Hernán Cortés designó a los componentes de su ejército, gentes salidas de la chusma como «pobladores y conquistadores», la casi totalidad de los españoles que emigraban a América se incluían en la categoría de guerreros, cuyo derecho a asentarse en un lugar y a conducir sus propios asuntos derivaba, al igual que los personajes de la talla del Cid, de su buen hacer en las gestas de armas. Si poseían aquella tierra no era porque la hubieran comprado ni porque estuviera «desocupada», sino porque, en términos de la tan venerada metáfora, la habían regado con su sangre, lo cual los convertía a ellos y a sus descendientes en sus verdaderos dueños y legítimos gobernantes. Para ser conquistador había que contar, como es evidente, con alguien a quien conquistar. La ocupación de tierras aparentemente, o supuestamente, desocupadas podía satisfacer al industrioso –y calvinista– granjero inglés o al comerciante de pieles francés, pero ofrecía escaso atractivo para el hidalgo español. Asimismo, a diferencia de sus dos rivales, los españoles habían ido a América con intención de crear comunidades europeas que dependerían totalmente de la fuerza de trabajo de los nativos. A este respecto, no anda totalmente desencaminado el sarcástico comentario del marqués de Mirabeau, de acuerdo con el cual el español era el «verdadero mogol de América», cuya «dignidad estriba de su ociosidad»[123]. Como observó con mordacidad Talleyrand en 1797, las suyas no eran auténticas colonias, ya que los españoles se habían limitado a invadir «las primeras tierras que habían encontrado. No tenían deseos de cultivar, sino de devastar»[124]. Aunque la devastación no fue en modo alguno intencional, Talleyrand sí tenía razón al afirmar que los españoles no habían ido a América a cultivar la tierra, como habían hecho los franceses y los ingleses. Habían ido a ocupar y aprovecharse, a la manera genuina de la aristocracia, del trabajo de los demás.

La mayoría de autores españoles tenían el convencimiento, en gran medida aceptado por la misma Corona, de que el único argumento que definitivamente podía garantizar los derechos que necesitaban era el de la guerra justa. Dado que tanto los ingleses como los franceses estaban ansiosos por disociarse de la imagen de conquista, no es de extrañar –incluso si dejamos por el momento a un lado las otras diferencias, también muy acusadas, que había entre las culturas políticas de las tres naciones– que fueran los españoles los únicos que se enzarzaron en prolongadas disputas centradas en la legitimidad de su imperio de ultramar. La pregunta que formulara en 1609 Robert Gray en *A Good Speed to Virginia* –«¿Con qué derecho o justificación podemos entrar nosotros en la tierra de esos salvajes, arrebatarles su legítima herencia e instalarnos nosotros en su lugar, sin que ellos nos hayan provocado ni causado mal alguno?»– no reclamaba, como reconocía Gray, respuesta alguna, ya que eran pocos los ingleses que creían haber penetrado en una tierra que perteneciera a alguien o haber privado, con o sin derecho, a alguien de su herencia..., con la excepción, claro está, de los casos en que topaban con alguna otra potencia europea. Los ingleses, declaraba con optimismo Gray, no tenían

> intención alguna de privarlos por la fuerza de la legítima herencia que poseen en ese país, pues ellos están dispuestos a recibirnos como invitados y se han ofrecido a poner en nuestras manos, bajo condiciones razonables, más tierra de la que podremos plantar y cultivar en mucho tiempo[125]

El célebre debate sobre la legitimidad de los derechos ingleses en América que sostuvieron John Cotton y Roger Williams en Massachusetts en torno a 1630, que aunque a veces se ha comparado con la famosa disputa librada en 1551 entre Las Casas y Juan Ginés de Sepúlveda, se limitaba, siguiendo la misma tónica, a la validez y posibilidad de aplicación del argumento *res nullius*[126].

La única excepción destacable a esta norma fue la controvertida conquista de Virginia. Esta se proyectó para que fuera, en la medida en que las circunstancias lo permitieran, una copia de las conquistas de México y Perú. Los argumentos que legitimaban las cartas concedidas por la Corona a la Compañía de Virginia para invadir el territorio de un gobernante legítimo se basaban, sin embargo, en la inquietante afirmación de sir Edward Coke, supuestamente cimentada en el derecho común inglés, según la cual todos los infieles eran criaturas extrañas, *perpetui enemici* ('enemigos perpetuos'), «puesto que entre ellos, como con los demonios, cuyos súbditos son, y los cristianos, existe una hostilidad perpetua que no deja espacio para la paz»[127]. En opinión de Coke, este no era un precepto del derecho canónico, con el cual guardaba una estrecha similitud, sino del derecho común inglés. Si eran pocos los ingleses dispuestos a dar por válida esta aseveración, aún eran menos los que respaldaron la otra pretensión de Coke, francamente estrafalaria y grandilocuente, que identificaba el derecho común del pueblo inglés con el derecho natural. La legitimidad de la conquista de Virginia nunca fue cuestionada en serio hasta el siglo XVIII. Sus pobladores, no obstante, no tardaron en autocalificarse como «mejoradores» de tierras que habían encontrado «vacías» o bien habían comprado, de igual modo como lo hacían los habitantes de las otras colonias.

Las batallas intelectuales que tenían por objeto la legitimidad de la ocupación española dependían, por el contrario, salvo en una reducida minoría de casos, de la respuesta que se diera a esta pregunta: ¿habían sido justas las guerras que se habían librado contra los indígenas de América? Esto se debía en parte al deseo de preservar de culpa a la conciencia real a los ojos de Dios, y por otra a la obsesiva tendencia legalista que caracterizaba a la cultura política española en los siglos XVI y XVII. También lo impulsaba, por otra parte, el convencimiento de que a fin de prevenir los conflictos internos en el gobierno de los territorios conquistados, su acto inicial de fundación debía ser percibido como algo legítimo. Tarde o temprano, escribió en 1700 Pedro Portocarrero y Guzmán (arzobispo de Tiro, *in partibus infidelium),* el imperio fundado sobre reivindicaciones injustas estaba condenado a decaer, por acción de Dios o a través de la insensatez humana. A su juicio, únicamente el rey de España «mantiene sus conquistas por la [misma] justificación con que las emprendió». Y continuaba:

> Vemos en los que adquieren, y conquistan con la espada, y gobernándose de la razón y justificado motivo de su derecho, acompañan el valor con prudencia, para que aquél venza y esta conserve[128] .

La necesidad de afianzar y legitimar el gobierno español en América tuvo así una influencia decisiva en la manera como se concibió la futura estructura global del imperio.

El argumento defendido por san Agustín y Wyclif que negaba el disfrute de derechos naturales a los indígenas americanos por su condición de infieles suscitaba la oposición de la inmensa mayoría de los juristas canónicos. En ese periodo inicial de la era moderna, eran pocos los cristianos que pusieran en cuestión la superioridad de la religión cristiana y el estilo de vida europeo sobre cualquier manifestación que pudiera darse en los otros continentes. También eran muy pocos los que ponían en duda que Europa tuviera la obligación de exportar su religión y civilización a todo el orbe aplicando todos los medios posibles. Había un núcleo de personas, partícipes de una corriente que se remontaba como mínimo a los tiempos de Tertuliano, que llegaban a sostener que el don de la salvación a través de Cristo merecía lograrse a costa de casi cualquier precio, incluso de la esclavitud. Ni aun esta repulsiva noción acababa de proporcionar, sin embargo, una justificación sólida para declarar la guerra contra los no cristianos con el único motivo de su condición de no cristianos. La expansión conseguida por otros medios que no fueran la conversión mediante argumentos racionales exigía, al menos para la mayoría, una maquinaria de legitimación más compleja que la piadosa creencia en que todos los hombres saldrían beneficiados por vivir y morir como miembros de la *con gregario fidelium*. Hasta los romanos –que por lo general tenían una menor carga de escrúpulos que sus sucesores cristianos y estaban libres de las trabas que imponía la creencia en una única fuente divina de justicia – habían reconocido la necesidad similar de legitimar sus actos de violencia colectiva. Los hombres, insistía Cicerón, se valen del lenguaje para resolver sus diferencias y solo recurren a la violencia cuando el diálogo se ha demostrado inútil[129]. Cuando menos en la teoría, los romanos siempre consideraron la guerra como último recurso, y para ellos el objetivo declarado de la guerra siempre había sido la consecución, no de la transformación cultural y religiosa, ni menos aún de territorio, sino de la paz y la justicia.

> La guerra –dijo San Agustín a Bonifacio hacia el año 417– debería librarse solo en caso de necesidad y con el único fin de que mediante ella Dios libere a los hombres de la necesidad y los mantenga en paz. Pues la paz no se busca para atizar la guerra, sino que la guerra se libra para garantizar la paz... Así, debe

ser la necesidad y no el deseo lo que destruya al enemigo en la batalla[130].

Como consecuencia de esta necesidad asumida de contar con un cuerpo de preceptos morales que regularan la guerra, surgió una doctrina de lo que dio en llamarse –y aún sigue llamándose así hoy en día– la «guerra justa»[131]. La guerra justa confería al agresor el derecho de hacer la guerra –el *ius ad bellum*– y se regía por un conjunto de compromisos en torno al modo de librar la guerra y los beneficios que el vencedor podía extraer de ella: el *ius in bello*[132]. Por lo general, los juristas romanos afirmaban que la guerra solo podía declararse con fines defensivos y para lograr compensación por determinados actos de agresión infligidos contra los propios romanos o sus aliados. «El Estado óptimo –observó Cicerón– nunca emprende la guerra salvo para mantener la fe o defender su seguridad»[133]. La guerra era solo un procedimiento para castigar a un agresor y para obtener una compensación por los daños sufridos. Todas las guerras debían ser, además, guerras en sentido estricto y no expediciones punitivas ni actos de pillaje. De este modo, apelando a su vertiente más moralista, Cicerón declaraba:

> En las leyes feciales del pueblo de Roma se ha redactado un código justo de guerra, en plena consonancia con el escrúpulo religioso. De él se deduce que ninguna guerra es justa a menos que se declare después de presentar una demanda formal de restitución[134].

La mayoría de los romanos, incluido Cicerón, reconocían no obstante sin reparos que Roma –como Estados

Unidos y la Unión Soviética en la década de los cincuenta y los sesenta– a menudo se había granjeado aliados con el único propósito de «defenderlos» frente a enemigos, reales o imaginarios, cuyos territorios le interesaba incorporar. El mismo Cicerón había trazado una distinción harto perturbadora entre las guerras libradas con fines defensivos y las libradas para la consecución de la gloria y el imperio. Lo que definía como «luchar para el imperio y la búsqueda de la gloria» constituía con toda evidencia una categoría distinta de guerra, que se consideraba realizada «con menor encono» que la que se libraba con fines defensivos o de restitución[135]. De acuerdo con esta relación, se diría que, si bien todas las guerras «deben fundarse en causas justas», las valoraciones que la propia Roma hacía de sus necesidades y disponibilidades –entre ellas, la gloria y el botín– podían ser una base suficiente para la beligerancia. De igual manera, tal como ha demostrado Richard Tuck, hubo una fuerte tradición humanista legal que, desde Alberico Gentile (1552-1608) a Grocio, se insertó en esta línea con objeto expreso de legitimar la colonización inglesa y holandesa[136]. Tal vez no sea pues de extrañar que figuras españolas como Vázquez de Menchaca y el más moderado consejero real humanista Sebastián Foz Morcillo se mostraran favorables a seguir unas pautas muy parecidas con el fin de legitimar las conquistas españolas en América. El rey, escribió Fox Morcillo en 1536,

> enviará de igual modo colonias de ciudadanos suyos a las provincias a fin de que... no solo actúen de guarnición para el reino sino que también mantengan siempre leales a los otros [la población indígena]. Esto fue exactamente lo que hicieron

> nuestros compatriotas en el Nuevo Mundo cuando enviamos numerosas colonias desde España; y lo que hicieron los romanos en Egipto, Galia, Hispania y muchas otras provincias[137].

Pocos cristianos, en especial los católicos, estaban en condiciones de aceptar unas aseveraciones tan crudas. Para ellos, la guerra únicamente tenía justificación cuando se libraba contra alguien que fuera, en un sentido u otro, culpable de algún delito. Son justas aquellas guerras, declaraba san Agustín en el pasaje más citado a propósito de esta cuestión,

> que vengan las afrentas producidas cuando la nación o *civitas* con la que se plantea la guerra ha declinado ofrecer compensaciones por los actos ilegítimos cometidos por sus miembros o devolver lo que ha tomado de manera lesiva[138].

El mero hecho de interponerse en la plasmación de los deseos de otros, o la satisfacción de sus necesidades, constituía a todas luces una base insuficiente para declarar la guerra, como también resultaba insuficiente el anhelo de hacer compartir las propias creencias y estilos de vida.

Aun así, existían ciertas vías por las que podía ampliarse el margen de este supuesto. Una de ellas, que emplearon con frecuencia los juristas españoles en lo tocante a América, era que un príncipe podía emprender la guerra en defensa de lo que se denominaba «los inocentes». Si podía demostrarse que un gobernante había oprimido a sus súbditos hasta el punto de poner en peligro sus vidas, cabía la posibilidad de que otro príncipe lo depusiera quedando dentro de los límites de la legalidad. En este sentido, cualquier pueblo podía, en virtud del difícil trance por el que pasaba, convertirse en 'aliado' *(socii) de iure* de otro, incluso cuando los súbditos oprimidos no fueran conscientes de su situación, puesto que el hábito prolongado puede enturbiar en todo hombre su capacidad para discernir las leyes naturales. Los indios americanos podían ignorar, por consiguiente, que los sacrificios humanos y la antropofagia constituían una violación de sus derechos naturales, y hasta podían defender a los gobernantes que perpetraban tales crímenes, pero no por ello cualquiera de ellos –cristiano o no– que se hallara frente a sociedades como la azteca dejaba de tener la obligación de deponer a sus gobernantes (de *tollere principem* o *mutuare principatum)*[139]. En tales circunstancias, el príncipe victorioso podía enviar «ministros» para defender sus futuros intereses. En estas condiciones, la guerra adquiere además unas características defensivas –si se libra en el supuesto interés de terceros– que hacen posible declararla con el fin de prevenir un mayor deterioro de la situación. Bajo el punto de vista del gran metafísico y teólogo jesuita Francisco Suárez (1548-1617) –probablemente el escritor católico que más influencia ejerció en la teoría de la justicia de guerra en el siglo XVII–, esto habría constituido, por ejemplo, una causa de guerra justa contra Enrique VIII de Inglaterra, ya que Inglaterra estaba sumida, a su juicio, en el desorden debido a las ofensas que su rey había infligido a sus ciudadanos y podía ser legítimamente atacada con objeto de impedir que se provocara el caos[140]. «La guerra –en expresión de Suárez– está permitida a efectos de que el Estado pueda preservar la integridad de sus derechos»[141].

Aun cuando se desplegaron oficialmente para justificar la presencia española en América, dichos argumentos no daban carta blanca para una efectiva colonización, puesto que, en buena lógica, una vez se había establecido la «integridad del Estado», el poder invasor debía retirarse. No obstante, de acuerdo con san Agustín, Cicerón también había sostenido en el Libro III de *De República* que las guerras podían ser declaradas «en defensa de la fe», lo cual ampliaba en gran medida la posible aplicación de los supuestos ciceronianos y agustinianos para un *ius ad bellum*. Si se deduce, como hizo san Agustín, que *fides* significa aquí 'creencia religiosa', vuelve a surgir la conocida afirmación –que rechazaban de forma categórica juristas y teólogos– de que los príncipes cristianos pueden declarar la guerra a los paganos debido a su paganismo. Tal como observó Suárez, no correspondía al hombre defender a Dios. Si Dios deseara vengarse de los paganos por sus pecados, señalaba con acritud, «es muy capaz de hacerlo por sí solo»[142]. Por otra parte, *fides* podía interpretarse, al igual que había hecho Cicerón, como representación de un estilo de vida, que en este caso correspondería naturalmente al estilo de vida practicado en el seno de la *civitas* romana.

Lo que ampliaba aún más el espectro de acepciones del término era el universalismo del mismo san Agustín, por el cual la *civitas* podía considerarse una entidad que englobaba el mundo –el *orbis terrarum*– en sí. De este modo podía decirse que los estilos de vida no cristianos de índole ofensiva, equivalentes a todos los efectos a los estilos de vida ofensivos no europeos –en los que se practicara, por ejemplo, el canibalismo, la sodomía y los sacrificios humanos– constituían no solo un crimen contra natura, sino una ofensa de tal magnitud que suponía una amenaza para la continuidad de la *civitas*. El príncipe cristiano podía por tanto emprender la guerra en calidad de defensor de la *civitas* cristiana avalado por el supuesto defendido por san Agustín en otro punto de *La ciudad de Dios*, que daba por legítima la guerra que se hacía con objeto de «adquirir la paz», la cual se definía en este contexto como una 'obra de justicia' *(opus iustitiae)* destinada al restablecimiento de la «tranquilidad del orden de todas las cosas»[143]. En tales circunstancias, afirmaba Suárez, «el poder natural y la jurisdicción de la república humana» podían movilizarse como un «motivo para la conquista universal» contra todos aquellos que por su comportamiento extremo constituían una amenaza para la integridad de la humanidad[144]. El término clave de esta cuestión era la fuerza universal que, como vimos en el capítulo 1, podía imprimirse a la palabra *humanus* tanto en el contexto de la jurisprudencia natural tomista como en el del derecho civil romano. Teniendo en cuenta que Suárez sostenía que uno de los crímenes que pueden legitimar dicha acción era cualquier intento de «obstaculizar la ley de Cristo», el ámbito de la jurisdicción ejercida por la «república humana» podía ser efectivamente amplísimo[145].

El pasaje crucial, citado por casi todos los teóricos a partir de Dante, en que san Agustín afirma que Dios había otorgado el imperio a los romanos debido a su virtud, servía ahora para aproximar las dos tendencias –la tomista y la agustiniana– hasta el punto de que en ocasiones llegaban a confundirse. No en vano, al sustituir un *ordo* cultural estilizado e imperfectamente delimitado, basado todavía en argumentos provenientes del derecho natural, Suárez estaba aportando en realidad una justificación a la guerra similar a la que ofrecían los juristas canónicos y, lo cual era más peligroso, los calvinistas, aunque sin aplicar la herejía wyclifita que sostenía que el poder se fundaba en la gracia divina y no en la ley. Suárez y ciertos juristas españoles como Solórzano y Pereira –que utilizó los mismos pasajes de Cicerón y de san Agustín para llegar a la misma extrapolación de los valores religiosos en culturales[146]– habían proporcionado a los ideólogos imperiales españoles lo que con tanto empeño habían tratado de negar los antiimperialistas de la Escuela de Salamanca, Francisco de Vitoria y Domingo de Soto: un argumento, basado tanto en Aquino como en el derecho romano, capaz de apoyar la intuición, profundamente enraizada en el pensamiento romano y después cristiano, relativa a las creencias y comportamiento de los demás..., que aquellos que no comparten nuestra visión del mundo son nuestros enemigos.

En la discusión sobre el tipo de entidad que constituía una «república humana» y las maneras legítimas como podía defenderse esta, Suárez y algunos de sus contemporáneos como Luis de Molina habían desembocado, pues, en una visión del imperio de acusado carácter romanista que hacía de él el agente legítimo de un tipo determinado de civilización que para ellos era, por otra parte, el único. Esta serie de afirmaciones y el vocabulario con que tomaron forma cimentaron la base del prolongado debate sostenido en los siglos XVI y XVII en torno al concepto aristotélico de esclavitud natural. Era un debate crucial puesto que, si podía demostrarse que el indio americano era un esclavo natural, sobre quienes lo habían descubierto recaía el deber de integrarlo a la comunidad humana. Incluso en su vertiente humanística más dura –que concedió gran importancia a la comparación hecha por Aristóteles entre la captura de tales esclavos y la caza de los animales salvajes– estaba claro, tal como señaló Fox Morcillo, que el objetivo último de su servidumbre era «civilizarlos mediante las buenas costumbres y educación y conducirlos a un modo de vida más humano»[147].

En este sentido, el argumento de Suárez apenas difiere –cuando menos en lo tocante a sus consecuencias– de los argumentos humanísticos puramente culturales. Situados a muy corta distancia, el radiante *mundus* de Vázquez de Menchaca y la *respublica humana* de Suárez se vuelven virtualmente intercambiables. Los indios americanos, decía Vázquez, reduciendo todos estos argumentos a una simple proposición, son «nuestros enemigos, perjudiciales, odiosos y peligrosos». Sus costumbres constituyen una amenaza para la necesaria belleza del *mundus,* y esto basta para justificar que emprendamos la guerra contra ellos.

Este argumento proporcionaba a la Corona española el derecho de conquista *a priori* que necesitaba. Conviene destacar, no obstante, que ni Suárez ni Vázquez lo utilizaron con este propósito, pues de acuerdo con sus teorías, toda acción que no fuera punitiva o correctora tendría precisamente como consecuencia la clase de imperio sobredimensionado que, como vimos en el capítulo 2, supondría otro tipo de amenaza para la comunidad humana. Lo máximo que le estaba permitido a cualquier potencia cristianizadora o civilizadora en tales condiciones era tomar a su cargo a los «bárbaros» hasta que hubieran aprendido los usos de la civilidad. Era a esto a lo que se refería Sebastián Fox Morcillo al realizar la afirmación, harto inverosímil, de que

> el emperador Carlos V ha tenido recientemente un excelente gesto para con las naciones [del Nuevo Mundo], antaño con-

quistadas por nuestros compatriotas, e instruidas en la religión cristiana, les ha concedido la libertad, aun cuando anteriormente fueran serviles[148].

El argumento que apoyaba la conquista sobre la base de una guerra justa librada en defensa de la «república humana» no otorgaba, sin embargo, el tipo de concesiones especiales que habían ofrecido las bulas papales a España en condición de nación elegida por Dios para la tarea de integrar a los indígenas americanos en el «mundo». Un argumento que sí servía a este propósito fue el formulado por el humanista Juan Ginés de Sepúlveda, quien quizá sea más conocido por su célebre ataque en contra de los derechos naturales de los indios, el diálogo *Democrates secundus*, probablemente compuesto en 1544[149]. En este diálogo estaban sentadas las bases de la famosa disputa que sostuvo en 1551 en Valladolid con Bartolomé de las Casas, la cual se ha considerado con frecuencia como un triunfo de Las Casas y de la Escuela de Salamanca en general sobre el ideólogo imperial de la Corona de Castilla más directo y de ideas más simples. El *Democrates secundus* no era, sin embargo, una obra aislada, sino la culminación de una trilogía, cada una de cuyas partes estaba dedicada a defender lo que Sepúlveda interpretaba como la lucha de Carlos V contra los perturbardores universales del orden mundial. El primer volumen de la trilogía era el *Democrates primus*, una defensa «antierasmista» (y también antimaquiavélica) del saqueo de Roma llevado a cabo en 1527 por las tropas imperiales amotinadas como castigo por la laxitud de la Iglesia y como parte integrante de la campaña imperial contra la herejía[150]. El segundo, *Cohortatio ad Carolum V Imperatorem invictissi-*

mum, redactado en 1529, era una exhortación a Carlos V para que lograra la paz entre los cristianos y tomara las armas contra los turcos, precisamente en defensa de la «libertad y salvación de la república cristiana». Sepúlveda fue asimismo quien aportó el eslabón de enlace entre estos argumentos y los que atañían de forma más específica a la justicia de la conquista de América.

Un tiempo después de concluir el *Democrates secundus*, Sepúlveda escribió para Felipe II un tratado sobre el buen gobierno titulado *De regno et regis officio,* en el cual encadenó los argumentos expuestos en su trilogía con la afirmación de que Dios había elegido a la monarquía española, en tanto que heredera del imperio medieval, para incorporar a los «inhumanos» a la esfera de lo humano. En *De regno*, Sepúlveda introducía una versión modificada de la teoría de la esclavitud natural de Aristóteles en la que trazaba la distinción de tres categorías de naciones: las que estaban capacitadas para ejercer el «gobierno civil»; las que podían administrar sus propios asuntos, pero no eran lo bastante prudentes ni tenían la talla intelectual para gestionar los asuntos de otros; y aquellas cuyas costumbres públicas violaban el derecho natural hasta el extremo de merecer el calificativo de «bárbaras e inhumanas». Los indígenas americanos, que poseen tantas características en común con los turcos –los cuales habían sido objeto de una detallada denigración en el *Cohortatio*– son, como los turcos, innegablemente *inculti* y por ende *inhumani*[151]. Ellos y la mayoría de los pueblos no europeos (aunque Sepúlveda no clarifica nunca a qué pueblos se refiere) pertenecen sin duda a la última categoría. Tampoco cabe duda, de acuerdo con los argumentos legitimadores de la guerra justa que él interpreta de manera muy similar a como lo haría más tarde Suárez, de que estas razas pueden ser conquistadas por las naciones incluidas en la primera categoría. «Con estos derechos –concluía– los romanos, un pueblo muy civilizado y de exaltada virtud, sometieron a su gobierno a las naciones bárbaras». Y de igual forma que Dios había elegido, en tiempos más difíciles, a los romanos para llevar a cabo su obra, así el legado de Dios, el papa Alejandro VI, había elegido a los españoles. En la interpretación de Sepúlveda, lo que en el texto de las bulas papales es solo un mandato para cristianizar se ha transformado en un derecho de conquista cuyo objetivo es civilizar[152]. Aun a pesar de que su rey ya no fuera emperador *de facto,* el Vicario de Cristo había encomendado a los españoles la ejecución final de la función histórica del *Imperium romanum.*

Todo parecía indicar que para una cultura política tan apegada a las explicaciones providencialistas, Sepúlveda había ofrecido un argumento tranquilizador que legitimaba el mantenimiento y acentuación de la presencia española en América, pero lo cierto es que no fue recibido con gran entusiasmo. El motivo de ello era que a raíz de la evidente decadencia que aquejaba a España a finales del siglo XVI, la Corona española veía con creciente inquietud el énfasis otorgado a la conquista en sus reivindicaciones de derechos sobre América. El triunfalismo que impregnaba el lenguaje difusor de la guerra justa –cuyos decretos para recompensar a los vencedores superaban con mucho los destinados a la protección de los perdedores– fue disminuyendo a medida que los ejércitos españoles sufrían una derrota tras otra. Esta puede ser asimismo la razón por la que, al dividir en 1598 el imperio en los Estados que habían sido incorporados por herencia y los adquiridos mediante conquista, el castellano Baltasar Álamos de Barrientos situó a América junto con Nápoles, Milán y Silicia, entre los Estados hereditarios[153].

Hacia mediados del siglo XVII, la debilitada posición de España en Europa, la amenaza que todavía representaba la élite de conquistadores para la autoridad real en América y la desaprobación generalizada de la conquista en toda Europa (respecto de la cual los españoles no eran tan insensibles como a veces querían hacer creer) suscitaron diversas tentativas de reducir la función que había asumido la conquista en la imagen ideológica de los orígenes de las colonias españolas de América. En 1680, la *Nueva Recopilación de leyes de los reynos de las Indias* exigía que «se escuse esta palabra conquista porque [no sirva de excusa]... para que se pueda hacer fuerza o agravio a los Indios»[154]. En 1782, en su intento de dar réplica a los críticos ilustrados de la colonización, Juan de Nuix procuró distanciar la globalidad del proceso colonial español de lo que él describía como los «latrocinios, rapiñas, piraterías y usurpaciones» que habían caracterizado la conquista del Nuevo Mundo. Los indios, aducía en una idílica reformulación del argumento de Bartolomé de las Casas, «venían espontáneamente a echarse a los pies de los españoles, pidiéndoles les recibiesen por miembros de una sociedad que hacía a los hombres tan buenos y humanos»[155].

El mundo americano, aseguraba –quizá influido en su positiva valoración por el exilio, como les ocurrió a muchos otros de su generación–, se había convertido en una única comunidad de europeos e indios, los herederos de ese acto inicial de obediencia. La defensa de la «humanidad de los españoles» que hizo Nuix es una muestra de hasta qué punto, en torno a la segunda mitad del siglo XVIII, incluso los colonizadores estaban dispuestos a admitir que, fueran cuales fuesen las reivindicaciones que en un principio hubiera sostenido la Corona de Castilla, lo que amparaba entonces su presencia allí era solo el derecho de prescripción. Los miembros de las nuevas generaciones de las colonias de pobladores no tenían un lugar propio fuera de las colonias. Los «americanos británicos», los criollos y los *colons* franceses eran todos, sin tomar en consideración otros detalles, americanos. A esas alturas, las poblaciones indígenas, o lo que quedaba de ellas, estaban no solo racialmente integradas con sus invasores, sino supeditadas a ellos en el terreno económico y también en gran parte en el cultural. A mediados del siglo XVII América no era la misma que en 1492, y las posteriores discusiones en torno a los derechos que pudieran tener los europeos sobre el continente, o incluso a los objetivos iniciales que pudieran haber tenido para ir allí, no podían dejar de tener en cuenta este hecho.

Los prolongados y encarnizados debates sobre la legitimidad tenían otra dimensión. No eran –como a menudo se ha considerado– meras luchas, de escasa incidencia temporal en el mundo de la *realpolitik*, centradas en torno a los derechos de los pueblos indígenas. También eran discusiones de relevante importancia, ante todo para los invasores europeos, sobre los orígenes históricos de los que derivaba la identidad cultural y política de los propios colonizadores. En este sentido, la sombra que proyectaron llegó hasta el periodo de la independencia, y en la mayoría de los casos mucho más allá, determinando el modo en que plantearon los teóricos del imperio el tipo de futuro que podían tener las sociedades de colonizadores. El que de una forma u otra todos los imperios europeos de América se hubieran iniciado como imperios de conquista –por más breve que esta pudiera resultar en la práctica–, que ninguno de ellos se mostrara capaz de deshacerse del legado de la Antigüedad, que todos fueran en definitiva expansionistas e incluso se autodeclararan como tales, parecía condenarlos a los ojos de muchos observadores a un cierto tipo de trayectoria histórica, la cual los condujo de modo inexorable, a pesar de las múltiples diferencias que mediaban entre ellos, a correr el destino que se había abatido sobre los romanos: expansión continua e incontrolada, pérdida de control político y, con él, de identidad legal y cultural. Y esto únicamente podía acarrear a la postre el ocaso y desmoronamiento, no solo del imperio, sino también de la propia metrópoli.

4. Expansión y conservación

No son las Monarquías diferentes de los vivientes y los vegetales. Nacen, viven y mueren como ellos sin edad firme de consistencia. Y así son naturales sus caídas. En su creciendo, descrecen.

Diego Saavedra Fajardo, *Idea de un príncipe político-cristiano*

Desde el último periodo de la Antigüedad, como mínimo, generalmente se creía que las tremendas dificultades a las que se enfrentaban todos los imperios podían resolverse, o cuando menos explicarse, en función de la doble cuestión de tamaño y conservación. «Los estados bien fundados –escribió Charles Davenant en *Essay upon Universal Monarchy*– serían eternos si pudieran autolimitarse a una extensión razonable de territorio». La dinámica de la expansión y el subsiguiente desplome parecía constituir, sin embargo, una epidemia que afectaba a todos los pueblos que habían logrado cierto grado de éxito en el terreno militar, social y tecnológico, de la cual daban un lúgubre testimonio los registros históricos de la Antigüedad. Sus «más célebres legisladores habían formado», sin excepción, en palabras de Davenant, «sus modelos de gobierno pensando más en la ampliación que en la conservación»[1]. Y a pesar de los ejemplos aportados por Atenas, Persia y Roma, este peligro seguía vigente en el mundo moderno.

> Muchos imperios –advertía Davenant– se han visto abocados a una excesiva ampliación de sus dominios y a una excesiva incorporación de territorios, de modo que nuestros intereses en América pueden salir perjudicados por pretender conseguir más provincias y extensiones de tierra mayores de las que podemos cultivar o defender[2].

En los tres imperios europeos había autores que percibían la expansión y el desgobierno que esta conllevaba como una evidente amenaza para la estabilidad y continuada prosperidad de la metrópoli. Si, como todo apuntaba, la expansión limitada era un anhelo imposible, lo mejor que podía hacerse era concentrar las energías del pueblo en mejorar lo que ya se poseía. El monarca sabio y prudente permanecía en su país para velar por los intereses de sus súbditos. En España en especial, fueron muchos los que, como el dramaturgo Lope de Vega, no tuvieron reparos en recordar a su soberano la suerte corrida por Sebastián de Portugal, que librando una insensata y funesta guerra de expansión en la costa de África, había perdido en 1578 en Alcázarquivir su vida y su trono. El propio valido de Felipe IV y virtual gobernante de España, el conde-duque de Olivares, había llegado a reconocer, según palabras de John Elliott, que hacia comienzos del siglo XVII «el regalo del imperio había resultado ser un cáliz envenenado que había minado su energía y agravado sus enfermedades [de los castellanos]»[3].

La expansión, empero, aun con las evidentes amenazas que suponía para el continuado bienestar de la metrópoli, también parecía presentar ciertas ventajas incomparables, aparte de la riqueza o la gloria que pudiera reportar. Tal como habían apuntado en el siglo XVI los teóricos de la razón de Estado, los imperios podían proporcionar una vía de escape para las actividades militares suscitadas por ambiciones de gloria que de otro modo podrían generar una agitación interna. También ofrecían un lugar donde verter el creciente número de mendigos y delincuentes que atestaban las ciudades de Europa. Incluso en la Antigüedad, señalaba en 1688 Samuel Pufendorf, las colonias habían sido una solución al problema que representaban todos aquellos que «vagan necesitados del pan diario y que agobian a todo aquel que encuentran»[4]. Desde el principio, todos los poderes europeos parecen haber considerado sus asentamientos en ultramar como simples depósitos de la escoria humana de la sociedad de la metrópoli, o bien, aplicando una actitud más perspicaz (y más humana), como un lugar donde los desfavorecidos, aquellos que Richard Hakluyt denominaba «personas superfluas», podían labrarse un porvenir que les sería negado en Europa[5].

En el siglo XVIII algunos contemplaban la emigración a las colonias –y en los casos extremos, la deportación– como la única solución posible para el creciente número de seres insatisfechos e inadaptados que toda sociedad comercial avanzada parecía destinada a crear:

> Muchos de quienes van a nuestras colonias –escribió sir Josiah Child en 1665– de no poder ir allá, deberían irse a países extranjeros, aunque fuera diez veces más difícil ir allá de lo que es; pues si no, se arriesgarían a ser colgados, lo que es peor

(como se ha dicho), para no tener que mendigar o morir de hambre, como han hecho demasiados.

La otra alternativa era, a su juicio, tener que «venderse como soldados y exponerse a morir de un mandoble en la cabeza»[6]. La fundación de las modernas colonias se presentaba como un medio providencial para contener lo que de otro modo habría sido un malestar social paralizante. La emigración, creía Halkuyt, era el equivalente humano de la constitución de nuevos enjambres en el mundo de las abejas[7]. Incluso el hecho de que una parte considerable de los emigrantes ingleses hubieran sido disidentes religiosos podía atribuirse a un designio de Dios o de la naturaleza. Las víctimas de la persecución religiosa –esas «personas por ventura equivocadas y desencaminadas», como las llamó Charles Davenant en sus influyentes reflexiones de *On the Plantation Trade* ('Sobre el comercio con las colonias')– en América habían encontrado, a su parecer, un «lugar de refugio», de forma que «lo que aquí se tenía por una excrecencia del cuerpo político ha formado varias naciones, que con el tiempo pueden alcanzar un considerable crecimiento»[8]. Durante las guerras de religión en Francia, la inexistencia de vastas colonias en ultramar donde poder arrojar a los potenciales elementos alborotadores de la población se consideró como una de las causas de la permanente agitación de la nación. «Es un hecho probado –escribió Henri de la Popeliniére en 1582– que si los españoles no hubieran enviado a las Indias descubiertas por Colón a todos los pillos del reino... estos habrían revolucionado el país»[9]. Esto era precisamente lo que había sucedido en Francia durante casi medio siglo.

Algunos autores llegaron incluso a sugerir que este tipo de migración podía ser un estadio del crecimiento natural de todas las comunidades humanas, de tal modo que cuando una sociedad alcanzara el punto en que las necesidades y deseos superaran con mucho el potencial para su más mínima satisfacción, la naturaleza proveería nuevas tierras. De acuerdo con esta hipótesis, el descubrimiento y la colonización se convertían en un impulso natural, muy semejante al que supuestamente había movido al hombre a abandonar los bosques por las planicies, la caza por el pastoreo y el pastoreo por la agricultura. El marqués de Chastellux –autor del relato de un viaje realizado por Norteamérica en 1782 que alcanzó una gran difusión– sostenía, por ejemplo, en su *Discours sur les avantages ou les désavantages qui résultent pour l'Europe de la découverte de l'Amérique* ('Discurso sobre las ventajas y desventajas que reporta a Europa el descubrimiento de América', 1787) que la naturaleza podría haber provisto una «especie de rotación rápida» que atraía hacia su centro a todos aquellos que eran capaces de satisfacer sus necesidades dentro de sus propias comunidades, pero que expulsaba fuera «de su esfera de actividad» a quienes no podían satisfacerlas. De esta manera, la «metrópoli queda libre de sus inquietantes actividades y de su desesperación, que son tan peligrosas para sus compatriotas como para sí mismos»[10].

También Dios o la naturaleza prestaban su ayuda preparando, en caso necesario, el terreno a los inmigrantes:

> Se ha observado por lo general –escribía en 1670 Daniel Dentón, admirado ante la simetría de la providencia– que allá adonde van a asentarse los ingleses, una mano divina les allana

el camino quitando o eliminando a los indios, ya sea por medio de guerras intestinas o por alguna virulenta enfermedad mortal[11].

A pesar de todo ello, no era ni mucho menos tan evidente que Europa dispusiera de «personas superfluas» para poder exportarlas de este modo sin mayores consecuencias. Existía, asimismo, la creencia generalizada de que la grandeza de los Estados dependía de la cantidad y calidad de sus habitantes. Enviando o permitiendo que emigraran por propia voluntad a ultramar personas que podrían contribuir a librar a la metrópoli de algunos de sus elementos humanos más peligrosos se corría el peligro de dejar inerme a la nación[12]. Tal como había advertido James Harrington en 1656, la escasez de población podía conducir incluso a las naciones aparentemente más potentes a la «pérdida del imperio del mundo»[13]. Esto era precisamente lo que parecía haberle ocurrido a España. Movida por ambiciones imperiales mal concebidas y descontroladas, señalaba el teórico político piamontés Giovanni Botero, España había mandado a América no a los superfluos, sino a «aquellos que podrían ser útiles y hasta necesarios, con lo cual ha perdido no la sangre excesiva o corrompida, sino la pura y saludable, empobreciendo y debilitando así las provincias». Para poder emprender con éxito vastas conquistas en ultramar, la nación militar debía contar antes, como los romanos, con una nutrida población. Los españoles nunca habían dispuesto de tales recursos. Incluso los conquistadores habían sido, a juicio de Botero, insuficientes para la tarea que debían llevar a cabo, y por esa razón, aseguraba, habían tenido que recurrir tanto a los perros, igual que habían hecho los reyes de «Monopotapa» (Zimbabue) y Finlandia. Al igual que los franceses y los ingleses, habían logrado derrotar a los indígenas americanos en batalla solo porque el enemigo al que se enfrentaban era muy inferior desde el punto de vista tecnológico y social. Pero si la conquista de pueblos primitivos era factible aun invirtiendo relativamente pocos recursos, la colonización a gran escala solo era posible a través de migraciones masivas. Si los españoles continúan con el mismo ritmo con el que empezaron, concluía Botero, «no veo cómo van a evitar la bancarrota, igual que los bancos que desembolsan grandes sumas de dinero y no tienen entradas»[14]. Como señaló Charles Davenant unos cien años más tarde, España había sufrido «evacuaciones perpetuas y ninguna incorporación»[15].

La migración, que tal vez fuera susceptible de remedio, no era, con todo, el único, ni siquiera el más inquietante, peligro que presentaba la expansión imperial. Mucho más grave era la posibilidad de que una expansión excesiva pudiera entrañar el desmoronamiento de la cultura moral y política de la propia metrópoli, la disolución de sus valores éticos e incluso su absorción por parte del mismo imperio que había creado, perspectiva esta última la más alarmante de todas. Si con cada territorio sumado al imperio, este se veía obligado a modificar la estructura política en su conjunto y, en un sentido que nunca quedaba claramente especificado, la imagen del tipo de sociedad que constituía, la pérdida o decadencia de una sola parte debía redundar por tanto en la inevitable decadencia y consiguiente pérdida de todo el conjunto,

> pues las leyes pierden progresivamente su influjo a medida que el gobierno aumenta su alcance –escribió en 1795 Immanuel

Kant, sosteniendo un punto de vista similar– y el despotismo sin alma, tras aplastar los gérmenes de la bondad, acabará sumido en la anarquía[16].

Esta era la auténtica lección que debía extraerse de la caída del imperio romano. Una república próspera, agresiva, virtuosa e italiana (mientras se circunscribió a la península), que había sido una de las más grandiosas creaciones civiles, se había transformado en un imperio amante del lujo, corrupto y predominantemente germánico. Como veremos en el capítulo 6, Roma había sido también un ejemplo que inspiró la afirmación hecha por Montesquieu de que no podía practicarse la tiranía fuera y mantener la libertad en la propia patria.

En su relato de la expedición que realizaron los romanos a Siria en el año 190 a. C., Livio cuenta que el emperador seléucida Antíoco mandó un embajador, Heráclides de Bizancio, al general del ejército romano Publio Escipión para llegar a algún acuerdo pacífico sobre los límites territoriales de sus dos dominios. Al final de su infructuosa entrevista, Heráclides advirtió a Escipión: «Que los romanos limiten su imperio a Roma, que aun esta es muy extensa; que era más fácil irla ganando trozo a trozo que mantenerla en su totalidad». Estas palabras no causaron efecto alguno en Escipión. «Lo que el embajador consideraba como un gran incentivo para perseguir la paz –escribió Livio– parecía carecer de importancia para los romanos»[17].

Los posteriores forjadores de imperios europeos estaban, por el contrario, más predispuestos que Escipión a prestar oídos a la advertencia del embajador. La reunión mantenida entre el general romano y el representante del imperio helenístico sirio se convirtió en un tópico perdurable. Lejos estaban de imaginar Heráclides y Escipión en el momento de su encuentro la calidad profética de las palabras del primero. Los europeos del siglo XVI y XVII sí tenían, en cambio, conciencia de ello. Sabían, por el ejemplo de Roma, que los imperios alcanzaban un punto óptimo de expansión más allá del cual quedaba superada su capacidad para mantener una administración y un control militar efectivos. A partir de este punto, también comenzaban a tener crecientes dificultades para impartir una definición legal y cultural satisfactoria a unos dominios que no paraban de ampliarse.

> Los intereses del Estado –razonaba Pufendorf, tras realizar un exhaustivo repaso de la historia de todos los Estados europeos– pueden dividirse en imaginarios y reales. Ningún príncipe puede pretender conseguir los primeros, que yo interpreto como una monarquía universal, un monopolio y otras cosas por el estilo, sin incurrir en infinitos gastos y en destrucción de sus súbditos; y frente a esto, no derivaría por tanto ningún beneficio sustancioso, en caso de lograrlo[18].

Todos los imperios eran de por sí monstruos, en palabras de Pufendorf, «informes, enormes y horrendos»[19] El auténtico Estado imperial –la «monarquía universal» en formulación de Pufendorf– provocaría al final, como había sucedido en España, la ruina de su base nacional en su afán de mantener sus dominios de ultramar. Cuanto mayores se hacían tales conglomerados, escribió el diplomático español Diego Saavedra Fajardo, que había vivido de cerca el problema, más se avecinaban a su fin[20]. Otro español, Sancho de Moncada, profesor de Escrituras Sagradas en la Universidad de Toledo en 1619, reconocía (aunque él personalmente no lo compartía) que el punto de vista de Botero, inspirado por Livio, según el cual Dios y la naturaleza habían determinado un límite para todos los imperios, de tal modo «que en llegando a la raya han de volver atrás como en el mar las olas», contaba con muchos partidarios[21]. El gobernante prudente era el que, sabedor de cuándo había alcanzado dichos límites, optaba, en la célebre frase de Maquiavelo, por «mantener su Estado», cerrando sus fronteras. De haber permanecido los romanos en Italia, el imperio habría perdurado para siempre. Al emprender la conquista de Siria en el siglo II, se había autocondenado, sin embargo, al ocaso.

2

La conservación de tales conglomerados exigía del gobernante un constante ajuste entre las causas internas y externas. El crecimiento implicaba no solo un aumento de tamaño y de problemas administrativos y logísticos que ello acarreaba, sobre todo en los estadios del primer periodo de la modernidad donde las comunicaciones eran invariablemente lentas y deficientes. También implicaba que con cada nueva absorción de territorio debía transformarse de modo inevitable la estructura de la totalidad del Estado. Los imperios, en especial los de ultramar, no podían gobernarse, como habían intentado hacerlo tantos gobernantes europeos, como meras prolongaciones provinciales de la metrópoli. Como observaba Botero en una de sus más célebres máximas, «El territorio se adquiere poco a poco, pero debe conservarse a la vez en todo su conjunto». El país que no tuviera en cuenta esta observación, advertía Botero, estaba abocado a la disolución final de la totalidad del orden político. A finales del siglo XVI esta distinción –y la formulación que de ella hizo Botero– se había erigido en la cuestión clave sobre la que giraban todas las tentativas de comprender el proceso, para muchos inevitable, que sufrían todos los «imperios vastos», desde el momento crucial en que los ejércitos invasores y los emigrantes o pobladores abandonaban la madre patria, hasta el desmoronamiento final de la propia «madre patria».

El temor a este proceso que muchos consideraban inevitable, sobre la base de los múltiples testimonios históricos disponibles, originó a mediados del siglo XVII numerosas tentativas por parte de las monarquías coloniales de imponer ciertas limitaciones a la expansión. En 1674 Jean Talon, primer *intendant* de Nueva Francia, proponía una expansión del territorio hacia el sur, hasta las fronteras de México, y a ser posible, incluso más allá. La respuesta del ministro de Finanzas, Jean-Baptiste Colbert, fue que tamaña ampliación seguramente acarrearía la pérdida no solo de los frágiles puestos fronterizos franceses en el sur de Canadá, sino con harta probabilidad de toda Nueva Francia. Y si se perdía Nueva Francia, con ella se perdería también el prestigio de Francia tanto en América como en Europa. Era mucho más prudente, y a la postre resultaría más honroso, declaró, mantener lo que ya tenían[22]. Dos años más tarde, el propio rey escribió al conde de Frontenac, gobernador de Nueva Francia:

Debéis guiaros siempre por el lema de que es mucho más aconsejable ocupar una zona pequeña y poblarla bien, que expandirse y tener varias colonias débiles que podrían fácilmente ser destruidas por toda suerte de accidentes[23].

Mediante un decreto de 1680, la Corona española dispuso una restricción similar sobre los posteriores «descubrimientos» y «asentamientos» hasta que los que ya poseía estuvieran en condiciones de mantenerse «poblados y estabilizados y perpetuados en paz y concordia entre las dos comunidades [los españoles y los indios]»[24]. Los británicos contemplaban con iguales recelos las tentativas de crear nuevas colonias al oeste de los Apalaches, sobre todo porque no tenían la certeza de disponer de gente que quisiera cultivar los nuevos territorios, lo cual los convertiría en potencial punto de destino de más escoria humana europea incontrolable e indeseable.

Todos los que están dispuestos y capacitados para trabajar en Europa –señaló con aspereza Oliver Goldsmith en 1761– pueden vivir felices, y los que no son aptos ni están dispuestos a hacerlo pasarían tanta hambre a orillas del Ohio como en las calles de St Giles[25].

Con objeto de imponer esta política de «conservación», la Corona emitió en 1763 la Proclamación que establecía los límites occidentales de las colonias en los Apalaches, lo cual interpretarían una década más tarde los revolucionarios como uno más de los intentos británicos de limitar su derecho natural a la autodeterminación.

No obstante, la tragedia de la mayor parte de los imperios no era solo que sus dirigentes ignoraran cuál era el momento idóneo para parar; en realidad no *podían* parar. Como explicó en 1775 el ministro reformista de Carlos III Pedro Rodríguez de Campomanes, el «espíritu de conquista» que sostiene el «principio» –por utilizar el mismo término de Montesquieu– de todos los imperios, por fuerza ciega a los hombres, impidiéndoles ver que la expansión territorial de todo Estado tiene impuestos por naturaleza unos límites.

> El afán desmedido de ampliarles [sus límites naturales] –escribió a propósito de España– ofuscaba las imaginaciones; para no advertir que era semejante extensión, la verdadera causa de que se debilitara incesantemente[26].

Era evidente incluso para Botero que la dificultad presentada por la distinción entre «extensión» y «conservación» era la imposibilidad de aportar una formulación teórica sobre cómo podía detenerse en la práctica ese movimiento hacia adelante. La mayor parte de los teóricos del imperio de los siglos XVI y XVII hablan de los imperios como si estos fueran solo prolongaciones en el espacio, sin tener en cuenta que también son, evidentemente, prolongaciones en el tiempo. La pregunta que a raíz de ello se planteaba era la siguiente: si el imperio había comenzado como un tipo de proyecto, ¿en qué momento de su historia podía transformarse en otro distinto? Como observaría más tarde Benjamin Constant, todos los imperios habían sido creados sobre la base de una simple visión de virtud militar[27]. Y debido a las características de sus orígenes, todos los imperios europeos habían generado, o contribuido a sustentar, culturas políticas con marcada tendencia a la tiranía y a la represión.

No se trata tan solo de que la adquisición de un imperio exige, como mínimo al principio, únicamente fuerza, en tanto que la conservación requiere medidas legislativas y de cohesión cultural y el establecimiento de vínculos de unión entre las diversas partes del imperio[28]. También sucede, como señalaba Baltasar Álamos de Barrientos en su comentario sobre Tácito, que todos los imperios tienen el cometido intrínseco de mantener un crecimiento progresivo, «porque la natural codicia de los hombres de su acrecentamiento particular va creciendo con la misma grandeza del imperio»[29]. La inmovilidad, espacial *y* temporal, deja de ser una opción viable tanto para los Estados como para los individuos que los componen. En 1776, Josiah Tucker formulaba una observación similar, con intención de impedir que los británicos siguieran adelante con la desastrosa guerra que libraban en América. El «espíritu heroico [y] el ansia de gloria», escribió, no hacen más que aumentar en progresión geométrica el espectro de los «deseos y artificiales necesidades» imperialistas, socavando el «espíritu de industria» de la metrópoli. Por su propia naturaleza, este proceso no podía redundar en beneficio de nadie. Los vencedores, concluía Tucker, «al vencer a otros... lo único que hacen es preparar una tumba más magnífica para su propio entierro»[30].

El «despotismo» con que gobernaban todas las monarquías europeas del primer periodo de la era moderna, y que los ingleses contemplaban con injustificada complacencia, se había establecido precisamente con objeto de crear las condiciones necesarias para lograr imperios extensos. Era imposible que evolucionaran y se transformaran en Estados dedicados a la conservación sin que previamente se hubiera producido una transformación en la sociedad. En un mundo en que el honor y la gloria conseguidos con la expansión y conquista eran el único valor político cuantificable, la transición hacia otra clase de sociedad no consistía en un cambio de orientación de la Corona. Exigía un cambio en el concepto que de sí misma tenía la globalidad de la sociedad.

Tal como había reconocido el propio Botero, aun sin plantear ninguna solución al problema, la contención del proceso de expansión requeriría un acto de reconceptualización de la estructura de conjunto muy superior al que debía realizarse cada vez que se incorporaba un nuevo territorio a él. La mayoría de los gobernantes carecía sin duda de la sabiduría necesaria para llevar a cabo dicha tarea, razón por la cual Licurgo, el más sabio de todos ellos, había procurado detener el proceso en sus mismos inicios[31]. Cualquier tentativa de transformar la naturaleza del imperio sin una reordenación previa de la cultura política que lo sustentaba solo podía acarrear, como demostraba el ejemplo de la España de finales del siglo XVII, no la conservación de lo ya existente, sino la pérdida de todo el conjunto.

> España quedó desbancada de su envidiable situación –observó Arthur Young en 1772– en cuanto sustituyó este ímpetu animador [de expansión] por la prudencia de conservar lo que ya había ganado, en lugar de mantener viva para el mismo propósito esa valentía que le había permitido ganarlo[32].

La defensa y la consolidación no solo exigían virtudes políticas distintas de las que habían originado la creación del imperio –prudencia más que valor, sabiduría en lugar de fuerza–; también exigían un tipo de gobernante distinto y una concepción diferente de las características de los Estados que gobernaban. Por otra parte, era evidente que quienes habían dado su apoyo a sus gobernantes porque poseían las cualidades necesarias para crear grandes y extensos imperios no se prestarían de buen grado a obedecer a los que sabían cuándo debían parar y las medidas que debían aplicar para ello. Los romanos, señalaba Botero, habían puesto a Fabio Máximo el sobrenombre de «Escudo» de la República y a Marcelo, el de «Espada», y con gran tino habían «valorado más a Fabio que a Marcelo». No obstante, dicho honor había sido una pura formalidad en la práctica puesto que, concluía, la triste verdad es que la gente otorga mayores honores a los conquistadores, de igual forma que «prefieren un impetuoso torrente a un plácido río»[33].

Tal como observaba en 1621 el secretario real español Pedro Fernández Navarrete, cuando un imperio parecía seguir una senda triunfal, los hombres tendían a creer que la riqueza y la reputación ganadas mediante conquista eran por sí solas suficientes para su conservación. Aun reconociendo lo erróneo de dicha creencia, incluso aquellos que advertían que la conquista y la conservación eran dos tipos de valores políticos distintos y que de ellos el más estimable era la conservación, «porque eso toca a la prudencia y a la sabiduría, virtudes superiores a la fuerza», se veían por lo regular obligados a admitir que era la fuerza o el «valor» el que «se gana más el aplauso popular». En el caso de España, por ejemplo, sería aconsejable que el rey no solamente renunciase a proseguir la expansión, sino que abandonara incluso algunos de los territorios –en clara referencia a los Países Bajos– que ya poseía, «si no obligare –concluía y objetaba con tristeza Fernández Navarrete– la reputación a conservarlos». Como bien sabía él de sobra, la ruina de las monarquías «suele originarse de su misma grandeza»[34].

En el siglo XVIII, con el inicio del desplome de los tres imperios europeos, se planteó con carácter de urgencia el interrogante de hasta qué punto el mantenimiento de la reputación nacional limitaba la posibilidad de adoptar medidas puramente prudenciales. Había llegado, como señaló maliciosamente Josiah Tucker, «la hora de que nos planteemos en qué medida afecta a nuestra gloria la recuperación de la soberanía nominal sobre esas inmensas y distantes regiones». Al fin y al cabo, las causas y las repercusiones que podía acarrear en la metrópoli la pérdida de América no habían de diferir mucho de las que presidieron en el siglo XV la pérdida de las posesiones inglesas en Francia. En 1776 resultaba evidente –cuando menos para Tucker– que durante la Guerra de los Cien Años la Corona inglesa había estado «persiguiendo sombras y perdiendo lo esencial; sacrificando los auténticos intereses de su país por el nombre huero de unos territorios extranjeros»[35]. En opinión de Tucker, la Corona inglesa debía tomar entonces nota de ese ejemplo y desistir de repetir la experiencia en América.

No era, sin embargo, tan sencillo como creía Tucker desprenderse del honor una vez que se había adquirido. No en vano, el mantenimiento de la «reputación» estaba estrechamente asociado al mantenimiento del poder, como señalaban con especial inquietud los escritores españoles. Ya en 1708, John Oldmixon había aconsejado a la Corona que extrajera conclusiones de lo ocurrido a los portugueses. A raíz de su expulsión de las Indias Orientales a manos de los holandeses, lo que él denominaba su «figura» en Europa se había venido abajo. Esa era la razón, aducía con extraordinaria lucidez, por la que posteriormente los portugueses habían permitido que «los ciudadanos de Goa participen en la asamblea de las Cortes», por miedo a perder por la disidencia interna las colonias que aún les quedaba en la India. Si Inglaterra tuviera que sufrir la misma suerte, tal vez se vería obligada a realizar concesiones similares, pues, planteaba Oldmixon a modo de conclusión, «si alguien preguntara por qué no tienen representantes nuestras colonias, ¿quién podría dentro de poco dar una respuesta satisfactoria?»[36]. El mismo Adam Smith –que por lo general apenas contemplaba la posibilidad de que los seres humanos se propusieran sin coacción objetivos que a la larga redundaban en su propio perjuicio– advertía con claridad a comienzos de 1778 que

> si bien la terminación de esta guerra [con América] podría resultar en realidad beneficiosa, aparecería deshonrosa para Gran Bretaña a los ojos de Europa; y viendo tan disminuido su imperio, se atribuiría una disminución proporcional a su poder y dignidad[37].

Esto podía, a su juicio, exponer a Inglaterra a amenazas reales, en especial por parte de Francia, que nunca había abandonado del todo su ambición de recobrar Canadá, al que tuvo que renunciar en favor de los ingleses en 1763. Con todo, era evidente que lo que aquí estaba en juego no era solo la seguridad de Inglaterra; era también la imagen que esta tenía de sí misma, su sentimiento, plenamente romano y maquiavélico, de *grandezza*[38].

3

En su vertiente más insoluble, el problema de la evolución de los imperios presentaba para todos estos teóricos la eterna cuestión de cómo podían sostenerse determinados valores culturales a través del tiempo. El valor marcial, una vez carecía de objeto sobre el que volcarse, se volvía contra sí mismo, como había ocurrido durante la Guerra de los Cien Años o las Guerras de Religión de Francia, o bien degeneraba en ociosidad, vanidad y ostentación. Aristóteles había enseñado que los cambios culturales radicales como los que exigía la transición de la «expansión» a la «conservación», la transformación efectiva del genio de un pueblo, solamente podían lograrse desde una posición exterior. Este desapego o permanencia fuera de uno mismo resultaba, sin embargo, poco menos que imposible. La época de los grandes legisladores –que fueron grandes precisamente gracias a que habían poseído esta cualidad– había concluido hacía mucho. A lo máximo que podían aspirar las modernas monarquías europeas era a desviar las energías de sus hipotéticos conquistadores hacia otras actividades análogas menos destructivas, reducidas a la condición de distracción temporal o pasatiempo de los hombres que al final se habían saciado de guerra. El mismo Saavedra Fajardo –cuyo objetivo era conciliar la teoría de la razón de Estado de Tácito con los buenos principios cristianos y que, en conjunto, deploraba la idea de proseguir con una expansión ilimitada– solo pudo proponer al final la impracticable sugerencia de que las cualidades guerreras que habían forjado el imperio de España podían ahora invertirse, en lugar de en nuevas conquistas, en la arquitectura y en la ciencia.

Augusto, aseguraba, había impedido que «su ardiente espíritu» quedara «cubierto de cenizas» reestructurando el calendario y calculando los movimientos de los planetas. Con el mismo propósito, Felipe II «levantó aquella insigne obra de El Escorial en que procuró vencer con arte las maravillas de la Naturaleza y mostrar al mundo la grandeza de su ánimo y su piedad»[39]. No obstante, como sabía de sobra Saavedra Fajardo, ninguno de estos personajes había sido capaz de impedir que sus Estados siguieran expandiéndose ni que corrieran hacia su ocaso.

La única excepción a esta norma parecía ser China. La decisión de los emperadores chinos de construir una muralla en torno a sus dominios –aducía Botero en la que tal vez sea la primera referencia a un imperio asiático que se dio en esta discusión– era una prueba de la existencia de un dirigente dotado de verdadera prudencia[40]. La famosa, y en gran medida ilusoria, «inmovilidad» del imperio chino, sobre todo a partir de mediados del siglo XVIII, se presentaba como una refutación de la creencia generalizada de que todos los imperios estaban de forma intrínseca condenados a extinguirse. El fisiócrata francés François Quesnay recurría al caso de China como demostración de que un gran Estado podía perdurar casi hasta la eternidad, a condición de que hallara los instrumentos adecuados para limitar la ambición de sus súbditos.

> Está demasiado extendida la creencia –escribió en *Despotisme de la Chine* en 1767– de que el gobierno y el imperio pueden adoptar solo formas transitorias, que todo está sometido aquí abajo a continuas vicisitudes, que los imperios tienen su comienzo, su apogeo, su decadencia y su fin. Este punto de vista

es tan predominante que la irregularidad de los gobiernos se atribuye al orden natural[41].

De acuerdo con la visión que Quesnay tenía de China, únicamente los chinos habían comprendido que el objetivo de la naturaleza no era el honor ni la riqueza, sino la prosperidad, entendida como el bienestar de todos los miembros de la sociedad. China había logrado la transformación cultural, y por ende política, que no habían conseguido los imperios europeos, y cuya necesidad no habían siquiera entrevisto en muchos casos. Solo China había sido capaz de trocar la expansión militar –y la cultura que la había sustentado– por el crecimiento económico continuado. Estos logros habían sido posibles, a juicio de Quesnay, gracias a que había seguido con todas sus consecuencias el ejemplo de Cincinato. En ese imponente imperio, las actividades guerreras se habían sustituido, no por el comercio ni las manufacturas, sino por la agricultura. Y bajo el punto de vista de Quesnay, solo la nación genuinamente agrícola puede «afianzar un imperio duradero regido por un gobierno general invariable, directamente sujeto al orden inmutable de las leyes naturales». Esta era la razón –o así lo creía Quesnay– de que en China se considerara como hombre ejemplar al agricultor y no al guerrero, y puesto que las leyes de la naturaleza –y no las de las jerarquías del orden feudal– eran soberanas, los agricultores podían acceder a posiciones de poder y eminencia insólitas en Europa.

Al igual que muchos europeos, se sentía fascinado por la ceremonia del *K'eng-chi*, en la que el propio emperador cavaba el primer surco y plantaba la primera simiente de la temporada. En descripción de Diderot –que compartía muchas de las posturas políticas, aunque no económicas, de Quesnay– ese era el momento en que «el padre de su pueblo, con la mano apoyada en la tierra, demuestra a su gente cuál es la auténtica riqueza del Estado»[42]. La prosperidad de la agricultura, sumada a su inmensa extensión, había propiciado la autosuficiencia de China. A diferencia de la totalidad de las naciones europeas, que debían depender del comercio exterior para su supervivencia, China apenas necesitaba comerciar.

La imagen que Quesnay presentaba de China, compartida por Le Mercier de la Rivière y los demás fisiócratas, así como por Diderot, suscitó una acérrima oposición. Eran, en efecto, muy pocas las personas dispuestas a conceder que ese fuera un modelo que pudieran, o incluso debieran, seguir los imperios europeos. Como anteriormente para Montesquieu, para Gabriel Bonnot de Mably –que en 1768 escribió una crítica al *Despotisme de la Chine* titulada *Doutes proposées aux philosophes économistes sur l'ordre naturel et essentiel des sociétés politiques*– China era una sociedad gobernada por «las más pueriles ceremonias», habitada por «el pueblo más sometido a estrictos reglamentos del mundo y el menos capaz de pensar», cuya famosa meritocracia se seleccionaba solo a través de un examen en el que nunca se formulaba la única pregunta que tenía importancia: «si lo que se hace es lo que debería hacerse». La prosperidad de China era, a su parecer, un espejismo, y la estabilidad china se había conseguido a costa del estancamiento político y económico, y mantenido mediante una tiranía que no tenía parangón en Europa[43]. Los imperios de carácter más dinámico que «estático», cuyos gobiernos permitían a sus súbditos siquiera un mínimo grado de libertad, estaban condenados precisamente por ello a seguir expandiéndose hasta que se venían abajo, como había ocurrido con los imperios asirio, persa, griego, romano y español, arrastrados por el peso de su propio tamaño y de la diversidad política y cultural.

El único Estado moderno, dinámico y libre con posibilidades de eludir este triste proceso debía ser el creado *ex nihilo* por hombres conscientes de las trampas a las que habían sucumbido las anteriores monarquías de Europa. En cierto sentido eso era lo que habían sido las Provincias Unidas de Holanda. La negativa holandesa a embarcarse en cualquier guerra que no persiguiera la ventaja comercial de la nación y la limitación de sus asentamientos en ultramar a avanzadillas comerciales, habían sido la causa del extraordinario éxito económico de la república. A partir de 1776 se hizo, sin embargo, evidente que el ejemplo más destacado era el de los Estados Unidos de América. En Europa prevalecía la idea de que los orígenes de esta república excluían el desarrollo de ambiciones de expansión imperial. ¿Se insinuaría en una Norteamérica independiente, preguntaba el *philosophe* y más tarde controlador general de finanzas de Francia, Anne Robert Jacques Turgot en abril de 1776, en caso de que llegara a hacerse realidad –a pesar de los ideales republicanos bajo cuyo amparo se habían situado hasta el momento los revolucionarios–, «el gusto por la conquista», aun cuando solo fuera para asegurarse oportunidades comerciales a la larga? La respuesta era, a su juicio, negativa. Los colonizadores británicos, que habían sido ellos mismos víctimas de los irreflexivos y descontrolados intentos de expansión imperial, y que habían sido testigos del ocaso de la monarquía española en Europa y de la pérdida de Nueva Francia, se hallaban, a su parecer, en una posición privilegiada para entender que la prudencia aconsejaba no emprender una vía que solo conduciría a la corrupción de los principios sobre los que se había fundado la nueva república[44]. Franklin, Jefferson y Washington se habrían mostrado de acuerdo con él. Fue precisamente este deseo de no tomar la senda que habían emprendido los antiguos romanos lo que propulsó la elevación de Cincinato a la condición de héroe tutelar de la nueva república. El «Imperio de la Libertad» –que más tarde propondría Jefferson como la potencial función de los Estados Unidos– debía ser un imperio sin conquista ni expansión. Debía ser una confederación basada en el interés y en la colaboración mutua; una confederación, no de metrópoli y colonias, sino de «repúblicas hermanas»[45].

4

La cuestión de cómo podía transformarse la expansión en conservación en los imperios ya existentes tenía otra respuesta, de perspectivas mucho más alentadoras para la mayor parte de los teóricos del siglo XVIII, que consistía en sustituir la conquista por el comercio. Como veremos en el capítulo 7, el comercio pasó a ser considerado, tanto por Diderot y Montesquieu como por Smith y Hume, como el único agente capaz de aportar una solución al futuro imperial de Europa. Este era, no obstante, el *doux commerce* de Montesquieu, el origen del intercambio pacífico entre diferentes pueblos y el freno definitivo contra la proliferación de guerras planetarias en la era moderna. Aun cuando pudiera transformar las relaciones internacionales, este «dulce comercio» no sería, sin embargo, capaz de regenerar la estructura interna de los imperios europeos e imponer límites racionales a sus tendencias expansionistas aparentemente innatas. Esto solo sería factible aplicando medidas económicas más rígidas y más decididamente pragmáticas.

En cierto sentido, la creciente importancia que se otorgaba a la economía en la organización de los Estados a mediados del siglo XVII era –para todos, salvo para los más recalcitrantes y autodestructivos– una demostración de que el poder ya no podía ir desvinculado de lo que Diego Saavedra Fajardo denominó en 1640 la «prudencia económica»[46]. En la época en que Saavedra Fajardo efectuó esta observación, ya se había puesto de manifiesto que el futuro de los imperios no residía en la adquisición de territorios sino en el comercio, y el comercio no se basaba en la adquisición de territorios, sino en el control de los mares. «El mar –declaró Andrew Fletcher en 1698– es el único imperio que nos pertenece de modo natural. Nuestro interés no se funda en la conquista»[47]. La posición insular de Inglaterra –y la insularidad de su cultura política– hacían de esta afirmación una obvia máxima política.

> El único medio con que contamos para ser importantes en el mundo –escribió John Oldmixon en 1708– es nuestra flota; y su mantenimiento a través del comercio que promueve la existencia de marinos y reporta riqueza para sustentarla[48].

El transporte marítimo era lo que permitía la fluidez del comercio internacional, la base de la auténtica riqueza de las naciones, por oposición a la riqueza ficticia. En los modernos imperios y con los modernos barcos, este también posibilitaba las vías de comunicación que eran la única forma de mantener unidas comunidades políticas dispersadas por la distancia. Oliver Goldsmith ponía fin a su obra *The Present State of the British Empire in Europe, America, Africa and Asia* con la optimista convicción de que

> todas las partes de nuestro imperio están estrechamente conectadas por medio de nuestra navegación, de tal modo que nuestra posición se ve fortalecida por la facilidad para el traslado de tropas; y mientras nuestro comercio procura el incremento de la riqueza y la abundancia, también contribuye a aumentar nuestra fuerza y seguridad internas[49].

Si bien los hechos demostrarían lo infundado del optimismo de Goldsmith, hacia 1760 había arraigado con fuerza el convencimiento de que en el mundo moderno el poder dependía del comercio marítimo, tal como ha demostrado hace poco Peter Miller[50]. Los ingleses y los holandeses, debido a las características de sus regímenes políticos, fueron quizá los primeros en asumirlo y, como señaló Montesquieu, fueron por consiguiente los primeros que se hallaron en condiciones de desarrollar «una flota... superior a la de todas las demás potencias, que, puesto que no necesita emplear sus finanzas en guerras terrestres, dispondrá de recursos sobrados para las libradas en el mar»[41]. A mediados del siglo XVII, otros europeos pertenecientes a culturas con menor tradición marítima reconocían ya la fuerza teórica global de tales argumentos. Incluso los españoles, que aun poseyendo una nutrida flota en el Atlántico, consideraban los navíos como instrumentos esencialmente defensivos, habían aprendido a raíz del creciente éxito de sus más detestados enemigos, los ingleses y holandeses, que, según formulación de Saavedra Fajardo, en la propia movilidad de los barcos «consiste la firmeza de los imperios»[52]. No es, pues, de extrañar que en el siglo XVII, imbuido de una acusada conciencia de la función que el poder marítimo ejercía en el mantenimiento de los imperios, la discusión legal y moral en torno a las relaciones entre Estados, el control de los mares –en especial el *Mare liberum* de Hugo Grocio (1608) y el *Mare clausum* de John Selden (1618)– tomara el relevo a las anteriores controversias sobre la legitimidad de la apropiación de tierras y otros bienes.

Este mismo contexto hizo que, a finales del siglo XVII los ingleses y franceses comenzaran a plantearse muy en serio qué era lo que había ido mal en España. El imperio español era el más vasto, poderoso y duradero de los imperios europeos. Como hasta sus propios enemigos no tenían más remedio que reconocer, aun cuando solo fuera desde el punto de vista de su extensión, era el único que en la Edad Moderna podía compararse al de Roma. No obstante, ya a finales del siglo XVI España se había convertido también en un modelo de imperio en negativo, y seguiría siéndolo hasta el ocaso definitivo de su imperio de ultramar, acaecido hacia 1820. Este fue en cierto modo el ajuste de cuentas por parte de sus rivales europeos contra una cultura que, durante tanto tiempo, había sido la de su más odiado, intransigente y poderoso enemigo. Los españoles y los turcos pasaron a ser considerados –por Montesquieu, por ejemplo– como los dos *exempla* del mismo tipo de tiranía inflexible, intolerante y esencialmente corruptora. Por otra parte, también se reconocía que el examen de los motivos que habían desencadenado el espectacular deterioro de España –cuando sus reyes habían gobernado un imperio en el que, en la célebre imagen de Ariosto, nunca se ponía el sol, y que parecía destinado a perdurar para siempre– podía proporcionar asimismo modelos útiles para otras naciones europeas que, en muchos aspectos, seguían la misma política.

La mayoría de los análisis coincidían en que el error de España había sido concebir la grandeza en función de la «religión y la reputación», tal como lo había expresado el mismísimo conde-duque de Olivares[53]. Ambos aspectos habían entorpecido seriamente la capacidad de maniobras políticas efectivas del gobernante, puesto que al ser estáticos, los dos limitaban por fuerza las posibilidades de evolución en el tiempo. Lo que Olivares y muy pocos ministros antes de Campomanes y Gaspar de Jovellanos, en la segunda mitad del siglo XVIII, entendieron fue que en el mundo moderno el poder no consistía en la capacidad de sustentar el prestigio internacional a través de las armas ni de imponer la conformidad religiosa sobre los propios súbditos. Consistía en la prosperidad[54]. España reconocía desde hacía tiempo la necesidad que tenía todo Estado de contar con una sólida base financiera, pero los sucesivos monarcas españoles solo habían concebido la riqueza, no como una fuente de grandeza en sí misma, sino como algo que podía traducirse directamente en poder militar.

Las fuerzas que habían creado la monarquía española en el siglo XV y los continuados, aunque erráticos, recursos procedentes de las minas de América habían impedido, asimismo, que la mayoría de los españoles, y al parecer todos sus monarcas sin excepción, tomaran conciencia de que la verdadera prosperidad solo podía lograrse por medio de la agricultura y el comercio. El comercio exigía, además, liberalismo, en especial liberalismo económico, el cual, en opinión de sir Josiah Child y de otros expertos en economía ingleses y holandeses, era de difícil asimilación para españoles y franceses, debido a su condición de monarquías absolutistas[55]. Los españoles, en particular, habían sido destruidos por una monarquía tiránica resuelta a dar prioridad a la causa de la ortodoxia religiosa sobre la del bienestar de sus súbditos. No fue, dijo Child en 1665, la emigración a América lo que redujo la población de España, y con ella su capacidad para generar riqueza; la causa fue lo que él denominó la «lucha por la uniformidad de religión». A causa de ella la Corona de Castilla se había quedado sin moriscos ni judíos, y también por ella Felipe II había mantenido una larga guerra en los Países Bajos, que no solamente había agotado las arcas de Castilla y provocado el «derramamiento de tanta sangre española», sino que, ante todo, había conducido a la pérdida de «las siete provincias que ahora vemos dotadas de tan prodigiosa riqueza, tan pobladas, mientras que España está vacía y empobrecida y Flandes, mermada y débil»[56]. William Paterson, por su parte, creía que si los españoles hubieran estado dispuestos a conceder «a las gentes de todas las naciones naturalización, libertad de conciencia y permiso para comerciar en términos razonables» podrían haber logrado el dominio universal. Con su actuación, «por sus excesivos anhelos, en lugar de adelantar, han rebasado el juego». Las Indias, concluía, retomando una vez más la célebre observación de Justus Lipsius, «en sentido estricto... más que haber sido conquistadas por los españoles, los han conquistado a ellos»[57].

Eran muchos los españoles que, como mínimo a mediados del siglo XVIII advertían, igual que sus críticos británicos, la fuerza puramente económica que sustentaba tales afirmaciones. «Todas las naciones creen–escribió Campomanes en 1762–que la riqueza por medio del comercio, navegación e industria es el único manantial de la pública felicidad»[58]. Los españoles también sabían, sin embargo, algo que los británicos apenas entreveían: que el hecho de permitir el asentamiento de extranjeros o incluso de otorgar concesiones de comercio a extranjeros en América no solamente sería considerado como un mero peligro en el terreno político, sino que sería asimismo, como lo formuló Campomanes, «moralmente [con lo cual quería decir "culturalmente"] imposible». Dado que el *imperium* español se había fundado en la imagen de un único orden político culturalmente variado, gobernado de acuerdo con un sistema legal codificado y cimentado en un sistema unificado de creencias religiosas, había sido siempre una sociedad cerrada. El libre comercio implicaba la creación de un Estado potencialmente abierto a la influencia extranjera, lo cual significaba a su vez exponer a las colonias, y a través de ellas a la propia España metropolitana, al posible influjo de la herejía. En la época de Carlos III, el imperio español era en muchos aspectos distinto del de los reinados de Carlos V y Felipe II, pero ni la monarquía borbónica, ni Carlos III con su posición relativamente ilustrada, podían abandonar del todo la idea de que la grandeza y la misma supervivencia de España dependían del mantenimiento de su integridad política y cultural. Aun intentando hallar una plataforma teórica para un programa de reformas que se hiciera eco de la crítica de Child, Campomanes reconocía que para efectuar los cambios que los ingleses consideraban necesarios para la preservación de la grandeza de la monarquía española, la sociedad española debería sufrir una transformación radical, convertirse en otro tipo de sociedad. Era este punto de vista el que recogía la respuesta atribuida al embajador español Alonso Cárdenas en una entrevista con el conde de Clarendon en 1652: «pedir libertad de la Inquisición y la libre circulación de barcos en las Indias Occidentales, era pedir los dos ojos de su soberano»[59].

La reflexión más interesante, y de más vigencia teórica, producida por un británico en torno al significado del Estado del imperio español es un curioso tratado titulado *Discorsi delle cose di Spagna,* escrito en 1698 por Andrew Fletcher y supuestamente publicado en Nápoles. (En realidad parece ser que se imprimió en Edimburgo). Si bien Fletcher asegura al inicio de la obra que no se propone ofrecer una receta para la monarquía universal –«un gobierno tan nocivo para las buenas costumbres y tan pernicioso para la felicidad general de la humanidad»[60]–, esta ofreció a sus lectores la imagen, horripilante para cualquier inglés –aunque tal vez no tanto para un escocés que a menudo mostraba una gran virulencia antiinglesa– de un nuevo y vigoroso imperio español surgido tras la crisis de la sucesión española. Era la imagen de un imperio que había conseguido transformar las fuerzas de expansión en fuerzas de conservación, derivando sus vastas energías militares hacia el logro del provecho económico. El rey de España, escribió Fletcher, debería seguir primero los consejos que venían dándole desde hacía tiempo los extranjeros. Debía introducir la tolerancia religiosa a fin de repoblar tanto España como las Indias, pues para Fletcher la población era, como lo había sido para Harrington, «el único cimiento capaz de sustentar grandes imperios»[61]. A continuación debería «encaminar estas gentes hacia la agricultura, las artes mecánicas y el comercio», lo cual propiciaría la autosuficiencia de las colonias americanas. Después, siguiendo el ejemplo de los ingleses y los holandeses, el rey de España debería hacerse con el control de los mares, tarea que resultaría relativamente fácil si las flotas españolas no permanecían inmovilizadas en América, tratando en vano de impedir el contrabando, «y con esto podría con suma facilidad conseguir y conservar el imperio del mundo». En caso de seguir esta receta, el antiguo imperio universal basado en la conquista se transformaría finalmente en una nueva sociedad política, también universal, pero ahora fundada sobre los principios más perdurables del comercio y la manufactura. Lo irónico de esta propuesta era para Fletcher que esa clase de riqueza llevaría, a su vez, a posteriores conquistas en los sitios donde fueran necesarias, de tal forma que «el resto de las colonias europeas de América, África e India caerían, sin dificultad, en sus manos»[62]. Finalmente, concluyó, no sin un ligero alivio de escocés, los ingleses y los belgas «se empobrecerán y perderán relieve»[63]. La visión de Fletcher era deliberadamente exagerada y, por otro lado, también estaba condicionada por la pretensión de ofrecer lo que él consideraba una solución a la amenaza de interminables guerras comerciales en Europa. Dicha solución –que desarrollaría con más amplitud en *An Account of a Conversation concerning the Right Regulation of Governments for the Common Good of Mankind* ('Relación de una conversación sobre la regulación del derecho de los gobiernos para el bien común de la humanidad'), de 1704– residía en la creación de un equilibrio de poder entre diez bloques militares más o menos iguales, un sistema federal a nivel europeo, del cual formaría parte el nuevo imperio español[64]. Ninguna de estas medidas podría haber constituido un futuro viable para la Europa de la primera década del siglo XVIII, y el carácter claramente alucinante de algunos de los detalles del plan –que incluía el intercambio de grandes franjas de territorio entre España y Francia– hace dudar de que fueran propuestas realmente serias. A pesar de su hostilidad hacia Inglaterra, es posible que el objetivo de Fletcher no fuera tanto aconsejar a la católica España como poner sobre aviso a las naciones protestantes, inglesa y holandesa. Escritos en italiano y supuestamente publicados en una ciudad cuyo nombre iba asociado a la obra de Tommaso Campanella[65], los *Discorsi* quizá tuvieran el propósito de demostrar los peligros potenciales que aún acechaban en una España que se consideraba moribunda. El traductor inglés de *Della monarchia di Spagna* había utilizado en 1659 ese texto con una intención similar.

Dejando al margen los hipotéticos objetivos de Fletcher y la noción que él tenía de su finalidad, lo cierto es que los elementos de su proyecto de renovación –sobre todo el énfasis concedido al aumento de población, el comercio y la educación técnica como medios para fomentar el crecimiento económico– formaban parte de un lenguaje que sería el distintivo del siglo XVIII. Este era el mismo lenguaje que adoptaron en las últimas décadas de ese siglo los ministros ilustrados de Carlos III, Bernardo Ward, José del Campillo y Cossío, Campomanes y Jovellanos, en su intento de hallar una solución a lo que Ward –el emigrante inglés que llegó a ser secretario de la Junta de Comercio y director de la Casa de la Moneda– llamaba «nuestra decadencia»[66]. Ninguno de estos hombres pudo haber leído el tratado de Fletcher ni haber tenido siquiera noticia de su existencia, pero en sus aspectos más destacados, sus propuestas reformistas son un reflejo de las principales opiniones sostenidas por Fletcher.

5

Una de las más notables e influyentes de estas propuestas fue el *Nuevo sistema de gobierno económico para la América*, escrito por José del Campillo y Cossío, secretario de Marina, Guerra e Indias de 1741 a 1743, que realizaba un análisis detallado de las consecuencias que podía tener para España la nueva economía[67].

España, señalaba Campillo, era fuerte en posesiones territoriales, pero en el terreno económico y político era la potencia imperial europea más débil. El comercio con América –explicaba Campillo recurriendo a las metáforas médicas que tanto le gustaba emplear– era como la circulación sanguínea en el cuerpo político. «Pero en América, donde el comercio es un estanco general –continuaba, mezclando metáforas de diferentes campos– no puede producir sino enfermedad y muerte política»[68]. España extraía menos beneficios de sus posesiones americanas de los que reportaban respectivamente a Inglaterra y Francia las islas Barbados y La Martinica[69]. La causa principal de ello, y también la causa última de todos los males, era, a juicio de

Campillo, que Hispanoamérica se había fundado y todavía seguía regida de acuerdo con el ubicuo y maligno «espíritu de conquista». En el siglo XVI, la conquista había sido legítima y, en cierta medida, provechosa para la Corona. Había corrido pareja con el espíritu marcial de los tiempos y con la necesidad inmediata de subyugar un número ingente de indios[70]. Aquellos tiempos habían pasado, sin embargo, muy deprisa y el siglo siguiente, que debió haber sido un Siglo de Oro, había sido en realidad «un siglo de desgracia y pérdida», en el que en lugar de consolidar su posición sobre lo que ya habían ganado y diversificar la economía colonial, los españoles habían seguido simplemente conquistando[71]. Lo que los conquistadores y sus herederos habían pasado por alto en su afán de perpetuar una sociedad arcaica basada en el valor marcial era que el verdadero poder político consistía en la riqueza, y que esta depende de un orden político volcado en el desarrollo y no en la rapiña. Esto era algo que habían entendido los ingleses y los holandeses, e incluso con posterioridad los franceses, pero a lo que, como Campillo había insinuado en su anterior y amarga obra *Lo que hay de más y de menos en España,* muy pocos monarcas anteriores habían prestado crédito[72]. Al igual que Campomanes, Campillo era consciente de que las propuestas formuladas por Child, Fletcher y otros que aconsejaban a España abrir sus fronteras y repoblar con gente venida de fuera, por más halagüeñas que se presentaran en la teoría, serían impensables para cualquier monarca español. En sus *Reflexiones sobre el comercio español a Indias* de 1762, que en gran medida era una réplica a Child, Campomanes aducía que si los españoles habían perdido a través de la emigración una población autóctona, pero en muchos sentidos «superflua», también habían adquirido, por el mismo procedimiento, una población mucho más numerosa en América. Los ingleses, los daneses y los franceses habían masacrado o bien expulsado a los indígenas de las tierras donde se habían asentado. Los españoles, en cambio, los habían transformado en súbditos útiles. La tolerancia religiosa británica, argüía, lejos de ser una táctica deliberada de previsibles consecuencias beneficiosas para el comercio como habían sostenido Child y otros teóricos, era un mero recurso oportunista que a la postre había producido un debilitamiento político, puesto que

> esta nación [Nueva Inglaterra] sería muy terrible reunida en una sola religión, y con celo de propagarla entre los Indios, porque de este modo podría atraer a sí todas las innumerables naciones [que se hallan] entre estas colonias y el mar del Sur[73].

Campillo sostenía una postura parecida. Los indígenas americanos eran, en su opinión, la única fuente de donde podía extraerse una nueva población industriosa. Mirad, decía, al Gran Kan: con ministros menos aptos que el rey de España y menos territorio, tiene sin embargo mayores ingresos, y además, añadía Campillo, en alusión a los indios, «ni están sus vasallos tan oprimidos»[74]. América se había tornado yerma por culpa de los conquistadores europeos. Lo que bajo el dominio de sus «bárbaros dirigentes» –y Campillo no tenía predisposición al sentimentalismo en estos temas– había sido «una Nación discreta y política» se había convertido en «incultas, despobladas, cuasi totalmente aniquiladas Provincias que pudieran ser las más ricas del mundo»[75]. La parte más grandiosa y valiosa del territorio –su gente– se había visto diezmada, y los pocos indígenas que aún quedaban se habían vuelto del todo improductivos a causa de la tiranía y los abusos. Las cosas habrían ido mucho mejor, observaba, si los españoles hubieran imitado el ejemplo de los franceses de Canadá y se hubieran limitado a comerciar en lugar de masacrar, con enorme perjuicio para sí mismos, unas naciones de las que podrían haber obtenido cierto provecho económico. Ante la perspectiva de una tierra que había quedado baldía, España debería «seguir máximas totalmente distintas» y encaminar a través de ellas a los corruptos e indolentes súbditos de la Corona española para que volvieran

> su atención al comercio, al cultivo de aquellos preciosos frutos [de la tierra], establecer una buena policía, y por medio de un buen gobierno económico reducir a los Indios a vida civil, tratarlos con benignidad y con dulzura, animarlos a la industria y por este camino hacer de ellos vasallos útiles y españoles, y no mirar con desprecio la calidad de los Indios, no oprimirlos, como se ha hecho, y se hace hoy[76].

No obstante, concluía con pesar,

> nosotros siempre estamos con las armas a las manos» y el rey invierte millones en sostener un implacable odio contra gentes que, de recibir un trato amable y amistoso, nos prestarían infinitos servicios[77].

Lo que reconocían tanto Campillo como Campomanes era que la modernización del imperio español no era, como suponían los británicos, una mera cuestión de ajuste económico. Con el final de la Guerra de Sucesión, España había perdido sus posesiones europeas, y con ellas, las bases de sus pretensiones ideológicas de universalismo. Hacia la segunda mitad del siglo XVIII, la necesidad de reformar el imperio correspondía a una tarea mucho más complicada que la simple búsqueda de una asociación de dominios productiva en el plano económico y acomodaticia en lo político. En esos momentos era, como observó con acierto Franco Venturi,

> la búsqueda que respondía a una necesidad más global, una insistente indagación que se presentaba bajo distintas formas, de la misión de la vida española en el pasado y en el futuro... Ahora el acento recaía en el resurgimiento y en el esfuerzo por ahondar aún más en la naturaleza y la historia de la nación. La crisis de la reforma se estaba transformando en una crisis de identidad[78].

Al igual que la mayoría de sus críticos europeos, Campomanes y Campillo creían que España estaba atrapada en un estado mental de lo que hoy en día podríamos designar como «premodernidad». Campomanes, en especial, imaginaba para Castilla, en sintonía con la imagen que diversos escritores de los siglos XVI y XVII habían desarrollado para Inglaterra[79], una «antigua constitución» basada en las libertades (los fueros) que supuestamente habían disfrutado las asambleas representativas de Castilla antes del advenimiento de Carlos V. Con la derrota de los comuneros –la última revuelta popular sostenida en Castilla contra la monarquía en la primera etapa de la Edad Moderna– ocurrida en 1521, dichas libertades habían sido finalmente abolidas.

Para los ministros ilustrados de un monarca borbónico, los 300 años de reinado de los Habsburgo –«los Austrias», como pasaron a ser denominados– y con él la desastrosa herencia de los conquistadores, podía representarse como un periodo de desviación de la genuina senda de la historia de Castilla. Este mito sería el factor dominante en la redacción del llamado «Códice Sagrado» tras la invasión napoleónica de 1813, un momento crucial en el surgimiento del liberalismo español, y también uno de los puntales del lenguaje utilizado por los primeros movimientos independentistas[80].

La manera más simple y eficaz de invertir las nocivas consecuencias de dos siglos de políticas sociales y económicas erróneas era, en opinión de Campomanes, abrazar la política de libre comercio por la que había abogado sir Josiah Child en su obra *A New Discourse on Trade* ('Nuevo tratado sobre el comercio') de 1665.

> Todas las naciones creen –escribió en *Reflexiones sobre el comercio español a Indias*– que la riqueza por medio del comercio, navegación e industria es la única fuente de la pública felicidad. Las guerras actuales más se emprenden con el poseer el tráfico de las colonias que por extender el dominio[81].

Si bien las observaciones de Child sobre la difícil situación de las «plantaciones» españolas tenían ya casi un siglo cuando Campomanes dio en reflexionar sobre ellas, en opinión de este eran, junto con las apreciaciones realizadas por Montesquieu en el Libro XXI de *De l'Esprit des lois,* las más perspicaces que jamás se habían escrito sobre el estado de Hispanoamérica[82], y las que le sirvieron de inspiración para elaborar la que sería, a todos los efectos, una transcendental reconceptualización del imperio. Child había aconsejado eliminar todas las restricciones que por entonces se imponía a las colonias, lo cual no solo acabaría, a su parecer, con la merma que suponía el contrabando, sino que también propiciaría una mayor productividad de las colonias, al tratar estas de producir una mayor variedad de mercancías para unos mercados que se verían extraordinariamente ampliados. Esto serviría, ante todo, para animar a los colonizadores a abandonar la simple producción de metales preciosos en favor de la agricultura, que, para Child como para la mayoría de los expertos en economía política contemporáneos, constituía el auténtico manantial de riqueza de todas las sociedades coloniales. Dicho proceso revertiría necesariamente en beneficio tanto de las colonias como de la metrópoli.

Campomanes percibió, con más agudeza que cualquiera de sus contemporáneos, la fuerza de estos argumentos. Como observaba no sin asombro, solo Nueva Inglaterra «tiene más navegación que todo el reyno de España y sus vastos dominios de América»[83]. No obstante, aun siendo muy recomendable que Hispanoamérica emulara el sorprendente rendimiento económico de la América británica, Campomanes también sabía que para seguir los consejos de Child, todos los españoles instalados allí topaban con un obstáculo aparentemente insuperable, el cual se añadía a los problemas «morales», que, como hemos visto, detectaba ante la hipotética perspectiva de transformar una sociedad cerrada en una de carácter abierto. La explicación del declive manifiesto de la economía española a finales del siglo XVI que siempre tuvo mejor acogida se basaba en el acertado diagnóstico de que la sobredependencia de los metales preciosos había provocado el decaimiento de las industrias manufactureras, y con él, una excesiva dependencia de los productos e importaciones del extranjero y, debido a la inflación galopante, de los banqueros extranjeros. Aun sin ser tan catastrófica su situación como la pintaron después Jovellanos, el propio Campomanes y otros, la economía castellana se basaba en gran medida en las materias primas. Exportaba productos agrícolas y grandes cantidades de metales preciosos a cambio de bienes manufacturados. Aparte de ello, y a diferencia de algunas economías basadas en las materias primas, apenas producía lo que Albert Hirschman ha denominado eslabones intermedios[84]. Durante buena parte de los siglos XVI y XVII, hasta los sacos en los que se exportaba la lana de las ovejas merinas –uno de los puntales de la economía castellana– eran de importación. La política mercantilista de regulaciones restrictivas del comercio y un severo control de las importaciones aplicada a principios del siglo XVII pareció proporcionar la posibilidad teórica de conseguir contener de algún modo la incesante sangría de recursos nacionales. Dichas medidas dieron, además, cierto resultado. El Tesoro Público, que solo contaba con 5 millones de pesos en 1700, había alcanzado la cifra de 18 millones en torno a 1750 y continuó incrementándose entre 1770 y 1790. El abandono de estas medidas en favor de los principios económicos del *laissez-faire* preconizados por la moderna teoría económica, predominantemente francesa, se presentaba para la mayoría de los españoles, aun atraídos por el brillo intelectual de la nueva economía, como un mero retorno a la anarquía y el caos del reinado de Carlos V.

Tratando de hallar una solución a este problema, Campomanes omitió la antigua distinción entre los «reinos de las Indias» y los diversos dominios situados en la propia Europa. Él fue uno de los primeros que se refirió siempre a las posesiones americanas empleando la palabra «colonias» y las trató no como una parte distinta aunque dependiente de Castilla, sino como comunidades comparables a las de las colonias fundadas por Francia e Inglaterra en Norteamérica con el objetivo, mantenido a lo largo de su existencia, de servir a los intereses comerciales de la metrópoli. El proyecto de regeneración económica de Campomanes exigía un nuevo despliegue global de los recursos económicos y políticos de toda la monarquía española, ya que, a su juicio, el error en que había incurrido la Corona de Castilla no fue, como sostenía Child, excluir a los extranjeros, si por extranjeros se entendía a quienes vivían fuera de las fronteras de la monarquía española. El error había sido limitar el acceso al comercio americano a sus propios súbditos. La monarquía constituía en su conjunto un vasto mercado interno en cuyo seno debía liberalizarse el comercio. No obstante, en 1596 Felipe II había negado a los portugueses (que por entonces eran súbditos de la Corona de Castilla) cualquier participación en el comercio americano, y en 1634 Felipe IV les había prohibido comerciar en las Filipinas[85]. También habían sido sometidos a iguales limitaciones los flamencos, italianos y algunos aragoneses. La solución era, por tanto, abrir los mercados a todos los súbditos de la monarquía y, sobre todo, liberalizar el comercio entre ellos. Aparte de procurar una impresionante ampliación del potencial comercial de la monarquía, dicho plan serviría también para estrechar los lazos entre unos pueblos que se hallaban muy separados y aquejados de una creciente insatisfacción. A este respecto, el proyecto de Campomanes puede considerarse como una contribución a las ambiciones políticas y culturales generales de Carlos III y Carlos IV de conferir un nuevo sentido de «unión» e «igualdad» a las relaciones entre las diversas partes de su imperio[86].

La introducción de una zona de libre comercio todavía circunscrita a las fronteras del antiguo *imperium* español debía ir asimismo acompañada de una política de reestructuración educativa. A juicio de Campomanes, había que enseñar a todos los españoles a ser entes económicos. Este era el objeto de su *Discurso sobre la educación popular* de 1775 y la base de las propuestas presentadas por Jovellanos en el *Informe sobre la ley agraria* de 1793. Campomanes confiaba en que con el establecimiento del libre comercio entre las diversas regiones dispersas del imperio español, el genio de la sociedad comercial iría sustituyendo de manera paulatina el antiguo orden de dominación.

Campomanes, Jovellanos, Campillo y Ward no acabaron de convencer del todo a su monarca de la necesidad de aplicar el liberalismo económico, pero sí lograron transformar la imagen política y cultural de la propia monarquía. Los «reinos de las Indias» pasaron a denominarse «provincias de Ultramar» y atrás quedó la noción de una comunidad transatlántica, una *ius commune* encarnada en la persona legal del rey. Los consejeros reales, en particular Campomanes y Jovellanos, consiguieron, en efecto, aproximar lo más posible la imagen de su soberano a la de un monarca constitucional, más magistrado que juez, sujeto a las leyes que él mismo había ratificado, y por primera vez los hispanoamericanos comenzaron a ser definidos en términos que hacían de ellos parte integrante de una periferia.

Al propugnar esta transformación, Ward y Campillo, Campomanes y Jovellanos hablaban en un idioma claramente moderno, que era además inconfundiblemente europeo. Aun cuando los tres imperios europeos de ultramar habían iniciado su andadura en los siglos XVI y XVII como diferentes tipos de sociedad con estructuras, objetivos y matrices ideológicas distintas, a finales del siglo XVIII habían coincidido en un abanico común de inquietudes teóricas. La preocupación predominante en ellas era reparar las perniciosas consecuencias del «espíritu de grandeza» y del genio militar de gloria, la *grandezza* maquiavélica y su contrapartida eclesiástica, la evangelización y la ortodoxia doctrinal. Todo ello convergía en la búsqueda de una ideología, abanderada en parte por los nuevos lenguajes de la filosofía moral y la economía política, de un cálculo racional pero imbuido de humanismo de los beneficios que podían derivarse del imperio para todos cuantos participaban de él: la metrópoli y las colonias, los colonizados y los colonizadores. Ello exigía inevitablemente la evolución hacia una comprensión más compleja de las relaciones existentes entre las sociedades coloniales que habían surgido en América y sus respectivas «madres patrias». Esta relación entre colonia y metrópoli es la que analizaremos a continuación.

5. Metrópoli y colonia

> Le peuple qui colonise le plus est le premier peuple; s'il ne l'est aujourd'hui, il le sera demain.
>
> Paul Leroy-Beaulieu, *De la colonisation chez les peuples modernes* (1874)

1

«El imperio –escribió Talleyrand en 1797– es un arte, el arte de poner a los hombres en su sitio». Era, decía, «quizá la primera de las ciencias de gobierno», y a pesar de ello sorprendía que aún no se hubiera escrito una relación completa de los procedimientos que conllevaba[1].

La observación de Talleyrand es demostrativa de la gran variación que había experimentado la noción global de la naturaleza de los imperios europeos de ultramar desde la época de su fundación. Durante buena parte de los siglos XVI y XVII, las discusiones en torno al imperio se habían centrado en la legitimidad, y por tanto habían versado en gran medida sobre derechos, en especial los derechos de *dominia* conseguidos por medio de la guerra o la ocupación. Las tres potencias europeas habían descrito la conquista y el posterior poblamiento de América como un proyecto universal que exportaba el cristianismo y la civilización europea emparejada a él a las «bárbaras» regiones del mundo, a cambio de lo cual les había sido concedido el control político y económico sobre los pueblos y tierras de los territorios que habían ocupado.

A Talleyrand no le interesaban estas cuestiones. El imperio no era para él un modo de obtener honor, gloria eclesiástica o riqueza en minerales, sino provecho comercial y agrícola. Sostenía que los franceses debían abandonar las colonias que aún conservaban en el Caribe y crear otras nuevas imitando el modelo que a su parecer habían seguido los ingleses en Bengala, estableciendo colonias que eran Estados semiautónomos y que, sobre todo, no exigían, como en el caso de las colonias de América, la emigración forzosa de millones de personas[2]. Únicamente un considerable grado de independencia política garantizaría el tipo de crecimiento económico que al final beneficiaría por igual a la colonia y a la metrópoli. La Corona francesa, sin embargo, siempre había planteado sus proyectos imperiales más al estilo romano que al griego. Esto había sido, a juicio de Talleyrand, un error fatal, puesto que en tanto que las colonias fundadas por los griegos, que habían sido Estados autónomos precisamente del mismo tipo que los que poseían los británicos en la India, habían florecido, los romanos, con su imperio basado en la conquista, a la postre, «apenas habían logrado nada»[3].

La mayor parte de los teóricos británicos del imperio se habrían mostrado de acuerdo con él. Hacia 1657, los autores ingleses inmersos en una tradición ampliamente republicana ya afirmaban –como ha demostrado hace poco David Armitage– que más que un Estado universal, el imperio inglés era un protectorado de diversos intereses. La Corona inglesa, tal como lo expresó James Harrington –imitando la descripción que Cicerón realizara del imperio del último periodo de la República de Roma– no ejercía *imperium* sobre sus variadas dependencias, sino *patrocinium* ('protectorado')[4]. Con todo, la comparación que mejor captaba la diferencia que los británicos percibían entre su imperio y el español, y en cierta medida el francés, era la misma distinción efectuada por Talleyrand entre los imperios de Grecia y de Roma.

Tal como vimos en el capítulo 1, las tres acepciones del término *imperium* –como un gobierno limitado o independiente o «perfecto», como un territorio que englobaba más de una comunidad política y como la soberanía absoluta de un solo individuo– provenían directamente de las prácticas discursivas de los imperios romano, ateniense y macedonio. Los imperios romano y griego habían constituido, sin embargo, entidades políticas de muy distinto signo. A diferencia de los romanos, los atenienses habían fundado colonias que siempre se mantuvieron en calidad de socios independientes de la metrópoli; hijos, como los calificó Adam Smith, pero hijos emancipados[5]. España, sin margen de duda, y Francia, de modo menos marcado, eran las verdaderas herederas de Roma. El imperio británico, en cambio, tal como aseguraba Andrew Fletcher en 1704, se parecía más a la Liga Aquea[6], la cual constituyó un modelo que más tarde aplicarían James Madison y James Wilson en sus propuestas para la estructura federal de los Estados Unidos[7]. De acuerdo con esta imagen, las colonias inglesas habían sido proyectos privados, a diferencia de los asentamientos franceses y españoles, que fueron en gran medida promovidos por el Estado. De este modo podía afirmarse que los asentamientos británicos en el Nuevo Mundo habían constituido desde el principio comunidades políticas semiindependientes desde el punto de vista político e incluso posiblemente cultural. Cada una de ellas era, en realidad, lo que más tarde designaría Kant como una *civitas hybrida*[8].

Si bien con frecuencia contó con la aprobación de los propios franceses y españoles, esta diferenciación tan drástica entre un gobierno metropolitano liberal inglés y unos gobiernos despóticos francés y español no llega tal vez a reflejar las múltiples complejidades que presidieron las relaciones de las Coronas francesa y española con sus súbditos de América. Canadá había sido poblado en un principio por una empresa privada (aunque creada por un ministro de la Corona), y aun cuando la mayoría de los conquistadores españoles de renombre acabaron asumiendo cargos administrativos reales, casi todos iniciaron su andadura en calidad de agentes privados:

> Sus Majestades –observó el historiador oficial de las Indias, Gonzalo Fernández de Oviedo– apenas contribuyeron a esta empresa ni con sus propiedades ni sus caudales, sino que ofrecieron solo papel y palabras de aliento»[9].

Una importante región, que corresponde a la Venezuela actual, se colonizó incluso, allá por 1530, bajo los auspicios de una empresa financiada por una familia alemana, los Welser. Con el tiempo se hizo, no obstante, evidente que dichos inicios tendrían escasas repercusiones históricas. Una vez hubo tomado conciencia la monarquía española del potencial que tenía América en recursos minerales y humanos, la incorporó plenamente a la Corona, en un grado que nunca alcanzarían las colonias británicas. En la Norteamérica y el Caribe franceses, la misma dependencia originaria de las inversiones privadas y la correspondiente independencia del control de la Corona y la jerarquía eclesiástica duraron un corto periodo de tiempo, y con ellas desapareció todo resto de su anterior influencia política. Al igual que las colonias españolas, las francesas pasaron a ser, en términos legales, en la forma de ser administradas y en la concepción que de ellas tenían sus pobladores y quienes las gobernaban, una parte integrante del conjunto de la monarquía francesa. Los británicos tenían, por lo general, razón al asumir que sus asentamientos de ultramar fueron los únicos que mantuvieron las tradiciones de autonomía e iniciativa privada de sus inicios.

La distinción entre sus sociedades americanas y las creadas por los monarcas católicos españoles y franceses continuó siendo considerada por los británicos como un elemento crucial para el desarrollo de su propia identidad cultural y, a la postre, política. Esta distinción, que constituye el fundamento de la excepcionalidad norteamericana, tuvo una gran influencia en el concepto del «Destino manifiesto» y todavía sigue determinando las actitudes –y a menudo la política– americanas con respecto a las repúblicas de habla hispana y portuguesa del sur. De acuerdo con su historiografía, los primeros colonos ingleses no solo habían sido individuos que actuaron por impulso propio, invirtiendo capital propio. También habían ido, precisamente por ello, a América no con intención de conquistar, como habían hecho sus vecinos; habían ido a «cultivar» y habían «mejorado»[10]. No habían ido a perpetuar una sociedad europea ya corrompida por las ambiciones absolutistas (y «continentales») de la monarquía de los Estuardo; habían ido a construir una nueva, más justa, que luego sería republicana. A diferencia de las colonias españolas y francesas, que eran meros trasplantes de España y de Francia, los asentamientos británicos habían sido fundaciones lockeanas, literalmente creadas a partir del estado de naturaleza.

El virginiano Richard Bland –«el hombre más culto y lógico, el que más ha profundizado en el derecho constitucional», según lo definió Jefferson– insistió una y otra vez en este punto:

> Cuando los súbditos se ven privados de sus derechos civiles o no les satisface la posición que ocupan en su comunidad –escribió en 1766–, tienen el derecho natural de abandonar la sociedad de la cual son miembros y retirarse a otro país. Ahora bien, cuando los hombres ejercen dicho derecho de irse de su país, recuperan su libertad e independencia naturales; la jurisdicción y la soberanía de los Estados que han dejado cesa; y si se unen y por consentimiento común toman posesión de un nuevo país y forman una sociedad política, se convierten en un Estado soberano, independiente del Estado del que se separaron[11].

Como ya había hecho anteriormente Jefferson –que utilizó una versión del mismo argumento[12]–, Bland negaba que la Corona tuviera derecho a cobrar impuestos a las colonias sin concederles una auténtica representación en el Parlamento. El poder metropolitano no tenía autoridad para limitar las libertades que habían adquirido los creadores de estas sociedades al ejercer su derecho a irse.

> ¿Acaso desembarcan como esclavos en América aquellos que embarcaron como hombres libres en Gran Bretaña? –había preguntado en 1774 James Wilson–. ¿Están aquellos que huyeron de la opresión y la tiranía real y ministerial reducidos ahora a la condición de vasallos frente a aquellos que entonces sintieron la misma opresión? ¿De dónde proviene el fatal cambio? ¿Es este el pago que se nos da por haber dejado a nuestros amigos y nuestro país, por afrontar los peligros del piélago, por cultivar una tierra yerma, habitada solo por fieras y hombres salvajes, por ampliar los dominios de la Corona británica, por incrementar el comercio de los mercaderes británicos, por aumentar las rentas de los propietarios británicos, por elevar los salarios de los menestrales británicos? Los británicos deberían ruborizarse al plantear tamañas pretensiones. Los americanos se ruborizarían en caso de aceptarlas[13].

La interpretación de los orígenes políticos de la América británica como acto voluntario de independencia podía, sin embargo, desgajarse fácilmente de la simple cuestión impositiva[14]. Los ingleses, escribió el marqués de Mirabeau en 1758, habían sido «el más ilustrado de los pueblos de Europa en la conducta mantenida en el Nuevo Mundo». Si bien, en su opinión, la contradicción entre su amor por la libertad y su pasión por el lujo acabaría destruyéndolos, reconocía que habían sido los únicos que construyeron sus colonias en consonancia con «las leyes de las repúblicas, consejos y parlamentos»[15]. Debido a ello, eran los únicos que tenían posibilidades de eludir el destino que aguardaba a los demás imperios, no reformados, del Antiguo Mundo: la corrupción y el desmoronamiento final. (No fue culpa de Mirabeau el no haber previsto que sería precisamente lo que Adam Smith designó como los «modales republicanos» de los colonizadores ingleses lo que precipitaría la caída final del imperio de América)[16].

Gran Bretaña se tenía así desde hacía tiempo como paradigma de Estado moderno: comercial, calculador e impasible ante las inquietudes trascendentales de signo cultural y religioso. Había creado –al menos según las apreciaciones de sus admiradores, ante todo franceses– un imperio que realmente podía compararse a la Liga Aquea imaginada por Fletcher. Todo ello pareció tomar, sin embargo, otro rumbo a raíz de la victoria británica y la incorporación de Canadá al finalizar la Guerra de los Siete Años en 1763. La creciente intransigencia de Gran Bretaña en relación a sus colonias, la insistencia en que debían pagar más impuestos y atenerse de forma más estricta a los dictados del gobierno central, sin auténtica representación parlamentaria, constituyó un intento de ejercer algo más parecido a la «despótica» administración que supuestamente ejercían las Coronas española y francesa sobre sus colonias. ¿Cómo era posible, escribió Turgot al radicalista inglés Richard Price en marzo de 1778, que una nación que había conseguido tantos logros en las ciencias naturales –entre las cuales incluía *celle du bonheur publique*– hubiera concebido ese «absurdo proyecto de subyugar a América»?[17]. Aquello era, cuando menos desde la perspectiva del otro lado del Atlántico (y del canal de La Mancha), un intento, aunque defectuosamente organizado y planificado, de crear algo que muy bien podía describirse como un «imperio británico» en América. No obstante, tal como señaló en 1755 el que más tarde sería segundo presidente de los Estados Unidos, John Adams, dicho concepto no existía ni en el derecho natural ni en el derecho común inglés. Era, según afirmaba, del dominio exclusivo del «lenguaje de los periódicos y los panfletos políticos». La expresión «la Corona imperial de Gran Bretaña», insistía,

> se introdujo en alusión al imperio romano, a fin de insinuar que la prerrogativa de la Corona imperial de Inglaterra, como la del emperador romano, se funda en la máxima, *quod principi placuit legis habet vigorem*, y en lugar de englobar las dos sedes del Parlamento en la idea de la Corona imperial, su objetivo era insinuar que la Corona era absoluta y no necesitaba de lores ni comunes para elaborar o dispensar leyes[18].

Gran Bretaña y sus dominios constituían, como habían reconocido Harrington y Fletcher, no un «imperio» en cualquiera de sus acepciones habituales, sino algo más parecido a una confederación de Estados. Las colonias americanas no formaban ni habían formado nunca «parte del reino de Inglaterra», como sin duda lo formaron las españolas, y en cierto sentido, las francesas. Eran «dominios separados y distintos». Así lo expresó un anónimo colaborador del *Pennsylvania Journal* en marzo de 1776:

> En una confederación de Estados independientes entre sí y a la vez unidos bajo una sola cabeza, que es como yo concibo la realidad actual del imperio británico, todo el poder legislativo debe subsistir completo y en plenitud en cada parte y las respectivas legislaturas deben ser totalmente independientes unas de otras[19].

De la atribución de unos orígenes lockeanos a las colonias se derivaba que, puesto que habían surgido del estado de naturaleza, no podía existir ninguna autoridad previa entre los colonizadores. Esto significaba que eran libres de fundar la clase de sociedad que quisieran –o para el caso, no fundarla–, o bien que la autoridad recaía en la persona que les había concedido el derecho a abandonar la comunidad política en la cual habían nacido, es decir, la *persona* del rey. Había sido él quien había concedido en primera instancia a los colonos, en palabras de Bland, «licencia para trasladarse al nuevo país y asentarse en él», por lo cual los colonos no eran súbditos del Parlamento, sino del monarca[20]. Los primeros pobladores, añadía James Wilson en 1774, retomando una línea argumentativa similar,

> tomaron posesión del país en nombre del *rey;* hicieron tratados y guerras con los indios en delegación de *su* autoridad; ocuparon las tierras por *sus* cesiones y le pagaron a *él* las rentas a ellas reservadas: establecieron gobiernos sancionados por *su* prerrogativa o en virtud de *sus* cartas[21].

Para estos «angloamericanos», las colonias eran «naciones independientes» o, como alegaban algunos, «Estados independientes distintos entre sí, pero conectados bajo la autoridad de un mismo soberano»[22]. De ser esto cierto, tal como había reconocido en 1774 sir Francis Barnard, gobernador de la Bahía de Massachusetts –recurriendo a la misma terminología legal aristotélica y romana empleada por los españoles–, todas las colonias británicas de América constituían «Estados perfectos»[23].

La definición final de la condición legal de las colonias angloamericanas realizada por Barnard es idéntica a la que había empleado en 1539 Francisco de Vitoria para describir la relación que mantenían Castilla, Aragón y el ducado de Milán, y a la que utilizó con igual fin unos años más tarde Francisco de Suárez en el caso de las Coronas de Castilla y Portugal[24]. Todos estos territorios eran también *perfectae communitates*, situadas bajo la jurisdicción universal de un único príncipe, lo cual les garantizaba derechos ilimitados a la autodeterminación, con excepción del derecho a modificar la naturaleza de su constitución. De manera similar, para Barnard la constatación de que los «dominios» británicos de América eran «perfectos» indicaba que, aun sin ser formalmente reinos, como lo eran los diversos Estados que componían el imperio español, su relación con la madre patria debía ser de todos modos análoga a la que sostenía Hannover con la Corona de Inglaterra. También efectuó esta comparación el autor de un opúsculo titulado *Candid Observations,* aparecido en 1765. Los habitantes de Hannover, señalaba, «siguieron gobernándose de acuerdo con sus propias leyes bajo la supervisión general del magistrado supremo de Inglaterra y de sus fieles delegados y oficinas en el extranjero», de forma que «con respecto al Parlamento y al poder de imponer impuestos, todos los dominios del príncipe... deberían estar en pie de igualdad»[25]. La cuestión debatida por Vitoria era el derecho que amparaba a los príncipes de dichos Estados a emprender una guerra sin el consentimiento del «soberano supremo»; para Barnard y el autor de *Candid Observations*, la cuestión conflictiva era, una vez más, la de las cargas impositivas sin representación parlamentaria. Lo que estaba en juego en ambos casos era lo que alguien denominó las «marcas» de la soberanía, y tanto Vitoria como Barnard reconocían que al afirmar que los dirigentes de dichos Estados tenían derecho a declarar la guerra o a recaudar impuestos, en realidad estaban atribuyéndoles una total autonomía política. Como comentó Jared Ingersoll en 1765, suprimir el derecho de Gran Bretaña a cobrar impuestos equivalía a convertir América en un reino aparte[26].

Con esto no quiero dar a entender la existencia de ninguna relación textual ni formal entre la obra de Vitoria y la de Barnard. Los dos empleaban el mismo vocabulario aristotélico y legal usado por los romanos y, por muy distintos motivos, ambos querían llegar exactamente a las mismas conclusiones. La semejanza de sus argumentos merece más bien ser destacada por cuanto sirve para demostrar hasta qué punto, en su intento de crear a partir de 1763 un imperio plenamente centralizado, la Corona británica había impulsado a los «angloamericanos» a replantear su relación con la metrópoli en los mismos términos con los que los castellanos habían contemplado antes de 1700 su relación, no con América sino con los Estados europeos del imperio.

Esto también nos sirve para dirigir la atención hacia un aspecto capital de dicha relación a la que de modo implícito se referían Vitoria y Barnard: su lugar dentro de una estructura legal más amplia. Las implicaciones de los argumentos empleados por Barnard, Wilson y otros eran que si el rey fue el que de modo exclusivo concedió a los primeros colonos el derecho a asentarse en América, estos habían ido allí en condición de vasallos feudales y no de ciudadanos libres. Y si la realidad era esta, entonces su relación con la Corona era muy parecida a la que mantenían los franceses y los españoles.

En la práctica legal eran, sin embargo, muy variadas las condiciones bajo las que se habían cedido las tierras en

América. A pesar de que los británicos tachaban insistentemente de «feudal» la política de asentamientos española, la Corona de Castilla no creó ningún feudo en ninguna de sus posesiones de ultramar. Las famosas encomiendas, en virtud de las cuales ocuparon los colonizadores los antiguos territorios de los indios, no eran, como ya vimos en el capítulo 3, cesiones de tierras, sino de fuerza de trabajo. No otorgaban ningún derecho formal de propiedad y de ningún modo entrañaban relaciones feudales entre el colonizador y el colonizado. Solo Francia implantó de manera generalizada feudos en su imperio de ultramar y, aun estos, pese a estar planteados en un lenguaje de compromisos feudales, eran a todos los efectos simples concesiones de tierra. Ni siquiera conferían nobleza, y si bien en 1633 casi todos los señoríos estaban en manos de nobles, hacia 1763 la mayoría estaban ocupados por plebeyos[27]. Francia y España permitieron, no obstante, desde el principio la posibilidad de una aristocracia criolla. La constitución que redactaron Locke y Shaftesbury para Carolina preveía la instauración de una extraña combinación de títulos de distinta procedencia (barones, landgraves y caciques), que nunca se llevó a la práctica[28]. Tal como observaron Edmund y William Burke en 1757, aun cuando «se conocen muy pocas modalidades de gobierno que no imperen en una u otra de nuestras "plantaciones"... en ninguna de ellas ha surgido nada comparable a una verdadera aristocracia hereditaria»[29]. Una de las razones de ello, y que más tarde explotarían para sus propios fines los revolucionarios americanos, era que las colonias inglesas habían sido, en un sentido muy específico, fundaciones feudales, puesto que todas las tierras de América habían sido originariamente cedidas en «arriendo libre y común» del señorío de East Greenwich de Kent[30]. Esto quiere decir que desde el punto de vista legal formaban parte de las tierras reales, y no era posible concebir ninguna parte de la *terra regis* que no perteneciera a un señorío real de Inglaterra. La tierra de Irlanda se ocupaba, por ejemplo, como dependiente de Carregrotian, de Trim, de Limerick o del Castillo de Dublín, y cuando Carlos II cedió Bombay a la Compañía de las Indias Orientales, la cedió también en «arriendo libre y común» del señorío de East Greenwich[31]. Debido a esta ficción puramente legal se podía asimismo afirmar, en cuestiones impositivas y de representación, que las colonias eran exactamente iguales que cualquier condado inglés. No obstante, de ser así las cosas, los colonizadores deberían haber disfrutado de todos y cada uno de los derechos de que disfrutaban los ingleses. «¿Qué han hecho –preguntaba con sarcasmo Benjamin Franklin– esos habitantes de East Greenwich de Kent para que se restrinjan, más que a los otros habitantes de Kent, sus manufacturas y su comercio?»[32].

La ficción de que «Nueva Inglaterra se hallaba dentro de Inglaterra» fue una de las causas de que los interesados en hacer valer esa dependencia semifeudal de la colonia con respecto al rey, y no al Parlamento, se esforzaran en negar que los colonos se hubieran limitado simplemente a comprar sus tierras a los indígenas americanos. No en vano, si podía demostrarse que los colonos habían adquirido, de hecho, sus tierras por el mismo procedimiento utilizado por cualquier europeo en Europa, difícilmente podían afirmar que la ocupaban con independencia del Parlamento[33]. Este es el motivo por el que un personaje como Thomas Jefferson se mostraba dispuesto a alegar, en contradicción con su ideario general, que los «angloamericanos» se habían ganado el derecho a la autodeterminación mediante conquista:

> Derramaron su sangre para hacerse con la tierra donde se asentaron; invirtieron sus fortunas para instalarse con eficacia allí; para sí mismos lucharon, para sí mismos conquistaron y para sí mismos exclusivamente tienen derecho a ocupar[34].

Tal como señalara en 1722 William Strahan, traductor y comentador de *Les loix civiles dans leur ordre naturel*, de Jean Domat, si las colonias americanas eran parte integrante de la tierra real, de ello podía deducirse la existencia

> de una gran afinidad entre ellas [las colonias inglesas] y las colonias de los españoles y de otras naciones que han efectuado asentamientos entre los indios de esas regiones. Pues las cesiones efectuadas por nuestro rey de las extensiones de tierra de ese país para la implantación de colonias y de asentamientos parecen ser una imitación de las cesiones hechas por los reyes de España a los propietarios de tierras de las colonias españolas, en las mismas condiciones y en consideración a los mismos servicios que deben prestar los beneficiarios. Dado que el gobierno de las colonias españolas y el derecho de los propietarios de las tierras de estas dependen en gran medida de la aplicación del derecho civil y feudal, como puede comprobarse en el erudito tratado de Solórzano, *De Indiarum rerum,* el conocimiento de dichas ramas de derecho podría ser igualmente útil para mediar en cualquier controversia que pueda surgir en lo tocante a las obligaciones y a la pérdida de la propiedad y tierras de nuestras colonias inglesas[35].

James Otis restó importancia a esta afirmación comentando que era «humildemente de esperar que las tierras, así como las libertades de los colonos británicos, no estén supeditadas a una tenencia tan endeble como la de los españoles y los franceses»[36].

Los argumentos de Strahan resultaron, sin embargo, más inquietantes de lo que daba a entender la observación de Otis[37]. La gran fuerza del argumento lockeano –que ningún hombre necesitaba permiso de ninguna autoridad para abandonar, si así lo deseaba, la sociedad civil– consistía en que, si las colonias habían sido en efecto fundaciones lockeanas, los colonizadores no debían obediencia a nadie en quien no hubieran depositado voluntariamente su confianza. Con anterioridad a la Declaración de Independencia eran, no obstante, pocos los que estaban dispuestos a ir tan lejos. A pesar de recurrir a Locke, buena parte de los colonizadores acreedores de mayor influencia eran expertos en cuestiones legales que mostraban por lo general un gran respeto por el derecho común inglés y no acababan de estar conformes con los argumentos basados enteramente en principios abstractos tomados del derecho natural. Aun concediendo que, como insistían John Adam y otros, las leyes por las que se regían los colonizadores no derivaban «del parlamento ni del derecho común [inglés], sino del derecho natural y del pacto firmado con el rey en nuestras cartas», admitían sin reparos que dichas cartas se habían realizado, en un principio, *in iure feodali* y estaban basadas en el derecho, reconocido por el derecho común inglés, que el rey tenía a impedir que sus súbditos abandonaran su reino si este era su deseo: el derecho de *ne exeat regno*[38].

Tal como parecía haber advertido Strahan, esta variedad modificada del argumento lockeano, que rescataba la lealtad con un lejano rey, se aproximaba mucho en términos legales a una modalidad de vasallaje feudal, pues si el rey había sido la única fuente de autoridad de la fundación primigenia, y si la legitimidad debía emanar de los orígenes históricos de la colonia, no había nada que mediara entre los colonizadores y la «franca buena voluntad» del monarca. La interpretación que Strahan hizo de Domat tomó un cariz aún más inquietante a raíz de que muchos británicos consideraran esos orígenes supuestamente feudales de las colonias como un poderoso componente de las reclamaciones que dirigieron contra los colonizadores americanos durante la denominada crisis de la *Stamp Act,* suscitada por un decreto que pretendía aumentar la recaudación de las colonias imponiendo el uso de papel timbrado en toda clase de documentos.

La respuesta que formuló Otis a este respecto fue que además de haber sido fundadas (en el caso español) sobre la base de la soberanía otorgada por un Papado que había «ejercido sin derecho durante siglos el más abominable poder sobre los príncipes», las colonias españolas y francesas se habían gobernado en todo momento de acuerdo con un código de leyes que habían confeccionado para ellas sus respectivas metrópolis. Las colonias británicas de América, a despecho de su dependencia nominal del señorío de East Greenwich, siempre habían redactado su propia legislación ya que prácticamente todas las cartas coloniales concedían la «libertad de promulgar entre ellos las leyes que crean convenientes»[39], lo cual podía interpretarse como una negación de cualquier residuo de compromiso feudal con el rey inglés que hubiera podido quedar de la fundación primigenia de la colonia.

> En muchos casos, las colonias han actuado en realidad –observó John Campbell en 1755– como si se considerasen Estados independientes, regidos por sus propios estatutos, más que provincias de un mismo imperio[40].

La autonomía legislativa de las colonias británicas de América presentaba, en efecto, un marcado contraste con las estrechas relaciones jurídicas existentes entre la Francia y la España metropolitanas y sus colonias hasta finales del siglo XVIII. La constitución ideada por Locke y Shaftesbury para Carolina –aun siendo unos estatutos para un Estado que habría sido muy distinto de la Inglaterra del momento– es lo más parecido a un sistema legal elaborado en la metrópoli con objeto de determinar la estructura de la sociedad colonial, y por lo demás, nunca se llevó a la práctica.

En 1799 James Madison se oponía al proyecto de crear un sistema legal unitario para todas las antiguas colonias de los nuevos Estados Unidos, alegando que

> tanto si se interpreta que los primeros colonizadores trajeron consigo el derecho o si lo hicieron suyo por adopción, no es menos cierto que era el derecho exclusivo de cada colonia dentro de sus respectivos límites y que ellos no lo tenían por un derecho extensible que operara en todo el conjunto como una sola sociedad.

Ante la inexistencia, concluía, de un derecho compartido ni siquiera para dos colonias y de «una legislatura unitaria mediante la cual pueda expresarse la voluntad común en forma de ley», no podía haber un derecho capaz de actuar como expresión de la totalidad del imperio, de tal modo que

> la pretensión de Gran Bretaña de elaborar leyes para los demás miembros del imperio *en todos los casos sin excepción* llevó a descubrir que no tenía derecho a elaborar leyes para ellos *ni en un solo caso*[41].

En este sentido, tal como afirmó John Adams al formular una postura que muchos compartían, el imperio británico no tenía la más mínima existencia *legal*, puesto que la competencia de que gozaba cada colonia para redactar su propia legislación también determinaba la clase de asociación que mantenía con la metrópoli. «Las distintas comunidades que conforman un imperio –explicaba Richard Price en 1776– carecen de conexiones que produzcan una necesaria reciprocidad de intereses entre ellas». Dado, además, que «todas las leyes son disposiciones o regulaciones establecidas por consentimiento de todos a fin de obtener protección y seguridad», solo podían, por definición, ser redactadas e impuestas por sus futuros beneficiarios. A la pregunta: «¿No existen causas en razón de las cuales un Estado pueda merecer una justa autoridad sobre otro, aun sin consolidarla mediante una adecuada representación?», respondía sin paliativos que «no existen tales causas»[42]. El hombre obligado a regirse por las leyes de otros no es más que un esclavo

> en la medida –decía Price–, como sucede en cualquier otro caso, en que la aplicación de una causa viene a restringir la ca-

> pacidad de autogobierno, en igual medida se introduce la esclavitud. Tampoco creo yo que pueda formularse una idea más precisa que esta que toma en consideración la libertad y la esclavitud[43].

Según este punto de vista, lo que vinculaba a los angloamericanos a Gran Bretaña no era un sistema legal ni un conjunto de compromisos, feudales o de otro tipo, sino la lealtad compartida con respecto a un único soberano[44]. Si como apuntaban todos estos argumentos, los colonizadores británicos eran agentes legales dotados de plena autonomía, cuyos derechos de propiedad derivaban de sus propias acciones por vía de una cesión inicial por parte del rey, por entonces ya muy remota; si la relación que mantenían las colonias entre sí e individualmente con el poder metropolitano estaban canalizadas por una pura deuda personal hacia un soberano común, debía interpretarse, de acuerdo con Tucídides y Grocio, que la relación entre colonia y metrópoli no se fundamentaba en el concepto de las obligaciones legales, y mucho menos fiscales, de los colonizadores, sino en la «devoción que profesaban por la ciudad a la que se remontaban sus orígenes»[45]. La devoción exigía, naturalmente, un alto grado de respeto por parte del soberano. La indignación que impregna buena parte de los alegatos revolucionarios de los americanos fue avivada por la sensación de que las *Stamp Acts* y todas las tentativas de negar la independencia legislativa de los colonizadores, su derecho a una representación auténtica y no meramente virtual, violaban la imagen del «imperio británico» como moderna versión de la Liga Aquea, o colectividad de Estados libres unidos por voluntad de todos sus miembros. Violaba el profundo convencimiento comunitario de que todos los súbditos de Su Majestad eran, a pesar de los orígenes y la naturaleza de su sujeción y a despecho del lenguaje feudal con el que todavía se expresaban incluso a finales del siglo XVIII dichas relaciones, seres libres e iguales.

2

Las estructuras legales de los imperios español y francés eran, en casi todos los aspectos, muy distintas de las del británico. Desde Enrique IV, los monarcas franceses habían planificado la situación legal de sus colonias de manera bastante análoga a la de las de España. Canadá había sido, sin embargo, poblado desde sus inicios mediante el procedimiento de cesiones feudatarias, el cual había evitado aplicar, de forma explícita y sin reparar en medios, la Corona española, y en la práctica administrativa los reducidos y aislados asentamientos que componían la colonia se gobernaban en gran medida por la negociación continuada entre los ministros de la Corona y los pobladores[46]. Todas las colonias francesas de ultramar, aun cuando siempre mantuvieron dicha denominación, eran a efectos legales y con frecuencia por el tratamiento que recibían de la metrópoli, «provincias del reino de Francia, igual que Normandía, Bretaña y Guyena», tal como declaró en 1785 el abogado Paul-Ulrich Dubuisson[47]. La integración de todos los residentes de las colonias en la Corona de Francia y la supeditación de su gobierno a un cuerpo de leyes administrativas locales llamado el *coutume de Paris* –comparable por sus consecuencias posteriores a la incorporación de América a la Corona de Castilla– determinaron la estructura ideológica del imperio hasta la caída de la propia monarquía[48]. Asimismo, al igual que sucedió con la supuesta igualdad acordada a todos los miembros del *imperium* español, a la larga supondría un quebradero de cabeza para la administración en los años de ocaso. «El pueblo de Santo Domingo –informó en 1792 un grupo de colonos a la Asamblea Nacional– forma parte del pueblo francés constituido por la soberanía del imperio francés». Las colonias, señalaban, recelosos de la influencia que ejercían los abolicionistas en la Asamblea, eran por lo tanto inalienables, ya que no eran propiedad de la Asamblea Nacional, como tampoco eran «propiedad de Francia ni de la Ccorona, ni pueden ser bajo ningún concepto cedidas a otro poder»[49].

En España la monarquía siempre había estado más ligada a las concepciones de imperio del derecho romano que cualquiera de sus competidoras europeas. Francisco de Vitoria y sir Francis Barnard habían utilizado la misma noción aristotélica de *perfecta commnunitas* para describir la situación de las diversas partes de sus imperios respectivos. No obstante, mientras que para Barnard el «soberano supremo» que mantenía unido el imperio británico era una cómoda ficción legal (el *King in Parliament),* para Vitoria era el sacro emperador romano. En tanto que Barnard se refería a convenios limitados entre monarquías individuales gobernados por el derecho de las naciones, el *ius gentium,* Vitoria tenía en mente, aun cuando personalmente no lo aprobara, el concepto más amplio de imperio como encarnación de un *ius*, o, en el vocabulario del derecho romano que había adoptado el imperio medieval germánico, un *ius publicum.* A diferencia del imperio británico, la monarquía española constituía un único cuerpo legislativo desde los Países Bajos hasta Chile. «Su Majestad –escribió Lope de Vega en una de sus obras, expresando uno de los elogios más repetidos en la época– tiene imperio que deste al otro hemisferio no parte jurisdicción»[50]. Bajo la égida del imperio, la legislación y las instituciones que protegían en Castilla a los súbditos del rey, también protegían a los de Perú. Las poblaciones de la América española gozaban de las mismas «libertades, inmunidades, privilegios y costumbres libres en sus provincias» –por utilizar algunos de los términos empleados en la Asamblea de Maryland de 1648[51]– que cualquier persona nacida en Castilla. La diferencia capital entre la América española y la británica era que en los «reinos de las Indias», como en los de la península, estos privilegios eran concesiones y no derechos[52], y estas habían sido, además, decretadas en Europa y no en América.

Al ser la única de las tres potencias coloniales europeas que gobernaba un imperio homogéneo dotado –al menos en teoría– de una única identidad, España fue asimismo la única potencia que redactó un detallado sistema legislativo para las colonias que a la vez pretendía definir su relación con la metrópoli: la *Nueva Recopilación de leyes de los reynos de las Indias,* promulgada en 1680[53]. Tal como sostenía Juan de Solórzano y Pereira, autor de la compilación del nuevo código, los imperios distantes solo podían sostenerse por medio de déspotas autóctonos aliados –opción que, como indicaba, se había planteado y rechazado Cicerón– o a través de un rígido y firme código legal. Los emperadores romanos habían comprendido esta necesidad, razón por la cual Solórzano afirmaba que los decretos (cédulas) de los reyes castellanos debían ser considerados como los «prescriptos o cartas de los emperadores romanos, de que hay tantos textos, y aun títulos enteros en el derecho común». De igual forma, así como el *corpus iuris civilis* había sido el decreto del bien común –la *salus publici*–, también las leyes de Indias (que estaban inspiradas en el Digesto) procurarían la *salus publici* de los habitantes de la América española. Esta estrecha asociación legal entre la madre patria y las colonias originaría con el tiempo violentos conflictos entre la población criolla y Madrid[54].

> Nuestra suerte –dijo en 1819 a los futuros legisladores de Venezuela Simón Bolívar, «Libertador» de gran parte de la América central y meridional– ha sido siempre puramente pasiva, nuestra existencia política ha sido siempre nula... estábamos abstraídos, ausentes del universo en cuanto era relativo a la ciencia del gobierno[55].

Los británicos también atribuían los, a su juicio, escasos progresos sociales y económicos de las colonias españolas a la pretensión de seguir, en palabras de sir Josiah Child, «la misma política y gobierno civil y eclesiástico en esas colonias que la que aplican en su madre patria»[56]. La réplica de Campomanes –que aun admitiendo que esto era cierto en teoría, reprochaba a Child el no haber tenido en cuenta que la homogeneidad legal del imperio raramente se observaba en la práctica–, no lograba rebatir la cuestión de que a las colonias españolas les había sido negada la autonomía legislativa y que era precisamente dicha autonomía el único elemento que hubiera podido capacitarlos para competir con sus vecinos del norte[57].

En paralelismo con la imagen de su identidad legislativa, España fue asimismo la única potencia europea que desarrolló una administración imperial plenamente articulada. Las instituciones de gobierno representativas de la península –las Cortes castellanas y las *Corts* aragonesas– nunca se exportaron a América. Tampoco se planteó nunca la cesión de competencia legislativa independiente a organismos locales como ayuntamientos, audiencias y cabildos. Todo el mundo tenía derecho a apelar ante los distintos tribunales reales (las audiencias), a las que estaba supeditado incluso el propio virrey. (Esto también incluía a los indios que, habiendo adoptado rápidamente las costumbres de sus amos, hacia finales del siglo XVI eran tildados no solo de vagos, lascivos e idólatras, sino también de litigantes). Al expirar el plazo de su cargo, todos los funcionarios debían someterse a una auditoría –llamada «residencia»– que daba la oportunidad a todos los habitantes de la colonia de ventilar sus quejas contra ellos. Todas las disposiciones partían de Madrid y volvían a Madrid pasando por el Consejo de Indias. Es evidente que las Cartas mediante las cuales las colonias británicas gozaban, en casi todos los casos, de la «libertad de promulgar entre ellos las leyes que crean convenientes», habrían sido impensables en cualquier territorio de la monarquía española a partir de 1521, puesto que todo grado de actuación legislativa independiente habría sugerido que el bien común de América podía diferenciarse del de Castilla.

Los diversos sectores del imperio se gobernaban desde Madrid a través de distintos consejos, que gozaban de poderes iguales después del Consejo Real. Ni en Inglaterra ni en Francia existía algo comparable por la evidente razón de que en el primer caso las colonias se consideraban entidades que se autogobernaban, y en el segundo, estas tenían una situación legal idéntica a la de la ciudad de París. No obstante, el mismo Charles Davenant, una de las personas que más criticó el expansionismo español, llegó a recomendar el establecimiento en Inglaterra de «una constitución similar a la que en España llaman el Consejo de Indias». Y previendo la extrañeza que podía producir en los pueblos británicos, en especial en la última década del siglo XVII, el que pusiera como modelo a España, puntualizaba que «cualquiera que revise las leyes e instituciones políticas de España, verá que están tan bien elaboradas e ideadas con tan buen hacer y sabiduría como no puedan hallarse quizá otras mejores en el mundo». Lo que, a su juicio, había producido resultados tan catastróficos no se debía a «una mala o errónea proyección, sino a la negligencia, relajación e irregularidad en la ejecución de las disposiciones de los consejos», lo cual era, naturalmente, atribuible, a sus creencias religiosas y a la falta de libertad característica de todas las monarquías católicas[58].

Lo que tal vez no acabara de captar Davenant es que el sistema de consejos era un reflejo de la estructura particular de la monarquía española. En el epicentro del aparato jurídico e institucional de la monarquía se hallaba la persona del propio rey, dotado de una autoridad legislativa absoluta. La célebre frase del jurista Ulpiano 'lo que place al príncipe tiene vigor de ley' *(Quod principi placuit legis habet vigorem)*[59], que habían suscrito todos los monarcas españoles, además de definir un derecho legislativo, describía una relación por la que la vinculación del rey con sus pueblos se plasmaba a través de su persona legal, su *persona ficta.*

«La máxima fundamental de la jurisprudencia española en lo referente a América –observó el historiador escocés William Robertson– es considerar que lo adquirido allí corresponde por derecho a la Corona más que al Estado»[60]. Esto fue lo que impulsó a la Corona de Castilla a gobernar América por medio de una institución aragonesa –el virreinato–, que en un principio se había fundado con la intención de sustentar la ficción de la presencia simultánea del rey en Aragón y en Nápoles. En América, como en Nápoles, se exhibía constantemente la persona legal del rey. Con ocasión del entierro de Carlos V, sus exequias se representaron íntegras, con catafalco vacío incluso, en todos los virreinatos de la monarquía, con el virrey haciendo el papel de Felipe II. Para recibir a los emisarios, se celebraban complicadas ceremonias triunfales destinadas a evocar una continuidad entre el virrey y los cónsules romanos, y apuntalar el menguante prestigio de los conquistadores que lo habían antecedido[61].

El propio Adam Smith señaló con cierto desagrado las grandes sumas de dinero que se gastaban en dichas recepciones: «Estas ceremonias no solo se sufragan con impuestos reales desembolsados por los ricos colonizadores en dichas ocasiones, sino que también sirven para introducir entre ellos el hábito de la vanidad y del dispendio en toda suerte de ocasiones», escribió, sin reparar en su significado político[62]. Cuando el hijo de Hernán Cortés, Martín, marqués del Valle de Oaxaca, se rebeló en 1565-1568, lo primero que hizo fue pasear por toda la ciudad de México llevando el estandarte real y mandar fabricar una medalla con su efigie en una cara y la de Felipe II en la otra. El virrey no dudó en interpretar el significado de dichos actos como un intento de apropiación de la persona real, y los magistrados que lo juzgaron los describieron con mordacidad, afirmando que, «toda la fiesta enderezándose a que el dicho marqués había de ser rey desta tierra»[63]. Nada remotamente parecido podría haber tenido lugar, como es obvio, en la América francesa ni en la británica.

Estas actuaciones eran lo que Judith Shklar describió –aunque refiriéndose a los procesos de las elecciones democráticas– como «rituales consecuenciales», que sirven para «legitimar e imponer a los burócratas y sus políticas», pero que también tienen consecuencias políticas reales[64]. La concepción imaginaria en la que se asentaban estos rituales y que sustentaba a las diversas comunidades políticas integradas en la monarquía española era que, en expresión de Juan de Solórzano y Pereira, «los reynos se han de regir y gobernar como si el rey que los tiene juntos lo fuera solamente de cada uno de ellos»[65]. Si bien Solórzano aludía a América, es significativo que esta observación suya, tantas veces citada, fuera tomada palabra por palabra de un tratado sobre los dominios italianos de la Corona de Castilla escrito por el milanés Camilo Borello[66]. Igual noción formularon, con ligeras variaciones, Soto y Suárez, aplicándola a la monarquía en su conjunto[67]. Para todos estos autores, esto no era solo una petición para que el monarca respetase las costumbres de cada lugar –aunque este aspecto también estaba incluido–, sino una reafirmación de la distinción entre la persona real del rey y su persona legal.

Esto también apuntaba hacia otro hecho que habría de tener tremendas consecuencias en la segunda mitad del siglo XVIII. En una sociedad multicultural, cuyos miembros gozaban en teoría de la misma categoría legal, la única distinción que cabía entre los súbditos del rey era su lugar de nacimiento. La afirmación de Solórzano de que el rey debe tratar cada uno de sus dominios como si no fuera soberano de ningún otro, va incluida en un razonamiento dedicado al derecho de designación de los beneficios eclesiásticos (razonamiento que, en diversas modalidades, tendría importantes repercusiones entre la élite criolla en el siglo XVIII). «Los hijos nativos», argumentaba, deberían tener preferencia, no solo porque así había sido siempre costumbre en la península, sino por la razón evidente de que «sus progenitores las pueblan, habitan y defienden, y con su sangre, sudor y trabajo las descubrieron», y así las Indias tenían derecho a la recompensa de los cargos tanto eclesiásticos como seculares. Este argumento sería uno de los puntos en que basaron los pobladores españoles sus reclamaciones de autodeterminación.

Personalmente Solórzano no defendía –como así lo interpretaron al parecer sus lectores ingleses, en particular James Abercromby[68]– los derechos de los criollos a administrar sus propios asuntos; el derecho que postulaba era casi opuesto: el de aproximación a la persona legislativa de su rey. El interés por ocupar cargos era lo que Solórzano denominaba «el cuidado de la *respublica*». Si se les negaba esta posibilidad a los criollos, perderían, a su parecer, todo anhelo de virtud y quedarían reducidos a la indolencia y el vicio, lo cual redundaría en perjuicio de toda la comunidad. No obstante, los derechos naturales de los criollos, conferidos en razón de su lugar de nacimiento, únicamente eran, en todos los casos, derechos para actuar con capacidad ejecutiva en nombre del monarca. En ningún momento da a entender Solórzano que el lugar de nacimiento, el desembolso de capital o la participación en conquistas, reales o ficticias, confiera a los súbditos del monarca el menor poder legislativo. Todo lo más que garantizaban estos supuestos era una dependencia más próxima y más íntima de la Corona, que Bolívar describiría más tarde como la «tiranía activa» de que disfrutaba el mandarinato chino[69]. Y tras esta reivindicación se hallaba una visión muy personal, y en este sentido genuinamente feudal, de la relación entre el soberano y su súbdito: la que alentaba el secretismo que, desde el punto de vista británico, había caracterizado siempre a la monarquía «continental», el *secret du roi* y el *arcana imperii* que, como observó con desaprobación Jefferson, habían dado al monarca el privilegio de acceso a un conjunto de leyes al que por justicia natural deberían haber podido acceder todos[70].

Si bien es fácil hallar en Francia un parecido lenguaje de dependencia personalizada y una interpretación similar del vasallaje, la conceptualización británica de la relación entre el rey y las colonias parte de bases diametralmente distintas. Para españoles y franceses, la identidad del monarca era concomitante con su poder para elaborar y promulgar leyes, mientras que para los británicos, sobre todo a partir de 1688, los dos aspectos estaban claramente separados. Si lo expresamos en los términos neotomistas empleados en España (y que con tanta saña ridiculizó Hobbes), los monarcas castellanos ostentaban tanto la *potestas* que emana solo de Dios como la *auctoritas* conferida por la comunidad a la magistratura. En Gran Bretaña, ambas estaban repartidas entre el rey y el parlamento. De este modo, la afirmación americana de que el origen de las colonias derivaba de una concesión otorgada por el rey de Inglaterra podía interpretarse como una eliminación de todo lazo legal entre las colonias y la metrópoli. Así, cuando John Adams declaraba en 1775 que el imperio británico estaba unido en la persona del rey inglés, pero no del *King in Parliament,* estaba negando precisamente cualquier clase de entidad legal al rey[71]. Madison, que comprendía a la perfección el peso teórico que conllevaba la noción de comunidad perfecta contenida en el derecho romano, reconocía con nitidez dichas diferencias:

> El principio fundamental de la Revolución –escribió– era que las colonias eran miembros, coordinados entre sí y con Gran Bretaña, de un imperio unido por un soberano ejecutivo común, pero no unido por un soberano legislativo común[72].

Tanto los españoles como los británicos acabarían rebelándose –los españoles, por lo demás, se habían rebelado repetidas veces a lo largo del siglo XVII– sobre la base de que sus respectivos monarcas no habían cumplido lo que se esperaba de un monarca. La estrecha asociación mantenida por la Corona inglesa con sus propias instituciones representativas a partir de 1688, el concepto del *King in Parliament* como definición de la misma monarquía, hacía imposible que los ingleses rindieran lealtad a la persona del rey al tiempo que oponían resistencia a los agentes del rey. El tradicional grito europeo de rebelión, que repitieron Hidalgo y Morelos en México en 1810, de «Viva el rey, abajo el mal gobierno», carecía de sentido cuando el rey era percibido, en palabras de Jefferson, como «el supremo dignatario del pueblo, sujeto a las leyes y dotado de un poder limitado», y por tanto inferior a lo que en su expresión era «la gran maquinaria de gobierno»[73].

3

A diferencia de los británicos y españoles, las poblaciones de colonizadores franceses nunca pretendieron independizarse de su madre patria. Mucho antes de que se dieran las condiciones políticas y culturales necesarias para mantener una revuelta prolongada, el primer imperio francés de ultramar había dejado prácticamente de existir. Con la aplicación del tratado de París del 10 de febrero de 1763, que puso fin a la Guerra de los Siete Años, la presencia francesa en América quedó reducida a las islas del Caribe, las más importantes de las cuales eran, a efectos políticos y económicos, Guadalupe y Santo Domingo. Allí no había, como en Canadá, poblaciones indígenas con las que pudieran llegar a integrarse los colonizadores. Hacia mediados del siglo XVIII, en esas colonias habían surgido economías de plantación muy similares a las de las islas británicas de la misma zona, que, al igual que estas, contaban con una nutrida población de esclavos. Desde 1763, el principal objetivo de los colonos franceses era procurar la abolición de las leyes restrictivas que controlaban el comercio colonial, denominadas *L'Exclusif*[74], y a la vez su firme mantenimiento dentro de los límites protectores de la monarquía francesa. La rebelión de las Trece Colonias ocurrida en 1776 únicamente inquietó a los colonos franceses del Caribe, como también a los británicos, por sus potenciales efectos generadores de revueltas masivas de esclavos del tipo de la que finalmente estalló en Santo Domingo en 1793[75]. En 1789, los colonos franceses hubieron de enfrentarse, cosa que no ocurrió en el caso británico, con una violenta y radical transformación de la cultura política de la metrópoli que pronto amenazaría su propia supervivencia.

Como no podía ser de otro modo, la Revolución produjo un debilitamiento del apoyo táctico que las colonias podían recibir de la Francia metropolitana. Para los colonos, era aún más preocupante la amenaza que suponía la pretensión de la Société des Amis des Noirs –entre cuyos miembros se contaba Robespierre– de lograr la emancipación total de todos los esclavos de las colonias francesas[76]. Su temor ante la suerte que pudieran correr a manos de una masa de esclavos liberada no carecía de fundamento. Las revueltas de esclavos habían sido una constante durante buena parte del siglo XVIII, y si bien estas habían sido por lo general infructuosas, los colonos eran conscientes de que su precaria situación dependía de la disposición que mostrara el gobierno metropolitano para procurarles protección.

> Introducid los principios de la Revolución Francesa en América y liberad a los esclavos –aducía con histeria apenas contenida Pierre Victor Malouet, antiguo comisario de Santo Domingo– y las colonias dejarán de ser talleres de agricultura y comercio. Se convertirán, en su lugar, en un vasto arsenal de revolución, bandidaje y piratería, en el que encontrarán asilo y empleo los canallas venidos de todos los rincones del mundo. A no dudarlo, surgirán sociedades cuyos gobiernos serán enemigos del comercio, de la navegación y de toda la civilización de Europa. Allí, adaptada al fértil suelo y al, para nosotros, malsano clima de la Zona Tórrida, se multiplicará una población, y allí, de las Antillas a México y Brasil, desde las llanuras y las montañas del Nuevo Mundo, la filosofía de Marat propagará sus dogmas, sus agitadores y sus dagas[77].

Los prolongados y cáusticos debates que se mantuvieron entre 1790 y 1792 en la Asamblea Nacional en torno a la supervivencia de las colonias francesas en el Caribe fueron ante todo debates centrados en la conveniencia moral, política y económica de la esclavitud. El principal objetivo de los colonos era permanecer tanto tiempo como fuera posible bajo la custodia protectora de la nueva República Francesa mientras continuaban viviendo de una economía basada en una práctica que violaba los principios políticos y éticos sobre los que se fundaba dicha república. A tal fin, recurrieron, junto con sus partidarios en Francia, a una distinción legal que ya habían introducido los colonos británicos en América en un intento de establecer una relación parecida entre ellos y la metrópoli.

Desde el siglo XVII, los escritores republicanos ingleses venían reclamando el reconocimiento de la separación legal de dos esferas que James Harrington describía como de ámbito «doméstico y nacional», por una parte, y «extranjero y provincial» por otra[78]. Según esta distinción, la relación legal entre la colonia y la metrópoli estaría determinada por un conjunto de leyes promulgadas en la metrópoli que regularían las relaciones con el exterior, la defensa y –lo que constituía un aspecto más controvertido– el comercio de las colonias. Todas las cuestiones relativas a su gestión interna se regirían por la legislación promulgada por los propios colonizadores o sus instituciones representativas. Las colonias americanas, escribió Richard Bland en 1766, conformaban

> un Estado aparte, independiente del reino primigenio en cuanto a su gobierno interno, pero unido a él en su política exterior

> de acuerdo con la más estrecha e íntima asociación y amistad y una lealtad común, con participación en los beneficios de un intercambio recíproco[79].

Tal como ha señalado Bernard Bailyn, la interpretación de la crisis de la *Stamp Act* de 1764-1766 como una violación de la distinción entre las esferas de legislación «interna» y «externa» –y de las cargas impositivas respectivas– quedó firmemente asentada en el orden del día británico a raíz del célebre testimonio de tres horas pronunciado por Benjamin Franklin en la Cámara de los Comunes en febrero de 1776[80]. A partir de entonces, esta condicionaría los planteamientos de todas las discusiones suscitadas por conflictos de competencias de autoridad legislativa entre las colonias y la metrópoli.

No obstante, tal como comprendieron Franklin y otros teóricos, esta distinción solamente tenía un adecuado sentido legal en el contexto del derecho común inglés. Para los españoles y los franceses, como mínimo antes de 1789, habría sido un sinsentido legal reclamar una división entre las esferas de justicia cuando era una cuestión aceptada que ambas convergían en la persona de un solo soberano. En Francia, sin embargo, la noción de soberanía absoluta del monarca desapareció con la Revolución, lo cual hizo posible que los colonos franceses y sus partidarios de la metrópoli –el más destacado de los cuales fue Antoine Barnave, que inició así una andadura que lo conduciría a la guillotina– introdujeran la diferenciación británica entre una legislación «interna» y otra «externa» con objeto de obligar al nuevo gobierno de París a concederles la libertad legislativa que necesitaban para mitigar, cuando no abolir, las leyes mercantilistas de Colbert y contener, a un tiempo, toda tentativa de emancipar a los esclavos.

Los ingleses, como señaló en 1791 Barnave en la Asamblea Nacional, habían tratado a sus colonias como «co-Estados en lo tocante a sus leyes internas», que solo estaban «supeditadas» en lo referente a su *régime extérieur.* De haber seguido la lógica de este acuerdo, y aceptado en consecuencia que este confería a los habitantes de las colonias el derecho inalienable a gozar de representación en el parlamento, todavía tendrían sus colonias. Hasta entonces los franceses no habían efectuado ninguna distinción entre «esas dos clases de leyes que nunca deberían confundirse»[81]. No obstante, si la nueva monarquía constitucional francesa deseaba conservar el control sobre sus posesiones del Caribe –que, tal como había apuntado en 1789 el diputado por Guadalupe De Curt, tenían mucho que ganar y nada que perder «abriendo su puerto a todas las potencias comerciales de Europa»–, debería reconocer ahora el legítimo derecho que amparaba a los colonos en su reclamación de una representación plena en el recién establecido *Corps législatif national*[82]. Cualquier pretensión por parte de la nueva Francia revolucionaria –todavía no republicana– de perpetuar el antiguo orden legislativo solo podía desembocar en una insurgencia que la Marina francesa no estaría en condiciones de sofocar. Hasta el mismo Brissot, el gran enemigo de Barnave, que habría preferido ver el hundimiento del imperio francés de ultramar, reconocía que los colonizadores habían pasado a formar parte del proceso revolucionario y no era posible negarles ninguna de las ventajas de que disfrutaban los habitantes de la metrópoli[83].

El proyecto de Barnave para lograr la emancipación de las colonias no contemplaba, sin embargo, la concesión a los colonos de todas las demandas de libre comercio que exigían, ya que, a su juicio, «las leyes de comercio y de protección» pertenecían al ámbito de la administración externa de las colonias[84]. Pero su admisión final de que en un futuro ninguna ley, ni siquiera relativa a ese ámbito, «pase por el órgano legislativo sin el deseo preciso, formal y espontáneo de las colonias» otorgaba a estas una virtual independencia al menos en el terreno legislativo. Tal como indicó el 1 de marzo de 1790 «M. Blin», diputado de Nantes, con tales disposiciones, «las colonias podrían ser en cierta medida comparables a Irlanda, que posee su propia legislatura y un gobernador denominado virrey [*sic*] que representa al titular del poder ejecutivo»[85]. Suscribiendo esta idea en 1797, cuando Francia había dejado de ser una monarquía, Pierre-Victor Malouet afirmaba que las colonias tenían «derecho a la independencia en lo tocante a su legislación interna y a elegir su modo de existencia»[86]. De no tomarse estas medidas, las colonias, que todavía ocupaban un lugar clave en la vida económica y militar de la nación, buscarían por sus propios medios una solución, tal como lo habían hecho ya los británicos. «Rechazados como bastardos por nuestra madre común –advertía el panfleto anónimo *Un mot à Vorcille* , pronto podrían dejar de considerarse hijos»[87].

En la Francia posrevolucionaria, la antigua metáfora madre-hijo que había cimentado la relación entre las colonias y su «madre patria», y que seguía condicionada como antes por el modelo de familia romana que otorgaba a los padres un poder absoluto sobre los hijos, no podía sostenerse ya.

La misma metrópoli había renunciado de manera voluntaria a su función de patriarca romano, transformándose en una sociedad gobernada por las leyes. Como sabía por propia experiencia Talleyrand, todas las revoluciones dejaban una estela de «ansiedad general en las mentes de los hombres: una necesidad de movimiento»[88]. Lo ocurrido en Francia debía dictar inevitablemente lo que a partir de entonces sucediera en las colonias. En caso de negar a las colonias la participación en el nuevo sistema legal, advertía Jean François Merlet, diputado de Maine et Loire, el imperio se vendría abajo. Aun cuando las colonias se mantenían fieles a la metrópoli por «intereses, necesidades y sobre todo por los estrechos lazos de fraternidad que los vinculan», nada de ello serviría si la Asamblea General excluyera a un solo ciudadano del amparo de la ley. «Es absolutamente vital –escribió– que la Revolución francesa produzca en las colonias los mismos frutos que ha dado en la metrópoli»[89]. Merlet bebía de un lenguaje radicalmente distinto: el lenguaje de la ley como expresión de la voluntad general, la *volonté générale* de Rousseau. «La ley –escribió Malouet, ponderando las consecuencias que podía tener para las colonias una revolución que él mismo no tardaría en detestar– es el resultado de la voluntad general y de una comunidad».

> En un imperio con una constitución republicana –escribió otro antiguo mandatario colonial, Victor Collot– parece que la relación política entre la metrópoli y las colonias no debería contener desigualdades en lo que a sus derechos respectivos se refiere[90].

Al tratar de reformular la relación legal entre las colonias y la metrópoli, los franceses habían retomado primero una distinción proveniente del derecho común inglés y habían acabado empleando un lenguaje republicano, posrevolucionario, de derechos y ciudadanía. Este lenguaje, que colocaba a los colonos caribeños e incluso a los hurones en pie de igualdad legal con los bretones, por ejemplo, suponía en sí mismo, tal como reconocía Merlet, una mutación de las antiguas nociones de pertenencia universal a una única *civitas.* Tras la creación de la República en 1792, el «imperio francés» –como así continuó llamándose– solo podía pervivir llevando a sus últimas consecuencias la lógica de los edictos que habían establecido los primeros asentamientos en Canadá a finales del siglo XVI. Ahora, en cambio, los súbditos del rey habían sido transformados en ciudadanos depositarios de derechos y, por consiguiente, debía permitirse que todas las comunidades integrantes del Estado participaran en la consecución de sus intereses particulares, lo cual equivalía, en la práctica, a concederles el derecho a redactar sus propias leyes. El pueblo de Francia constituía –al menos contemplado desde el otro lado del Atlántico– una nación única con un único conjunto de intereses. Era evidente, sin embargo, que las colonias habían adquirido, con el curso del tiempo, intereses y preocupaciones distintos, y en todo rigor, aun cuando continuaran siendo beneficiarias del proceso revolucionario, debía permitírseles elegir libremente sus propios modos de existencia. «Estos son hombres –escribió Malouet– cuyas leyes, cuyas costumbres, el sol, el clima, sus necesidades, hábitos y moradas, sus modalidades de cultivo han hecho de ellos personas distintas a vosotros». Por este motivo, la ley que «es el resultado de la voluntad general y de una comunidad de intereses» debía ser también, según su conclusión, expresión de dicha diferencia[91].

4

Los contrastes tan marcados que presentaban los imperios europeos de América no se debieron únicamente al peso de las distintas concepciones de autoridad legal y de los atributos de la soberanía real. Si bien su importancia siempre fue enorme, estos contrastes también fueron producto de las diferencias existentes entre las mismas culturas políticas metropolitanas. El imperio británico de América se había basado –al menos antes del inicio de la Guerra de los Siete Años con Francia, en 1756– en la imagen del rey como benefactor remoto y no como juez, y acorde con ello, el grado de control ejercido sobre las colonias fue relativamente escaso. En la medida en que los colonizadores permanecieran leales y sirvieran, de un modo u otro, a los objetivos financieros y políticos de la metrópoli, podían trabajar sin interferencias para la consecución de sus propios propósitos. Paradójicamente, tal como han señalado muchos historiadores, los habitantes de las Trece Colonias continuaron considerándose en gran medida ingleses hasta que el comportamiento de su rey y de su gobierno –combinado con la tendencia intelectual de los colonizadores, en palabras de Edmund Burke, a «augurar a distancia el mal gobierno y a captar por el olfato la proximidad de la tiranía en cada soplo de aire enrarecido»– los impulsó a buscar una identidad cultural y política diferenciada[92]. La deferencia que demostraron por su monarca en los años previos a la crisis de la *Stamp Act* fue en general superior a la de los británicos de nacimiento, tal vez porque, como apuntó David Hume, ignoraban la auténtica naturaleza de la institución real[93].

En tanto que la forma de gobierno relativamente libre y «liberal» aplicada en las colonias británicas pareció haber suscitado un alto grado de dependencia cultural de la madre patria, en la América española y francesa ocurrió exactamente lo contrario. Tanto entre los criollos españoles como entre los colonos franceses anidó un sentimiento de pertenencia a un mundo cultural independiente mucho antes de que llegaran a plantearse la necesaria constitución de una nación independiente en dicho mundo. Las monarquías francesa y española, sin embargo, habían procurado aplicar desde un principio la persuasión cultural como medio para garantizar la perpetuidad de la lealtad de sus poblaciones de colonizadores y, en el caso de España ante todo, la de los pueblos indígenas que habían colonizado.

Desde el punto de vista de Benjamin Constant, este intento de la metrópoli de limitar la expresión cultural independiente de los pueblos dependientes de ella era precisamente lo que distinguía el imperialismo moderno del antiguo. En tanto que los antiguos habían tolerado diferencias de costumbres dentro de la estructura de una ley única y la adhesión nominal a una religión «civil» nacional,

> los conquistadores de nuestro tiempo desean que su imperio presente una apariencia de uniformidad, sobre la cual pueda pasearse el orgulloso ojo del poder sin topar con ninguna irregularidad capaz de ofender o limitar su visión. El mismo códi-

go de leyes, la misma medida, las mismas regulaciones, y si pudieran conseguirlo gradualmente, la misma lengua: esta es la forma de organización social que se proclama perfecta[94].

Si bien la reflexión de Constant se inspiraba en el imperio napoleónico, su descripción se ajusta, *mutatis mutandi*, a la imagen que la mayoría de observadores, tanto hostiles como amigos, tuvieron del español y, en menor grado, del francés durante buena parte de su historia. Como observó Kant en 1795, la única cohesión auténtica a la que podía aspirar todo imperio, fueran cuales fuesen su extensión y ambiciones, debía fundarse, al final, no en la riqueza ni en la potencia militar, sino en la lengua y la religión, o formulado en términos más generales, la cultura[95]. Para Kant, la cultura era el medio por el cual podían impedir las naciones independientes la creación de un «despotismo universal». También era igualmente cierto lo contrario. Tal como advertía Charles Davenant a sus lectores a finales del siglo XVII, la clase de imperio que en realidad constituía España –y que a su juicio muy pronto constituiría Francia– solo podía sustentarse mediante un nivel elevadísimo de tiranía cultural. La «esclavitud», señalaba, que imponen estas monarquías universales «sobre nuestros cuerpos no es nada en comparación con la que impondrían sobre nuestras mentes»[96]. Sin la fuerza de la costumbre, que solo puede lograrse manipulando los sistemas culturales y de creencias de la nación, las leyes del Estado serían ineficaces en los sitios donde no había poder para hacerlas respetar; y en el mundo de la temprana Edad Moderna, a pesar de su ferocidad, estos poderes eran extremadamente limitados. El rey de España, como indicó en 1619 el benedictino Juan de Salazar, ostentaba tres tipos de soberanía sobre sus súbditos: «la de los cuerpos, la de las haciendas y la de los entendimientos», el más poderoso de los cuales era siempre el último[97].

En *Della Ragion di Stato* ('De la razón de Estado') de 1589, Giovanni Botero había defendido que una verdadera *monarchia* exigiría también, con el tiempo, una lengua única –como la habían tenido «los romanos, los árabes y los normandos»–, una moneda única y un único sistema de costumbres. Solamente de esta forma, sostenía, «los súbditos incorporados por conquista pueden llegar a parecerse a los súbditos naturales»[98]. En su opinión de, el exponente máximo del buen funcionamiento de estas estrategias culturales era el Cuerpo de Jenízaros que, sin ser sus integrantes turcos ni musulmanes de origen, se había destacado, al igual que la Guardia Imperial romana, como la más leal y acérrima de las tropas del sultán. Por no haber comprendido que este era el único procedimiento que permitía crear y mantener imperios extensos, Francia había perdido primero Sicilia y después Nápoles y Milán, los ingleses Francia y los latinos Constantinopla. Pues ninguna de estas naciones, concluía, habían sabido «gobernarlos de modo que sintieran como propios los intereses del Estado»[99].

Los mismos españoles eran por lo general muy conscientes de la fuerza de dichos argumentos. En 1570, el humanista Benito Arias Montano, responsable de la biblioteca y archivos de Felipe II, había recomendado al duque de Alba la fundación de una cátedra de español en la Universidad de Lovaina, puesto que,

> después del hecho de la religión, no hay cosa que más concilie los ánimos de los hombres de varias naciones en amistad y con-

> servación, que más los domestique y aficione a imitar y seguir las costumbres de los que los rigen, que la unidad y conformidad de lengua. Esta fue –continuaba– una de las cosas que principalmente procuraron los romanos para confirmar su imperio en la tierra[100].

Dado que el hipotético gobernante mundial debe transformar las costumbres y creencias de los pueblos que desea gobernar, su objetivo es crear una nueva comunidad de conocimiento homogénea. El instrumento principal para ello, tal como había manifestado ya Livio, había sido siempre la religión. Además de ser una característica del imperio, la *pietas* romana había sido un recurso que se había empleado activamente para sustentarlo. Los antiguos, como observó el español Juan Fernández de Medrano, siempre habían «tenido en igual estima [la religión y el amor por la patria]»[101]. Cuando ello fuera posible, aconsejaba Tommaso Campanella, el monarca universal debía crear una nueva religión, como había hecho Mahoma y, anteriormente, Rómulo y Pitágoras. También esto había constituido la buena fortuna de Carlomagno y el objetivo manifiesto de Enrique VIII de Inglaterra y del protector de Lutero, Federico de Sajonia[102]. El monarca castellano no disponía de tal opción, pero de todas formas debía, insistía Campanella, imponer una rígida ortodoxia en todos sus dominios, que lo identificase a él y a su autoridad con la de la Iglesia. Tal como sostenía Diego de Saavedra Fajardo, casi de forma simultánea a Campanella, en su *Idea de un príncipe político cristiano*, de 1639, de un exceso de libre reflexión intelectual «resulta la variedad de sectas y dellas la mudanza de los imperios», y aconsejaba a sus amos que incrementasen el número de navegantes y estrategas militares y redujeran el de eruditos[103]. Así la «intolerancia» española, que para muchos críticos ingleses y franceses fue el origen de la ruina final del imperio, se presentaba ante quienes se hallaban en su seno como el instrumento principal de gobierno.

5

Al igual que los españoles, los franceses habían fundado sus primeras colonias con la intención explícita, aunque solo someramente definida, de crear una única comunidad cultural, legal y –en este último punto radica la novedad francesa– racial. Según las condiciones de creación de la Compagnie des Cien Associés, tanto los pobladores franceses como sus descendientes y los indígenas americanos

> que hayan llegado a un conocimiento de la fe y hayan hecho profesión de ella, deben ser tenidos por franceses naturales, y como tales pueden ir a vivir a Francia siempre que lo deseen[104].

A partir de 1663, cuando la Compagnie des Indes Occidentales se hizo cargo de los asentamientos de Canadá, Acadia, Terranova y las Indias Occidentales, se alentaron los matrimonios entre pobladores franceses e indígenas americanos. A pesar de describir a los iroqueses como «verdaderos salvajes que solo tienen de humano la apariencia de hombres», Colbert se refería en el mismo documento, y sin al parecer poner mientes en la contradicción en la que incurría, a la urgente necesidad de «obligar a los salvajes a instalarse entre nosotros y a [aprender] nuestras costumbres y nuestra lengua»[105]. El acta de fundación de la Compagnie des Indes Occidentales, de cuya redacción se ocupó Colbert, otorgaba a todos los que emigraran a América, «las mismas libertades y derechos que tenían mientras vivían en este reino» y, lo que aún es más sorprendente, hacía extensibles las condiciones expresadas en la *Acte pour l'établissement de la compagnie des cien associés*

> a las personas nacidas de [los colonizadores] y los salvajes que se han convertido a la fe Católica, Apostólica y Romana, que deben ser registradas y contabilizadas como habitantes nacidos en Francia, y como tales son acreedoras de todos los derechos de sucesión, ante las leyes y otras disposiciones, sin que tengan obligación de obtener ninguna carta de naturalización[106].

La esperanza de que el imperio francés de ultramar pudiera de algún modo trascender los males que se habían abatido sobre el español –eludiendo a un tiempo la gran liberalidad de la política aplicada por los británicos en sus colonias– indujo a Antoine de Bougainville, el futuro descubridor de Tahití, a proponer en 1757 un plan para fundar un asentamiento de franceses e indígenas americanos en Illinois, regido según el modelo «del antaño famoso sistema de la República de Esparta»[107]. Colbert emprendió su proyecto de 'afrancesamiento' *(francisation)* porque por una parte creía que para poder resistir la hostilidad de los ingleses se necesitaba un ingente aumento de la población de las colonias americanas, y por otra, pensaba que dicho objetivo se lograría más fácilmente por este procedimiento que a través de migraciones masivas[108]. No obstante, con ello también tenía la intención de hacer extensible a Canadá y al Caribe el proyecto de Luis XIV de un *état unifié*, unido por la lengua, las costumbres, la religión, el rey y, en este caso, la consanguinidad, que posteriormente muchos europeos considerarían como el Estado sucesor de la «monarquía universal» de los Habsburgo.

Los españoles, cuyas poblaciones autóctonas habían pasado a la historiografía del imperio como nobles aunque primitivos guerreros, contemplaron, al menos en un principio, a estos como potenciales partidos con los que unirse en matrimonio, si bien la Corona nunca hizo nada para alentar tales uniones. Algunos miembros de la clase conquistadora trataron incluso de establecer alianzas matrimoniales con miembros de la aristocracia indígena. El hermano de Francisco Pizarro, Gonzalo, declaró al rebelarse contra la Corona que se casaría con una princesa inca, convirtiéndose así en rey del Perú, pero lo mataron antes de que pudiera poner en práctica esta novedosa alianza dinástica[109]. Estos casos no fueron, sin embargo, frecuentes, y llegado el siglo XVIII, la alianza con la aristocracia indígena había quedado relegada a una serie de metáforas que mantenían la mayor distancia posible entre los auténticos criollos, el ya mitificado pasado azteca e incaico, por un lado, y por otro, la penosa realidad de la clase mestiza y de los pueblos amerindios que aún mantenían su autonomía. Si bien la integración racial dio lugar en Hispanoamérica a nuevos grupos de pueblos dotados de diferentess culturas y más tarde de aspiraciones políticas distintas, en ningún momento desempeñó un papel en la concepción que del imperio tenía la Corona como única unidad cultural y política.

Los ingleses, preocupados por domesticar lo que uno de ellos designó como la «infinita soledad sin atractivos» de América, encontraban aborrecible la idea de los matrimonios interraciales[110]. Tal como señaló sir Josiah Child en 1665, los españoles habían tenido la suerte de instalarse en zonas donde ya existían ciudades y plantaciones, y donde había poblaciones indígenas con las cuales podían cruzarse, mientras que los británicos solo tenían «salvajes infieles, con los que no podían ni llegaron nunca a cruzarse»[111]. La gran excepcionalidad del caso de Pocahontas y John Smith se debió precisamente a que aquello constituía algo inimaginable para la mayoría de los colonos ingleses de América.

Francia fue la única potencia europea que intentó formar una réplica de su sociedad en América con una población mestiza. Lo paradójico es que en Canadá se diera una división, todavía vigente hoy en día, entre las poblaciones autóctonas y oriundas de Europa más marcada que en cualquier otra comunidad de América. El efecto que a la larga produjo el plan de Colbert fue, como observaría con mordacidad Mirabeau en 1758, que «en lugar de afrancesar a los salvajes, estos han asilvestrado a los franceses», haciendo de ellos, en su opinión, personas «incapaces de la subordinación que es el alma de todas las colonias»[112]. No es pues de extrañar que cuando François de Volney, uno de los más perspicaces observadores del proceso colonial, recorrió la región en 1797 la encontrara mayoritariamente habitada por «franceses de la época de Luis XIV que se han vuelto medio indios» junto con «ingleses del último siglo»[113].

El proyecto de mestizaje global que se demostró como un fracaso en América intentó revalidarse, no obstante, en el Pacífico. Esta zona parecía ofrecer la oportunidad de aplicar un nuevo tipo de colonización que habría de beneficiar de igual forma al colonizador y al colonizado. En su *Histoire des navigations aux Terres australes*, Charles de Brosses evocaba en 1756 la imagen de una nueva América de las Antípodas habitada por pueblos con una cultura y disposición similares a las de los indígenas que Colón y sus sucesores habían poco menos que aniquilado.

> Pero figuraos –escribió De Brosses– un futuro que en nada se asemeja al que Cristóbal Colón procuró a nuestros vecinos... Su ejemplo sería instructivo para nosotros, puesto que evitaríamos los dos vicios que aquejaron a los españoles, la avaricia y la crueldad. La primera dejó vacío su país por el afán de conseguir una ilusoria fortuna, que es algo que nunca debe intentarse. La segunda, causada por el orgullo y la superstición nacional, ha aniquilado prácticamente la raza humana de América. Masacraron con desdén, como si fueran extrañas y despreciables bestias, a millones de indios que habrían podido convertir en hombres. Destruyeron hasta el último hombre, cientos de razas, como si pudiera extraerse algún provecho de tierras deshabitadas.

La experiencia ha demostrado, sin embargo –continuaba–, que en esos remotos climas, hay que comerciar en lugar de conquistar, que no es cuestión de establecer reinos imaginarios más allá del ecuador.

El nuevo imperio francés debía ser, por el contrario, una red de puestos comerciales que trabajarían para el provecho mutuo de todos los que participaran en ellos. Atraerían a los «salvajes» sacándolos de «las selvas» y les permitirían «disfrutar de las ventajas de las leyes humanas y sociales», de modo parecido a como habían hecho los jesuitas en Paraguay. Los futuros imperios franceses, concluía De Brosses, no debían tomar como modelo a los españoles ni a los romanos, sino a los fenicios, puesto que en lugar de crear dependencias o colonias, estos habían creado nuevas naciones, y «¿qué objetivo más grandioso que ese podría tener un soberano?»[114].

La vuelta al mundo llevada a cabo por Bougainville entre 1766 y 1769, y en especial la descripción aparecida en su *Voyage autour du monde* de la isla de Tahití, a la que puso por nombre *La Nouvelle Cythère,* parecían corroborar lo imaginado por De Brosses. Los descubrimientos de Bougainville dieron, asimismo, alas a las esperanzas que Diderot cifraba en un futuro Estado basado en la imagen de una armonía racial que no solo mitigara la ansiedad producida por el declive de la población en el siglo XVIII y el horror de la Ilustración por la devastación desencadenada por los colonizadores europeos en ultramar. Dicho Estado también proporcionaría a la humanidad entera la imagen de una comunidad feliz, situada, según expresión de Diderot, «a medio camino entre el salvajismo y la civilidad»[115].

A pesar de su fracaso, la visión de Colbert de una sociedad unida en el mestizaje fue, y continúa siendo en lo que queda hoy en día del imperio, un importante componente de la imagen que el imperio francés tenía de sí mismo. Aun cuando no consiguiera integrar el colonizador con el colonizado, favoreció una identificación más estrecha con la metrópoli de la población colonizadora, como no se dio en el caso de la América española ni de la británica. Los franceses, escribieron con tono admirativo Edmund y William

Burke en 1757, «consideran al colono como un francés que arriesga su vida, soporta una especie de destierro y sufre grandes penalidades por el bien de su país». Los franceses eran, bajo su punto de vista, la única potencia colonizadora que «promueve las relaciones entre la humanidad, el poblamiento de la tierra y los adelantos de su país mediante una sabia y eficaz regulación»[116].

6

La «Nueva Citerea» era, y seguiría siendo, un absoluto espejismo: «Viejas mercancías vendidas por nuevas», como señalaría con sarcasmo el abad Galiani en 1769[117]. También era una ilusión la visión española de un solo orden mundial gobernado por una sola ley. El fracaso de los europeos en establecer una cultura universal, una *civitas* mundial, que tan bien habían sabido imponer los romanos, era indicativo, para muchos, de que los modernos imperios extensos de ultramar estaban abocados a una pronta y por lo general desastrosa extinción. Con el transcurso del tiempo, en los asentamientos fundados por las tres potencias europeas en América, en lugar de florecer una mayor armonía con Europa, habían surgido, a veces de modo involuntario, identidades culturales, económicas y políticas propias. A principios del siglo XVIII resultaba evidente que en el caso de España, la relación de poder entre colonia y metrópoli no solo había cambiado, sino que se había invertido. «Las Indias y España son dos poderes sujetos al mismo soberano –observó Montesquieu en 1748–, pero las Indias es el principal y España no pasa de ser un mero accesorio»[118]. Esta creciente dependencia económica y cultural puso también de manifiesto la posibilidad, no solo de que en su día reclamasen autonomía política, sino la otra que ya previó Benjamin Franklin: que llegaran a tomar el relevo de la madre patria como centros políticos y económicos de sus respectivos imperios[119]. (Esto fue precisamente lo que ocurrió en Brasil cuando la Corte portuguesa se trasladó a Río de Janeiro en 1808).

El lenguaje empleado para describir las relaciones entre las colonias y las metrópolis no estaba, con todo, tan dominado por los ejemplos de la Antigüedad como por el campo semántico que giraba en torno a la familia[120].

> Dada la potencia de la imagen –ha señalado Gordon Wood–, su capacidad evocadora del mundo tradicional personal en el que todavía vivían los colonizadores, casi todo el debate imperial se desarrolló dentro de su marco[121].

La imagen padre-hijo podía asimismo enlazar con una influyente tradición ideológica del pensamiento político británico del siglo XVII, el patriarcalismo, y más concretamente el patriarcalismo de sir Robert Filmer. John Locke escribió el *Second Treatise on Government*, que se convertiría en el documento básico del republicanismo norteamericano, con intención (o al menos así se creyó) de refutar a Filmer, y en las mentes de los defensores de la autonomía colonial, el patriarcalismo quedó asociado a la antigua pretensión de la Corona inglesa de lograr una soberanía absoluta, y por tanto «papista», sobre su pueblo. Esto era seguramente a lo que apuntaba Tom Paine en 1776 al escribir en *Common Sense* ('Sentido común'):

> La expresión 'padre' o 'madre patria' *(parent or mother country)* ha sido adoptada con actitud jesuítica por el rey y sus parásitos, con el detestable designio papista de abrirse camino por oscuros vericuetos hacia la credulidad de nuestras mentes[122].

La figuración filial también podía, no obstante, utilizarse, siempre y cuando no se filtraran en ella insinuaciones de signo filmeriano en favor de los colonizadores. La metáfora de la «madre patria» llevaba implícita una emancipación final, puesto que así como los niños se transforman en adultos, las colonias deberían convertirse algún día en Estados independientes. Por más que los asentamientos ingleses en América fueran aún «niños de pecho que no pueden vivir sin mamar del pecho de sus ciudades-madres», escribió ya en 1656 James Harrington, cuando el «imperio británico» de América apenas existía, «sería a mi entender un error que no se desteten cuando lleguen a la edad justa; lo cual me llena de extrañeza al ver los príncipes a quienes causa deleite que los agoten de este modo»[123]. El patriarcalismo adaptó la imagen de la familia al conjunto de la sociedad humana, contemplada como una entidad que, cuando menos en lo tocante a las relaciones de poder y autoridad, debía ser inmutable a través del tiempo histórico. La metáfora madre-hijo, por el contrario, solo podría interpretarse en un plano histórico.

> Suponiendo, pues –escribió Richard Price en 1776–, que al establecer la relación entre padres e hijos, nuestra conducta hacia las colonias debiera regirse por las normas que dicta el orden de la naturaleza, deberíamos haber relajado nuestra autoridad a medida que crecían.

Dedicados al cuidado de sus propios intereses nacionales, los británicos se habían comportado, a decir de Price, como «padres insensatos», haciendo «lo contrario», y como padres insensatos perderían pronto el amor y el respeto de sus hijos[124]. Desde la perspectiva aportada por el paso del tiempo, en la primera década del siglo XIX, el panfletista, consejero de Simón Bolívar y durante un tiempo embajador napoleónico, Dominique Dufour de Pradt, observó que los británicos habían perdido sus colonias precisamente por no haber sido capaces de advertir dicha transición. Los españoles, advertía, estaban a punto de imitar su desastroso ejemplo[125]. No en vano, señalaba De Pradt retomando el hilo de lo expuesto por Montesquieu, la dependencia de la metrópoli exigía por fuerza que esta fuera más poderosa y tuviera, en cierto sentido, una sociedad más avanzada que la de sus colonias. Cuando no se daba este caso, la emancipación, aunque no estuviera refrendada legalmente, se convertía en un hecho.

> ¿Estarán dispuestas las colonias británicas –se había planteado Richard Price– a seguir reconociendo la supremacía que ahora se reclama sobre ellas, cuando dentro de 50 o 60 años tengan el doble de población que nosotros y formen un poderoso imperio, compuesto de diversos Estados, todos ellos iguales o superiores a nosotros en cada una de las artes y logros que confieren dignidad y felicidad a la vida humana?[126].

La relación política entre Inglaterra y sus colonias de América había sido siempre más distante que la que mantenían Francia y España con sus posesiones americanas. Aun cuando en el siglo XVII en los «reinos de las Indias» hubieran surgido ya culturas independientes, los colonizadores españoles siguieron remitiéndose a Europa como fuente de su legitimación política hasta que el cambio de las condiciones políticas de la metrópoli los impulsó a buscar su independencia a comienzos del siglo XIX. Las colonias británicas, en cambio –debido a que sus sociedades fueron concebidas, en ocasiones desde su fundación, como comunidades semiindependientes–, habían tenido siempre la aguda conciencia de que su propio bienestar dependía solo de ellos y de que el «poderoso imperio» que había soñado en 1759 Jonathan Mayhew para América, «tal vez algo inferior en número a los más grandes de Europa, pero no superado en felicidad por ninguno», debían crearlo, por consiguiente, ellos mismos[127].

A despecho de este acusado sentimiento de identidad política, los americanos británicos mantuvieron hasta su independencia una afiliación cultural con la madre patria mucho más fuerte que los criollos españoles e incluso a veces que los colonos franceses. Hacia la segunda mitad del siglo XVIII, sin embargo, al tratar el poder metropolitano de estrechar las ataduras de las colonias, los mismos británicos comenzaron a darse cuenta de que no era posible sostener la imagen de América como una Inglaterra trasplantada, mejorada y purificada. Thomas Pownall ingenuamente creía que en

> la limitación de las capacidades y el alcance de las necesidades de cada uno, todos están imbricados en un necesario intercambio y vinculados de manera indisoluble en una unión y comunión de un conglomerado de intereses generales de la totalidad de asentamientos españoles, franceses, holandeses, daneses y

británicos. Este es el estado natural de las posesiones europeas del Atlántico y América[128].

En la fecha en que fue escrita, 1765, esta afirmación era ya vana. Un año después se pondría dolorosamente de manifiesto la verdad que contradecía la certeza de Pownall de que «nada puede erradicar de sus corazones su natural y casi mecánico afecto hacia Gran Bretaña, a la que llaman y consideran su patria»[129].

No obstante, aun cuando Pownall hiciera una valoración errónea de la fuerza de esos antiguos vínculos, su posición refleja una convicción, compartida tanto por franceses y españoles como por británicos: que en el terreno político y cultural, los grandes imperios únicamente podían sustentarse a la postre a través de dichos vínculos. Pownall había comprendido, asimismo, que de ello debía derivarse el planteamiento de la asociación de las diversas partes del imperio, no en términos de dependencia, sino de federación. El concepto de «federación», por otra parte, quedaba ya integrado en un discurso abocado a calcular los méritos de cualquier sociedad en función de los beneficios que podían sustraer de ella todos y cada uno de sus miembros. Este era también el discurso que describía a los imperios, de acuerdo con la visión que de ellos ha transmitido gran parte de la historia moderna, como instituciones políticas esencialmente inviables y humanamente intolerables, que hacían imposible una buena gestión económica y administrativa.

6. El cálculo de los beneficios

> Vous avez attaché des peines aux crimes; attachez des récompenses à la vertu; et ne redoutez pour la durée de vos empires, que le laps de temps.
>
> Denis Diderot, *Salon de 1767*

1

La fuerza que necesita un pueblo para mantener sometidos a los demás –escribió Benjamin Constant en 1813– es hoy, más que nunca, un privilegio que no puede durar. La nación que pretendiera crear un imperio de dichas características se colocaría en una posición más peligrosa que la de la más endeble de las tribus. Se convertiría en blanco del horror universal. La amenazarían todas las opiniones, todos los deseos, todos los odios y, tarde o temprano, estos odios, estas opiniones y estos deseos estallarían y la sepultarían[1].

Constant se refería, naturalmente, al imperio napoleónico, pero la condena expresada en su ensayo *De la conquéte et de l'usurpation dans leurs rapports avec la civilization européenne* y la amplitud de la revulsión moral a la que hace mención habían echado ya firmes raíces a principios del siglo XVIII:

Aun cuando el éxito acompañe a estos hijos de la violencia» –había escrito en 1728 Thomas Gordon en alusión a los primeros fundadores de los imperios europeos–, se puede decir sin errar que lo único que consiguen es entronizar la maldad. ¿Qué ocupación y finalidad tienen los príncipes y gobiernos, si no la de gobernar a los hombres para su propio bien e impedir que se infieran daño unos a otros? ¿Acaso ha existido algún conquistador que mejore la situación de los conquistados?[2].

La pregunta de Gordon no admitía réplica, en gran parte porque los imperios europeos no se habían fundado de acuerdo con un cálculo de los posibles beneficios, y menos aún de los posibles beneficios que pudiera proporcionar el colonizador al colonizado. La noción que había amparado sus comienzos era que la grandeza del gobernante era un exponente de la grandeza de su pueblo. A pesar de la pobreza o la debilidad que pudiera aquejarlo en su nación, se consideraba que su bienestar colectivo aumentaba en proporción a su capacidad de dominio en ultramar. Con esta supeditación a la imagen exterior, ningún Estado podía permitirse una actitud demasiado escrupulosa con los intereses de aquellos que pudieran quedar atrapados en su avance.

Por la época en que Gordon redactó sus *Political Discourses* sobre Tácito, los conceptos paralelos de honor y grandeza que habían ocupado un lugar crucial en el pensamiento político de los siglos XVI y XVII eran contemplados ya, como vimos en el capítulo 4, como un impedimento para el desarrollo económico de las naciones y como una amenaza para una mayor profundización del bienestar social. Los imperios de la Antigüedad que, en sus diferentes modalidades, habían servido de modelos para los primeros imperios europeos, ya no podían suscitar la aprobación en un mundo que prácticamente había repudiado los valores –universales y particulares– sobre los que se habían cimentado. El reconocimiento del valor de la diversidad y –aun cuando esto no se hiciera evidente hasta final de siglo– de la pluralidad los habían dejado fuera de juego. Tal como observó Charles Davenant en su ensayo *On arbitrary power,*

> quienes tienen por toda perspectiva los tiempos de la Antigüedad y los Estados de la antigua Grecia y Roma están en situación... de forjar planes de gobierno del mundo que la humanidad ya no es capaz de llevar a cabo[3].

El vocabulario de Davenant, al igual que el de la mayoría de teóricos políticos del siglo XVIII, ya no se centraba, como el de las generaciones previas, en las nociones de conservación o de honor y *grandezza* maquiavélica. Su objeto principal era lo que entonces solía llamarse «felicidad pública» y que hoy en día denominamos sociedad del bienestar. Con un punto de mira interno, se fundamentaba en la convicción de que los intereses del Estado debían ser ante todo expresión del bienestar de los individuos que lo componían.

> La felicidad de una comunidad –escribió Blewith en 1725– no es más que la felicidad particular de los individuos particulares de que se compone... ¿Son los particulares más felices o más ricos porque su soberano posea la gloria de ser un conquistador? Es totalmente absurdo decir que una nación es feliz y floreciente solo porque haga buen papel en el extranjero y sea el terror de sus vecinos[4].

Esta traslación del honor al bienestar público precipitó, como en otros campos del discurso político, el relevo de las consideraciones sobre derechos y legitimidad por la preocupación por los intereses y los beneficios: los intereses de todos los miembros de una comunidad y los beneficios que pudieran derivarse de su pertenencia a ella. A partir de entonces, las sociedades solo podían considerarse grandes –y legítimas– en la medida en que procuraran la felicidad de sus miembros[5]. El maquiavelismo había quedado desbancado, aseguraba, quizá con un exceso de optimismo, Isaac de Pinto:

> Esa atroz doctrina que a principios de siglo aún inducía a error a los ministros de una nación benigna y justa ha desaparecido definitivamente... Ahora comenzamos a percibir que los Estados y los soberanos solo son poderosos de manera proporcional al grado de felicidad de sus súbditos.

Por otro lado, según las condiciones impuestas por esta nueva noción de lo bueno, las disputas por cuestiones de legitimidad no debían arbitrarlas ni los estadistas ni los súbditos ni los príncipes, ni siquiera el derecho natural. El arbitraje definitivo le correspondía a una antigua categoría que por entonces se veía revestida de un nuevo poder: la humanidad. En 1776, mientras presenciaba lo que correctamente diagnosticó como los primeros estertores del imperio británico en América, Richard Price captó en parte este cambio de tendencia:

> Mi deseo –escribió– es que la cuestión se someta a un examen más elevado de resultados más certeros. La pregunta que debe-

> ría plantear toda indagación liberal no es qué jurisdicción otorgan sobre estos los precedentes, estatutos y cartas, sino qué otorgan la razón y la equidad y el derecho de la humanidad[6].

Bajo el punto de vista de Price, aparte de resultar desventajosos a la larga, los imperios excesivamente extensos eran humanamente imposibles, y no por causa de los repetidos problemas de control y de mando, ni tampoco por escrúpulos de justicia. La imposibilidad radicaba en que los miembros de tales imperios no compartían ninguno de los sentimientos «de compañerismo que se dan entre las personas en su vida privada» y en que

> el Estado que gobierna no puede ser testigo del sufrimiento ocasionado por sus opresiones ni juez competente de las circunstancias y capacidades de las personas gobernadas. También deben tener en gran medida intereses distintos; y cuanto más importancia recibe uno, menor atención se concede al otro[7].

La felicidad pública era la conjunción de la capacidad de los individuos para cumplir sus objetivos particulares, siempre y cuando estos fueran compatibles con los de sus conciudadanos. La comunidad ideal era la que permitía la consecución de una variada gama de objetivos particulares sin incurrir en conflictos. Debía ser reducida, pero al mismo tiempo debía albergar una heterogeneidad cultural. Los imperios, concebidos según el modelo de Roma, habían negado estas posibilidades, ya que su propósito era imponer una convergencia única de todos los deseos humanos y un único concepto de vida idónea, que, además, quedaba expresamente fuera del ámbito de las preocupaciones y necesidades del común de la gente. El emperador, que tenía de sí la misma noción que formuló Antonino Pío, no podía ser otra cosa que *dominus mundi.* Esta era la imagen de monarquía universal que había obsesionado a Charles Davenant y a otros, la de un Estado del cual nadie pudiera escapar, de manera que, en palabras de Davenant, «el que estuviera oprimido por un emperador romano no podía buscar refugio más que en brazos de la muerte»[8].

Esta insistencia en la reciprocidad, en la «felicidad pública» y en las demandas de lo privado y particular son algunos de los rasgos dominantes de la modernidad, integrantes de lo que Charles Taylor ha denominado la «afirmación de la vida corriente». Si bien Taylor sitúa sus orígenes en el humanismo de finales del siglo XV[9], esta evolución alcanzaría su máxima expresión teórica en las postrimerías del siglo XVII en las radicales nociones formuladas por los protestantes de una sociedad fundada en la confianza mutua y recíproca: precisamente el tipo de sociedad en la que Price, hijo de un pastor disidente galés, había nacido.

El lenguaje de intereses y beneficios en el que se fundamenta esta noción de las demandas de la «vida corriente» tenía, sin embargo, otros precedentes. Tal como he mencionado en el capítulo 2, diversos humanistas, teólogos y juristas españoles influidos por el humanismo, como Vázquez de Menchaca, Domingo de Soto y Diego de Covarrubias, trataron ya de demostrar a finales del siglo XVI que la legitimidad de un imperio, como la de cualquier Estado, debía valorarse de acuerdo con los beneficios que aporta a todos y cuantos participan de él. Estos autores basaron su argumentación en dos postulados. El primero era que todas las comunidades poseen unos límites naturales. Cualquier intento forzado de sobrepasar dichos límites solo podía redundar en una violación del derecho natural, que dictaba que todas las sociedades debían procurar el bien de sus miembros, y que las comunidades demasiado extensas no podían, por definición, cumplir adecuadamente dicha finalidad.

El segundo era que los imperios de ultramar, al exigir desplazamientos por mar, violaban en cierto modo el designio de la naturaleza por el cual, una vez superada la primitiva fase nómada de su existencia, la vida del hombre debía transcurrir más o menos en el mismo lugar. Bajo este punto de vista, no había motivos para suponer, como habían hecho los apologistas cristianos del imperio y sus predecesores de la Antigüedad, que lo que era deseable para una comunidad tuviera que serlo necesariamente para otra, ni tampoco que, aun siéndolo, por la disposición real de las cosas, fuera posible imponerlo a otras culturas provistas de otra historia y de otras creencias. Estas restricciones eran, además, aplicables tanto a la tentativa de una potencia de dominar a otra comunidad preexistente, como a la pretensión de un poder metropolitano de imponer su voluntad a las colonias. Así, tal como sostenía Jefferson en *A Summary View of the Rights of the British-Americans* ('Breve exposición de los derechos de los americanos británicos') de 1774, todas las colonias habían sido producto de quienes habían optado por ejercer su derecho natural

> a marcharse del país en el que el azar y no su propia decisión los había situado; a ir en busca de nuevos lugares donde habitar y establecer nuevas sociedades, regidas por las leyes y regu-

laciones que consideren más adecuadas para el fomento de la felicidad pública[10].

Esta «felicidad pública» por ellos forjada, la habían creado a su propio modo y difícilmente la modalidad que pudiera adoptar sería proporcionada a la noción que la metrópoli pudiera tener de su propia felicidad compartida.

En los siglos XVI y XVII, una vez hubo desaparecido de escena el contexto inmediato de la disputa en torno a la legitimidad del imperio español, apenas se concedió importancia a estos postulados. Aunque fue formulado de modo intermitente por los adversarios del imperio, el primero –que establecía que la obligación de todo gobernante era procurar la felicidad pública de sus súbditos– apenas obtuvo eco. A pesar del apoyo recibido por los neotomistas, estaba demasiado identificado con una tradición mayoritariamente republicana que consideraba a todos los miembros de la sociedad como ciudadanos y, por tanto, acreedores del derecho a participar de forma activa en la vida política de dicha sociedad. Pero las monarquías europeas no estaban acostumbradas a autodefinirse según estas tendencias. Ellas proporcionaban a sus súbditos –personas excluidas por definición de la vida política activa– protección y no bienestar.

El segundo postulado –que los viajes a ultramar eran, en cierto modo, incompatibles con la auténtica sociedad civil– estaba tal vez excesivamente asociado con un *topos* literario determinado para hallar resonancia, hasta que en la segunda mitad del siglo XVIII dicho *topos* volvió a resurgir en el contexto del debate en torno a la esclavitud.

Hacia la segunda mitad de este siglo, a medida que se hacía evidente la fragmentación de todos los imperios europeos, volvió, sin embargo, a hacer acto de presencia un argumento antiimperialista que seguía las vías apuntadas por Vázquez y Soto, y retomadas con posterioridad por Grocio, aunque sin reclamarse continuador de esta tradición anterior.

Son cuatro los elementos que mantienen en común con ella los nuevos críticos ilustrados del imperio –Hume, Diderot, Condorcet y Raynal entre otros–: un marcado sentimiento de pertenencia a un lugar, la creencia en las particularidades –y por ende en la esencial inconmensurabilidad de todas las modalidades de vida cultural y política–, la convicción de que los anhelos de los hombres modernos eran radicalmente distintos de los de sus predecesores de la Antigüedad o la Edad Media y, finalmente, que en este marco de cálculos temporales y espaciales, los imperios siempre habían sido perjudiciales, a veces incluso fatales, para quienes se veían atrapados en sus límites. La dedicación de todos los primeros imperios europeos –que se habían fundado en la conquista y el despiadado desplazamiento o explotación de los pueblos indígenas– a la perpetuación de los proyectos cesaropapales de cristianismo universal no solamente se consideraba anacrónica, sino también ruinosa en todos los sentidos.

> Al tomar en consideración los grandes imperios, en cualquiera de sus fases –escribió Charles Davenant en 1701– ya sea en su infancia, en el esplendor de su juventud, en el pleno vigor de su madurez o en la decadencia de la vejez, siempre veremos a la humanidad afligida en todos sus periodos por guerras, hambre, matanzas, esclavitud y devastación[11].

Hume mantenía la misma postura:

> Las monarquías enormes –escribió en su ensayo «Del equilibrio del poder», en el que expresaba su opinión frente a las tentativas de monarquía universal llevadas a cabo por los Habsburgo y los Borbones– son probablemente destructivas para la naturaleza humana; en su progresión, su continuidad e incluso en su ocaso, que no puede producirse mucho tiempo después de su instauración[12].

En la raíz de todas estas inquietudes se hallaba la perenne preocupación por las perniciosas consecuencias de una excesiva expansión del territorio. Como vimos en el capítulo 4, este había sido un factor crucial en todas las controversias que en torno al tema del imperio venían sosteniéndose desde al menos el siglo I d. C. En el siglo XVIII, sin embargo, el eje de la preocupación no era solo la dificultad de gobierno que presentaban los imperios extensos ni la imposibilidad última de derrotar a las colonias una vez que estas se rebelaban contra la «madre patria». También se tomó en cuenta la aparente imposibilidad de mantener una auténtica comunidad por el impedimento de la pura distancia. Si la «felicidad pública» estaba determinada por la naturaleza de la felicidad privada, y si toda asociación política genuina debía regirse por «el sentimiento de compañerismo que se da entre las personas en su vida privada», en expresión de Price, entonces, como aducía el mismo Price,

> no puede decirse que esté gobernado por voluntad propia el país que esté sometido al poder legislativo de otro país en el que no tiene voz y sobre el que no posee ningún control. Dicho país se encuentra, por consiguiente, en una situación de esclavitud[13].

La sociedad civil había tenido siempre, por definición, unos orígenes urbanos. Los imperios paradigmáticos –el de Roma y el de Atenas– habían sido concebidos como extensiones de una sola ciudad que pasó a ser a su vez una metonimia de los imperios que había creado. No obstante, cuando la metrópoli pasó a incluir pueblos cuyos modos de vida era imposible incorporar a la cultura política de la comunidad primigenia, al imperio se convirtió en un mero conglomerado, deforme y carente de sentido. En el siglo XVIII, la visión que relacionaba el imperio con la grandeza de las ciudades, la *grandezza* maquiavélica y el programa diseñado por Botero en *Delle cause della grandezza e magnificenza delle cita* ('De la causa de la grandeza y magnificencia de las ciudades', 1588) se consideraba el origen de muchos de los males que había infligido al mundo un determinado tipo de concepción europea de la sociedad. Las ciudades modernas, al igual que los imperios modernos, eran para Diderot «monstruos de la naturaleza», que la naturaleza siempre trata de destruir[14]. En su célebre exabrupto de octubre de 1769, David Hume espetó a William Strahan que

> a pesar de mi edad, espero ser testigo de la bancarrota pública, de la rebelión total de América, de la expulsión de los ingleses de las Indias Orientales, de la reducción de Londres a menos de la mitad de sus dimensiones»[15],

detallando una serie de calamidades que en su atrabiliaria vejez deseaba ver abatirse sobre un pueblo corrupto y su gobierno. Todas ellas representaban, no obstante –como las «monarquías enormes» que tanto recelo despertaban en él–, diferentes modalidades de extralimitación. Aun cuando su disgusto por Londres sea en parte reflejo del desagrado de una persona de campo por cualquier tipo de ciudad, también responde a una convicción mucho más antigua, cuyo portavoz más destacado en tiempos de Hume fue Rousseau, según la cual, los límites de la auténtica comunidad política están determinados por la posibilidad del contacto humano. La creación de extensos Estados representaba la corrupción de este fundamento primigenio, que muchos consideraban prefijado por la naturaleza. Tal como observó Edward Gibbon a propósito del declive final de Roma,

> el apogeo de una ciudad que se ensanchó hasta convertirse en imperio merece, por su prodigiosa singularidad, la reflexión de una mente filosófica. En la prosperidad maduró el principio de la descomposición; las causas de la destrucción se multiplicaron de modo proporcional al alcance de la conquista; y no bien el tiempo o los sucesos accidentales hubieron retirado los soportes artificiales, el magnífico entramado cedió a la presión de su propio peso[16].

Los imperios modernos no eran solo extensos. También abarcaban una gran variedad de culturas distintas y por lo general divergentes. Aparte de ello, su creación se llevó a efecto por medio de la migración masiva de pueblos de una parte a otra del planeta. La inestabilidad inherente a esta modalidad concreta de extralimitación –el persistente desplazamiento *contra natura*– había servido de base a la refutación de Vázquez y Soto del derecho imperial a la soberanía sobre todo el mundo. En la época de la Ilustración, el hecho de que los europeos instalados en América, África o la India hubieran tenido que abandonar la tierra donde habían nacido y crear nuevas culturas híbridas se presentaba como el aspecto más destructivo de todo el proceso colonial.

> Con qué gran acierto –exclamó en 1791 el discípulo más celebrado de Kant, Johann Gotfried Herder (1744-1803)– ha separado la naturaleza [las naciones], no solo por medio de bosques y montañas, mares y desiertos, ríos y climas, sino ante todo mediante idiomas, aficiones y caracteres, para dificultar la tarea del despotismo subyugador, de tal forma que no puedan introducirse a la fuerza todas las porciones del planeta en el vientre de un caballo de madera[17].

Los caballos de Troya que pretenden subvertir este mundo plural por naturaleza son, por supuesto, los imperios europeos.

> Nada se revela –continuaba– más frontalmente opuesto a los objetivos de gobierno que la ampliación antinatural de los Estados, la salvaje mezcla de varias razas y naciones bajo un solo cetro.

Por más que el uso de la fuerza y los intereses económicos hubieran mantenido unidos los imperios mundiales como «frágiles maquinarias de Estado», bajo dicha estructura todos estaban «desprovistos de unificación interna y de simpatía de las partes»[18].

La idea habitual era que la verdadera sociabilidad solo podía darse en el seno de comunidades de tamaño moderado y creencias homólogas. Los imperios son, de forma inevitable, sociedades divididas entre amos y esclavos y, como reconocía Diderot, que había sido testigo presencial de este proceso en Rusia, las comunidades así divididas están abocadas a estallar un día con una violencia inaudita[19].

2

El ensayo *Ideen zur Philosophie der Geschichte der Menschheit* ('Ideas para una filosofía de la historia del hombre'), de Herder, es tal vez la condena más radical del desarraigo forzado de pueblos y la defensa más elocuente de la particularidad y la valía individual de todas las culturas[20].

No obstante, entre las críticas suscitadas en el periodo tardío de la Ilustración por estos aspectos del moderno imperialismo europeo –y, a decir verdad, por muchos más–, la que alcanzó más resonancia fue la *Histoire philosophique et politique des établissements et du commerce des Européens dans les deux Indes* del abad Thomas-Guillaume Raynal, con la que tal vez guarda la propia visión de Herder más deudas de las que habitualmente se ha reconocido[21].

Esta obra apareció en 1772 (aunque estaba fechada en 1770) de forma anónima, impresa en Ámsterdam –detalle este indicativo de un posible radicalismo– y se convirtió enseguida en un éxito de ventas, con más de treinta reediciones publicadas entre 1770 y 1787[22]. Napoleón se declaró posteriormente un «celoso discípulo de Raynal», y curiosamente en vista de lo que allí hizo, se llevó consigo a Egipto un ejemplar del libro[23]. El título en sí tenía ya considerable gancho. La primera parte, que proclamaba su condición de historia a un tiempo filosófica y política, hacía de él una obra única, tal como explicaba con cierta laboriosidad Raynal en el prefacio del Libro I: «He interrogado –aseguraba a sus lectores– a los vivos y a los muertos. He sopesado su autoridad. He contrastado sus testimonios. He clarificado los hechos». De un texto a otro, Raynal había recorrido el mundo guiado por la «augusta imagen de la verdad»[24]. La segunda parte del título no resultaba menos llamativa. Al fin se anunciaba una historia que aunaba en una sola obra las dos mitades del planeta, Oriente y Occidente, y con ellas, las dos esferas, hasta entonces inconexas, de la actividad colonial europea. Era como si la mirada de los europeos, «elevada por encima de toda preocupación», a fin de poder «planear sobre la atmósfera», fuera, en efecto, capaz de unir «la totalidad del mundo bajo uno solo»[25].

Raynal –ese «ávido indagador de las verdades de los demás», como lo ha definido John Elliott[26]– era un jesuita renegado, antiguo editor del *Mercure de France.* Con todo, a pesar del radicalismo de buena parte de la *Histoire*, era solo un reformista moderado, un hombre cuyas posturas eran, según Frederic Grimm, «mucho más acordes con la política establecida que con la justicia»[27]. También mantuvo estrechos, aunque poco divulgados, vínculos con el círculo surgido en torno al duque de Choiseul que, tras la derrota de la Guerra de los Siete Años, propugnaba la reafirmación de la presencia francesa en el Caribe y el océano Índico. Su preocupación por las repercusiones que a largo plazo pudiera tener para Europa la colonización de América le llevó a proponer en 1782 a la Académie de Lyon la concesión de un premio al mejor ensayo en respuesta a la pregunta: «¿Ha sido el descubrimiento de América útil o dañino para la humanidad?»[28]. Aun así, su figura no era el paradigma del autor de una obra que se convertiría no solo en la condena más franca de la colonización europea, sino también en una de las críticas más certeras del propio *ancien régime*[29], y que en palabras de uno de sus más encarnizados adversarios, había suscitado en todos sus lectores, una nueva clase de fanatismo: «el fanatismo de la libertad»[30].

La versión final de la *Histoire*, publicada en 1780 en Ginebra, no fue, sin embargo, producto de la pluma de Raynal más que en parte, y en proporción minoritaria, ya que además del texto original de 1772, contenía extensas contribuciones de diversos *philosophes* de primera y segunda fila, como Pechméja, Deleyre, Dubreuil, Valadier, Saint-Lambert, Lagrange y el futuro biógrafo de Diderot, Naigeon. El texto original apenas constituía más que la estructura narrativa de una serie de sorprendentes yuxtaposiciones que transformaron la obra en una *Encyclopédie* de los cambios políticos, intelectuales y sociales producidos en Europa como consecuencia de la colonización. La de Diderot fue la más original, más radical y más aplaudida de todas estas contribuciones que, por otra parte, se distanciaban del tono moderado y conciliatorio del texto original de Raynal, asumiendo un marcado punto de vista anticolonialista[31]. De este modo, el mismo Raynal se convirtió, muy a su pesar, en paladín del movimiento anticolonialista. Pierre-Victor Malouet, antiguo gobernador de Guayana, aseguraba que el abad criticó con acidez la reelaboración que de su texto hiciera Diderot, y con frecuencia había hablado mal «de su propio libro, o más bien de las interpolaciones de Diderot», lamentándose de que él «solo había recurrido a Diderot para que le corrigiera el estilo», pero que Diderot había asumido el control

> y que el abuso de la confianza que había depositado en él [Diderot], las condiciones tiránicas que había impuesto –todo o nada– habían sido causa de un justo reproche, y que lo único que era instructivo e importante de su libro era la parte que él mismo había escrito[32].

En 1785, en colaboración con Malouet, Raynal escribió *Essai sur l'administration de St Domingue* ('Ensayo sobre la administración de Santo Domingo'). Si bien en él abogaba por la aplicación de amplias reformas económicas en la colonia, en torno al espinoso tema de la esclavitud –que, como veremos, ocupa un lugar central en la *Histoire*– se limita a comentar que es la «terrible ley del más fuerte» y no olvida prevenir contra las consecuencias de la emancipación de los esclavos e incluso de la abolición del tráfico de esclavos[33]. Si la *Histoire* de Raynal llegó a ser, tal como afirmó el propio Diderot en respuesta a Grimm, «el libro que a mí me gusta y que detestan los reyes y sus cortesanos, el libro del que nacerá un nuevo Bruto»[34], se debe casi enteramente a la intervención de Diderot en el texto.

3

La *Histoire* es a la vez una celebración de los efectos humanizadores y civilizadores del comercio internacional y una condena de la colonización europea. Lejos de percibir una necesaria interrelación entre ambos, Raynal y Diderot los consideraban antitéticos. El comercio, como veremos en el capítulo 7, podía ser liberador, no solo por el tipo de actividad que constituía en sí, sino porque quienes la llevaban a cabo permanecían firmemente vinculados a los mundos en los que habían nacido. El colonizador, por el contrario, era un personaje totalmente desarraigado. Si las comunidades eran, tanto para Diderot como para Price, producto del «sentimiento de compañerismo que se da entre las personas en su vida privada», la persona disoluta, desnaturalizada, y por tanto incivilizada, solo podía crear sociedades fragmentarias, inestables y con el tiempo letales para todos cuantos se veían obligados a entrar en contacto con ella. De este modo, el blanco de las críticas más elocuentes de la *Histoire* no es tanto el proceso colonial en sí –si bien este también está en el punto de mira de Raynal– como el individuo que dicho proceso había creado. Esta postura se apoyaba en la tesis propuesta en 1776 por el gran naturalista francés Georges Buffon. Buffon había advertido la existencia de especies en América –o lo que supuso como tales– que, aun siendo claramente identificables con las de Europa, se presentaban más frágiles y de menor tamaño. A partir de esta observación (falsa), dedujo que, debido a la ecología del continente, todas las formas de vida de América eran menores, peor formadas y adolecían de una menor actividad sexual y coherencia de propósito en relación a las de Europa. Dicha conclusión no solo era aplicable a la vida vegetal y animal, sino también a los humanos, tanto a los indígenas como a los emigrantes, que degeneraban al cabo de una o dos generaciones. La tesis de Buffon gozó de una gran popularidad en Europa y fue sostenida con variaciones por William Robertson, el propio

Raynal y, como caso más notorio, por el filósofo naturalista holandés Cornelius de Pauw, cuyas *Recherches philosophiques sur les américains*, de 1769, pintan un espantoso panorama de un continente totalmente degenerado e incorregible[35].

La supuesta inferioridad natural de América y los perniciosos efectos que se creía que ejercía sobre todas las manifestaciones de vida ofrecían, a quienes estaban dispuestos a darles crédito, una poderosa plataforma para negar legitimidad a las sociedades criollas allí surgidas. Para Diderot, sin embargo, la decadencia moral de las poblaciones de colonizadores estaba predeterminada por la decisión de los emigrantes de abandonar su país. Si la civilidad solo era posible en el seno de comunidades asentadas, quienes optaban por dejar dichas comunidades eran por fuerza seres con una muy débil concepción de lo que representaba ser una persona. La emigración implicaba el abandono de la *civitas*, de ese «espíritu nacional», en palabras de Diderot, definitorio y creador de la personalidad que conformaba la identidad social de todo individuo. Diderot había demostrado desde mucho antes su preocupación hacia la fragilidad de la personalidad humana, la cual expresó numerosas veces en su producción teatral. Somos lo que han hecho de nosotros los mundos en los que hemos nacido, pero solo poseemos, en todo momento, una tenue noción de esa individualidad. Basta separar a una persona de su metrópoli para que dicha noción se debilite de forma inmediata. «Cuanto mayor es la distancia de la capital», escribió en una notable evocación del proceso de despersonalización, más resbala sobre su cara la máscara de la identidad del viajero. En la frontera, 'esta cae por completo' *(Il tombe sur la frontière).* De un hemisferio a otro, ¿en qué se ha convertido el viajero? En nada. Una vez traspasado el ecuador, un hombre no es inglés, ni holandés, ni francés, ni español, ni portugués. Todo cuanto conserva de su país de origen son los principios y prejuicios que autorizan o excusan su conducta[36].

Lo que él denominaba *les expéditions de long cours* habían dado lugar, en su opinión, «a una nueva generación de nómadas salvajes... Esos hombres que visitan tantos países que acaban por no pertenecer a ninguno... Esos anfibios que viven en la superficie de las aguas»[37]. Estos eran los productos de los numerosos descontentos de la civilización,

> de la tiranía, crimen, ambición, sufrimiento, curiosidad, un indefinible desasosiego de espíritu y el deseo de ver, aburrimiento, el desagrado por los placeres habituales... todas esas cosas que en todas las edades han llevado *(expatrié)* y continuarán llevando consigo a otros lugares a los hombres[38].

Esas criaturas llevaban «en el fondo de sus corazones los gérmenes de la depredación» que, bajo otros cielos y lejos de la mirada pública, había crecido «con inconcebible furia», hasta consumir finalmente la totalidad de su persona[39]. Las sociedades instauradas por dichas criaturas solo podían ser sociedades de inicuos. «Los individuos sin industria, sin guías ni costumbres», como los había calificado sin miramientos Talleyrand, «y como tales criaturas de vicio, ignorancia y miseria no pueden fundar, solo pueden destruir»[40]. Hasta los holandeses, un pueblo envidiado en Europa por sus leyes tolerantes y moderadas, su constitución republicana y su dedicación a las metas paralelas del comercio y la libertad, habían sucumbido, al parecer, a una corrupción irreversible por culpa de su compromiso con su imperio de ultramar[41].

La única excepción posible a esta lamentable norma era la ofrecida por los ingleses. La evidente anglofilia del texto original de Raynal llevó a uno de sus lectores, Émilien Petit, diputado del Consejo Superior de las Colonias Francesas, a señalar con acritud que el abad abrigaba sin duda «una extrema preferencia por el gobierno británico y la nación inglesa»[42]. Con todo, la imagen que transmite la *Histoire* de los colonizadores norteamericanos como soporte de un nuevo orden social ilustrado se debió en gran medida a Diderot. A juicio de este, los ingleses habían sido los únicos que no habían ido a ultramar impulsados por la codicia, la *soif d'or,* que inevitablemente lleva emparejada el ansia de sangre[43], ni siquiera por un afán de imponer sus propias creencias a otras gentes. Habían ido a América en busca de libertad[44]. En tanto que el resto de razas de Europa había exportado lo peor, los ingleses habían dado lo mejor de sí, y mientras que los criollos españoles, portugueses y franceses se habían vuelto, bajo el punto de vista de Diderot, «más o menos degenerados»[45], los angloamericanos habían mantenido y fomentado su amor por la libertad hasta el punto de haber superado a tal respecto el de su madre patria, que cada vez se decantaba más hacia la tiranía. Tal como señaló en 1772 el marqués de Chastellux en *De la félicité publique*, aquella era una América que había sido «poblada bajo los auspicios de la libertad y la razón»[46]. Qué gran diferencia, observaba Diderot, había entre «el destino de un imperio fundado en la virtud» y el de los que habían instaurado en América Francia, España y Portugal, o los fundados por los portugueses y británicos en la India. Aquí se advertía una virtud sin entusiasmo, y en la figura un tanto mitificada del cuáquero era posible atisbar, cuando menos a distancia, la transición entre la del republicano de la Antigüedad y la del moderno comerciante. Aun cuando en su opinión, nunca había existido ningún gobierno totalmente bueno ni enteramente malo, Diderot creía en la existencia de gobiernos mucho «más sabios en su constitución, más simples en sus costumbres, más limitados en sus ambiciones» que otros, lo cual los envolvía «en un secreto bienestar» que hacía de ellos los exponentes más próximos que podían darse del prototipo ideal. Entre ellos citaba el de Pensilvania:

> Esta república –a su parecer–, sin guerras, sin conquistas, sin conflictos, sin ninguna de las revoluciones que paralizan la apasionada e inquieta mirada del populacho, se erigirá en espectáculo para el universo entero[47].

Algún día, creía Diderot, el ejemplo de los nuevos americanos podría llegar a servir incluso de modelo a partir del cual los europeos pudieran reconstruir su propio mundo corrupto. Por este motivo, declaraba, la causa de los rebeldes americanos era «la de toda la raza humana; se convertirá en nuestra causa». Dado que para Diderot, la prosperidad y el éxito material eran necesaria consecuencia de un gobierno justo, las Trece Colonias estaban destinadas a prosperar. La misma Pensilvania había demostrado, en su corta historia, lo acertado de dicha convicción. ¿Quién puede no creer, preguntaba, en la posibilidad de que con el tiempo se invierta el antiguo equilibrio entre el viejo y el nuevo mundo, de que «Europa halle un día sus gobernantes entre sus hijos»?[48].

La visión de Diderot era, por supuesto, totalmente acorde con la imagen que los colonos tenían de sí mismos y también con la generada por sus simpatizantes británicos. «Y en América –había escrito unos años antes Arthur Young– España, Portugal y Francia han implantado el despotismo; solo Gran Bretaña ha implantado la libertad»[49]. La consonancia llegaba hasta el punto de que Diderot no tomase en cuenta las masacres de indios ni la expropiación de tierras indias, que tal como denunciaban otros observadores menos favorables a las Trece Colonias, eran actos tan vituperables como los cometidos por otros europeos en otras zonas de América. En ciertos aspectos, la América británica parecía corresponder a la colonia que, en su ataque a la visión excesivamente mecanicista de la naturaleza humana de Claude-Adrien Helvétius, Diderot había imaginado situada en «algún remoto confín del mundo», una colonia distinta de las demás, que se hallaría a medio camino entre la condición salvaje y lo que con sarcasmo él designaba como «nuestro maravilloso estado civil». Este sería el punto intermedio en el inexorable y a la postre ruinoso progreso del hombre, una comunidad reducida

> en la que reside la felicidad de la especie[50]... un entorno *(milieu)* que retardaría el progreso de los hijos de Prometeo... y que situaría al hombre entre la infancia del salvaje y nuestra actual decrepitud[51].

Esta visión era la misma que había percibido unos años antes Richard Price con igual claridad aunque con mucha menos elocuencia:

> Nuestras colonias americanas –escribió en 1776–, en especial las del norte, se hallan desde hace un tiempo en el más feliz estado de sociedad, o en el estado medio de civilización, entre su primer estado inculto y el último, refinado y corrupto[52].

Los nuevos Estados Unidos no eran, sin duda, Utopía, pero Diderot, como Price, no tenía tiempo para soñar utopías y para él, aun sin ser la sociedad ideal, esta era, cuando menos, la sociedad óptima que era factible erigir.

4

A juicio de Diderot, en América, como en la India y en Asia, no cabía distinción entre el comportamiento del resto de los europeos «en todos los países del Nuevo Mundo»[53]. Su incansable vagabundeo no los había convertido en salvajes, pues los salvajes tienen acceso a las virtudes de la vida simple enmarcada «en la naturaleza», a las cuales se ha visto obligado a renunciar el hombre civilizado. Se habían vuelto «bárbaros» personas que, según las definió Diderot en otra obra, arrastraban la maldición de «esa sombría disposición que torna al hombre insensible a las delicias de la naturaleza o el arte y la dulzura de la sociedad»[54]. Los «salvajes» solo existen en un entorno cultural concreto, mientras que los «bárbaros», al igual que el *homo homini lupus* de Hobbes, conviven siempre con nosotros por más desarrollada que pueda parecer nuestra civilización. Estos nuevos bárbaros han destruido –o tratado de destruir, como hacen todos los bárbaros– las culturas de los pueblos entre los que se han asentado. A este crimen, los colonizadores de América habían sumado otro que, bajo el punto de vista de Diderot, tenía consecuencias aún más trágicas: la esclavitud. Si la *Histoire* es en un nivel una historia del comercio, en otro –sobre todo en los pasajes en los que contribuyó Diderot– es una de las más destacadas aportaciones a la literatura antiesclavista de finales del siglo XVIII[55].

En mayor o menor medida, todas las colonias europeas de América eran sociedades esclavistas y todos aquellos que en Europa o en la propia América mostraban un mayor o menor grado de hostilidad hacia el antiguo orden colonial mantenían la convicción de que las sociedades esclavistas eran, de por sí, generadoras de corrupción humana. Para David Hume, la dependencia de las repúblicas de la Antigüedad del trabajo de los esclavos hacía de ellas, a pesar de sus virtudes ejemplares, modelos inservibles para la libertad moderna.

> Algunos apasionados admiradores de los antiguos y celosos partidarios de la libertad civil –escribió Hume– no pueden evitar lamentar la pérdida de dicha institución; y a la vez que califican toda sumisión al gobierno de una sola persona con la dura denominación de esclavitud, aceptarían gustosos la reducción de una gran parte de la humanidad a la esclavitud y la servidumbre reales. Sin embargo, cualquiera que reflexione con frialdad sobre este asunto verá que la naturaleza humana disfruta, en general, de más libertad actualmente, bajo el más arbitrario gobierno de Europa, que durante el más floreciente

periodo de la Antigüedad... Los restos de esclavitud doméstica que quedan aún, en las colonias americanas y en otras naciones europeas, no pueden crear en modo alguno el deseo de universalizarla más[56].

De igual forma que las repúblicas de la Antigüedad habían alcanzado, a pesar de su aparente virtud, un grado de corrupción irreversible a causa de la explotación de los esclavos, así, aseguraba Condorcet, la sociedad que, como la suya propia, toleraba la esclavitud en todas las regiones del mundo sobre las que tenía autoridad, «no sería una sociedad de hombres sino una pandilla de bandidos»[57]. Por esta razón, tal como señaló Turgot a Richard Price en 1778, ni siquiera los nacientes Estados Unidos, a pesar de sus manifiestas virtudes, podrían ser una genuina *respublica* mientras utilizaran la fuerza de trabajo de esclavos, ya que «la esclavitud es incompatible con una buena constitución»[58].

La esclavitud moderna y antigua tenían similares efectos deshumanizadores y provocaban un idéntico grado de degradación moral para el esclavo y, a la larga, para el amo. Había, sin embargo, una diferencia crucial entre ambas. La esclavitud moderna no se produjo, como la antigua, para suplir unas necesidades internas. Se había inventado para servir a los objetivos de los nuevos imperios coloniales, y para ello no solo había privado de su libertad natural a miles de seres inocentes, sino que también había originado un continuado y aborrecible tráfico de mercancía humana.

La breve historia de la esclavitud del libro undécimo de la *Histoire* (probablemente redactada por Jean de Pechmeja) describe el proceso de extinción de la antigua esclavitud acaecido en Europa a comienzos de la Edad Media. Este feliz acontecimiento había sido el resultado involuntario de las guerras sostenidas entre las monarquías europeas y su nobleza feudal, que habían llevado a los monarcas a inventar «ardides» como «la protección de los esclavos frente a la tiranía de sus amos» con objeto de «minar el poder de los nobles disminuyendo el número de sus súbditos». Si bien esta «feliz política» se aplicó más por intereses personales que por defender los «principios de humanidad y benevolencia» que caracterizaban la moderna oposición a la esclavitud, aun así, sus objetivos fueron los mismos, y, a diferencia de la moderna oposición, había logrado sus frutos[59].

A principios del siglo XV la esclavitud había dejado prácticamente de existir en Europa. Lo que se inició a raíz de la colonización de América y de la constatación de que, por motivos políticos y sociales, los indígenas americanos no eran aptos para ser esclavizados, fue al igual que el propio descubrimiento, un nuevo punto de partida de la historia europea. Por vez primera, en lugar de capturar los esclavos en las denominadas «guerras justas» y en lugar de «salvar» (una de las etimologías atribuidas al término *servus)* a un cautivo de la muerte que su captor tenía derecho a infligirle, tal como insistía el derecho romano, los hombres comenzaron a comprar esclavos que no eran culpables de ningún acto de agresión. Una vez comprados, eran transportados de un extremo a otro del mundo[60], con lo que experimentaban un doble proceso de deshumanización, al ser privados de su libertad personal y separados a la fuerza del lugar, el *domus,* que les había otorgado, como a todas las personas, su identidad social.

La esclavitud es para Pechmeja, como para Raynal, un mal evidente porque niega al hombre su único derecho inalienable, la «propiedad de sí mismo», la cual lejos de limitarse a la libre capacidad de acción, constituye, al igual que la misma razón, «el carácter distintivo del hombre». Tal como argumentaría más tarde ante la Convención Nacional un prominente abolicionista, la esclavitud no solo «hacía de la raza humana una mercancía», sino que además valoraba al hombre en función del atributo, la fuerza física, que era precisamente el menos intrínseco a la identidad humana y representaba por tanto «la mayor afrenta a nuestra naturaleza»[61]. La libertad de elegir aunque solo fuera la propia modalidad de compensación humana –rasgo que diferenciaba con mayor claridad al esclavo del jornalero europeo con el cual se comparaba a menudo su condición– era una forma, como lo expresó Diderot, de «disfrute de la propia 'mente'» *(esprit).* Privado de este atributo esencial al hombre, el esclavo se veía reducido a un nivel inferior incluso al de los perros que los españoles habían llevado consigo a América, puesto que el perro es solo un autómata, mientras que el esclavo sigue conservando algo que nunca pueden acabar de arrebatarle: su conciencia[62]: él *sabe* que es un esclavo. De la posesión de la clara noción de lo que representaba ser humano y la privación simultánea de humanidad se deducía que el esclavo, a diferencia del hombre libre que pudiera sufrir similares limitaciones en cuanto a su capacidad de elección real («la mayoría de las naciones –como observaba Diderot– viven encadenadas»), no puede tener motivos de esperanza ni la perspectiva de «esos felices tiempos, esos siglos de Ilustración y de prosperidad» que tal vez permitan un día que hasta el más miserable jornalero recupere su plena identidad[63].

La esclavitud, sostenía Condorcet en *Réflexions sur l'esclavage des négres* –que imprimió en 1781 haciéndose pasar por un pastor alemán llamado M. Schwartz– constituía una relación puramente privada, ya que se regía por las leyes de propiedad. Incluso el criado ligado por un contrato que, en cierto sentido, había aceptado su esclavitud, había vendido solo el derecho de uso de su fuerza de trabajo, y su relación con sus amos estaba supeditada al derecho público y no al privado. El esclavo, por el contrario, era una mera cosa legal (una *res),* exactamente igual que lo había sido para el derecho romano, y como tal estaba totalmente a merced del «capricho de su amo»[64].

La esclavitud era para Condorcet un mal cuya abolición estaba obligado a procurar todo hombre civilizado e ilustrado. Muchos de quienes mostraban un cierto grado de compasión por la situación de los africanos deseaban mantener, no obstante, la distinción entre la esclavitud por una parte, y por otra, el tráfico de esclavos. Esto permitía apoyar, como hacían muchos, entre ellos Antoine Barnave, la institución de la esclavitud en sí como un mal necesario, al tiempo que daban rienda suelta a su indignación moral por el sistema de captura y transporte que había hecho posible su existencia. Incluso ciertos autores, como el abogado de inquebrantable actitud procolonialista Michel René Hilliard d'Auberteuil, estaban dispuestos a admitir que si bien la situación de la mayoría de los esclavos del Caribe francés era «mejor que la de los jornaleros europeos», la contemplación del tráfico de esclavos equivalía a experimentar «un momento de horror que paraliza todas las facultades». Aun sin ser «peligroso o contrario al bienestar público», en «este siglo de las luces» sí constituía una amenaza «para las costumbres» y un potencial peligro moral para la Francia metropolitana[65]. Por este motivo, era recomendable en su opinión dejar esta actividad en manos de los ingleses y otros «enemigos políticos nuestros» que en todo caso eran más aptos para ella.

Diderot, sin embargo, tenía otro motivo para insistir en que el tráfico era peor que la institución. Él no pretendía en modo alguno restar importancia a la situación que padecían los esclavos una vez llegados a América, y compartía la postura de Condorcet, que denunciaba que quienes propugnaban un código de conducta más rígido con el fin de proteger a los esclavos, en lugar de la plena emancipación, no hacían más que «añadir hipocresía a la barbarie»[66]. Para él, sin embargo, el tráfico de esclavos no era solo una flagrante violación de los derechos naturales de innumerables individuos humanos; era además la mayor y más devastadora migración forzada de la historia de la humanidad, que había causado la aniquilación, si no en un sentido literal, al menos culturalmente, de razas enteras[67].

El argumento que se utilizaba desde el siglo XV para justificar el tráfico –la alegación de que los africanos habían sido capturados en una guerra justa «en su lugar de origen»[68]– fue rechazado por Diderot, como antes por Montesquieu, por engañoso, dado que, como señalaba Diderot, ningún Estado puede vender lo que no le pertenece. El derecho romano sobre la esclavitud, en el que de un modo u otro aún se basaba la moderna legislación sobre el tema, había tratado a los seres humanos como objetos de las mismas leyes de propiedad que las cosas inanimadas. Pero tal como lo formuló el jurista escocés George Wallace –parte de cuya denuncia de la esclavitud incorporó Louis de Jaucourt en su artículo «*Traite des négres*» de la *Encyclopédie*–: «los hombres y su libertad no están *in comercio*»[69]. Fuera falsa o no, la afirmación de que la guerra era la causa última de la esclavitud evocaba la imagen, todavía más espantosa, de las guerras africanas que se libraban con la única finalidad de proporcionar mano de trabajo al hombre blanco. «Dicho comercio», se lamentaba en 1776 Granville Sharp, uno de los primeros abolicionistas ingleses, aprovechaba «la ignorancia y brutalidad de las naciones no ilustradas, que son alentadas a guerrear entre sí con el fin de servir a este mismo propósito»[70]. Europa, denunciaba Condorcet, «no solo es culpable del crimen de reducir a los hombres a la esclavitud sino también, de todas las matanzas que se cometen en África con objeto de facilitar dicho crimen»[71]. Los desórdenes y conflictos que agitaban la sociedad africana y que habían permitido que los esclavistas presentaran un argumento legal ampliamente aceptado aun a pesar de su lógica incoherencia, eran una consecuencia más de los imperios coloniales europeos. Por otra parte, a diferencia de la esclavitud de la Antigüedad –que, aun siendo lamentable, cumplía una función en el tipo de sociedad que sustentaba–, la esclavitud moderna, alegaba Diderot, «es un comercio que se basa en la injusticia y que solo tiene el lujo por objeto», es decir, los dos males paralelos que según la visión de los ilustrados amenazaban el buen orden de la sociedad[72]. El resultado final de esta nueva y mortífera combinación de esclavitud y comercio había sido la generación de una variedad de migración masiva involuntaria. «A fin de repoblar una parte del mundo que habéis devastado –acusaba Diderot a los *féroces européens*– habéis corrompido y despoblado otra»[73].

5

La despoblación, un espectro de aparición casi constante en la teoría social del siglo XVIII, amenazaba, a juicio de Diderot y de muchos de sus contemporáneos, con convertir en un yermo no solo América sino también África. Puesto que la población autóctona de África sufría una constante merma para satisfacer la «insaciable codicia» de los colonizadores europeos de América, puesto que las poblaciones indígenas del antes populoso continente americano, diezmadas por la enfermedad y la conquista, no se habían mostrado dispuestas o capaces de recuperar la densidad previa a la conquista[74], puesto que los degenerados colonizadores de América eran igualmente incapaces de reproducirse y los esclavos preferían destruir su descendencia antes que verla nacer para padecer la esclavitud[75], Diderot creía que la humanidad se enfrentaba a la perspectiva de un mundo aquejado por una acelerada despoblación. «Liberad a los esclavos –pedía Louis de Jaucourt– y en cuestión de unas pocas generaciones, esta vasta y fértil tierra estará llena de habitantes»[76]. Además de constituir una violación de todos los derechos humanos y un insulto a la decencia humana, la esclavitud era, como insistía Diderot, «perjudicial para los [propios] intereses» de los «crueles opresores». Para él, la misma norma general que condicionaba la relación entre amos y esclavos era extrapolable a la relación, menos inhumana, de la colonia con la metrópoli. Una relación basada en la reciprocidad, la benevolencia, el reconocimiento de los derechos del otro, se revelaría al final no solo como menos reprobable desde el punto de vista moral, sino también más susceptible de procurar una continuidad política y una prosperidad económica que la cimentada en la represión y la coerción.

> Dad a los esclavos una patria –escribió en la *Histoire*–, unos intereses compartidos, tierras para trabajar y una forma de producción más acorde con sus gustos, y no faltarán brazos a vuestras colonias. Liberadlos de sus cadenas y serán más activos y a la vez más robustos[77].

Diderot era asimismo consciente, al igual que Montesquieu, de que uno de los rasgos de la moderna colonización y de las nuevas rutas comerciales que había contribuido a crear era que la metrópoli jamás podía quedar totalmente al margen de las consecuencias de los procesos de la expansión a ultramar que ella misma había iniciado. Las colonias de la Antigüedad habían sido, según la metáfora empleada por Turgot, «como frutas»[78] que habían permanecido prendidas al árbol hasta madurar. Las colonias modernas, en cambio, al haber sido creadas para exportar e imponer una civilización y mantenidas por los beneficios derivados del comercio o la minería, habían permanecido sujetas a sus madres patrias mucho después de haber alcanzado su madurez. Lo que ocurría en Mileto o en Éfeso apenas tenía repercusiones morales sobre lo que sucedía en Atenas. El proceder de los colonizadores americanos tenía, por el contrario, constantes repercusiones, a menudo devastadoras, sobre el desarrollo de los acontecimientos en Europa. El refugio seguro y saneado frente a las fuerzas potencialmente destructoras albergadas por la sociedad europea que imaginó el marqués de Chastellux no tomaba en cuenta que, a pesar de la distancia, las colonias europeas seguían ligadas a Europa desde el punto de vista social, cultural y político.

> Unos dos siglos después de que Europa se despoblara vertiendo su población en Asia –comentó Diderot, resumiendo toda la historia de la expansión europea a ultramar– llegó la migración a América. Esa revolución redujo todas las cosas al caos y trajo entre nosotros una amalgama de los vicios y corrupciones de todos los climas[79].

Este diagnóstico se contemplaba desde hacía tiempo como una evidencia en el caso de los españoles. El imperio español, explicó Montesquieu, lo había «destruido todo a fin de preservarlo todo»[80], y en ese proceso se había destruido a sí mismo. Tanto los franceses como los ingleses tuvieron a este respecto, desde el principio, una imagen de sí mismos mucho más halagüeña que la de los fanáticos españoles. «Ni los franceses ni los ingleses», declaró el historiador Charles de Rochefort en 1665, habían aplicado «las crueles y bárbaras máximas de los españoles, ni habían exterminado de forma tan lastimosa a los primitivos habitantes del país»[81]. Si bien tales afirmaciones contenían tal vez algo de verdad, ni franceses ni ingleses podían permitirse tanta autocomplacencia hacia la segunda mitad del siglo XVIII. Aun cuando estas dos naciones tuvieran un mejor historial de comportamiento en relación a los indígenas americanos, el cual era por otra parte casi enteramente atribuible a las circunstancias y no a un designio voluntario, ambas practicaban la esclavitud y ambas extraían beneficios –cosa que no hacían los españoles– del tráfico de esclavos. Y en torno a 1760, esta cuestión se había convertido en un problema moral mucho más acuciante que el exterminio de los amerindios. No en vano, tal como insistían Diderot, Condorcet y otros, nadie podía pretender llevar una vida civilizada o ilustrada en un mundo en el que todavía florecían la esclavitud y el tráfico de esclavos. Si, como creía la mayoría de personas, la esclavitud provocaba un servilismo de carácter en los hombres e incluso en razas enteras, la relación entre amos y esclavos produciría, de modo tan ineludible como la deshumanización del esclavo, la corrupción de los amos. La esclavitud, había declarado Montesquieu,

> no es buena por naturaleza. No es útil ni para el amo ni para el esclavo: no lo es para este último porque no puede hacer nada movido por la virtud, no lo es para el primero porque contrae de sus esclavos toda suerte de malos hábitos; se acostumbra de forma imperceptible a faltar a todas las virtudes morales al tiempo que se vuelve orgulloso, brusco, irascible, voluptuoso y cruel[82].

Thomas Jefferson –aun cuando como es sabido incurrió en la contradicción de no liberar a sus propios esclavos– comprendió claramente que la posesión de esclavos acabaría convirtiendo al amo en un tirano[83]. El disfrute de los frutos del trabajo de los esclavos, afirmaba Hilliard d'Auberteuil, era una situación lamentable pero necesaria para la supervivencia de una sociedad colonial en gran medida basada en la producción de azúcar en climas que, según se creía, eran incapaces de soportar los trabajadores blancos. Esto se debía, no obstante, a un hecho histórico, argüía, y por tanto una ley de la naturaleza que «la sociedad humana ha demostrado siempre, y continuará demostrándolo, la violencia del fuerte y la sumisión del débil»[84]. No obstante, también sentía repugnancia por los colonos, con quienes había convivido y que con tanto ardor defendía.

> Su tiranía para con sus esclavos –escribió– la consideran ellos un derecho y tienen su injusticia por un acto de fuerza. Se enorgullecen de su bellaquería retorcida y carecen de [buenas] costumbres. Cada una de sus acciones está dominada por una asombrosa mezcla de avaricia, perversión y vileza y crueldad[85].

El contacto con tales personas podía, al parecer, socavar incluso la más poderosamente arraigada preocupación por el bienestar de los demás. Esto era, en opinión de Brissot, lo que le había ocurrido a Barnave, que, a raíz de su asociación con los colonos, pasó de ser un «firme defensor de la libertad» a adoptar la causa, el lenguaje y las creencias de aquellos cuya «costumbre de mandar esclavos, de tratarlos como si fueran animales domésticos, los ha llenado de prejuicios que son los más insultantes para la humanidad»[86]. A juicio de Diderot, la esclavitud había parapetado de este modo a los europeos ante un componente esencial de su propia humanidad: su compasión. Desde hacía un siglo, aseguraba, Europa había respaldado las «más sensatas y sublimes máximas morales», en las que se habían «desenmascarado con valentía» innumerables errores. La fraternidad del conjunto de la humanidad había quedado «establecida de la manera más conmovedora en diversos escritos inmortales». En el silencio del gabinete o en el teatro, cualquier padecimiento humano imaginable era capaz de hacer brotar las lágrimas de los hombres y mujeres europeos cultos. Había, sin embargo, una excepción. Para las sociedades ilustradas de Europa, el esclavo africano no existía. «Solamente el fatal destino de los desdichados negros –lamentaba– carece de interés para nosotros»[87]. Al igual que el médico cuya capacidad de emocionarse ante el espectáculo del dolor físico se ve mermada por la visión constante de la sangre y los huesos, así el conjunto de la sociedad civilizada europea se había vuelto insensible al sufrimiento del africano[88].

El motivo de esta indiferencia no era solo la prolongada familiaridad con el fenómeno. También tenía un componente racial. Los indígenas americanos, e incluso los hindúes, habían inspirado la natural benevolencia de los europeos, pero no así los africanos, porque a diferencia de aquéllos, el africano era negro. El color de la piel, como reconoció en los años inmediatamente posteriores a la Revolución el diputado de Martinica Médéric Moreau de Saint-Méry, suponía una barrera aun mayor entre el esclavo y el amo que la servidumbre en sí[89]. Este racismo, sostenía Diderot, había sido suscitado, como tantos otros de los males que afligían a Europa, por la Iglesia: «La teología –denunciaba– que ha procurado envolverlo todo con un halo de maravilla y misterio con objeto de reservarse para sí el derecho de explicación» ha inventado esta «atroz fantasía» que es la historia del descendiente de Caín[90]. Todo aquel que hubiera examinado la cuestión debía reconocer, sin embargo, que no existía correlación alguna entre el color de la piel y la manera de proceder. La evidente actitud servil del esclavo no era una consecuencia de su raza, sino de su esclavitud. Tal como aseguraba en 1776 Brissot, utilizando un tópico al que se había recurrido con mucha frecuencia desde mediados del siglo XVI, «el bárbaro e ignorante esclavo, nacido a orillas del Bósforo, sería un republicano ilustrado de haber nacido en Filadelfia»[91]. Incluso un personaje antirrevolucionario y partidario de la esclavitud como Malouet daba por cierta esta afirmación, si bien para él esta era precisamente una de las razones por las que no debía permitirse que los esclavos abandonaran la casa de su amo si no era sometidos «a la vigilancia de una fuerza policial»[92]. La esclavitud moderna, que fue producto exclusivo de la colonización moderna, se había apropiado de un primitivo mito judaico para crear una raza de seres infrahumanos cuya identidad moral se había asociado con toda crudeza al color de su piel, hasta el punto de que una persona tan refinada e ilustrada como el marqués de Mirabeau podía llegar a describir a los africanos como «una raza aparte de hombres, distinta y separada de nuestra especie»[93]. Para Diderot, sin embargo, la relativa facilidad con que la mayoría de europeos había aceptado, aun cuando solo fuera tácitamente, esos argumentos racistas, o los argumentos utilitaristas –elegantemente resumidos en los postulados de Barnave, según los cuales «cada vez que uno cree estar haciendo algo en favor de la filosofía, hace infinitamente mucho más en detrimento de la paz y la tranquilidad»[94]– no era más que el inevitable desenlace de un proceso de deshumanización. Era la contrapartida moderna del «lujo» que tanto habían temido los romanos y que la colonización había infligido no solo sobre los mismos colonizadores, sino también sobre la cultura metropolitana.

La comprensión del sufrimiento no solo exige el reconocimiento de la humanidad que el observador comparte con la víctima; también requiere una proyección de la imaginación. La irrupción de otros mundos en el espacio imaginativo y cognitivo europeo había permitido que dicha proyección se diera por entonces solo en los pocos ilustrados que aún eran capaces de mantener en primer plano la existencia de una benevolencia universal. Para la mayoría de ellos, la creación de los imperios europeos de ultramar había generado los instrumentos de su propia destrucción moral. Por este motivo, Diderot acabó cifrando en una revolución, capitaneada por un nuevo «Espartaco negro», la única esperanza de que el mundo colonial europeo abriera los ojos a las iniquidades que había creado.

El apasionado tributo que Diderot rindió a esta figura sería interpretado más tarde como una evocación profética de Toussaint Louverture[95]. No es pues extraño que Raynal se erigiera, por encima de Rousseau o Condorcet, en el profeta del nuevo orden durante el periodo de gobierno de Toussaint en Santo Domingo, entre 1800 y 1802[96]. El nuevo Espartaco de Diderot no es, sin embargo, solamente un vengador, ni siquiera el necesario instrumento de la liberación política; también es –como lo fuera en el siglo XVI Bartolomé de las Casas, el «apóstol de los indios»– el catalizador de la redención para los europeos.

Para los escritores de la Ilustración, los imperios europeos de ultramar estaban destinados a una rápida extinción, bien a manos de los colonizadores o bien, en los lugares como Asia donde aún poseían una voluntad independiente y la tecnología necesaria, de las propias poblaciones autóctonas. El mantenimiento de esas antiguas estructuras coloniales ya no podía procurar –en el supuesto de que alguna vez lo hubiera procurado– ningún objetivo humanamente aceptable. No obstante, Diderot era tan consciente como el mismo Raynal de que la complejidad del mundo imperial del momento hacía imposible que su desmantelamiento corriera a cargo de un grupo único sin que de ello se derivaran ingentes pérdidas para todas las partes implicadas. Al cabo de 300 años, la fusión de los intereses de los colonizadores y los colonizados era tal que no podían diferenciarse fácilmente. La abolición del tráfico de esclavos y su emancipación no presentarían dificultades sociales, morales o económicas inmediatas. Los europeos no podían, empero, devolver sin más a África a los descendientes de los africanos que habían capturado allí, como tampoco podían abandonar a los indígenas americanos las ciudades por ellos fundadas. Por más disgusto y desconfianza que le inspiraran las poblaciones de europeos asentados en América y las causas que habían generado su existencia, Diderot reconocía que por entonces constituían pueblos distintos, con identidad propia. La creencia de Herder de que lo que él llamaba las «vejigas hinchadas con forma humana»[97] se tornarían al final tan «disipadas y consumidas» que «los nativos no tendrán dificultad para asestar el golpe de gracia al árbol podrido»[98], era una mera absurdidad. La descolonización, que por lo demás nadie se planteaba seriamente, debía exigir por fuerza soluciones mucho más complejas y menos intransigentes que la simple retirada o la esperanza en la desaparición definitiva de los colonizadores. Requeriría la integración de los infortunados criollos en un mundo plenamente mestizo en el que, según la imaginativa descripción de Diderot, «a través de la consanguinidad los extranjeros y los nativos del lugar formaran un sola familia común». En un mundo así, aseguraba con optimismo, no habría «habido armas ni guerras ni soldados, solo un gran número de mujeres jóvenes para los hombres y muchos hombres jóvenes para las mujeres»[99]. Incluso había abrigado la esperanza de que la legislación promulgada por la Corona portuguesa en 1755 (que trataba de poner fin al tráfico de esclavos y frenar los peores abusos de los colonizadores) despertara suficiente confianza en los indios de Brasil y Paraguay para «hacerlos salir... de sus selvas» y de que pudiera «desarrollarse de forma imperceptible una completa confianza entre los americanos y los europeos de tal manera que con el tiempo puedan llegar a formar un solo pueblo»[100].

Las potencias europeas deberían reconocer asimismo que las sociedades que habían contribuido a crear al otro lado del Atlántico se habían convertido ya en auténticos «nuevos» mundos independientes, cuyo futuro no corría paralelo al de sus respectivas «madres patrias». Esta era, al menos, una de las lecciones que franceses y españoles podían extraer del desenlace de la Revolución americana: que transformando un conglomerado de Estados ligados por una dependencia política y económica en una federación de Estados independientes unidos por una identidad cultural común, era factible la conservación por parte de los anteriores imperios europeos de ultramar de una parte de los beneficios que aún podían generar para todos aquellos que habían participado en su devenir.

7. Del imperio a la federación

Les lois de Rome, faites pour gouverner une ville, succombèrent sous le poids du monde entier.

Anne-Robert Turgot, *Tableau philosophique des progrès succesifs de l'esprit humain*

1

Desde una perspectiva típica del siglo XVIII, la trayectoria de los imperios europeos podía contemplarse como el desdichado desenlace de un encuentro entre culturas inmersas en estadios desiguales de su desarrollo histórico. De no haber contado los primeros colonizadores europeos con una tecnología superior, habrían sido expulsados de América, África y la India o se habrían visto obligados a comerciar de forma pacífica y equitativa con los habitantes autóctonos como hacían en China. De haber sido tan «ilustrados» en la cultura y la filosofía como sus críticos del siglo XVIII, no se habrían embarcado de entrada en un proyecto de conquista y colonización. La realidad fue, como reconocía Adam Smith, proyectando la mirada hacia un posible equilibrio futuro más igualitario entre las naciones:

> En el momento concreto en que tuvieron lugar esos descubrimientos, la superioridad de fuerzas de los europeos era tanta que pudieron cometer con impunidad toda suerte de injusticias en aquellos remotos países. Es posible que en un futuro los indígenas de esos países cobren fuerzas o que se debiliten las de Europa, y que los habitantes de todas las regiones del planeta lleguen a una equivalencia de arrojo y de fortaleza que, al inspirar un temor recíproco, subsane con su poder intimidatorio la injusticia de los Estados independientes y les insufle algún tipo de respeto hacia los derechos de los demás.

No obstante, a pesar de los males que incluso para alguien tan poco sentimental como Smith parecía haber legado el colonialismo al mundo, este también parecía haber generado, en especial en Francia y Gran Bretaña, el remedio para su propia enfermedad: *le remède dans le mal*, según la percepción de Rousseau de un trastorno humano bastante parecido[1]. Este remedio era el comercio. Tal como vimos en el capítulo 4, para muchos autores del siglo XVIII, el comercio ofrecía el único mecanismo mediante el cual era posible transformar los antiguos imperios europeos en modernas comunidades productivas y cooperantes. Los argumentos de Smith, Hume, Turgot, Mirabeau, Campomanes y Ward se habían centrado por igual en los límites económicos que imponían las sociedades comercialmente prósperas a las decisiones políticas potencialmente destructivas.

En la historiografía de los siglos XVIII y XIX, las trayectorias que arrancaban de los afanes de riqueza mineral, gloria militar y evangelización para desembocar en una búsqueda de riqueza a través del comercio y el cultivo de la tierra, pasaron a conformar una visión del desarrollo social humano en la que la guerra y los imperios basados en la posesión de la tierra, cuya creación se fundamentó en la virtud militar, eran considerados como una mera fase del desarrollo histórico de la humanidad. «La guerra antecede, pues, al comercio –escribió Benjamin Constant en 1813–. La primera es puro impulso salvaje; la segunda, cálculo civilizado»[2].

Constant exponía sus teorías en una época en la que el derrumbe del imperio napoleónico hacía impensable que cualquier potencia europea se embarcase en nuevas aventuras imperiales. No obstante, ya en la primera década del siglo XVIII, la conquista había pasado a ser considerada como un modo de comportamiento adaptado a las aspiraciones de anteriores formas sociales, marcadas por los imperativos económicos derivados de una dedicación predominante a la caza y a la recolección. La creación de las antiguas colonias, escribió el marqués de Mirabeau en *L'Ami des hommes*, en 1758, era correlativa a un periodo de la historia humana en el que la guerra había sido una especie de bandolerismo y en que el «nivel de necesidad» existente en cada sociedad había creado el «honor de los imperios». El honor se alimentaba de la conquista; el «espíritu de conquista» dependía a su vez del terror, y el terror, comentaba maliciosamente Mirabeau, «no tiene muchos vecinos»[3]. Lo que Le Mercier de la Rivière, amigo y colaborador de Mirabeau, denominó en 1767 el «orden esencial» de las sociedades modernas había dejado de basarse en la necesidad física para agruparse en consonancia con las leyes de la propiedad y el intercambio. Asimismo, de igual manera como ese «orden esencial» se había refundido a mediados del siglo XVIII para adoptar el lenguaje empleado para describir las relaciones puramente privadas, el mismo enfoque se aplicó a la relación entre Estados. En un mundo así definido, la única asociación beneficiosa que podía darse entre las sociedades debía estar basada, como entre los individuos de una misma sociedad, en el intercambio y no en la apropiación[4]. El comercio sustituye a la conquista, y la conversación y el intercambio voluntario, a la guerra. Las sociedades conquistadoras están poseídas, declaraba Le Mercier, «por un fuego devorador que no puede existir sin consumirse a sí mismo; tarde o temprano sepultará a quienes primero lo prendieron». Eso era precisamente lo que le había ocurrido a la República de Roma cuando emprendió la creación de «un sistema que creía en la validez de todo cuanto la fuerza pudiera adquirir»[5]. Las sociedades modernas perseguían, por el contrario, objetivos comerciales. Lo que les convenía, por más estrechez de miras que tuvieran a la hora de concretar sus intereses, no era conquistar a sus vecinos, sino procurar su prosperidad, ya que en un mundo comercial, la prosperidad de una nación producía de modo inevitable la prosperidad de las demás. «Como súbdito británico», David Hume hacía votos por «el florecimiento del comercio de Alemania, España, Italia e incluso la propia Francia», ya que «Gran Bretaña y todas estas naciones serían más florecientes si sus soberanos y ministros adoptaran estos generosos sentimientos de benevolencia recíproca»[6].

La visión que estos autores tenían de las relaciones comerciales abarcaba, con todo, otra dimensión de alcance muy superior. «Nada», escribió Smith, era más susceptible de fomentar la «equivalencia de arrojo y de fortaleza» entre naciones que él predecía que «la mutua comunicación de conocimientos y de toda suerte de adelantos que conlleva naturalmente, o más bien necesariamente, un comercio global entre todos los países»[7].

Desde este punto de vista, el comercio era mucho más que el simple intercambio de mercancías. Era, tal como lo expresó uno de los comentaristas del abad Raynal, Paul Ulrich Dubuisson, «la ciencia de las necesidades de los otros»[8]. Desde la Antigüedad, el intercambio de mercancías, la adquisición de conocimientos y la noción de una humanidad común habían compartido un único vocabulario. El comercio *(commercium)* exigía comunicación, y la comunicación a la larga traería consigo, no solo el fin de las hostilidades entre naciones, sino una mayor conciencia humana de la identidad y singularidad de los demás. Mirabeau estaba convencido de que la sustitución por el comercio de las relaciones basadas en lo que él denominaba la «avidez de conquista», «beneficiaría a todos, extranjeros y compatriotas por igual», puesto que todos pasarían a ser hermanos en el seno de una fraternidad global llamada «humanidad»[9]. El comercio, aseguraba con entusiasmo Mirabeau, era la expresión de un nivel nacional e internacional de reciprocidad que unía a los individuos como miembros de una sola familia:

> Todo en el universo es comercio ya que por comercio deben entenderse todas las relaciones naturales e indispensables de la totalidad de la especie y que serán siempre las mantenidas entre un hombre y otro, entre una familia, una sociedad, una nación y otra[10].

Para ciertos autores aún más optimistas, como Joseph Mandrillon, el verdadero destino de Colón no había sido llevar a los europeos a las Américas sino «abrir nuevas rutas en los océanos... crear lazos de fraternidad entre los dos mundos»[11].

Dada su condición de «nuevo brazo del mundo moral», como lo describió Diderot[12], el comercio se convertiría sin duda un día en el agente del nuevo orden mundial, un nuevo imperio que en lugar de basarse en el poder y el pillaje, se cimentaría en la reciprocidad.

> Una guerra entre naciones comerciales –escribió en un extraordinario pasaje– es un fuego que las destruye a todas. No está lejano el tiempo en que los decretos de los gobernantes amplíen su campo a las transacciones individuales entre súbditos de distintas naciones y en que la bancarrota, cuyas repercusiones se dejan sentir a tan grandes distancias, se convierta en asunto de Estado... y los anales de todos los pueblos deban ser escritos por filósofos comerciales *(commerçants philosophes)* así como antes fueron escritos por oradores históricos[13].

El desplazamiento metafórico del orador al historiador comercial versado en filosofía es muy significativo. Para el mundo antiguo –cuyas pretensiones de autoridad moral universal inspiraban un profundo recelo en Diderot–, los límites de la comunidad estaban definidos, tal como insistía Rousseau, por el radio de alcance y potencia de la voz humana[14]. La comunidad del «historiador comercial», en cambio, es global y los medios de comunicación de que dispone –la palabra escrita y el intercambio de mercancías– servirán para construir sociedades mucho más complejas, y a la postre mucho más humanas, que las represivas oligarquías de Roma o Atenas. Esta sería la auténtica «sociedad universal», que, a juicio de Diderot, debe

existir para los intereses comunes y recíprocos de todos los hombres de que se compone. La comunicación mantenida entre unos y otros debe originar un aumento de su felicidad. El comercio es el ejercicio de esta preciada libertad, en la que ha llamado la naturaleza a todos los hombres a depositar su felicidad e incluso su virtud[15].

Esta visión era compartida por la mayoría de aquellos que habían cifrado, aunque vagamente, sus esperanzas de futuro en el poder humanizador del *doux commerce* de Montesquieu. A pesar de ser un tratado sobre población, *L'Ami des hommes* de Mirabeau está consagrado ante todo a la definición de las condiciones que posibilitarían la futura instauración de una «monarquía universal» que no sería, sin embargo, como las del pasado, un sinónimo de «devastación universal»[16], sino una alianza entre naciones comerciales. El gobernante que promoviera esta clase de universalismo sería el verdadero «Amigo de la humanidad» *(L'Ami des hommes).* Cualquier conflicto que surgiera en el mundo podría resolverlo fácilmente una alianza militar entre los socios, puesto que al estar unidos por lo que Mirabeau denominaba «la confraternidad universal del comercio», todos los componentes de esta nueva federación global estarían abocados por la coincidencia de intereses y el reconocimiento de una humanidad común a funcionar juntos como una sola nación.

Supongamos ahora –escribió– que ese príncipe, el Amigo de la humanidad, cuyas acciones y opiniones son divulgadas plena-

> mente y cuya política se lleva a cabo ante la mirada pública, supongamos que se viera obligado a hacer uso de la espada para apoyar la causa común de la humanidad; ¿puede concebirse que dicha guerra no se convirtiera en la causa común de todos los poderes aliados? Y después, una vez liberado por una declaración de guerra de las ataduras de la justicia que de otro modo podrían impedirme imponer incluso el yugo de la humanidad, yo *[L'Ami des hommes]* no daría mi aprobación a ningún tratado, salvo el que sentara las bases de la incorporación a la confraternidad universal del comercio.

Este «sería el único yugo que me sería permitido imponer a nuestros vecinos y el único imperio que sería útil y factible ejercer sobre ellos». Y, agregaba Mirabeau, todo aquel que desdeñara tales proyectos como algo que no pasaba de ser *un rechauffé de Platon et de sa république* incurría en un triste error. «Ese extraordinario genio» no había hecho más que batir las alas en el aire de la especulación metafísica, mientras que «yo hablo tras haber examinado los hechos tal como son y haber extraído de ellos las medidas correspondientes que deben aplicarse»[17].

Este optimismo en torno a las potenciales consecuencias benéficas de las relaciones comerciales no era unánime. Los observadores más escépticos advertían que el mismo comercio, o lo que Hume había identificado como «el celo del comercio»[18], podía convertirse, más que en sustituto de la guerra, en nueva causa de confrontaciones. Aun cuando Hume contemplara, como sostiene J. G. A. Pocock, «el comercio y la pasión como fuerzas dinámicas que contribuían a la construcción de la sociedad política y de una historia activa y cinética»[19], también reconocía que las guerras comerciales podían estar imbuidas de una ferocidad mayor que las guerras hasta entonces conocidas.

> El comercio se ha convertido hoy en día –había denunciado ya en 1704 Andrew Fletcher– en la manzana de la discordia, por la cual pugnan todas las naciones del mundo, y en motivo de tan gran parcialidad que además de procurar todas y cada una de las naciones hacerse con el comercio de la totalidad del mundo, cada ciudad intenta acapararlo para sí... Y –puntualizaba– los ingleses no son menos culpables de dichas parcialidades que cualquier otra nación comercial[20].

Aparte de ello, quien observara atentamente el escenario político del siglo anterior difícilmente podía dejar de advertir que el desplazamiento de énfasis de la conquista al comercio, del honor militar y espiritual al provecho económico, no había sido un proceso tan prístino como confiaban muchos de los economistas políticos del siglo XVIII. Era evidente que las afirmaciones de los autores de la *Universal History,* uno de los proyectos más característicos del siglo XVIII, según los cuales,

> la apertura del comercio a las Indias que puede considerarse realmente como la rueda principal de la gran máquina del comercio... Mediante ella se impulsó a las multitudes a dedicar su tiempo y su esfuerzo al cultivo de las artes de la paz y de la mejora de los países donde habitaban; en lugar de cifrar todas sus esperanzas de superarse y enriquecerse por medio del pillaje y la opresión de sus vecinos; y esto fue lo que por fases, según fueron saliendo a la luz los múltiples y benéficos efectos de dicha disposición, imprimió un nuevo giro a la política y animó

> a los príncipes y a sus ministros a centrar la atención en el fomento de la industria como el instrumento más seguro y eficaz de volver a sus súbditos, y por consiguiente a sí mismos, ricos y poderosos...

eran cuando menos incompletas[21].

Aun cuando el comercio, como concepto, como sistema de intercambio, tuviera en efecto el poder de «refinar las costumbres», según la célebre expresión de Montesquieu[22], pocos de los que observaban desde Europa las prácticas comerciales del momento tenían depositadas grandes expectativas en la clase mercantil como posible artífice del nuevo orden mundial. Los fisiócratas, en particular, hacían una clara distinción entre el comercio y el comerciante. Los comerciantes, como sabían por experiencia propia, se guiaban solo por intereses a corto plazo, y en Francia habían hecho cuanto estuvo en sus manos para bloquear la legislación destinada a liberalizar el mercado nacional de cereales. Carecían de la amplitud de miras necesaria para anteponer el bien de la nación al provecho propio, precisamente porque los intereses de quienes vivían de los beneficios eran, en palabras de Smith, «siempre en ciertos sentidos distintos, e incluso contrapuestos, a los del público»[23]. Eran muchos los comerciantes que parecían compartir el mismo espíritu de conquista que sus antecesores. Era igual de descabellado, escribió Dubuisson, confundir el «comercio» con el «comerciante» que el sacerdote con el culto al que servía. Ello se debía en parte, tal como sostenía Mercier de la Rivière en 1767, a que el comercio designaba una compleja modalidad de comportamiento que abarcaba un amplio abanico de actividades en las que se incluía no solo el comerciante, sino también el productor y el consumidor[24]. Otro motivo era que los mismos comerciantes carecían de lo que Dubuisson llamaba «una noble idea de su profesión». Dedicados exclusivamente a la persecución de sus propios intereses en la misma medida en que lo habían hecho los antiguos guerreros, era ocioso pretender que la mayoría de ellos profesaran una confianza mutua, la cual resultaba imprescindible para el buen funcionamiento de la totalidad del sistema. El comercio con las regiones de ultramar requería, como paso preliminar, el asentamiento en ellas, y el asentamiento sin conquista también podía ser un motivo de honor. Aquellos –escribió Dubuisson remitiéndose a la historia de las antiguas colonias francesas de Canadá, que se habían visto obligados a ocupar «espacios abiertos»– lo habían hecho impulsados no tanto por las necesidades o el nuevo espíritu de comercio como «agitados por los residuos del espíritu de caballería»[25]. Así, al igual que las autoridades españolas habían tenido dificultades para convencer a los recién llegados de que abandonaran sus aspiraciones a acceder a la condición de caballeros en favor de la agricultura y el comercio, del mismo modo se lamentaba en 1679 el gobernador de Nueva Francia ante la Corona de que, si bien «los intereses de Su Majestad son que la colonia se funde en especial para fines de cultivo y explotación de la tierra»[26], la mayor parte de los colonizadores rehusaban volcarse en otra actividad que no fuera el comercio. Eran, tal como los calificó Barin de la Galissonière, gobernador de Nueva Francia entre 1747 y 1749, «demasiado vagos y altaneros»[27]. Esta imagen del comerciante aventurero como metamorfosis de la antigua *noblesse de l'épée* presidiría buena parte de los debates sostenidos en la

Francia del siglo XVIII en torno al significado histórico mundial de las sociedades comerciales que el descubrimiento de América había contribuido a crear.

Dado que el auténtico «espíritu de comercio» –el *doux commerce* de Montesquieu– dependía de unos entramados de cooperación y confianza, y de personas que fueran capaces de comprender plenamente que para que un sistema comercial funcionara debía ser capaz de aportar beneficios a todos los que participaban en él, se consideraba en gran medida circunscrito a los Estados europeos cuyas sociedades eran, si no repúblicas constitucionales, sí al menos de mentalidad republicana. Tal como había declarado Bernardo Ward, las ciudades-Estado republicanas de la Italia renacentista y la Liga Hanseática habían podido dedicarse a la consecución del provecho comercial a expensas de la gloria militar porque en dichas sociedades el dominio de lo público y de lo privado eran coincidentes[28]. En las monarquías, sin embargo, y en la monarquía española en particular, la noción del honor individual adquirido, aunque fuera solo en teoría, por medio de las armas, mantenía una separación entre el ámbito de lo público y lo privado. De acuerdo con el análisis realizado por Ward, esta concepción de la nobleza basada en un código de honor puramente personal había sido útil para el antiguo orden feudal, pero en una sociedad moderna estaba frontalmente contrapuesta a los intereses del Estado, de lo cual daba sobradas pruebas el caso español. Por esta misma razón, el prestigioso mercantilista español Jerónimo de Uztáriz (1670-1732), al propugnar la adopción de similares objetivos por parte de la Corona española, había alabado los esfuerzos de Colbert para convencer a la aristocracia francesa de que «nunca por esta causa [por el comercio] se perjudicaría a su nobleza»[29].

Algunos, sobre todo los fisiócratas franceses, eran del parecer de que, de todas las potencias coloniales europeas, únicamente Gran Bretaña había logrado transformar a fondo su antiguo genio militar en espíritu de comercio. El imperio británico, dijo François Quesnay, había creado una «constitución cartaginesa» donde

> no solo las colonias, sino las mismas provincias de la metrópoli están sujetas a las leyes del comercio y transporte, donde las leyes del comercio marítimo no están supeditadas a las leyes de la política, donde los intereses de la tierra cultivada *(glèbe)* del Estado están subordinados a los intereses de los negociantes, donde el comercio de productos agrícolas, la propiedad de la tierra y aun el propio Estado, están considerados como accesorios de la metrópoli, y la metrópoli como formada por comerciantes[30].

Esta visión no era, sin embargo, tanto un reflejo de las realidades perceptibles del sistema británico como de la ambición de crear el tipo de federación que hacia finales del siglo XVIII proponía la mayoría de los pensadores ilustrados a sus respectivos gobernantes[31]. En su lado positivo era una proyección de los deseos de los mercantilistas ingleses, como sir Josiah Child (él mismo comerciante); en el negativo –como los retratos que trazó Quesnay de China y Perú–, un futuro proyecto para el reino de Francia disfrazado de descripción sociológica. El argumento de Quesnay según el cual el carácter del sistema inglés derivaba del hecho de que Inglaterra era, en todos los aspectos destacados, una «república mercantil», y que en dichas repúblicas las leyes de la política estaban subordinadas a las del comercio, mientras que en «los imperios monárquicos, la política y los intereses del comercio y el transporte están grandemente contrapuestos... y los comerciantes no son considerados más que como accesorios para la metrópoli», estaba influido por la descripción de la constitución inglesa realizada por Montesquieu y también por la postura de los numerosos panfletistas británicos, que afirmaban que era la libertad del gobierno británico –y su protestantismo– lo que le había permitido tomar la delantera a los regímenes tiránicos, y católicos, del sur. En consonancia con esta postura, una vez relegada al olvido la visión que sir Walter Raleigh se había forjado de Guayana, los colonizadores británicos habían fabricado, como vimos en el capítulo 3, una imagen de sí mismos como pacíficos agricultores y comerciantes amantes de la libertad. Ellos no eran, como sus rivales españoles, arcaicos conquistadores, Quijotes del Nuevo Mundo que, enfundados en oxidadas armaduras, representaban escenas extraídas de las novelas de caballerías. Ellos no habían conquistado. Habían cultivado tierras que habían comprado y habían comerciado con los pueblos indígenas entre los cuales se habían asentado. Era además evidente, cuando menos bajo su punto de vista, que solo las sociedades coloniales constituidas de este modo podían aspirar a una prosperidad comercial a la larga. Los españoles, por el contrario, como a menudo temían Campomanes y Ward, estaban condenados, a raíz de sus orígenes, a repetir no solo los gloriosos comienzos de Roma, sino también su ignominioso final.

Esta versión no contaba, sin embargo, con una aprobación unánime, ni siquiera en la misma Gran Bretaña. Los británicos tenían quizá razón al asegurar, al menos antes del avance más allá de los Apalaches, que habían obrado con mucha menos brutalidad que los españoles. No obstante, tal como señaló Richard Price, en un momento en que la retórica de la autocomplacencia por el supuesto carácter pacífico de la invasión británica de América llegaba a sus máximas cotas a ambos lados del Atlántico, los británicos no habían abrigado actitudes menos sanguinarias ni menos ávidas de gloria y de las riquezas ofrecidas por la conquista que sus vecinos católicos. La diferencia estaba en que no habían tenido ocasión de manifestarlas.

> Volved la mirada hacia la India –indicaba–. Allí se han cometido más barbaridades de las que en la actualidad se intentan en América. Allí los ingleses, movidos por el afán de pillaje y el espíritu de conquista, han despoblado reinos enteros y arruinado a millones de personas inocentes mediante la más infame opresión y rapacidad. La justicia de la nación ha pasado por alto tales enormidades. ¿Dejará de advertirlas la justicia del cielo? ¿Acaso no nos tienen por execrables en ambos extremos del mundo?[32].

Para Price, como para muchos de los paladines de la causa de los revolucionarios americanos, ni la, en gran medida, mítica «constitución inglesa», ni la aún más ilusoria pasión británica por la libertad podían garantizar la implantación del tipo de sociedad basada en la reciprocidad y la benevolencia a la que –al igual que Diderot y Condorcet en Francia, y Campomanes y Ward en España– aspiraba para el futuro. Como Smith, Diderot y Turgot –y a pesar de que Smith lo tildaba de «un filósofo sumamente superficial, del todo inepto como calculador»[33]–, Price advertía que dichas aspiraciones no podían encuadrarse en un marco cultural tan antiguo y localizado. El comercio era un asunto internacional y las psicologías y las costumbres que hacían posible su existencia debían estar representadas en un escenario mundial y debían pasar, por tanto, a formar parte integral de las relaciones internacionales. Había que brindar a los *commerçants philosophes* de Diderot el papel de portavoces ante la totalidad del mundo hasta que todas sus regiones estuvieran en condiciones de zafarse plenamente de la tenaza del antiguo orden militarista, aristocrático, monárquico; y homicida.

Por otra parte, era bastante improbable que *le doux commerce* pudiera cumplir esta función en el marco de las antiguas estructuras imperiales. El único tipo de orden político internacional que permitiría ejercer al mercado su natural benevolencia era aquel en que los imperios se hubieran transmutado en federaciones internacionales de Estados, unidos, no en el plano político ni militar, sino por medio de vínculos culturales e intereses económicos comunes.

«La actual política de Europa con respecto a América», escribió Mirabeau, se había empeñado en combinar tres *esprits* totalmente incompatibles: el de dominación, el de comercio y el de «población» (léase asentamientos) para formar «un nuevo, y, me atrevo a decirlo, monstruoso sistema»[34]. La tarea que, en su opinión, debía emprender todo hombre de Estado sensato era separar dichos elementos, trocando la antigua dominación por los beneficios modernos, más evidentes, del comercio y la población. Al igual que la mayoría de los observadores de la década de 1750, preveía que tarde o temprano «el nuevo mundo se liberará sin duda del yugo del antiguo». También reconocía, como lo harían más tarde Turgot y Smith, que cualquier medida que tomaran para impedirlo los «pequeños cerebros» que ostentaban el poder en Londres, París o Madrid únicamente daría el trágico resultado de destruir la posibilidad de transformar unos «súbditos de mantenimiento a menudo oneroso» en «poderosos hermanos, siempre dispuestos a ayudar»[35]. Mirabeau era asimismo consciente de que dicha transformación solo podría lograrse mediante un nuevo sistema comercial en el que se sustituyeran los imperios por asociaciones de libre comercio entre naciones-Estado independientes y en el que el cálculo de los beneficios que reportaría a cada uno de sus integrantes tomara el relevo de los vanos afanes de honor y de gloria, e incluso de salvación cristiana. Roma había sido destruida por fuerzas provenientes del exterior. Las provincias habían invadido la metrópoli[36]. Los imperios europeos de América se habían desmoronado, en cambio, porque en su seno habían surgido nuevas culturas políticas y porque, tal como lo formuló Benjamin Constant, la moderna búsqueda del placer y la utilidad había «opuesto la ironía a todo el entusiasmo real o fingido» que había sustentado unos proyectos tan anticuados[37]. Los modelos que habían inspirado las ideologías del imperio en las tres monarquías europeas se habían ceñido con excesiva timidez a los de la Antigüedad, demostrando una incapacidad cada vez mayor para explicar el perfil de un mundo moderno y complejo. Tal como observó Turgot al reflexionar sobre la defunción, para él definitiva, de los primeros imperios europeos de ultramar, las «leyes de Roma, hechas para gobernar una ciudad, sucumbieron bajo el peso del mundo entero»[38].

2

Andrew Fletcher captó de modo certero algunas de las implicaciones de todo ello en *Relación de una conversación en torno a la regulación de derechos del gobierno para el bien común de la humanidad (An Account of a Conversation concerning the Right Regulation of the Government for the Common Good of Mankind),* de 1704. En esta obra, sir Charles Musgrave presenta en realidad una corroboración del argumento de Grocio que afirma que la relación entre Estados no debe atenerse a otras consideraciones que no sean el beneficio de la propia comunidad, o, tal como él lo formula, «el ciudadano que está al servicio de su país... no está obligado a tener los mismos escrúpulos que tiene en su vida privada; y debe ser fiel a la confianza pública y procurar que el Estado no sufra ningún perjuicio», aun cuando para ello tenga que defender, por ejemplo, el provecho conseguido a raíz de una guerra injusta. A esto Fletcher respondía de la siguiente manera:

> En ese caso, dije, ningún hombre puede ser buen ciudadano de un país concreto y buen ciudadano del mundo; ningún hombre puede ser verdaderamente amigo de su país y del conjunto de la humanidad[39].

La única forma de superar la tendencia humana a actuar «sin tomar en cuenta al resto de la humanidad» era, como sostendría Immanuel Kant en 1795, en *Proyecto para una paz perpetua (Zum ewigen Frieden. Ein philosophischer Entwurf),* crear una federación universal unida por intereses comerciales comunes. Solo así se sentarían las bases de lo que en *Idea para una historia universal con un designio cosmopolita (Idee zur einer allgemeinen Geschihte in weltburger Absicht),* de 1784, había descrito como el «más elevado designio de la naturaleza, una *existencia cosmopolita* universal», que había de ser la «matriz en la que puedan desarrollarse todas las capacidades primigenias de la raza humana»[40].

Fletcher no era, por supuesto, un kantiano *avant la lettre* (aunque como Istvan Hont ha señalado, el *Proyecto* de Kant y la *Relación* de Fletcher «siguen vías parecidas»)[41]. El modelo de relación entre las naciones del mundo que proponía era el de la Liga Aquea, en lugar del *Imperium* romano –o el Estado de naturaleza sin trabas–, pero, al igual que sus sucesores franceses y alemanes, de tendencias más decididamente cosmopolitas, su inquietud era que el concepto de «humanidad» ocupara un lugar preeminente[42]. Se lamentaba de que la teoría política, lo que él definía como el «continuo proyecto de constituciones», siempre hubiera sido diseñada «solamente en relación a las naciones concretas para las que eran formuladas, sin tomar en cuenta al resto de la humanidad». El interés propio condiciona la natural tendencia de los hombres a pensar ateniéndose exclusivamente a los limitados ámbitos de lo particular:

> Creo que la humanidad estaría mejor resguardada ante tales convulsiones de desgracias si en lugar de definir gobiernos tomando en cuenta una sola sociedad, como a mi entender han hecho hasta ahora todos los legisladores, constituyéramos otros que no fueran menos ventajosos para nuestros vecinos que para nosotros mismos[43].

Para Fletcher resultaba evidente que ningún pueblo podía plantearse su existencia aislado del resto del mundo. Para detener el natural proceso de decadencia de los imperios modernos derivado de sus orígenes expansionistas, estos debían transformarse en algo mucho más parecido a las federaciones, en algo similar a la imagen –útil, aunque inexacta– que Fletcher compartía con James Wilson de la Liga Aquea, esa «gran obra maestra de la política humana», como la calificó Wilson[44]. Era preferible, como dijo Fletcher, una liga de «ciudades de tamaño moderado» que «una gran ciudad pervertida e ingobernable»[45].

La idea que propugnaban todos los teóricos de la federación, de Fletcher a Wilson, no era la alianza de comunidades semiindependientes con asuntos exteriores, controles fiscales y una buena parte de sus leyes dictadas por un gobierno federal central; el tipo de modelo que acabaron adoptando los Estados Unidos. Fletcher, al igual que Mirabeau (y que Benjamin Franklin en las *Acts of Confederacy and Perpetual Union,* de 1775)[46], y al igual, como veremos, que Kant, imaginaba una relación más holgada y a un tiempo mucho más grandiosa, una relación que fuera una confederación efectiva de Estados independientes, como los integrantes de la asamblea anfictiónica, los cuales conservaron, a decir de James Madison, «su carácter de Estados independientes y soberanos y contaron con igualdad de votos en la asamblea federal»[47]. Únicamente un sistema mundial de este tipo, dividido por el clima, la cultura y el idioma pero unido por unos objetivos económicos y políticos podría garantizar la paz mundial y aportar las condiciones necesarias para el logro de lo que Fletcher denominaba «el bien e interés general de la humanidad». En el mundo moderno, pluralista en el terreno comercial, político y cultural, lo único que podía sentar las bases de las que «dependen todas y cada una de las distintas sociedades»[48], era su consideración desde una óptica universal. En un sistema mundial desregulado, sostenía Kant, todos los Estados deben

> esperar de los demás exactamente los mismos males que anteriormente oprimían al hombre individual [en el estado de naturaleza] y que le obligaron a formar Estados civiles gobernados por leyes.

La única escapatoria frente a un mundo en que los grandes Estados dotados de mayor poder militar y avances tecnológicos estaban en condiciones de absorber a todos los demás sería

> una federación de pueblos en la que cada Estado, incluso el más diminuto, pudiera mantener su seguridad y sus derechos no en función de su propia potencia o de sus propias disposiciones legales, sino pura y exclusivamente a partir de esa gran federación *(Foedus Amphictyonum)* de un poder unido y de las decisiones conformes a la ley adoptadas por una voluntad común[49].

Los críticos de la Ilustración –desde Herder a finales del siglo XVIII a Adorno y Horkheimer en el XX– han denunciado que estas inquietudes por el bienestar de la «humanidad» apenas pasaban de ser una mal disimulada actualización de los antiguos órdenes imperialistas, un barniz que tapaba la anterior apariencia de tosquedad[50]. Es cierto, por ejemplo, que el programa de Condorcet para el «Progreso futuro del espíritu humano» –escrito mientras se escondía en 1793 de los agentes del presente revolucionario– recambia los árbitros del antiguo orden mundial –los «tiranos, sacerdotes e hipócritas»– por científicos ilustrados del nuevo y sustituye la conquista, física y espiritual, por la instrucción ilustrada. Ello se correspondía con la creencia de Condorcet de que los pueblos de América, África, Asia y otros «países distantes»

> parecen estar aguardando solo a que los civilicen y a recibir de nosotros los medios para civilizarse, y a encontrar un espíritu de hermandad entre los europeos para convertirse en sus discípulos y amigos[51].

Existe, no obstante, una enorme diferencia entre estos programas pensados para los habitantes de los «países distantes» del mundo, o incluso para los egipcios conquistados por Napoléon, y, por poner un ejemplo, los antiguos planes diseñados por españoles, franceses y británicos para los indígenas americanos.

Aun cuando compartieran, tal como denuncian sus críticos, el mismo postulado básico: que la civilización europea, ya sea en su variante secular-republicana o en la monárquico-cristiana, es incuestionablemente buena y puede exportarse sin problemas al resto del mundo, para Condorcet y Kant –e incluso, seguramente para Napoleón– dicha creencia no se funda, empero, en una concepción de una cultura militar expansionista respaldada en unos derechos. No presupone que la situación real de los no europeos pueda conferir derechos a los europeos ni sostiene que la oposición de los no europeos a adoptar la civilización europea pueda legitimar la apropiación de bienes y personas no europeos. Estos pueden ser guiados, pero nunca obligados. Además, el mundo en el que todos –europeos y no europeos, sin distinción– deberán finalmente vivir debe ser un mundo en el que todas las partes obtengan iguales beneficios. Es decir, que ya no se admite el intercambio de la servidumbre personal por los supuestos beneficios de la redención cristiana, y ni siquiera, en los casos menos extremos, por la protección ofrecida por una tecnología superior. La reformulación del imperio como confederación promovida por la Ilustración aspiraba, tal como no se cansó de repetir Kant, a facilitar un proceso en virtud del cual los pueblos se volverían «civilizados» en el pleno sentido de la palabra[52].

Una federación de tales características no sería un imperio, una «monarquía universal», esa «amalgama de naciones separadas dependientes de un poder único que ha dominado al resto», puesto que las diferencias lingüísticas y «religiosas», según denominación de Kant, que existen entre los pueblos hacen imposible el mantenimiento de esa clase de Estado mundial más allá de un breve periodo de tiempo. «La naturaleza –y en esto Kant coincide plenamente con Herder– tiene otros designios». El nuevo universalismo no sería, como lo fue el imperio de Roma, el producto del desmoronamiento del republicanismo. Sería su conclusión natural. En las nuevas repúblicas que, según creía Kant, se crearían a imagen de la francesa, habría «más caridad y menos pleitos, más confianza en la palabra dada». Habría, en definitiva, un mayor nivel de confianza, pero esta confianza no debía depositarse en los propios homólogos religiosos o nacionales, sino en una comunidad regida por leyes y sustentada en la reciprocidad. Para Kant, civilización significaba la mejoría de todas las relaciones humanas englobadas en dicho orden. Él, sin embargo, se oponía claramente a la pretensión de llegar a construirlo alterando, como habían hecho los antiguos imperios cristianos, la naturaleza de las creencias humanas. La sociabilidad constituía para Kant el ya célebre equilibrio de las fuerzas asociales albergadas por la naturaleza humana, la tensión entre la inclinación del hombre «a vivir en sociedad» y su «tendencia a vivir como individuo»[53]. Lo que finalmente induciría a la humanidad a unirse en un orden único no era la abolición de la diferencia –ya que ello habría exigido la reestructuración del individuo– sino su racionalización. El aumento de la «cultura», la conciencia colectiva de la raza, daría como fruto, en su opinión, que

> los hombres avancen de forma paulatina hacia una mayor coincidencia de principios, hacia la comprensión mutua y la paz. Y a diferencia del despotismo universal que agota las energías del hombre y acaba en el cementerio de la libertad, esta paz sea creada y garantizada por un equilibrio de fuerzas y por una más vigorosa rivalidad[54].

En la cultura política de la confianza, que solo las repúblicas pueden sustentar, sería posible ampliar esta noción de cooperación competitiva a

> las naciones en las relaciones exteriores sostenidas entre sí hasta llegar a forjar la sociedad cosmopolita, sin que tengan que ensancharse en lo más mínimo los fundamentos morales de la humanidad[55].

3

Aunque Kant raras veces hace mención a otro orden político distinto del europeo, su *ius cosmopoliticum* estaba pensado para abarcar, literalmente, el mundo entero. La mayoría de los escritos kantianos sobre el cosmopolitismo fueron asimismo redactados después de la Revolución francesa, cuando esta parecía haber creado algunas de las condiciones externas necesarias para esta transformación[56]. No obstante, a pesar de la improbabilidad, plenamente asumida por el propio Kant, de que su idea del cosmopolitismo pudiera plasmarse en la realidad presente, en el momento del estallido de la Guerra de Independencia americana la élite intelectual de las tres culturas europeas en las que se centra este libro advertía con toda claridad que la creación de relaciones internacionales estables y de redes comerciales rentables –consideradas ambas como los principales objetivos morales de los gobiernos– solo podía ser producto de la libertad política. Únicamente los Estados libres podían federarse con otros. «En los lugares donde los gobiernos están en manos de los colonizadores –escribió Mirabeau– han florecido la industria, el comercio y las artes en grado igual a los de Europa»[57]. Las otras sociedades coloniales no habían sido más que toscos, ineficaces y tiránicos simulacros de las culturas de sus metrópolis. Los esclavos no son buenos productores y las personas siempre se esfuerzan más si su trabajo redunda en interés propio. La instauración de un conjunto de Estados libres en América aumentaría y diversificaría sobremanera la base del comercio mundial. En términos puramente económicos, las metrópolis no tenían nada que perder y sí mucho que ganar, puesto que lo único a lo que renunciarían sería a la carga de la administración y a los gastos de defensa. No en vano, como argumentaba Turgot, los países como Suiza y Austria, que nunca habían emprendido ninguna colonización en ultramar, por entonces extraían casi tantos beneficios de la existencia de las colonias americanas como las respectivas madres patrias de estas[58].

El que fueran los ingleses los primeros que hubieron de sentir las amargas consecuencias de esta verdad era una paradoja que no pasó inadvertida a sus rivales europeos.

> Los pobres ingleses –escribió en 1776 Turgot a Pierre Samuel Du Pont– han recibido un severo castigo por todas las estupideces *(bêtises)* que han dicho sobre el comercio y sus regulaciones políticas... Ahora tendrán que volverse economistas[59].

No obstante, al igual que los mismos ingleses, muchos observadores franceses y no pocos españoles habían visto que la «laxitud» del gobierno colonial británico hacía más probable una ruptura de las relaciones políticas entre la colonia y la metrópoli mucho antes de que se produjera una ruptura en el plano cultural. Si los despóticos gobiernos de España y Francia

> no pueden mantener más que de forma muy imperfecta su autoridad sobre sus colonias americanas –se preguntaba el deán de Gloucester, Josiah Tucker–, ¿qué esperanza podía caber para «unas colonias que son hijas de una constitución libre?[60].

Si bien esta «constitución libre» raras veces fue una realidad, para los observadores más perspicaces resultaba, con todo, evidente que en los imperios extensos lo que siempre habían vinculado el centro a la periferia no habían sido unos intereses calculados, sino unas lealtades basadas en una identidad cultural común y unos objetivos comunes. «Los intereses correctamente entendidos de los dos países –escribió Talleyrand en el Año V de la Revolución– son el verdadero vínculo que los une, y dicho vínculo será mucho más fuerte si comparten unos orígenes comunes... A una gran distancia, cualquier otra forma de contacto deviene con el tiempo ilusoria». Canadá, agregaba formulando un certero augurio, nunca dejaría de ser francés[61]. De dichas observaciones se derivaba que si la cultura era lo único que ligaba la colonia a la metrópoli, la manera correcta de interpretar dicha relación no era sobre la base de la dependencia, sino de la protección y el libre comercio; en definitiva, no un imperio sino una confederación.

En una minuciosa *mémoire*, impregnada de una clarividencia extraordinaria, escrita en abril de 1776 (si bien no sería publicada hasta 1791, al calor del debate sobre el futuro de las colonias que aún le quedaban a Francia), Turgot había llegado a una conclusión parecida. Tal como se administraban por entonces –con leyes comerciales restrictivas que favorecían los intereses de la metrópoli–, los imperios no tenían perspectivas de durar mucho, sobre todo si la revolución de las colonias británicas llegaba a buen puerto: «Sería mucho más ventajoso –aconsejaba– que los dejáramos en completa independencia en lugar de aguardar el momento en que los acontecimientos nos obliguen a marcharnos».

Aun escribiendo esto antes del desenlace de la guerra americana, acerca de cuyo signo apenas abrigaba dudas, Turgot ya había advertido algo que antes de la década de 1780 en Francia no previeron más que unos pocos y nadie en España: que una Norteamérica independiente erigiría en el hemisferio occidental lo que él denominó un «nuevo Estado de libertad», el cual acabaría atrayendo tarde o temprano a su órbita a las colonias españolas y luego a las francesas. La alternativa –si por algún extraño avatar de la fortuna Gran Bretaña ganara la guerra– traería unas consecuencias no muy distintas para Francia y España. Los inmensos recursos invertidos por los británicos durante la guerra habían emplazado allí un enorme ejército que, en caso de obtener la victoria, se abatiría, a juicio de Turgot, sobre las colonias que aún conservaba Francia en la zona y tal vez incluso las de España. La perspectiva de un imperio británico americano que se extendiera desde Terranova hasta Panamá entraba dentro del orden de lo posible para Turgot. O habría entrado... de no ser porque toda nación europea que se embarcara en guerras en América, aun contando con los recursos que tenían los británicos, estaba condenada al fracaso. Incluso la victoria, señalaba, supondría la ruina para Gran Bretaña. Al disponer de vastos territorios interiores en los que podían retirarse, los colonizadores americanos siempre podrían cuando menos zafarse de cualquier ejército europeo. Lo que en todo caso resultaba evidente para Turgot era que, fuera cual fuese el desenlace de la guerra, a raíz de ella surgiría una nueva potencia que supondría una amenaza y cuya propia existencia exigía que las dos potencias restantes adoptasen una nueva concepción de su relación con las colonias.

Sabia y feliz –escribió Turgot– sería la nación que, adaptando antes que nadie su política a las nuevas circunstancias, consintiera en ver sus colonias como provincias aliadas y no como territorios supeditados a la metrópoli[62].

Los españoles –aunque la misma lección podían aplicarse los franceses– deberían aprender a cultivar, en su opinión, «los principios de las relaciones fraternales basadas en una identidad de orígenes, de idioma, de costumbres, sin conflicto de intereses». Las fuerzas –lealtad a un monarca distante, un único sistema legal y una administración centralizada– que habían mantenido unidas durante años la metrópoli y las colonias no podían servir para unirlas en condición de miembros libres de Estados independientes. La Corona castellana, concluía, debería «saber ofrecer la libertad como un don, en lugar de dejar que se la arrebaten por las malas de un imperio que ya no es posible sostener»[63].

Lo que Turgot proponía era la sustitución de los lazos políticos y legales existentes entre la metrópoli y sus antiguos territorios por una sociedad comercial, vinculada mediante una asociación política laxa e indefinida[64]. Adam Smith coincidía en este punto. La renuncia inmediata a la vana pretensión de retener por la fuerza a las colonias británicas convencería, a su parecer,

> a unos súbditos turbulentos y facciosos para que se conviertan en nuestros más fieles, afectuosos y generosos aliados; y así podría revivir entre Gran Bretaña y sus colonias la misma clase de afecto paternal por una parte y respeto filial por la otra que por lo general subsistía entre las de la antigua Grecia y la ciudad madre de la que provenían[65].

El punto de vista de Smith, expresado en sus «Thoughts on the State of the contest with America» ('Reflexiones en torno a la contienda con América'), de febrero de 1788, era que, desde 1730 como mínimo, las colonias americanas no habían sido más que una onerosa carga para los recursos de la nación, motivo de dos guerras –en 1739 y 1755– que «se emprendieron, una principalmente y otra exclusivamente, a causa de las colonias». Con la sustitución de la dependencia colonial por una estructura federal, la devolución de Florida a España y Canadá a Francia,

> incurriríamos sin duda –creía– en muchos menos gastos y podríamos lograr a un tiempo un provecho tan real como el que hasta ahora hemos obtenido de todo el dominio nominal que hemos ejercido sobre ellos[66].

Tal como había advertido Smith, la persistente hostilidad de la República de Holanda contra España tenía precisamente su origen en la negativa de España a ceder el control total de los Países Bajos después de 1609:

> Si la totalidad de las diecisiete provincias de los Países Bajos se hubieran emancipado completamente del dominio de España no bien se hubiera reconocido su independencia, su situación habría hecho de ellas los enemigos naturales de Francia y, por consiguiente, los aliados naturales de España. España apenas habría sufrido más que la mortificación de perder el dominio de un gran país, que, en los años previos a la insurrección, no reportaba el coste que representaba gobernarlo. Como compensación a esta mortificación, habría obtenido la sólida ventaja de una poderosa y probablemente fiel aliada contra el más formidable de sus enemigos[67].

Tratar, como hacían los británicos, de retroceder en su propia política de benévola cooperación e invertir la tendencia hacia la emancipación, considerada por la mayoría no solo como algo inevitable sino como la fase final de un proceso histórico a escala mundial, era, en opinión de los observadores más críticos, un desatino. Las posibilidades de éxito eran simplemente nulas. Aun en el supuesto de que la reconquista de América resultara un hecho en el plano militar, escribió David Hume en febrero de 1776 –cosa que él preveía imposible «a menos que se despedacen entre sí»–, «¿cómo podrían ser gobernados?»[68]. En la segunda mitad del siglo XVIII resultaba inimaginable que una potencia europea fuera capaz de retener una colonia de ultramar cuyos habitantes pertenecían a la misma cultura y estaban pertrechados exactamente con las mismas armas que la metrópoli. «¿Podrían los británicos –planteaba en 1810 Pierre-Victor Malouet, reflexionando sobre la lección que podía extraerse de la Revolución americana– abrigar expectativas de reinar de manera pacífica?». La reconquista solo habría originado un perpetuo estado de guerra, una enorme deuda nacional, [y una excesiva carga de] impuestos». A la postre únicamente habría conseguido destruir la totalidad del edificio político, tanto en la metrópoli como en las colonias[69]. Tal como había señalado Hume, «es una opinión común que el gobierno no tiene su fundamento» en la fuerza, aun cuando solo sea por el mero hecho de que la fuerza no podría, ni siquiera con «el más despótico y más militarizado de los gobiernos», obtener la obediencia política durante mucho tiempo[70]. Las potencias absolutistas, como Francia y España, podrían ser capaces, a su juicio, de «alargar sus opresivos brazos hasta las Antípodas», como mínimo durante un tiempo, pero un tipo de gobierno limitado como el que siempre habían mantenido los británicos en América jamás podría «sustentarse a distancia, aun cuando no hubiera mediado ningún disgusto y menos todavía cuando habían tenido lugar tan violentas animosidades»[71].

En la propia España, los ministros ilustrados de Carlos III habían llegado ya hacia 1780 a una lectura parecida de la historia imperial de su nación. La pérdida de los dominios europeos acaecida al final de la Guerra de Sucesión había transformado la antigua monarquía en un imperio que no difería mucho del que Gran Bretaña había poseído en América. Este, sin embargo, seguía gobernado aún de acuerdo con las ya arcaicas nociones del *ius publicum.* Para sobrevivir a la transformación de la identidad política de la misma España y de la totalidad del continente americano, Hispanoamérica debía cambiar también. La ausencia de cambios desembocaría –como ocurrió a partir de 1810– en una revolución que, al igual que la del norte, acabaría por triunfar, provocando la ruina financiera y probablemente también política de la metrópoli.

> Lo cierto es que –escribió en agosto de 1778 el conde de Aranda, amigo de Voltaire y de Raynal y presidente del Consejo de Castilla– estaríamos en el caso de variar muchas de las ideas que desde el descubrimiento de América hayan podido ser conducentes hasta ahora; porque el teatro del Nuevo Mundo ya no es el mismo, y por tanto exige corregir y consolidar nuestro sistema[72].

Con dicha finalidad redactó un memorándum, la célebre *Exposición del Conde de Aranda al Rey Carlos III sobre la con-*

veniencia de crear reinos independientes en América[73], en el que planteaba la posible disolución del sistema colonial español. «Debe V. M. –escribió– deshacerse de todas sus posesiones en continente de ambas Américas, conservando tan solo las islas de Cuba [y] Puerto Rico» como bases para el comercio español. El resto debería transformarse en tres reinos independientes (correspondientes a los tres virreinatos) gobernados en el marco de una federación liberal, no por un monarca español sino, según el concepto que del título se tenía en tiempos de Carlos V, por un emperador español[74]. Dicha federación reportaría, en opinión de Aranda, mucha más riqueza al tesoro español a cuenta del comercio que la que entonces obtenía de las colonias mediante impuestos. La emigración desde la península –todavía considerada como una causa de merma de los recursos humanos de la metrópoli– debería cesar y, una vez unidos, los tres reinos presentarían una mayor capacidad e inclinación política para hacer frente a la amenaza externa que, no sin razón, tanto Aranda como la mayoría de los españoles creían que presentaban los nuevos Estados Unidos para la independencia de las colonias del sur[75]. Tras la primera insurgencia ocurrida en México en 1810 y el estallido de la guerra dos años más tarde en la actual Venezuela, se hizo patente la similitud de la situación de los españoles y la que se había planteado a los ingleses en 1776.

> España –declaró Dominique Dufour de Pradt en 1817– debería preguntarse qué tendrá que hacer cuando no puede conquistar ya ni seguir manteniendo lo que ha conquistado; si no sería preferible entablar una relación de amistad con aquellos que ya no puede retener en calidad de súbditos[76].

Como es evidente, ninguno de estos proyectos federalistas fue aplicado en la práctica. A pesar de los claros beneficios que prometían, Turgot y Smith –al igual que Aranda y Campomanes– eran perfectamente conscientes de que ninguna monarquía europea moderna estaría dispuesta a ceder a corto plazo su autoridad política por un provecho económico y, en cierto sentido, humano, proyectado en el futuro. Las monarquías raras veces eran focos de ilustración. Aun las más racionales todavía actuaban movidas por el afán de honor y de «fama», y se regían por los «prejuicios» que incluso los ingleses, en formulación de Turgot, «consideran desde hace tiempo como origen de su grandeza»[77].

Solamente en la Norteamérica británica existía un antiguo imperio colonial que se había transformado en una auténtica federación, la cual se había logrado, no obstante, mediante la fuerza de las armas y por oposición a las intenciones del gobierno metropolitano. Los nuevos Estados Unidos eran, o lo serían a partir de 1789, un Estado federal genuino, pero en esta federación, a diferencia de lo contemplado en las propuestas presentadas por Benjamin Franklin en el Congreso de Albany de 1754 y por el cuáquero inglés Thomas Crowley en las páginas del *Public Advertiser* de octubre de 1768[78], no intervino en nada el pueblo de Gran Bretaña.

4

Los Estados Unidos eran, tal como reconocían los observadores franceses y españoles, un caso particular. Eran el único fruto de una cultura política poscolonial, cuyos líderes no habían concebido en ningún momento su revolución como un proyecto federal. Eran los únicos que se habían erigido en beneficiarios ideológicos de una sociedad europea, constituyendo la suya, en expresión de Simón Bolívar, «no [solo] con brillantes formas de Libertad, sino con establecimientos sólidos»[79]. (Debido a ello, creía que «en la marcha de los siglos, podría encontrarse quizá, una sola nación [surgida de Norteamérica] cubriendo el universo... la federal»)[80].

Debido a sus orígenes y al éxito obtenido en la transformación de las Trece Colonias en un solo Estados Unidos de América, los colonizadores británicos eran los únicos que se hallaban en condiciones de albergar ambiciones de alcance continental para el nuevo orden político posimperial cuyo surgimiento habían provocado. Ni los hispanoamericanos ni los colonos franceses tuvieron otras aspiraciones más allá de la instauración de Estados independientes. Los desperdigados asentamientos franceses del Caribe eran excesivamente reducidos y estaban demasiado aislados como para reclamar algo más que la autonomía, e incluso esta –como demuestran el caso de Martinica y Guadalupe, que aún forman parte de la Francia metropolitana– fue un objetivo que siempre se mantuvo en segundo plano, supeditado al deseo de libertad comercial. Los programas que contemplaban la escisión en estructuras más amplias de Estados –los de Francisco de Miranda para Venezuela y Perú, el de Agustín Iturbide, el breve e ineficaz «emperador de México» en los primeros meses de 1822, o el de Manuel Belgrano para el Río de la Plata (que más tarde convertiría en Argentina)– fueron todos un fracaso, en tanto que el proyecto de Bolívar de una Gran Colombia que abarcara desde Venezuela hasta Chile se vino abajo antes incluso de la muerte de su creador. La diferencia fundamental entre la América española y la británica no fue tanto producto, como suponían Bolívar y Jefferson, de las distintas culturas políticas en las que se habían desarrollado como de los tipos de proyectos republicanos que dichas culturas llevaron a concebir a sus líderes. Como hemos visto, algunos españoles como Campomanes y Ward consideraban también el libre comercio como un factor de reforma política de amplias proyecciones transformadoras. La élite de pobladores blancos de Hispanoamérica, los criollos, en cambio, solo habían asumido objetivos de liberalización de comercio en la medida en que este pudiera reportar unos beneficios económicos inmediatos. Tenían una escasa comprensión de la fe que en la Europa del momento se depositaba en el comercio como agente civilizador y aspiraciones más bien nulas de propagar sus beneficios al conjunto de la humanidad. La fe que ellos, o cuando menos sus líderes más cultivados, compartían era la del poder transformador de una república basada en lo que Bolívar había designado el «poder moral», una *respublica* ciceroniana «bien ordenada» que incluyera a todos sus ciudadanos en el proyecto común de gobierno y defensa[81].

Esta persistente visión anacrónica sería la que al final les permitió obtener la independencia y determinó su futuro. Washington consiguió disolver el Ejército Continental porque ese ejército había sido creado para hacer realidad una sociedad que, a pesar de su aparente clasicismo, se basaba en los principios de Locke y Montesquieu, en la imagen de una república decididamente comercial y, en último término, participativa. Esta era, de acuerdo con la famosa distinción formulada por Benjamin Constant, una república moderna, no antigua. Los dirigentes de los movimientos independentistas hispanoamericanos, por el contrario, nunca lograron escapar del militarismo, el cual todavía sigue siendo un destacado componente de su cultura política. Tal como escribió Bolívar en 1812 al pueblo de Nueva Granada, la América española «carece de las virtudes políticas que caracterizan a los auténticos republicanos», virtudes estas que, según señalaba, «no podían adquirirse bajo gobiernos absolutos, en los que se desconocen los derechos y deberes de los ciudadanos»[82]. Únicamente la fuerza era capaz de forjar una sociedad en la que pudieran florecer tales virtudes. Bolívar debía, según su peculiar expresión, «constituir hombres» a partir de la mezcolanza de pueblos políticamente inexpertos de que se componían las colonias españolas como condición previa a la transformación de dichos hombres en ciudadanos[83]. El instrumento que para tal tarea eligió –igual que han venido haciendo hasta la actualidad sus sucesores– era el ejército. Los ejércitos permanentes representaban, empero, como sabía todo buen republicano, una amenaza constante para la verdadera civilidad. Eran un peligro contra el cual había advertido el propio De Pradt en 1825: «El espíritu global de una república –escribió– debe ser civil: el espíritu militar es anticivil». Los soldados que inician su andadura como ciudadanos integrados en un ejército de ciudadanos no tardan en adoptar una actitud de desprecio ante el ciudadano desarmado. El militarismo «inspira en el hombre respeto y amor por la fuerza». Suscita en él el deslumbramiento frente al *éclat* del poder ejecutivo y «poco a poco lo distancia del poder legislativo»[84]. Los temores que abrigaba en 1776 Turgot con respecto a Norteamérica –que la cultura de militarismo generada a raíz de una prolongada guerra acabara destruyendo la «prudencia e ilustración» de que habían hecho gala los colonizadores británicos– acabaron haciéndose realidad en el Sur[85].

Las repúblicas hispanoamericanas, hijas en mayor o menor medida de la poderosa, aunque imperfecta, visión política bolivariana de la constitución de Atenas, eran antiguas sin excepción. Este antiguo republicanismo acabaría convirtiéndose en moderno nacionalismo que, al igual que los modelos romanos que emulaba, se despreocupó de todo cuanto quedara más allá de los propios límites territoriales. El republicanismo de Madison, Jefferson y Hamilton, que siempre había incluido amplias aspiraciones comerciales y, en último término, democráticas, se hallaba, en cambio, aun en los momentos de incertidumbre sobre su propio futuro como Estado, en condiciones de proyectar la mirada hacia el exterior y hacia el mañana. Tal como había previsto Turgot, antes incluso del triunfo de la Revolución, con tal de proteger los principios del libre comercio, los angloamericanos «se convertirían en guerreros, no con objeto de conquistar las Islas Azucareras, si es que no pierden su buen juicio, sino de ayudarlas a emanciparse»[86]. Para Turgot, el fisiócrata y *philosophe*, el amor por la libertad, en apariencia indomable, que habían demostrado las Trece Colonias se propagaría de forma inexorable hacia el sur, llevando consigo la revolución.

Turgot advirtió asimismo que una Norteamérica independiente tendría allanado el camino para transformarse en un imperio americano. Con la derrota de los británicos,

Canadá y las islas británicas del Caribe quedarían totalmente a su merced. Una vez invadidas estas o simplemente integradas por voluntad propia a la confederación, las Antillas francesas e incluso Hispanoamérica entera seguirían la misma suerte. Ya en julio de 1775, las propuestas de Benjamin Franklin para una confederación de las Trece Colonias –que se denominaría «Las Colonias Unidas de Norteamérica»– se presentaban como un proyecto abierto a todas las colonias de habla inglesa del mundo atlántico, en cuya definición quedaban comprendidas Irlanda, Quebec y las «Floridas Oriental y Occidental»[87]. No sería difícil, como previó Turgot, ampliar mucho tanta generosidad para abarcar el continente entero, de norte a sur.

Este temor por las consecuencias que podía acarrear para Hispanoamérica la independencia de Norteamérica pervivió hasta el desmoronamiento final del imperio. En 1817, tras la derrota inicial de los primeros movimientos de insurgencia, De Pradt escribió un opúsculo sobre las colonias y la Revolución americana *(Colonies and the Present American Revolution)* en el que trataba de evaluar las repercusiones que para el resto de la humanidad traería la nueva configuración de poder que se estaba fraguando en América.

> Si el mundo –preguntaba– ha tenido tantas dificultades para soportar el peso de dieciocho millones de ingleses, que buscaban el poder en todas direcciones como instrumento de comercio y el comercio como instrumento de poder, ¿qué hará el mundo sometido al peso de un número indefinido de americanos, movilizados por impulsos similares?[88].

La concepción norteamericana de la libertad presentaba una amenaza aún más peligrosa para la estabilidad de la región que el Ejército Continental. ¿Qué podían perder los colonizadores europeos de América, planteaba Condorcet en 1786, cuando la constitución de un imperio panamericano era todavía una posibilidad real, «uniéndose a un pueblo que desdeña dominar súbditos y solo desea tener conciudadanos»?[89]. Debido a las restrictivas leyes comerciales que imponían en América las monarquías española y francesa, la libertad de comercio equivalía, de hecho, a la independencia política de las colonias. Para Turgot y para Condorcet, el mejor desenlace que cabía esperar de la Guerra de Independencia habría sido la emergencia de la moderna república comercial que Benjamin Franklin había prometido a los salones de París y que transformaría finalmente la totalidad de América en una zona de libre comercio, desde la cual se exportaría la nueva religión del liberalismo económico como antes habían exportado los primeros colonizadores su propia vertiente de monoteísmo cristiano.

De todas las antiguas colonias europeas de América, únicamente los Estados Unidos concibieron para sí una función de ámbito mundial que, aun permaneciendo firmemente anclada en el espíritu de una sociedad comercial y democrática, en ocasiones guardaba un marcado parecido –que todavía sigue vigente para muchos desde la perspectiva del sur del continente– con una versión secularizada de la *civitas* que había animado las ideologías del antiguo imperio romano.

Para Alexander Hamilton, en efecto, los nuevos Estados Unidos tenían ni más ni menos que la obligación de «reivindicar el honor de la raza humana», frente a una Europa que durante demasiado tiempo se había «vanagloriado de ser dueña del mundo y, considerado que el resto de la humanidad fue creado para su propio beneficio».

> Nuestro interés –concluía– es que las Trece Colonias, juntas en una completa e indisoluble unión, cooperen en la construcción de un gran sistema americano superior al control de toda fuerza o influencia transatlántica y capaz de dictar las condiciones de las futuras relaciones entre el antiguo y el nuevo mundo[90].

El mismo Hamilton era consciente de que su visión de la hegemonía panamericana quedaba emplazada en «las regiones del futuro», condicionada por la necesidad de contar con una flota poderosa y carecía además de contenidos políticos explícitos. Jefferson albergó un proyecto de futuro mucho más globalizador, si bien, como Hamilton, sabía que seguramente debería transcurrir bastante tiempo antes de que se materializara dicho futuro:

> Es imposible –escribió a James Monroe en noviembre de 1801– no dirigir la mirada hacia un mañana lejano, en el que nuestra rápida multiplicación se expanda más allá de esos límites y llene todo el continente norte, cuando no el del sur, con un pueblo que hable la misma lengua y se gobierne por sistemas parecidos y similares leyes; tampoco podemos contemplar ninguna disonancia o mezcla en esta superficie.[91]

Las naciones que compondrían este nuevo «Imperio de Libertad» serían «repúblicas hermanas», y la estructura política proyectada para el conjunto sería otro tipo de federación, no un *imperium*, ni mucho menos una monarquía. La doctrina de la unidad, empero, la fe inquebrantable en una visión única de una civilización, no sufrió ninguna alteración perceptible.

Jefferson también demostró, no obstante, una gran renuencia a exportar en la práctica la «libertad» (asimilada en un sentido lato al republicanismo participativo) a otros lugares. El creía que el cambio político debían llevarlo a cabo quienes serían sus beneficiarios en lugar de que fuera impuesto desde fuera. Esta posición se deduce claramente de la actitud que mantuvo en relación al único lugar –Hispanoamérica– cuyos habitantes habrían visto con buenos ojos cierto grado de injerencia externa. Tal como dijo en 1817 a Lafayette, «nuestros hermanos del sur», al estar infestados por la ignorancia y el fanatismo no eran todavía «capaces de autogobernarse»[92]. A los Estados Unidos no les correspondía llevar la ilustración o la libertad política a dichas zonas. Los hispanoamericanos debían procurárselas por sus propios medios. Una vez que se hubieran liberado de su penoso legado monárquico y católico serían, sin embargo, bien recibidos en el seno del nuevo imperio de la libertad.

Los modernos Estados Unidos todavía mantienen con escasas variaciones la misma ideología política en lo tocante a sus relaciones con el resto del mundo. Si los colonizadores europeos exportaron a América la noción de una *civitas,* sostenida e impuesta por la visión correlativa de un *imperium* cristiano, sus descendientes han creado un orden universal basado en otro concepto de civilidad no menos globalizante: la democracia, una ideología tan expansiva y sin duda alguna tan exigente como sus precedentes fundados en la Antigüedad y el cristianismo. Al igual que la noción de *civitas*, la democracia divide el mundo entre quienes viven en su seno y los que quedan al margen de ella. Como la «República cristiana» de san Agustín, recibe a quienes deseen incorporarse a ella, pero deshumaniza de forma encarnizada a quienes optan por no hacerlo. Como las dos, es incapaz de concebir la existencia de otros mundos. A diferencia de la *civitas* romana, en cambio, pero en consonancia con el ideal de un orden mundial cosmopolita propugnado por Condorcet, Diderot y Kant, la democracia cimenta su maquinaria civilizadora en una exaltada visión del comercio. La exigencia cristiana de que todos los hombres compartan un único sistema de creencias ha desaparecido bajo el peso combinado del escepticismo científico y el pluralismo cultural. Aun así, el precio que hay que pagar para sumarse al nuevo orden mundial –actualmente representado por las instituciones monetarias internacionales– sigue siendo la aceptación de regirse por una ley a la cual se atribuye –a diferencia de cualquier legislación restante, siempre de carácter local– una fuerza de alcance universal. Asimismo, se da por supuesto que las premisas en las que se funda esta ley son manifiestas. No precisan ser explicadas ni mucho menos defendidas y son, por naturaleza, aplicables a todos los pueblos del mundo. Todos interiorizamos nuestra propia historia. La historia de los imperios europeos de América es la de la reformulación de un elemento constitutivo del pensamiento político y cultural europeo: la creencia en la posibilidad de un código de conducta humana universal. Hoy en día, en gran parte debido a los excesos de los imperios de los siglos XIX y XX, este aspecto ha quedado tan atenuado que su deuda con los primeros proyectos imperiales europeos aparece cubierta por un tupido velo. Esta, con todo, resulta todavía visible. Los modernos mundos moral, cultural y político en los que actualmente vivimos derivan sin excepción de la Ilustración, y la Ilustración fue, tal vez más de lo que se ha reconocido, el producto de un mundo inmerso en el proceso de abandono de su primer –aunque, por desgracia, no último– legado imperial.

Notas

Introducción

1. Para un análisis de las aplicaciones de este término, véase Harlow, 1952, I, 4 y Bayly, 1989.
2. Carta a Andrew Millar, Hume, 1932, 1932, I, 245; véase también Armitage, 1995.
3. Carta a Andrew Millar, Hume, 1932, I, 245.
4. Citado en Pagden, 1993, 93.
5. Blin, 1790, 24.
6. En la actualidad existe una excelente edición de esta obra, de la que hasta ahora se ha hecho poco caso, publicada, con una brillante introducción, por Guido Abbattista. Anquetil-Duperron, 1993.
7. La versión que Robertson publicó en 1777 contenía solo la relación de los asentamientos españoles en América. Para una exposición del proyecto original y de los motivos por los que no llegó a llevarse a cabo, véase Armitage, 1995.
8. Raynal, 1781, I, 5.

9. Véase por ejemplo, Canny y Pagden, 1987. Para un caso reciente donde se lamenta la falta de una comparación entre América del Norte y del Sur, véase Maxwell, 1993.
10. Véase, no obstante, Blackburn, 1988, 35-63.
11. Edward Said, por ejemplo, describe la «edad del imperio» como «el periodo comprendido entre 1800 y 1870». Con todo, el imperio británico de América, y en especial los asentamientos en el Caribe, desempeñan un papel nada desdeñable en sus textos. Said, 1993, 99.
12. Véase, no obstante, Tucker y Hendrickson, 1982, que emplean el mismo término.
13. Talleyrand, 1840, 334-336. Traza la analogía tradicional con la distinción entre las colonias de Grecia y de Roma. Véase pp. 127-128.
14. Talleyrand, 1840, 336-337.
15. Schumpeter, 1951, 84.
16. «Observations on the Nature of Civil Liberty, the Principles of Government, and the Justice and Policy of the War with America», en Price, 1991, 71.
17. Bayly, 1989, 111.
18. Condorcet, 1988, 269. Véase pp. 185-186.

1. El legado de Roma

1. Robertson, 1800, I, 55. En torno a la identificación de Robertson y Hume del siglo XV con el inicio de la modernidad, véase Armitage, 1995.
2. Para una breve relación sobre *imperium* –y una mucho más extensa sobre «imperialismo»–, véase Rudolf Walther, *Imperialismus*, en Brunner *et al.* 1972-1992, III, 171-188.
3. Para las aplicaciones posteriores de este concepto, véase pp. 92-94.
4. Esta frase la emplearon con variaciones Ugo de Fleury en el siglo XII para rebatir las reivindicaciones del papa Gregorio VII

(véase Paradisi, 1983, 250) e Inocencio III en la decretal *Per venerabilem* en 1202, en contra de las pretensiones de los emperadores germánicos (Galasso, 1975, 403). Véase Bossuet, 1961 y Kelley, 1991, 78. Los españoles e ingleses también emplearon este concepto. Véase en general Walther, 1976, 65-111.

5. Galasso, 1957, 22-23.
6. Maquiavelo, por ejemplo, refiriéndose a los venecianos y los florentinos dice que han *cresciuto l'imperio loro (Principe* XII).
7. «On Honour and Reputation», en Bacon, 1857-1874, VI, 505.
8. Barnard, 1774, 71.
9. Ullmann, 1979.
10. Pocock, 1988, 68.
11. Pownall, 1752, 93-94.
12. Burke, 1775, 35-36.
13. Folz, 1969, 54.
14. «An essay of the original and nature of government», en Temple, 1720, I, 103.
15. Finley, 1983, 65-66.
16. Véase Pocock, 1985, 146.
17. Kroebner, 1961, 12 14.
18. En expresión de J. S. Richardson (1991, 9), el «*imperium militae*, transferido desde los reyes a través de los grandes individuos de la República que había dado origen al *imperium romanum*... Fue el ejercicio de *imperium* en todo el mundo conocido lo que provocó el retomo de la monarquía a Roma».
19. Véase pp. 36-42
20. Citado en Yates, 1975, 14. Sobre el uso del término *imperium* en el Renacimiento, véase Scheller, 1981-1982, 12-13.
21. Citado en Kroebner, 1961, 75.
22. Véase Millar, 1977, 3.
23. *Etymologiae* 9. 3.23. P.L. LXXXI, 345a: «*Monarchae sunt qui singularem possident principatum, qualis fuit Alexander apud Graecos, et Julius apud Romanos*».

24. «*Est ergo temporalis Monarchia, quam dicunt 'Imperium', unicus principatus et super omnes in tempore vel in hiis et super hiis qua tempore mensurantur*» (I, ii. 3-5) y cf. *Convivio* IV. 4.7.
25. Burns, 1991, 100-109. Según observa Burns, fue Roselli el responsable de retrotraer «la temprana y más visionaria *Monarchia* de Dante a la conciencia del siglo XV». Sobre la posible intervención de Roselli en la controversia en torno a las Canarias, véase Russell, 1978.
26. *The Federalist* 9, en Hamilton, *et al.*, 1987, 121-122.
27. *The Federalist* 11, en *ibid.,* 133-134.
28. «An essay upon universal monarchy», en Davenant, 1771, IV, 3-4.
29. *Odas,* IV, 3, 13.
30. *De Consulato Stilichonis* III, 135-170.
31. *Res gestae* 34.1. Citado en Finley, 1983, 25.
32. «*Bellum ingens geret Italia, populusque feroces*
contundet moresque viris et moenia ponet». (*Eneida*, I, 263-264).
33. *Summa Theologiae*, I-II, 90. 2.
34. *De Regimine Principum,* I. 1.
35. Aristóteles, *Política,* 1252^b28-1253^a2.
36. *Discorsi,* II. 3.
37. Véase Skinner, 1990.
38. *De officiis*, 1. 124. Cicerón dijo del magistrado que 'asumía la función de la *civitas' (se genere personam civitatis).*
39. Citado en Blunt, 1978,168.
40. «*Tu regere imperio populos, Romane memento*
(hae tibi erant artes) pacique imponere morem
parcere subietus et debellare superbos». (*Eneida*, VI, 852-853).
41. *Institutes,* proemio.
42. «*Ut iam universus hic mundus it una civitas communis deorum atque hominum existimanda*». *De legibus,* 1. 22-24.
43. Citado en Barker, 1923, 52.
44. Folz, 1969, 4. La alusión de Cicerón a un círculo intelectual creado en torno a Escipión Emiliano que procuraba imbuir

la *nobilitas* de la noción estoica de *humanitas* pudo muy bien ser, tal como han demostrado Strasburguer y Finley, producto de la imaginación de Cicerón. Sus lectores de la era premoderna no lo sabían, sin embargo. Véase Finley, 1983, 127.

45. Véase Paradisi, 1983, 308.
46. *Retórica*, 1. 12 1373b; véase también Blunt, 1978. La asociación del derecho romano con el *Koinos nomos* de Aristóteles se debió a Aelius Arístides. Véase Oliver, 1953.
47. Véase «Le Mot civilisation», en Starobinski, 1989, 15-16.
48. Citado por Mommsen, 1896, VI, 478-479.
49. Citado en Aubepin, 1855, 139.
50. «Le Mot civilisation», en Starobinski, 1989, 12, y Kelley, 1991, 72.
51. Mommsen, 1896, VI, 479.
52. Relación hecha por san Agustín, *De Civitate Dei*, XIX, 21.
53. El análisis moderno más destacado de las posturas mantenidas por Aristóteles se halla en Williams, 1993, 110-116.
54. *Ética a Nicómaco,* 1143[a]11.
55. En Pagden, 1988, 42-43, se ofrece un análisis más detenido sobre este tema.
56. *Ibid.* 16.
57. Lévi-Strauss, 1969, 46.
58. *Eneida,* VIII, 319-323.
59. Williams, 1993, 108, citando a E. Levy. Véase Finley, 1980, 97.
60. *Epistulae ad Quintum Fratrem,* I. 1-27.
61. Séneca, *De Clementia,* 1.4. Véase las observaciones en Azor, 1610-1616, 1066b.
62. Paruta, 1599, 215. Paruta sostenía, sin embargo, que la caída del Estado de Roma era la consecuencia inevitable de su excesiva expansión en los últimos tiempos de la República, la cual había generado desigualdades de propiedad entre los miembros de la *civitas.* Aun concediendo que la Roma Imperial hubiera sido la forma más perfecta de gobierno *monárqui-*

co, las monarquías eran sin distinción inferiores a las repúblicas. Sobre Paruta, véase Tuck, 1993, 96 y Bouwsma, 1968, 285.

63. «Lectures on law: XI citizens and aliens» (1790-1791) en Wilson, 1967, II, 581.
64. *De República,* 3.15.24 (1.16).
65. *Historia,* I, XVI.
66. *Eneida,* I, 286-287. El título de la biografía oficial de Augusto era «*Res gestae divi Augusti quibus orbem terrarum imperii populi Romani subiecit*». En dos monedas de denario de los años 70 a. C., la figura de Roma se representa con los pies posados en el globo terráqueo. Para estos y otros ejemplos de simbolismo imperial, véase Lintott, 1981.
67. Mommsen, 1896, VI, 478-479.
68. *Digesto,* XIV, 2.9. En respuesta a la denuncia presentada por Eudemón de Nicomedia por el robo de que fue objeto por las gentes de las Cícladas después de su naufragio, Antonio dijo: «Soy señor del mundo, pero la ley del mar debe ser juzgada por el derecho del mar de los rodianos cuando nuestro derecho no entre en conflicto con él». Asimismo, Justiniano excluía el mar de su jurisdicción *(Institutes,* II, 1.1), lo cual daría pie a considerables polémicas en el siglo XVIII. La ley de Justiniano *Bene a Zenon (Codex* VII, 37, 3), que reserva derechos exclusivos de propiedad al emperador y posteriormente al pontificado, fue citada con frecuencia junto con la *Lex Rhodia.*
69. Nicolet, 1988, 28.
70. Folz, 1969, 9.
71. En la definición autorizada de los paganos realizada por Tomasso de Vio (cardenal Cayetano) en su comentario de la *Summa theologiae* de santo Tomás de Aquino, redactado entre 1507 y 1520 aproximadamente, la única categoría de persona que queda de modo incontestado bajo el *dominium* de

la Iglesia la constituye los que viven en las tierras anteriormente regidas por el imperio romano. Caietanus, 1888-1906, IX, 94, comentario sobre IIa IIae q.66 art.8.

72. Brown, 1977.
73. Pagden, 1988, 42.
74. *De civitate Dei*, XIX, 21, donde se cita, con tono aparentemente aprobatorio, el argumento de *De República*. Véase la nota 12.
75. Tuck, de próxima publicación.
76. Black, 1992, 87-92.
77. Véase Wilkes, 1964, 412, y en plano más general, 411-478.
78. *Eneida*, I, 277-279, *His ego nec metas rerum nec témpora pono; imperium sine fine dedi.*
79. Véase Katorowicz, 1957, 44-156.
80. Véase la explicación en Canning, 1987, 25-28.
81. Véase la explicación en Black, 1992, 95-97.
82. Véase Vitoria, 1967, 34-36.
83. Los análisis más minuciosos del *translatio imperii* y de su repercusión en la primera etapa de la Edad Moderna son los de Goez, 1958, y Maffei, 1964.
84. Franklin, 1991, 310-311.
85. Burns, 1992, 100.
86. Bartolo, 1588-1589, 1, 553, comentario del Digesto, VI, 1.1.
87. *Ibid.,* VI, 637, comentario del Digesto, XLIX.15. 24.
88. En particular de Johannes Teutonicus, jurista canónico del siglo XIII que, al igual que Bartolus, ejercía la enseñanza en Bolonia. Véase Kuttner, 1937, I, 93, 99. Deseo expresar mi agradecimiento a James Muldoon por haberme permitido leer un texto no publicado sobre «El concepto de imperio, 1400-1800: un problema de definición», en el que resalta el peso, generalmente descuidado por los teóricos, que tuvieron los juristas canónicos en la formación del universalismo europeo.

89. Sobre este tema, véase Woolf, 1913, 25-28.

2. *Monarchia Universalis*

1. *Eneida,* VI, 403.
2. Citado en Blunt, 1978, 168.
3. Citado en Folz, 1969, 208.
4. *De Civitate Dei,* V. 15.
5. *History,* XXXVIII, 60. 5.
6. Véase Skinner, 1978, I, 16-17.
7. La concesión tenía, no obstante, al menos en los términos empleados en la primera de las dos bulas, la conversión como único propósito, y en las bulas se prohibía explícitamente a los españoles que infligieran a las poblaciones indígenas «peligros ni trabajos». Giménez Fernández, 1944, 181. Yo me he basado en el texto de *Inter cetera* del 3 de mayo.
8. López, 1843, I, 718.
9. Ugarte, 1655, 64.
10. Cortés, 1989, 48.
11. Elliott, 1989, 27-41.
12. Juan Antonio de Vera, conde de la Roca, dedica su poema épico *El Fernando* (1622) a Felipe II como «monarca de España, emperador de las Indias». F. Joseph Laínez describe a Felipe IV en *El privado cristiano deducido de las vidas de Joseph y Daniel* (1641) como «El gran rey católico de las Españas y emperador de América». En 1563, el embajador veneciano informó de que Felipe II se había planteado adoptar oficialmente el título de «emperador de las Indias», si bien nunca llegó a hacerlo. Tanner, 1993, 143. Véase también Bosbach, 1986, 71, y las observaciones de Elliott, 1989, 7-8.
13. «Preface» a las *Principal Navigations* [1598], en Hakluyt, 1935, II, 134-435; véase también la discusión sobre este punto en Armitage, 1995, 58.

14. Thevet, 1575, I, aij.
15. Sobre las tentativas francesas de hacerse con la Corona imperial, véase Zeller, 1934.
16. Impreso en Biggar, 1930, 178.
17. *Ordonnances,* 1803-1806, II, 4-5.
18. Véase Trudel, 1973, 11, 34-38. Con objeto de reducir la tensión entre Francia y Castilla, Clemente VII le dijo a Francisco I que las bulas se referían solo a «los continentes ya conocidos y no a las tierras posteriormente descubiertas por otras Coronas», con lo que convertía en un contrasentido el propio texto de las bulas.
19. Biggar, 1930, 180.
20. Le Clerq, 1691, II, 67. Hamilton, sin embargo, sostiene con convincentes argumentos que este texto no era obra de Le Clerq, sino del abad Claude Bernou y del editor de la *Gazette de France*, Eusèbe Renaudot. Hamilton, 1976.
21. *Edits,* 1854-1856, I, 5, 8. Sobre la historia de la Compagnie, véase Trudel, 1979.
22. Citado en Eccles, 1987, 163. De modo parecido, el «Établissement de la Compagnie des Indes Occidentales», de mayo de 1664, destaca que *nous regardons dans l'établissement des dites colonies principalement la gloire de Dieu en procurant le salut des Indiens et sauvages, auxquels nous désirons faire connoitre la vraie religión. Edits,* 1854-1856, I, 41.
23. Du Creux, 1951, I, 24.
24. Rochefort, 1665, 283.
25. Charlevoix, 1744, I, vii.
26. Hakluyt, 1935, I, 215.
27. *Charters*, 1957, 2.
28. «A proposal for the better supplying of Churches in our foreign plantations and for converting the savage Americans to Christianity», en Berkeley, 1871, III, 225. Con un grado de cinismo inaudito incluso entre los eclesiásticos anglicanos

del siglo XVII, Berkeley también advertía a los colonos de las Indias Occidentales Británicas que sería más provechoso tener esclavos «que obedezcan en todo a sus amos según la carne; no por quedar bien ante los hombres, sino en el fondo de su corazón, por temor de Dios: que la libertad de la Palabra de Dios va acorde con la servidumbre temporal; y que sus esclavos solo se tornarían mejores esclavos siendo cristianos». (*Ibid.*, 216). En relación a la compleja historia de la creación de escuelas para los indígenas americanos, véase Axtell, 1985, 179-217.

29. Hakluyt, 1935, I, 332. Sobre la relevancia del uso que Hakluyt hace aquí del verbo *to plant,* véase pp. 79-80.
30. Citado en Kupperman, 1980, 166.
31. *Ibid.*
32. La frase es de William Paterson, que la escribió en 1701 en defensa de la colonia escocesa del Darién. Paterson, 1858, I, 135. Sobre Paterson y el proyecto del Darién, véase pp. 76-77.
33. Child, 1751, 150-151.
34. Eburne, 1624, 4. La escuela del obispo Berkeley tenía el objetivo similar de «eliminar los reproches que nos dirigen desde hace tanto tiempo, de que nuestro celo en propagar la religión es mucho menor que el de nuestros vecinos de la comunión papista, cuando en realidad supera al de ellos en pureza y tesón». «A proposal for the better supplying of Churches in our foreign plantations and for converting the savage Americans to Christianity», en Berkeley, 1871, III, 225.
35. «A reply to an answer made to a declaration», en Hutchinson, 1745, 100-101.
36. «The Second Charter granted by Charles II to the Proprietors of Carolina», en *Historical Collection*, 1836, II, 44.
37. Citado en Vaughan, 1978, 56.

38. De Pinto, 1776, 10.
39. Abercromby, 1986, 199. Véase también Miller, 1994, 196-197.
40. *De Civitate Dei*, V, 25.
41. Véase Nuti, 1988.
42. «An essay on universal monarchy», en Davenant, 1771, IV, 6.
43. Grotius, 1631, 348. Sobre el interés de Grocio por los orígenes de los amerindios, véase Rubiés i Mirabet, 1991.
44. Marineus Siculus, 1579, 959.
45. En relación a esta cuestión, véase Gibson, 1977.
46. Esto era lo que sostenía, por ejemplo, el teórico español del siglo XVII Francisco de Ugarte. Ugarte de Hermosa y Salcedo, 1655, 62.
47. «Nisi aea provinciae ad mundum non pertinere dicantur», Bellarmino, 1950, 117. La cita proviene del Libro V de las *Disputationes de controversiis Christianae fidei.*
48. *A Discourse on Western Planting* [1584], en Hakluyt, 1935, I, 311-312. Oviedo se dirige a Carlos V como «Vuestra Cesárea Majestad, cuya gloriosa persona largos tiempos nuestro Señor favorezca e dexe gozar de la total monarchia». Fernández de Oviedo, 1851-1855, I, 7; véase asimismo Pagden, 1993, 51-87.
49. Campanella, 1633, 87.
50. Botero, 1607, 238.
51. Menéndez Pidal, 1963, 14-16.
52. Más tarde, cuando Felipe II entró en la ciudad de Amberes en 1549, con ocasión de los preparativos para su sucesión, fue recibido con un arco de triunfo que representaba a una gran figura femenina llevándose las Columnas de Hércules. Scribonius, 1550, Hiiii[r].
53. Sobre este tema, véase Headley, 1983, 86-113.
54. Véase *ibid.,* 94-113, para información sobre el *Pro divo Carolo.*
55. En relación a los erasmistas españoles, véase el estudio clásico de Marcel Bataillon (1966), en especial 364-431. Sobre

Carlos V como segundo Carlomagno, véase Tanner, 1993, 116, 128.

56. Véase Maravall, 1954, 261-315.
57. Véase Zeller, 1934.
58. Sobre este tema, véase Pagden, 1991, 67-105, y Tuck, 1993, 65-82.
59. Mexía, 1561, lv.
60. Véase Béranger, 1990, 195. *Imperium c'ést le pouvoir suprême sous lequel Auguste «recueillit le monde fatigué des discordes civiles»* (Tacitus, *Annales*, 1 1 1).
61. Arredondo y Alvarado, 1528, XXIT^{v}, VF.
62. Gutiérrez de Torres, 1524 [17$^{r\,v}$].
63. Véase McGinn, 1979, 11.
64. A propósito de la leyenda del «último emperador del mundo», véase Tanner, 1993, 119-130.
65. *The King of Spains Cabinet*, 1658, 89.
66. Vargas Machuca, 1599, lOv.
67. Gutiérrez de Torres, 1524 [L8r]. El mandato de Adriano solo duró, sin embargo, del 9 de enero de 1522 al 14 de septiembre de 1523. Por ello, cuando apareció el libro de Gutiérrez de Torres, su afirmación había perdido ya vigencia.
68. Botero, 1607, 236.
69. *Capita orationis Vilhemi Bellaii Oratoris Regis Gallorum ad Conventum Smalcaldiensem, Dominica quarta Adventus Domini* [19 de diciembre de 1525], en Bretschneider, 1834, II, 1012-1013.
70. Paterson, 1858, I, 132.
71. Vázquez de Menchaca, 1931, II, 23-24.
72. Elliott, 1989, 18.
73. Vitoria, 1967, 3.
74. Otis, 1764, 438.
75. Véase, por ejemplo, «Philo-Caledon», 1699, 7-8, que asegura que la concesión fue hecha «entre los propios papistas pero

de manera precaria». «Philo-Caledon» fue uno de los defensores de la expedición del Darién (véase pp. 76-77).

76. Esta es la denominada «teoría calvinista de la revolución», si bien tanto Calvino como Lutero insistieron en que los «príncipes impíos» habían sido situados en el poder como castigo de Dios, y por lo tanto no era lícito presentarles resistencia. Véase, en general, Skinner, 1978, II, 189-238.
77. Paterson, 1858, I, 121; véase también las observaciones de Johnson, 1609, Avr-v; Ferguson, 1699, 65; y Hakluyt, *A Discourse on Western Planting* [1584], en Hakluyt, 1935, I, 295-313.
78. Véase Brading, 1991, 205-210.
79. Citado en Pagden, 1991, 62.
80. Grotius, 1916, 15; véase también Tuck, 1993, 176-179.
81. Freitas, 1960-1961, II, 93-94.
82. Solórzano, 1647, I, 37.
83. La fuente común es Tomás de Aquino, *Summa Theologiae,* IIa IIae. 10. Sobre su aplicación en este caso, véase Vitoria, 1967, 35-37. Sobre la definición de *dominium* efectuada por Soto, véase Brett, de próxima publicación, cap. 5.
84. Soto, 1556, 301.
85. Vitoria, 1967, 35-37.
86. *Ibid.*
87. *In tranquilitate Romani Imperii totius orbis regularitatem requiescere.* Soto, 1556, 302.
88. *Ibid.,* 304.
89. *Ibid.,* 301.
90. «Sobre el título del dominio del rey de España sobre las personas y tierras de los Indios» [1554], en Las Casas, 1969, 171.
91. Vitoria, 1991, 289.
92. Las Casas, 1969, 33-39, 83-85; véase también Pagden, 1990, 32-33.
93. Soto, 1556, 423; véase también Las Casas, 1969, 523, el cual insistía en que negarlo era «incurrir en herejía de husismo».

94. Véase Pagden, 1991, 58.
95. Amaya, 1633, 13.
96. La influencia de esta obra se debió a que, durante la Edad Media, se atribuyó a Tomás de Aquino. Aquino, de hecho, solo fue autor del primero y parte del segundo de los tres libros. Soto atribuye la totalidad de la obra a Ptolomeo.
97. Soto, 1556, 305.
98. *Ibid.,* 306.
99. *Ibid.* En respuesta a este argumento, los apologistas reales, como López Madera, miembro del Consejo Supremo de Castilla, sostenían que «lo que dize fray Domingo de Soto de las Repúblicas y reynos mas extendidas» no podía aplicarse a la monarquía española, sino únicamente a los «que no tienen potencia igual para regirse y conservarse, y por ser tan esparcidas quedan algunas partes faltas en la administración de justicia y buen gobierno». López Madera, 1625, 74-75.
100. Soto, 1556, 306.
101. Covarrubias, 1583, 243r y cf. «On the American Indians», en Vitoria, 1991, 254.
102. En relación a esta cuestión, véase Prosdocimi, 1954-1955.
103. *Política,* 7.4 (1326a-b).
104. Soto, 1556, 18.
105. Covarrubias, 1583, 24Ir, *iure naturali, et ab ipso natura, non est Imperatori concessa totius orbis.*
106. Sobre el tema de las diversas ediciones de la *Controversiarum illustrium,* véase Seelmann, 1979, 30-36.
107. Véase Pagden, 1988. A mí mismo me habría pasado inadvertida la importancia de Vázquez de no haber sido por la obra de Annabel Brett.
108. Véase en especial Brett, de próxima publicación, Cap. 5, 245: «Vázquez no debería ser leído de forma aislada de la Escuela de Salamanca ni tampoco como una continuación

de ella, sino como una reacción positiva a sus conclusiones, en particular a las de Soto».

109. Grotius, 1916, 11-15.
110. La *Controversiarum* está dividida en tres libros. Los diversos argumentos que Vázquez plantea en contra del imperio están incluidos en el Libro II, capítulo 10, y están distribuidos de modo separado bajo distintos títulos, por lo general discretos. Con objeto de destacar la fuerza de su argumentación global, yo he reorganizado el orden de dichos títulos y también he tratado de situar la consideración de los problemas concretos en relación al imperio en el contexto general de su discusión en torno a la naturaleza de la sociedad civil. Tal como ha demostrado Brett, los temas paralelos de «la mutabilidad del derecho civil» y el argumento de que «la ordenación del príncipe [existe para] la conveniencia del pueblo» son capitales «para la correcta comprensión de la originalidad de Vázquez y para preservar la integridad de su texto». (Brett, de próxima publicación, Cap. 5).
111. Vázquez de Menchaca, 1931, II, 26.
112. *Ibid.,* 23-24. Sobre la distinción que Vázquez realiza entre *potestas* –que es el poder concedido por los ciudadanos al gobernante para que pueda velar por su propio bienestar, y está limitado por la ley– y lo que él denomina *potentia*, que, como explica Brett, «designa el mero poder *de facto* que no guarda relación alguna con la ley ni el derecho y depende solo de la fuerza pura», véase Brett, de próxima publicación, cap. 5.
113. Vázquez de Menchaca, 1931, I, 276.
114. Paolo Paruta, por ejemplo. Véase Tuck, 1993, 96. «La advertencia [hecha por Paruta] del peligro que representaba para las repúblicas la expansión imperial era fácilmente reformulable en términos del *interés* de las personas afectadas».
115. Soto, 1556, 302.

116. Vázquez de Menchaca, 1931, I, 20 (Praefatio n.° 25) y citado en Brett, próxima publicación, cap. 5.
117. Vázquez de Menchaca, 1931, I, 18.
118. *Ibid.*, II, 31. Cf. Brett, «El genio imaginativo de Vázquez... establece una correlación entre la poesía romana y el derecho romano, para crear una dinámica moral de la historia humana que puede servir tanto para legitimar como para lamentar la práctica de su propio tiempo». Brett, de próxima publicación, cap. 5.
119. Vázquez de Menchaca, 1931, II, 23-24.
120. *Ibid.,* I, 17.
121. *Ibid.,* II, 33-34.
122. Sobre este punto, véase Pagden, 1986, 228.
123. Vázquez de Menchaca, 1931, II, 26-27.
124. *Ibid.,* 25.
125. *Ibid.,* 30.
126. *Ibid.,* 29.
127. *Ibid. Mundus* provenía probablemente de una palabra etrusca que significaba 'decoración'. El término griego *cosmos* derivaba, de modo parecido, de 'ornamentación'.
128. Vázquez de Menchaca, 1931, II, 84-85.
129. Véase Brett, de próxima publicación, cap. 5.
130. Vázquez de Menchaca, 1931, II, 23-24.
131. Saavedra Fajardo, 1976, II, 664.
132. Véase Pagden, 1991, 45-46.
133. Kant, 1970, 106.
134. Véase pp. 241-242.

3. Conquista y colonización

1. Schumpeter, 1951, 7, 83. Cf. «La expansión siempre requiere de por sí, entre otras cosas, objetivos concretos para llegar a la fase de acción y mantenerse, pero esto no constituye su significado.

Esta clase de expansión carece de "objetivo" propio y lo cierto es que no posee ningún objetivo idóneo ulterior a ella» (Schumpeter, 1951, 7).

2. Véase pp. 186-190.
3. «An Account of Conversation concerning the Right Regulation of Goverments for the Common Good of Mankind», en Fletcher, 1737, 437.
4. Gomes Eanes de Zurara concluyó su *Crónica de Guiné* en esta fecha porque, *«depois deste ano avante, sempre se os feitõs daquelas partes trataram mais por tratos e avengas de mercadaria que por fortaleza nem trabalho das armas»,* Zurara, 1973, 409 (Cap. XCVI).
5. Kroebner, 1961, 62.
6. *De Guiana carmen epicum,* 14-15.
7. Ramsay, 1789, I , 2. Cabot, citado en Finley, 1976, 180.
8. Johnson, 1609. C2[V].
9. Hakluyt, 1935, II, 368.
10. Citado en Eccles, 1987, 168 n. 74.
11. Sobre el concepto de «enemigos dignos», véase Greenblat, 1988.
12. John Smith describió la coronación de Pouhatán, en Smith, 1986, I, 237.
13. Sobre la categoría legal que concedía la Corona británica a Pouhatán, véase Williams, 1990, 206-212.
14. Strachey, 1953, 24. Quiero expresar mi agradecimiento a David Armitage por haber llamado mi atención sobre este texto.
15. Las nuevas técnicas de minería y la aplicación de un método más sistemático en la extracción de plata dieron como resultado un gran incremento de la producción en la última década del siglo XVIII. Sobre esto, véase Brading, 1971, 33-92.
16. *Encyclopédie*, 1772, III, 649-650.
17. Biggar, 1930, 128; véase también Trudel, 1973, 48-50 y Eccles, 1987, 159.

18. Trudel, 1973, 19-20. Se trataba de «Saguenay». Todavía en 1678, en la delegación de La Salle, aparece una tierra identificada como Cibola (el territorio de los zuni situado entre el Pequeño Colorado y Río Grande), aunque para entonces se consideraba que sus riquezas probablemente consistían más en pieles que en minerales. Eccles, 1964, 106.
19. Frobisher, 1867, 74-75. Véase también los comentarios incluidos en Greenblat, 1991, 109-118.
20. Johnson, 1612, f. [E4^{V}]-G3^{V}.
21. Raleigh, 1848, xiv.
22. Véase Fuller, 1991.
23. Mede, 1677, 980-981.
24. Smith, 1976, II, 563-564.
25. Trudel, 1973, 190-192. Raleigh, 1848, 9. En Fuller, 1991, se incluye un análisis del lenguaje empleado en *The Discoverie of Guiana.*
26. *De l'esprit des lois*, XXI, 21, en Montesquieu, 1949-1952, II, 643. Sobre la influencia de las observaciones de Montesquieu en Colbert, véase Tarrade, 1972, I, 87.
27. Armitage, de próxima publicación.
28. Harrington, 1977, 332.
29. Saavedra Fajardo, 1976, II, 681. «Vencido por vosotros –escribió Lipsius a un amigo español–... os ha vencido a su vez el Nuevo Mundo y ha agotado o debilitado vuestro antiguo vigor». Citado en Elliott, 1989, 25.
30. Sobre esta cuestión, véase Pagden, 1993, 18-20.
31. Smith, 1976, II, 563.
32. *De l'esprit des lois*, XXI, 22, en Montesquieu, 1949-1951, II, 645-646.
33. Smith, 1976, II, 568.
34. Mirabeau, 1758, III, 180.
35. Smith, 1976, II, 568.
36. Hume, 1985, 338.

37. «Reflexiones sobre el comercio libre de América, que produce el amor público de un zeloso profesor de comercio. Año 1789». British Library, Add. Ms. 13, 984, ff. 135-167, en f. 136v.
38. Citado en Elliott, 1990, 48.
39. Campillo, 1789, 17.
40. Campomanes, 1775, 411-412.
41. Child, 1751, 153.
42. Campomanes, 1988, 360.
43. Véase en pp. 243-246 la respuesta que da Campomanes a este argumento.
44. Nuix, 1782, 66.
45. Robertson, 1800, IV, 66.
46. Young, 1772, 438.
47. Véase Schwartz, 1978, 35.
48. Armitage, 1992, 536-537.
49. Ramsay, 1789, 3.
50. Tucker, 1775, 18-20; citado también en Pocock, «Josiah Tucker on Burke, Locke, and Price. A study in the varieties of eighteenth-century conservatism», en Pocock, 1985, 164.
51. Se da una relación más detallada de los orígenes del proyecto en David Armitage, «The Scottish visión of empire: intellectual origins of the Darien venture», en Robertson, de próxima publicación.
52. Ferguson, 1699, 74-75.
53. Otis, 1764, 422.
54. La fuente más citada al respecto es Digesto XLI 1 y la ley *Fera bestiae*; Justiniano, *Institutes*, II. 1. 1. «La razón natural admite el derecho del que primero ocupa lo que anteriormente carecía de dueño».
55. More, 1965, 137; véase también la observación contenida en Finley, 1967, 179.
56. Véase Tully, 1993b, 257-258 y Pocock, 1987, 237-238.

57. Bland, 1764, 319.
58. *Second Treatise* 36, en Locke, 1967, 311. Este fue uno de los motivos por los que la Corona impuso oficialmente a los inmigrantes franceses de Canadá la obligación de cultivar su tierra. Mediante un decreto de 1711, Luis XIV conminaba a los gobernadores coloniales a suprimir los señoríos que no cumplían esta condición. La amenaza no fue una mera formalidad, puesto que solo en 1741 se suprimieron por dicha causa dieciocho feudos. Trudel, 1971, 20.
59. *Second Treatise* 27, en Locke, 1967, 306.
60. Pownall, 1765, 157.
61. Tully, 1993 a, 264. *Second Treatise* 36-37, en Locke, 1967, 310-312.
62. Véase Pagden, 1988, 149.
63. «Essay on Property», en Madison, 1900-1910, VI, 101, 103.
64. Vattel, 1916, III, 37-38; véanse asimismo las observaciones de Tully, 1993a, 168-169 y Pagden, 1991, 55.
65. Con respecto a esta cuestión, véase Green y Dickason, 1989, 73-78.
66. Smith, 1976, II, 558. De acuerdo con la definición de Moses Finley, las colonias de la Antigüedad eran «plantaciones de hombres, sitios adonde los hombres emigraban y en los que se asentaban». Finley, 1976, 171.
67. «Of Plantations», en Bacon, 1857-1874, VI, 457.
68. Sobre este tema, véase Manzano Manzano, 1951-1952.
69. Vitoria, 1967, 54.
70. Abercromby, 1986, 200.
71. 10 de abril de 1609. *Charters*, 1957, 1.
72. Trudel, 1973, 163. En 1627, incluso los componentes de la colonia holandesa de Nueva Holanda instalada a orillas del río Hudson sumaban el doble de los de Nueva Francia. Siguiendo la misma tónica, las ordenanzas de fundación de la Compagnie des Indes Occidentales de 1664 hacen referencia

a *la terre ferme de l'Amérique, autrement appelée France equinoctiale. Edits*, 1854-1856, I, 40.

73. Postlethwayt, 1751-1755, I, 373.
74. *A Discourse on Western Planting*, en Hakluyt, 1935, II, 292-295. En 1670, los ingleses todavía apelaban al derecho de descubrimiento previo para reclamar la bahía de Hudson. Eccles, 1967, 111. Sobre el viaje de Madoc, véase Armitage, 1995.
75. «Representations of the Present State of the Colonies», en Franklin, 1959-1993, V, 368.
76. Trudel, 1973, 38 y Thevet, 1575, II, 964v-965.
77. Citado en Trudel, 1973, 38.
78. Diderot, 1955, 13-14.
79. «Observations on the nature of civil liberty, the principles of government, and the justice an policy of the war with America», en Price, 1991, 40.
80. Grotius, 1916, 15.
81. Young, 1772, 427. El diccionario al que alude es Postlethwayt, 1751-1755.
82. Véase Tully, 1993 a.
83. Dummer, 1721, 14. En *Plain Facts,* de 1781, Samuel Wharton señalaba que de los derechos naturales sobre los medios de sustento de Locke se deducía de hecho que los indios tenían derechos sobre sus tierras, pues constituían su medio de subsistencia. Wharton tenía, sin embargo, intereses partidistas en defender la validez de este argumento, ya que sus empresas de especulación de tierras reclamaban grandes zonas del estado de Virginia aduciendo que les pertenecían por «concesión». Tully, 1993a, 268.
84. Pownall, 1765, 161-162.
85. Bulkley, 1752, III-IV. El tratado es un intento de negar a los mohegan cualquier derecho sobre sus tradicionales tierras tribales. Respecto a la influencia de Locke sobre Bulkley, véase Tully, 1993a, 166-167.

86. La Proclamación está reproducida en Kennedy, 1918, pp. 20-21; véase asimismo Tully, 1993a, 172.
87. Young, 1772, 472.
88. «Observations on the nature of civil liberty, the principles of government, and the justice and policy of the war with America», en Price, 1991, 40.
89. Dummer, 1721, 13.
90. Kennedy, 1918, 20.
91. Véase Jones, 1982, 41-45, que señala que la Línea de Proclamación era inaplicable en la práctica, en primer lugar porque no era exacta. Los iroqueses, los cherokees y los creek poseían tierras ancestrales al este de la línea, mientras que en 1763 ya existían al oeste de ella asentamientos de gente procedente de Virginia.
92. Smith, 1950, 434.
93. Los textos del caso pueden hallarse en Smith, 1950, 417-422. Se da una relación más detallada de las disputas en torno a la situación legal de las naciones indias en Tully, 1994 y de próxima publicación.
94. Citado en Clark, 1990, 84.
95. *Ibid.,* 41n. Tal como ha indicado John Pocock, el célebre, y todavía autoritario, fallo pronunciado por el lord Chief Justice Marshall en 1832, según el cual los pueblos indios constituían naciones, solo se explica bajo el supuesto de que la autoridad imperial anteriormente ejercida por la Corona hubiera pasado a los Estados Unidos. Pocock, 1993b, 420.
96. Véase pp. 130-132.
97. *Second Treatise* 2.175, en Locke, 1967, 403.
98. *The First Set of Fundamental Constitutions of South Carolina as compiled by Mr John Locke* [marzo de 1669]. Acta XCVII, en *Historical Collection*, 1836, II, 386.
99. Otis, 1764, 432.
100. Dummer, 1721, 13.

101. Charlevoix, 1744, I, 2. Sobre la *Histoire et description générale de la Nouvelle-France* de Charlevoix –el primer estudio serio de la historia de Canadá–, véase Trigger, 1986.
102. Bland, 1769, 11-13.
103. Dummer, 1721, 20-21.
104. Gordon, 1728, I, 123.
105. Axtell, 1983, 133, y para una descripción general del programa evangélico, 131-178.
106. Johnson, 1609, C2[V].
107. Véase Kupperman, 1993, 93-94.
108. «Philo-Caledon», 1699, 24. Este panfleto se atribuye a veces, de manera errónea, a Fletcher.
109. Citado en Eccles, 1987, 163.
110. *Artículos de la Capitulación de Montreal,* 8 de septiembre de 1760, en Kennedy, 1918, 12. Sobre el principio de continuidad, véase p. 77.
111. Eccles, 1987, 176-179.
112. La Martiniére, 1732, 1, 136-137.
113. La fuente más importante sobre las repercusiones de la prescripción en tales casos –y la misma que citó Solórzano– era el comentario de Bartolo *(repetitio)* de la Ley *Quiminus*, titulado *De fluminibus* (Digesto XLIII. 12. 1) en el que plantea la posibilidad de adquirir derechos sobre un río público. Véase Brett, de próxima publicación, cap. 3.
114. Véase Pagden, 1991, 61-62. Bartolo había planteado cuestiones parecidas con respecto a los derechos de los venecianos y genoveses a restringir el tránsito de barcos en sus respectivos golfos. Véase Brett, de próxima publicación, cap. 3.
115. Pownall, 1763, 163.
116. Johnson, 1609, B2r-v.
117. Ferguson, 1699, 72-73. Sin embargo, a continuación añadía que, puesto que las primeras incursiones de los españoles habían sido marcadas por la conquista –que, en su opinión,

no era más que un caso de «fraude, violencia y usurpación»–, no eran tampoco válidas, lo cual es indicativo de la curiosa interpretación que hacía de la prescripción.

118. «Britanno sed Dunensi», 1700, «Epistle dedicatory».
119. Desde el punto de vista legal no era, sin embargo, tan vacuo como puedan dar a entender la reacción de Las Casas y de otros. Véanse las observaciones de Seed, 1993, 123-127.
120. Véase Matienzo, 1380, 293v.
121. Parecer [1556], f. 4v.
122. Citado en Pagden, 1991, 59.
123. Mirabeau, 1758, III, 213.
124. Talleyrand, 1840, 330.
125. Gray, 1609, C3v-[C4r].
126. Véase Tuck, de próxima publicación.
127. Citado en Williams, 1990, 200.
128. Portocarrero y Guzmán, 1700, 97-99.
129. Cf. Cicerón, *De officiis*, 1.34-35. «Existen dos clases de conflicto: uno se resuelve mediante debate, el otro por la fuerza. Dado que el primero es el propio del hombre y el segundo, de las bestias, únicamente debe recurrirse al segundo si no se puede emplear el primero».
130. Epist. 189.6 *Patrología latina*, XXXIII, col. 856.
131. Véase Russell, 1975.
132. Véase en general Albert, 1980.
133. *De república*, 3.34. Véase Barne, 1986.
134. *De officiis,* 1.36.
135. *Ibid.,* 1.35, 38. Cf. 2.26-27.
136. Tuck, de próxima publicación.
137. Fox Morcillo, 1536 [L7^{r-v}]. En relación a la visión que tenía Fox Morcillo de la soberanía, véase Tuck, 1993, 33-35.
138. *Quaestionum in Heptateuchem*, VI. X. *Patrología latina*, XXXIV, col. 781.
139. Pagden, 1991, 43.

140. Véase *ibid.,* 58.
141. Suárez, 1954, 126-127.
142. *Ibid.*, 149-152.
143. *De civitate Dei*, XIX, 13.
144. Suárez, 1954, 238.
145. *Ibid.*, 158-161.
146. Solórzano, 1647, I, 39-40. En relación a Solórzano, véase p. 217 y pp. 287-288.
147. Fox Morcillo, 1566, 252.
148. *Ibid.*, 1566, 253.
149. Acerca de esta cuestión, véase Pagden, 1988, 155-161.
150. Véase Mechoulan, 1974. Sobre el ataque de Sepúlveda a Maquiavelo, véase Coroleu, 1992.
151. *De regno et regis officio, ad philippum Hisp. regem*, en Sepúlveda, 1780, IV, 99.
152. *Ibid.,* 100.
153. Álamos de Barrientos, 1867, 13-14. Navarra, en cambio, que fue ocupada por Fernando el Católico en 1512, consta como un Estado conquistado.
154. Libro 4, Tít. I, Ley 6, *Recopilación,* 1791, II, 4.
155. Nuix, 1782, 150-156.

4. Expansión y conservación

1. «An Esay upon Universal Monarchy», en Davenant, 1771, IV, 4.
2. «On the Plantation Trade», *ibid.,* II, 26. Véanse también las observaciones contenidas en Miller, 1994, 155-159.
3. Citado en Elliott, 1989, 25-26.
4. Pufendorf, 1934, II, 1355, citando una observación que formuló Isócrates a Filipo de Macedonia.
5. Prefacio de *Divers Voyages*, en Hakluyt, 1935, I, 175-176.
6. Child, 1751, 138.
7. Prefacio de *Divers Voyages*, en Hakluyt, 1935, I, 176.

8. Davenant, 1771, II, 4-5.
9. Citado en Elliott, 1990, 33.
10. Chastellux, 1787, 60-61.
11. Denton, 1670, 7.
12. Las propias colonias mostraban la misma urgencia por aumentar el número de pobladores de sus asentamientos. Las personas, explicó Luis XIV al aceptar la cesión de la Compagnie des Cien Associés, eran el fundamento de todas las colonias, y a fin de asegurar su proliferación, prohibió que emigrara ningún «sacerdote, monje o monja», y en 1669, el Sovereign Council de Canadá ofreció una pensión de 300 libras a «todo habitante que tenga, en matrimonio legítimo, diez hijos no sacerdotes». Citado en Diamond, 1961, 10.
13. *The Commonwealth of Oceana,* en Harrington, 1977, 332.
14. Botero, 1956, 156-157.
15. «An Essay upon Universal Monarchy», en Davenant, 1771, IV, 14.
16. *Perpetual Peace, a Philosophical Sketch,* en Kant, 1970, 113.
17. Livio, *Historia,* XXXVII, 35.
18. Pufendorf, 1764, I, IX.
19. Citado en Pocock, 1988, 67.
20. «Tienen sus periodos, los imperios. El que más dura, más cerca está de su fin». Saavedra-Fajardo, 1976, II, 822.
21. Moncada, 1619, $3^{r\text{-}v}$.
22. Citado en Eccles, 1964, 163-164.
23. Citado en *ibid.,* 105-106.
24. *Recopilación,* 1791, II, 1. Lib. IV, Tit. I, ley 1.
25. «Thoughts upon the present situation of affairs» [octubre de 1791], en Goldsmith, 1927, 95.
26. Campomanes, 1775, 411.
27. Constant, 1988, 52-53.
28. Véanse pp. 325-326.
29. Álamos de Barrientos, 1987, 129.

30. *The case of going to war for the sake of trade considered in a new light; being the fragment of a greater work,* en Tucker, 1776, 65-75.
31. Botero, 1956, 6.
32. Young, 1772, 478.
33. Botero, 1956, 6-7.
34. Fernández Navarrete, 1626, 60-65.
35. Tucker, 1782, 83, 88-89.
36. Oldmixon, 1741, I, XXVII.
37. «Thoughts on the State of the contest with America», en Smith, 1977, 383.
38. Véase Tucker y Hendrickson, 1982, 196. «[La necesidad de conservar las colonias] radica ante todo en la ecuación entre la soberanía y la conservación de los intereses que se consideraban indispensables para la categoría de Gran Bretaña en calidad de gran potencia».
39. Saavedra Fajardo, 1976, II, 604-605.
40. Botero, 1956, 293. En torno al concepto de *prudenza* de Botero, véase Borelli, 1993, 63-94. Para el sinólogo jesuita Domingo Fernández Navarrete, la Gran Muralla era, por el contrario, una demostración del «poco valor y espíritu de los chinos». Fernández Navarrete, 1676, 31.
41. *Despotisme de la Chine* [marzo-junio de 1767], en Quesnay, 1888, 660.
42. Raynal, 1781, I, 104.
43. Mably, 1768, 132-137.
44. Turgot, 1791, 18.
45. Véase Tucker y Hendrickson, 1990, 160-168.
46. Saavedra Fajardo, 1976, II, 673.
47. «A Discourse on government with relation to militias», en Fletcher, 1737, 66.
48. Oldmixon, 1741, I, XVII. Cf. Thomas Sprat: «Hoy en día existe la acertada noción de que la grandeza inglesa no se

sostendrá ni aumentará en esta era por medio de guerras que no se libren en el mar» (1734, 404).

49. Goldsmith, 1768, 486.
50. Miller, 1994, 150-159.
51. *De l'esprit des lois,* XIX, 27, en Montesquieu, 1949-1951, II, 579.
52. Saavedra Fajardo, 1976, II, 664. Cf. Alberto Struzzi, que dijo al rey en 1629: «Cosa es asentada que el que será señor de la mar será de la tierra». Citado en Echevarría Bacigalupe, 1988, 927.
53. Citado en Parker, 1979, 45-63.
54. A este respecto, véase Vinner, 1965, que sostiene que todo tipo de mercantilismo –y Campomanes puede considerarse como un neomercantilista– habría dado por buenos estos cuatro presupuestos: 1) la riqueza es el medio absoluto y esencial de lograr el poder, ya sea con fines de seguridad o de agresión; 2) el poder es esencial o valioso como medio para la adquisición y retención de la riqueza; 3) la riqueza y el poder son los correctos objetivos de la política nacional; 4) a largo plazo, existe una armonía entre dichos objetivos.
55. Child, 1751, 149.
56. *Ibid.,* 1751, 149.
57. Paterson, 1858, I, 128-129. Este era un tema repetido con frecuencia a lo largo del siglo XVIII. «De haber mantenido a los laboriosos moros –observó Thomas Gordon en 1728– y haber expulsado a los bárbaros inquisidores, fomentado la libertad y el comercio y por tanto la libertad de conciencia, España habría sido una nación más poderosa y más grandioso su rey de lo que lo fue sucumbiendo a sus deseos de culpables conquistas» (Gordon, 1728, I, 123).
58. Campomanes, 1988, 11-12.
59. Citado en Armitage, 1992, 536.
60. Fletcher, 1737, 183.

61. *Ibid.,* 333.
62. *Ibid.,* 334-337.
63. *Ibid.,* 340. Véase Robertson, 1994, 239, que describe los *Discorsi* como «una demostración de patente ironía de la posibilidad de una Monarquía Universal propiciada por una nueva sucesión en España».
64. Véase pp. 373-375.
65. Sobre esta cuestión, véase Robertson, 1987; y sobre la relación entre los *Discorsi* y el proyecto del Darién, Armitage, 1995.
66. Ward, 1799, 122. Ward fue ministro de la Real Junta de Comercio y Moneda.
67. Campillo, 1789. Aunque no se publicaría hasta 1798, el *Nuevo sistema* tuvo una amplia difusión entre los círculos administrativos y de la Corte con anterioridad a dicha fecha. También apareció una versión del texto, en muchos casos transcrita literalmente, en la segunda parte del *Proyecto económico en que se proponen varias providencias dirigidas a promover los intereses de España,* de Bernardo Ward, publicada en 1779. La contribución propia de Ward, que se limitaba a un análisis de la España metropolitana, había sido redactada en 1762. En la introducción de Antonio Elorza a Campillo, 1969,11-16, se analiza la relación entre los dos textos.
68. Campillo, 1789, 9.
69. *Ibid.,* 2-3.
70. *Ibid.,* 14.
71. *Ibid.,* 6-7.
72. Campillo, 1969.
73. Campomanes, 1988, 238-239, 265.
74. Campillo, 1789, 2.
75. *Ibid.,* 3.
76. *Ibid.,* 15.
77. *Ibid.,* 15-16.
78. Venturi, 1991, I, 237.

79. Sobre este tema, véase el estudio clásico de Pocock, 1987.
80. Véase Pagden, 1991, 215-216.
81. Campomanes, 1988, 11-12.
82. «Juzgo, que de todos los estranjeros, después de Josías Child, es el que con mayor atención ha observado la constitución de nuestras colonias en América y la calidad del comercio que hacemos en ellas». *Ibid.,* 359.
83. *Ibid.,* 267.
84. Hirschman, 1971.
85. Campomanes, 1988, 62.
86. Véase Canny y Pagden, 1987, 65.

5. Metrópolis y colonia

1. Talleyrand, 1840, 330-331.
2. Sobre esta cuestión, véase pp. 343-345.
3. Talleyrand, 1840, 334.
4. Harrington, 1977, 446. La distinción entre *imperium* y *patrocinium* la estableció Cicerón en *De officiis,* II, 27. Véase asimismo Kroebner, 1961, 4-11.
5. Smith, 1976, II, 556.
6. «An account of a conversation concerning the regulation of governments for the common good of mankind», en Fletcher, 1737, 436.
7. *Federalist,* 18, en Hamilton *et al,* 1987, 161-164, y «Lectures on law: VIII. Of man as a member of a confederacy», en Wilson, 1967, I, 249-255.
8. Kant, 1991, 154-155. El modelo que inspiró a Kant este tipo de relación fue, sin embargo, Irlanda.
9. Fernández de Oviedo, 1851-1855, III, 597. La *Nueva Recopilación de leyes de los reynos de las Indias,* de 1680, prohíbe de modo explícito el uso de la Hacienda Real para la financiación de exploraciones y asentamientos: «Manda-

mos que ningún descubrimiento, nueva navigación ni población se haga a costa de nuestra hacienda». *Recopilación*, 1791, II, 7, Lib. IV, Tít. 3, ley 1. Cf. Adam Smith: «Los propios aventureros incurrieron en los riesgos y gastos requeridos por dichas empresas. El gobierno de España apenas contribuyó en algo a ellas». Smith, 1976, II, 590.

10. Véase pp. 163-167.
11. Bland, 1769, 12.
12. Jefferson, 1774, 4.
13. «Considerations on the nature and extent of the authority of the British Parliament» [17 de agosto de 1774], en Wilson, 1967, II, 733.
14. Véase Green, 1986, 93-96.
15. Mirabeau, 1758, 213.
16. «Existe, por tanto, más igualdad entre los colonos ingleses que entre los habitantes de la madre patria. Sus modales son más republicanos y sus gobiernos, en especial los de las tres provincias de Nueva Inglaterra, también han sido hasta el presente más republicanos». Smith, 1976, II, 585.
17. Turgot, 1913-1923, V, 533.
18. Adams, 1819, 30.
19. Citado en Green, 1986, 93.
20. Citado en *ibid.,* 94; véase asimismo Bailyn, 1965, 135-136 y 709, n. 25. Igual punto de vista sostiene Wilson en «Considerations on the nature and extent of the authority of the British Parliament [1774]», en Wilson, 1967, II, 739-740, que cita como autoridad las observaciones efectuadas por Bacon en torno a la soberanía de Irlanda.
21. «Considerations on the nature and extent of the authority of the British Parliament» [17 de agosto de 1774], en Wilson, 1967, II, 742.
22. Citado en Green, 1986, 135.
23. Barnard, 1774, 32.

24. «De censuris» (*Disputatio*, XXXVI 10), en Suárez, 1856-1878, XXVIII, 258.
25. Citado en Green, 1986, 94-95. Véase también la observación de «Britannus Americanus» publicada en la *Boston Gazette* el invierno del mismo año: «El pueblo de Inglaterra no podía tener más conexión política con ellos ni poder ni jurisdicción sobre ellos de la que tienen ahora sobre las gentes de Hannover que también son súbditos del mismo rey».
26. Citado en Green, 1986, 102.
27. Trudel, 1971.
28. «La totalidad del Gobierno de Carolina, así proyectado –escribió Abercromby– se reveló como un fracaso y como algo [enteramente] ideal». Abercromby, 1986, 180.
29. Burke, 1757, II, 288-289.
30. Citado en Barnes, 1923, 178. Como en España, debía entregarse a la Corona la quinta parte de todo el oro y la plata.
31. Andrews, 1934-1938, I, 86n.
32. «On the tenure of the Manor of East Greenwich» [11 de enero de 1766], en Franklin, 1959-1993, XIII, 21.
33. Por este motivo George Mason aducía en 1774 que la colonia había sido creada por prescripción sobre tierras desocupadas, ya que solo así tenían sentido las Cartas y el hecho de que Maryland, Carolina del Norte y Pensilvania se hubieran fundado de acuerdo con las disposiciones de las Cartas. Véase Onuf, 1983, 81-82, y en torno a la cuestión de la compra de tierras, pp. 110-115.
34. Jefferson, 1774, 8.
35. Strahan, 1722, «The Translator's Preface». En relación a Solórzano, véanse pp. 119-121.
36. Otis, 1764, 438.
37. Lo cual explica seguramente los múltiples esfuerzos que se realizaron para refutar su argumentación. Véase, por ejemplo, Bland, 1769, 11-12.

38. Adams, 1819, 94-98.
39. Green, 1986, 12.
40. Campbell, 1755, 57; véase también Miller, 1994, 160-164.
41. Madison, 1900-1910, VII, 373.
42. «Observations on the nature of civil liberty, the principles of government and the justice and policy of the war with America», en Price, 1991, 34, 32.
43. *Ibid.*, 23.
44. *Ibid.*, 34-35.
45. Otis, 1764, 437. Para los colonizadores, la ley constituía un acto de autoimposición, de tal forma que, según lo expresó Wilson, «la única razón por la que un hombre libre e independiente estaba sujeto a las leyes humanas era esta: que él mismo se había sometido a ellas». Véase Bailyn, 1967, 173-174.
46. Véase Diamond, 1961.
47. Dubuisson, 1785, 13.
48. Véase Zoltvany, 1971.
49. *Projet* [1792], 98. Las Casas había utilizado exactamente el mismo argumento en contra de la propuesta de Felipe II de aumentar los ingresos vendiendo las encomiendas a perpetuidad a aquellos que ya las gestionaban. Las Casas, 1969, 47-65.
50. *Los españoles en Flandes,* Acto XII, 374.
51. Citado en Green, 1986, 15.
52. También se daba, por supuesto, el caso de que, tal como han señalado Tucker y Hendrickson, «los privilegios de la asamblea colonial eran meros privilegios y no derechos» (1982, 174-175). Los colonizadores, sin embargo, no solían considerarlos como tales.
53. En torno a la recopilación de este código y la participación de Solórzano y Pereira en él, véase García Gallo, 1951-1952.
54. La *Disputationem de indiarum iure, sive de iusta Indianarum Occidentalium inquisitione, acquisitione et retentione*, de Solórzano,

se publicó primero en dos volúmenes en 1629. En 1647, el autor produjo una versión revisada y muy ampliada en español, en la cual me he basado yo. Solórzano, 1647, I, 904-906.

55. Bolívar, 1950, III, 677.
56. Child, 1751, 150-151.
57. Campomanes, 1988, 247. Con respecto a la admiración que suscitó en Campomanes el *A New Discourse on Trade*, de Child, véase p. 244.
58. «On the plantation trade», en Davenant, 1771, II, 30-31.
59. Digesto I, 4, 1.
60. Robertson, 1800, IV, 13.
61. A propósito de esta cuestión, véase Canny y Pagden, 1987, 90-91. La descripción que ofrece Fredrick B. Pike sobre estos rituales como táctica aplicada por la Corona para distraer a la élite criolla de la política real no acaba de captar su propósito ni explica por qué la Corona se esforzó tanto en suprimirlos. Pike, 1960.
62. Smith, 1976, II, 574.
63. Orozco y Berra, 1853, 59-60. Véase también Canny y Pagden, 1987, 54-55.
64. Shklar, 1987a, 342.
65. Solórzano, 1647, I, 671.
66. Borello, 1611, 332.
67. Soto, 1556, 11. Suárez, 1971, I, 142 (Libro I, cap. 7, n. 14).
68. Abercromby, 1986, 70.
69. Bolívar, 1950, I, 176.
70. Jefferson, 1774, VII-VIII
71. Adams, 1819, 95-98, 110-118.
72. «Report on the Resolutions» [Filadelfia, 7 de febrero de 1799], en Madison, 1900-1910, VI, 374.
73. Jefferson, 1774, 16.
74. Véase, en general, Tarrade, 1972, I. Las demandas de «libertad de comercio» habían sido, sin embargo, constantes desde

los últimos años del reinado de Luis XIV. Véase Rothkrug, 1965, 433, y Schaeper, 1980.

75. Sobre los reparos de las colonias británicas del Caribe a apoyar la Revolución americana, véase Jack P. Greene, «Changing identity in the British Caribbean: Barbados as a case study», en Canny y Pagden, 1987, 241-263.
76. La Société se había creado, a imagen de la asociación homologa británica, en 1788 y contaba entre sus miembros a Brissot, Condorcet, La Fayette, Mirabeau y Sièyes. Véase Tarrade, 1989.
77. Malouet, 1797, 8-9.
78. Harrington, 1977, 167.
79. Bland, 1769, 16. Cf. Bland, 1764, 320, «El cuerpo legislativo de la colonia tiene derecho a promulgar toda ley que considere necesaria para el gobierno interno».
80. Bailyn, 1967, 213.
81. Barnave, 1791a, 6-7.
82. De Curt, 1789, 9-10.
83. Brissot, 1790, 14.
84. Barnave, 1791a, 10.
85. Blin, 1790, 23. Francis Barnard había presentado en 1774 una conceptualización similar de la relación entre Inglaterra y las colonias americanas. Barnard, 1774, 34-35.
86. Malouet, 1797, 12.
87. Anón., s. d. [2].
88. Talleyrand, 1840, 327.
89. Merlet, s. d., 3-9.
90. Collot, 1800, 7. Collot había sido gobernador de Guadalupe, pero, con respecto al poder legislativo, su posición era que «*toute discussion devient superflue, la métropole gouverne, et la colonie obéit*».
91. Malouet, 1797, 14-15.
92. Citado en Wood, 1972, 5. Véase también Michael Zuckerman, «Identity in British America: unease in Eden», en Canny y Pagden, 1987, 115-157, Zuckerman, 1977 y Greene, 1970.

93. Véanse las observaciones transmitidas en Wood, 1991, 16.
94. Constant, 1988, 73.
95. *Perpetual Peace, a Philosophical Sketch* ('Proyecto para una paz perpetua'), en Kant, 1970, 113-114.
96. «An Essay on Universal Monarchy», en Davenant, 1771, IV, 37.
97. Salazar, 1945, 192.
98. Botero, 1956, 97.
99. *Ibid.*, 95.
100. Citado en Morales Oliver, 1927, 169.
101. Fernández de Medrano, 1602, 59.
102. Véase Pagden, 1991, 98-100.
103. Saavedra Fajardo, 1976, II, 645-646.
104. «Acte pour l'établissement de la compagnie des cien associés pur le commerce du Canada», *Edits*, 1854-1856, I, 17.
105. «Mémoire to Jean Talon», 6 de abril de 1607, en *Correspondence*, 1893, I, 201.
106. «Établissement de la Compagnie des Indes Occidentales», mayo de 1664, *Edits*, 1854-1856, I, 46.
107. «Mémoire de Bougainville sur l'état de la Nouvelle France, 1757», en Margy, 1867, 42.
108. Véanse, por ejemplo, las condiciones del edicto dirigido al *intendant* Jean Bochart de Champigny del 14 de abril de 1686. *Edits*, 1854-1856, III, 50, y Eccles, 1964, 31.
109. Mencionado en Scammell, 1981, 316.
110. Citado en Zuckerman, «Identity in British America: unease in Eden», en Canny y Pagden, 1987, 136.
111. Child, 1751, 153.
112. Mirabeau, 1758, III, 226. Véase asimismo Delanglez, 1939, 35-65. El análisis ofrecido por este autor, un jesuita, del proyecto de «afrancesamiento» y de su rotundo fracaso se basa en gran medida en los mismos supuestos, centrados en el «atavismo de los indios norteamericanos» (p. 38) y su «ca-

racterística racial mantenida durante siglos» (p. 64), que sostuvieron los jesuitas contemporáneos.

113. Citado en Chinard, 1923, 63-66.
114. De Brosses, 1756, I, 17-19.
115. Véase Pagden, 1993, 168-169.
116. Burke, 1757, II, 44, 46.
117. En una carta dirigida al primer ministro napolitano Bernardo Tanucci. Citado en Goggi, 1990.
118. *De l'esprit des lois*, XXI, 22, en Montesquieu, 1949-1951, II, 648.
119. Véase Pocock, «Josiah Tucker on Burke, Locke and Price. A study in the varieties of eighteenth-century conservatism», en Pocock, 1985, 162.
120. Véanse los comentarios contenidos en Miller, 1994, 222-223.
121. Wood, 1991, 165.
122. Citado en Wood, 1991, 168.
123. Harrington, 1977, 168-169.
124. «Observations on the nature of civil liberty, the principles of government and the justice and policy of the war with America», en Price, 1991, 39.
125. De Pradt, 1801-1810, I, 19-20.
126. «Observations on the nature of civil liberty, the principles of government and the justice and policy of the war with America», en Price, 1991, 42.
127. Mayhew, 1759, 60-61.
128. Pownall, 1765, 6-7.
129. *Ibid.,* 1765, 28.

6. El cálculo de los beneficios

1. Constant, 1988, 79.
2. Gordon, 1728, I, 121.

3. Davenant, 1771, IV, 391.
4. Blewith, 1723, 19.
5. De Pinto, 1776, 10.
6. «Observations on the nature and civil liberty, the principles of government and the justice and policy of the war with America», en Price, 1991, 36.
7. *Ibid.,* 31.
8. «On the plantation trade», en Davenant, 1771, II, 6.
9. Taylor, 1989, 211-218.
10. Jefferson, 1774, 7.
11. «An Essay upon Universal Monarchy», en Davenant, 1771, IV, 30.
12. Hume, 1983, 340-341.
13. «Observations on the nature and civil liberty, the principles of government and the justice and policy of the war with America», en Price, 1991, 30.
14. Raynal, 1781, V, 10.
15. Hume, 1932, I, 210.
16. Gibbon 1900-1902, IV, 131. *Decline and Fall of the Roman Empire,* cap. XXXVIII. Véase también Pocock, 1983, 146.
17. Herder, 1800, 224 y cf. 230, donde vuelve a utilizarse la misma imagen.
18. *Ibid.,* 249.
19. Raynal, 1781, X, 29. Véase Duchet, 1971, 463-468. No cabe duda, sin embargo, de que la misma norma general era aplicable a los imperios europeos de América. Cf. Raynal, 1781, I, 308.
20. Este aspecto de la obra de Herder lo he tratado en Pagden, 1993, 172-188.
21. Sobre la vinculación entre Raynal y Herder, véase *ibid.,* 172-173.
22. La historia de la impresión se detalla en Feugère, 1922b, 13-48.

23. Citado en Wolpe, 1936, 8.
24. Raynal, 1781, I, 3 (I, Introducción).
25. *Ibid.* Esta parte la escribió, de hecho, Diderot.
26. Elliott, 1970, 1.
27. Tourneaux, 1877, IX, 487-488. Sobre la relación de Raynal con Choiseul y el *Bureau des colonies*, véase Duchet, 1971, 126, y Benot, 1963, 139.
28. La obra donde mejor se exponen los detalles de este concurso y los relativos a sus participantes es Imbruglia, 1983, 378-388.
29. Sobre este aspecto de la *Histoire*, véase Koselleck, 1988, 178-182.
30. Bernard, 1773, 39.
31. Para la reconstrucción, actualmente ya definitiva, de las contribuciones de Diderot he consultado Goggi, 1976-1977 y Duchet, 1978. Véase asimismo Yves Benot, que en el único análisis exhaustivo que existe hasta la fecha sobre este aspecto de la obra de Diderot concluye que, en este contexto, la *Histoire «couronne toute son oeuvre de penseur politique»*, al igual que el *«Neveu de Rameau achève et synthétise toute sa création littérarie»*. Benot, 1970, 239. Véase también Diderot, 1992, XXVII-XXIX.
32. Malouet, 1868, I, 180. En el *Supplément au voyage de Bougainville* se halla una alusión irónica a la intervención de Diderot en la redacción de la *Histoire*:
    A) Ouvrage excellent et d'un ton si différent des précédents qu'on soupçonne l'abbé d'y avoir employé des mains étrangères.
    B) C'est une injustice (Diderot, 1955, 38).
33. Raynal, 1785, 13. El texto se centra sobre todo en la cuestión del libre comercio. Sobre la contribución de Malouet, véase Feugère, 1922a, 364.
34. «Lettre apologétique de l'abbé Raynal a M. Grimm», en Diderot, 1956, 640.
35. La exposición más detallada de la tesis de Buffon y de su historia posterior se halla en Gerbi, 1983.
36. Raynal, 1781, V, 3.

37. *Ibid.*, X, 297.
38. *Ibid.,* V, 16. Véanse las observaciones de Albert Hirschman a propósito de este pasaje en las que señala el descontento suscitado porque la creciente proliferación de mercancías idénticas –del tipo como las que proporcionaba el comercio con las colonias– no alcanzaba a satisfacer las necesidades humanas básicas. Hirschman, 1992.
39. Raynal, 1781, V, 138.
40. Talleyrand, 1840, 334.
41. Raynal, 1781, I, 320-323.
42. Petit, 1776, 3.
43. «Sur les cruautés exercées par les espagnols en Amérique», en Diderot, 1875-1877, VI, 451-452.
44. Raynal, 1781, VIII, 205-206.
45. *Ibid.*, IX, 107-109.
46. Chastellux, 1772, II, 97.
47. Raynal, 1781, IX, 13.
48. *Ibid.,* IX, 233-234.
49. Young, 1772, 20.
50. Raynal, 1781, V, 15-16. En *Entretiens sur le fils naturel,* escrito en 1757, Diderot había imaginado incluso la existencia de «un reducido grupo de hombres felices» en la isla de Lampedusa, en la zona sur del Mediterráneo, «lejos de la tierra y en medio de las olas de un mar». Diderot, 1968, 105-106.
51. «Réfutation suivie d'ouvrage de Helvétius intitulé *l'Homme»,* en Diderot, 1875-1877, II, 432.
52. «Observations on the nature and civil liberty, the principles of government and the justice and policy of the war with America», en Price, 1991, 56.
53. Raynal, 1781, V, 2.
54. «Discours préliminaire» a su traducción d*e An Inquiry concerning Virtue or Merit* de Shaftsbury (1754), en Diderot, 1875-1877, I, 9.

55. Carminella Biondi (1979, 239) lo ha calificado como el *«testo chiave degli anni Settanta»*.
56. «Of the populousness of ancient nations», en Hume, 1985, 14.
57. Condorcet, 1781, 14.
58. En la célebre carta escrita a Richard Price, del 22 de marzo de 1778, en Turgot, 1913-1923, V, 538.
59. Raynal, 1781, VI, 124-125. Adam Smith, que daba una explicación similar de la abolición de la esclavitud en Europa, sostenía que también había sido un factor la ambición del clero de debilitar a la nobleza. «De este modo –concluía–, la influencia del clero combinada con el poder del rey aceleró la abolición de la esclavitud en el occidente de Europa. En consonancia con ello vemos que en los países donde ni el rey ni la Iglesia gozaban de bastante poder, todavía impera la esclavitud». *Lectures on Jurisprudence, Report dated 1766*, Smith, 1978, 454-455.
60. Cf. los comentarios de Montesquieu, *De l'esprit des lois*, XV, 2 en Montesquieu, 1949-1951, II, 491, sobre este aspecto del derecho romano de esclavitud que rechaza por «insensato», ya que presupone *qu'il soit permis de tuer dans la guerre autrement que dans le cas de nécessité*.
61. Frossard, 1793. Frossard escribió también un opúsculo titulado «La cause des esclaves nègres et des habitants de la Guinée portée au tribunal de la Justice, de la Religion et de la Politique» (París, 1788).
62. Raynal, 1781, VI, 126.
63. *Ibid.*, 133.
64. Condorcet, 1781, 6-7. La situación legal de los esclavos franceses regulada por el *Code noir* de 1685 era, de hecho, más compleja de lo que sostiene Condorcet. Este código, sin embargo, al estar casi enteramente basado en el derecho romano, observaba el principio de *partus ventrem sequitur*, que otorgaba al amo la propiedad de los hijos de las

esclavas, lo cual implicaba que los esclavos eran «bienes muebles». Véase Debtasch, 1967, I, 30-33.
65. Hilliard d'Auberteuil, 1785, 51.
66. Condorcet, 1781, 56. Raynal, 1781, VI, 117.
67. Pierre-Victor Malouet presenta una visión parecida de las repercusiones de la esclavitud. Malouet, 1788, 58-59.
68. Cf. las observaciones de Francisco de Vitoria en torno a esta afirmación, que también él consideraba fraudulenta. Beltrán de Heredia, 1931, 174.
69. Citado en Blackburn, 1988, 50.
70. Sharp, 1776, 9.
71. Condorcet, 1781, 9. Raynal, 1781, VI, 130-132.
72. Raynal, 1781, VI, 135.
73. *Ibid.*, 215-216.
74. *Ibid.*, 235. Raynal también repetía la antigua afirmación de que el número de sacerdotes había contribuido de manera significativa al declive de población de la sociedad criolla porque, *«le célibat devint la passion dominante dans un pays désert»*. *Ibid.*, 229.
75. El aborto era una práctica habitual en las comunidades de esclavos. Véase Pere Nicolson, que comentaba al respecto que *«une espèce de compassion se joint au plaisir de la vengeance, pour outrager la nature»*, y culpaba a los colonos, *«plus barbares que ces mères homicides»*. Nicolson, 1776, 55. Mirabeau adoptó la misma actitud pesimista en relación a la incapacidad de los tres grupos raciales de América para reproducirse a un ritmo que impidiera la futura despoblación. Mirabeau, 1758, III, 255.
76. *Encyclopédie*, 1772, XVI, 533. Existe, no obstante, una diferencia radical de tono entre este artículo, el artículo de Jaucourt sobre el «Esclavage» –que es una paráfrasis del Libro XV de *De l'esprit des lois*– y el ensayo en «Nègre» de Boucher d'Assis que, al hablar de la esclavitud, se limita a aportar un comentario sobre el *Code noir.*

77. Raynal, 1781, VI, 136-137.
78. *Tableau philosophique des progrès successifs de l'esprit humain* [1750], en Turgot, 1913-1923, I, 222.
79. Raynal, 1781, X, 287.
80. Sobre esta cuestión, véase Shklar, 1987b, 65.
81. Rochefort, 1665, 282.
82. *De l'esprit des lois*, XV, 1, en Montesquieu, 1949-1951, II, 490.
83. Jefferson, 1955, 162. «El hombre que se muestre en tales circunstancias –escribió– inasequible a la depravación moral y de su proceder debe ser un prodigio». Citado en Morgan, 1975, 375. Sobre esta cuestión en general, véase pp. 363-387. Incluso un defensor acérrimo, a veces incluso hasta la histeria, de la esclavitud como Malouet llegó a reconocer que la esclavitud era «realmente para los colonos un instrumento de corrupción y desorden». Malouet, 1788, 17; véanse asimismo las observaciones de Biondi, 1979, 114-115.
84. Hilliard d'Auberteuil, 1785, 5. Cf. Hilliard d'Auberteuil, 1777, I, 131-132, 135. En relación a Hilliard d'Auberteuil y su intervención en los debates sobre el libre comercio de 1785, véase Tarrade, 1972, II, 563, n. 112.
85. Hilliard d'Auberteuil, 1777, II, 34.
86. Brissot de Warville, 1790, 19.
87. Raynal, 1781, VI, 105.
88. «Réfutation suivie d'ouvrage de Helvétius intitulé *l'Homme*», en Diderot, 1875-1877, II, 379; véase también Lacoué-Labarthe, 1980.
89. Moreau de Saint-Méry, 1789, 20; véanse asimismo las observaciones de Mirabeau, 1758, III, 254.
90. Raynal, 1781, VI, 40-41.
91. Brissot de Warville, 1786, 104.
92. Malouet, 1797, 5-6.
93. Mirabeau, 1758, III, 254.

94. Barnave, 1791b, 26. Aunque Barnave, al igual que la mayoría de los revolucionarios, consideraba la esclavitud como una iniquidad moral, era del parecer que cualquier tentativa de promover la liberación inmediata de los esclavos conduciría a la pérdida de las colonias, lo cual equivaldría a anteponer el bienestar de 600.000 hombres al *intérêt national* de la totalidad del pueblo francés.
95. Raynal, VI, 127-128. Ha habido quien ha visto en esta evocación una «reelaboración» de un pasaje de *L'An deux mille cent quarante*, de Louis-Sébastien Mercier, de 1770. Diderot y Mercier no fueron, sin embargo, los únicos que predijeron una eventual revuelta de esclavos de ingentes proporciones. Véase Biondi, 1979, 250-252.
96. Blackburn, 1988, 243.
97. Herder, 1800, 185.
98. *Ibid.,* 189.
99. Raynal, 1781, V, 4-5.
100. *Ibid.,* V, 69-70.

7. Del imperio a la federación

1. La expresión en sí la acuñó, sin embargo, Starobinski al analizar la visión que tenía Rousseau de los peligros de la civilización. «Le remède dans le mal: la pensée de Rousseau», en Starobinski, 1989, 169-171.
2. Constant, 1988, 53.
3. Mirabeau, 1758, III, 191. Deseo expresar mi agradecimiento a Michael Sonenscher por haber despertado mi interés por este aspecto de la obra de Mirabeau.
4. Mercier de la Rivière, 1767, 355-356.
5. *Ibid.*, 476.
6. «On the jealousy of trade», en Hume, 1985, 331.

7. Smith, 1976, II, 626-627.
8. Dubuisson, 1785, 20-21.
9. Mirabeau, 1758, III, 5.
10. *Ibid.,* 322-323.
11. Mandrillon, 1784, 11.
12. Raynal, 1781, IX, 152.
13. *Ibid.,* III, 205.
14. *Discours sur l'origine de l'inégalité,* en Rousseau, 1979-1981, III, 146-147.
15. Raynal, 1781, III, 204.
16. Mirabeau, 1758, III, 56.
17. *Ibid.*, 176-177.
18. «On the jealousy of trade», en Hume, 1985, 328-329. «No hay nada más habitual entre los Estados que han conseguido ciertos adelantos en el comercio que mirar con recelo los logros de sus vecinos, considerar como rivales a todos los Esta dos comerciales y suponer que es imposible que ninguno de ellos prospere si no es a costa suya».
19. Pocock, 1975, 497. Con respecto a la visión, igualmente pesimista, que tenía Hume de la relación entre el comercio y la deuda pública, véase Hont, 1993.
20. «An account of a conversation concerning thè right regulation of governments for the common good of mankind», en Fletcher, 1737, 403.
21. Citado en Miller, 1994, 152-153, n. 8. Véanse asimismo las observaciones de Thomas Pownall, el cual comenta que el comercio había tomado el relevo de la espada, creando un «vínculo compuesto general» entre las colonias y la metrópoli. No obstante, añadía, «el surgimiento y formación de este interés comercial es lo que provoca la crisis actual» (Pownall, 1765, 3-5).
22. *De l 'esprit des lois*, XX, 1, en Montesquieu, 1949-1951, II, 585.

23. Smith, 1976, I, 267 y cf. I, 434.
24. Mercier de la Rivière, 1767, 355-356. Cf. Dubuisson, 1785, 20-21. Con respecto a la atribución de este texto a Dubuisson, véase Tarrade, 1972, II, 563.
25. Dubuisson, 1785, 14-15.
26. «Ordonnance de M. Duchesnau qui défend aux engagés de s'absenter de leur service», 2 de diciembre de 1679. *Archives de la Province de Québec,* 1924, I, 256.
27. Citado en Lamontagne, 1961, 337.
28. Ward, 1799, 21-22.
29. Uztáriz, 1742, 60-62.
30. «Remarques sur l'opinion de l'auteur de *L'esprit des lois* concernant les colonies. LIX.XXI, cap. 17» [1766], en Quesnay, 1958, II, 785.
31. Véase pp. 310-314.
32. «Observations on the nature of civil liberty, the principles of government, and the justice and policy of the war with America», en Price, 1991, 71.
33. Carta dirigida a George Chalmers, 22 de diciembre de 1785, en Smith, 1977, 290.
34. Mirabeau, 1758, III, 233-234.
35. *Ibid.,* 241-242.
36. Cf. las observaciones expresadas en «Political thought in the English-speaking Atlantic, 1760-1790: (i) The imperial crisis», en Pocock, 1993a, 278.
37. *The Spirit of Conquest and Usurpation and their relation to European Civilization*, en Constant, 1988, 55.
38. *Tableau philosophique des progrès successifs de l'esprit humain* (1750), en Turgot, 1913-1923, I, 226.
39. Fletcher, 1737, 429.
40. *Idea for a Universal History,* en Kant, 1970, 51.
41. Ponencia de seminario no publicada, repartida en la Universidad de Lausana en 1993.

42. La solución que él proponía era asimismo enteramente pragmática, aunque imposible de llevar a la práctica. Si dada la naturaleza de los hombres, no era posible convencerlos del valor intrínseco de «superar esa exorbitante inclinación» a «destacar en todo y derivar el provecho para sí», la constitución de un equilibrio de poder entre bloques militares de capacidad similar, unidos en sistemas federales de soberanía, podría cumplir por ellos dicho objetivo. Este proyecto está estrechamente relacionado con la futura estructura que ideó para los imperios europeos en su *Discorsi delle cose di Spagna,* de 1698. Véase p. 118.
43. Fletcher, 1737, 428.
44. «Lectures on law: VIII. Of man as a member of a confederacy», en Wilson, 1967, I, 249-255.
45. «Estoy absolutamente convencido de que todos los grandes gobiernos, ya sean repúblicas o monarquías, no solo alteran el mundo en su apogeo y caída, sino que al concentrar tales cantidades de hombres y de inmensas riquezas en una ciudad, corrompen las buenas costumbres y las tornan incapaces de mantener el orden y la disciplina». Fletcher, 1737, 420-421.
46. Franklin, 1959-1993, XXII, 122-125.
47. *Federalist,* 18 en Hamilton *et al.,* 1987, 159. Madison era, sin embargo, consciente, al igual que Kant, de la debilidad que podía presentar ese tipo de sistema ante amenazas exteriores y de su incapacidad para resistir a las ambiciones de sus miembros más poderosos. En Chiaramonte, 1993, 24-31, se exponen interesantes observaciones sobre los debates en torno a la federación y la confederación en Hispanoamérica.
48. Fletcher, 1737, 436.
49. *Idea for a Universal History,* en Kant, 1970, 47.
50. Por ejemplo, Adorno y Horkheimer, 1979, 6-7. «La Ilustración es totalitaria... De antemano, la Ilustración reconoce

solo la existencia y realidad de lo que puede aprehenderse en la unidad; su ideal es el sistema del cual se deriva todo sin excepción». En esta fase de su argumentación, Adorno y Horkheimer combinan de manera confusa la Ilustración como periodo histórico y la Ilustración como proceso psicohistórico. Es evidente, con todo, que lo que se achaca a una es también aplicable a la otra.

51. Condorcet, 1988, 269.
52. *Idea for a Universal History,* en Kant, 1970, 49.
53. *Ibid.,* 44.
54. *Ibid.,* 113-114.
55. Kant, 1992, 165-166.
56. La única obra escrita al respecto con anterioridad a la instauración de la República Francesa fue *Idea para una historia universal con un designio cosmopolita* (1784).
57. Mirabeau, 1758, III, 215.
58. Turgot, 1791, 24-25.
59. Turgot, 1913-23, V, 605.
60. «The True Interest of Great Britain set forth in regard to the colonies», en Tucker, 1776, 164.
61. Talleyrand, 1791, 31-32.
62. Turgot, 1791, 31-32.
63. *Ibid.,* 34-35.
64. Richard Price había propuesto una estructura federal similar como solución a los conflictos surgidos en la propia Europa. «Que cada Estado –escribió– continúe siendo independiente del resto con respecto a sus asuntos internos y se forme una confederación general con la designación de un senado compuesto por representantes de todos los diferentes Estados. Que este senado tenga poder para gestionar todas las cuestiones comunes de los Estados unidos y para fallar y decidir entre ellos, en calidad de árbitro común, en todas las disputas; y que goce al tiempo, bajo su dirección, de la fuerza común de los Estados

para respaldar sus decisiones... De este modo, la fuerza y las capacidades dispersas de todo un continente se unirían en un solo punto, todos los litigios se zanjarían justo al manifestarse y se impediría que cualquier nación volviera a poner las espadas en alto contra otra nación». «Observations on the nature of civil liberties, the principle of government, and the justice and policy of the war with America» [1776], en Price, 1991, 25.

65. Smith, 1976, II, 617.
66. «Smith's thoughts on the state of the contest with America, February 1778», en Smith, 1977, 382-383. Véanse asimismo los comentarios presentados en Winch, 1965, 13-15.
67. «Smith's thoughts... February 1778», en Smith, 1977, 384-385.
68. Hume, 1932, II, 307.
69. Malouet, 1810, 54-55.
70. «On the first principles of government», en Hume, 1985, 32-33. Cf. Malouet, 1810, 54: *les constitutions libres ne se maintiennent que par leur moralité, qui ne permet pas plus l'emploi unique de la force, que sa dégradation.*
71. Hume, 1932, II, 300-301.
72. Citado en Oltra y Pérez Samper, 1987, 84.
73. Ha existido cierta controversia en torno a la autenticidad de este manuscrito, pero hoy en día apenas se pone en duda que lo escribió Aranda y que las ideas que en él se desarrollan ya las había presentado él mismo ante el rey y el Consejo. Véase *ibid.*, 235n.
74. Aranda, 1959, 399-401. Si bien el texto carece de fecha, es probable que fuera escrito con posterioridad a 1783, cuando Aranda propuso un proyecto similar en una carta dirigida al virrey de México. Véase Oltra y Pérez Samper, 1987, 234-235. También está reproducido con variaciones en Rodríguez, 1976, 63-66.
75. Sobre este punto véase el excelente estudio de Oltra y Pérez Samper, 1987.

76. De Pradt, 1817, 384.
77. Turgot, 1791, 32.
78. Véase Franklin, 1959-1993, V, 368; XV, 238-239 y Franklin, 1950, 72n.
79. «Discurso de Angostura» [15 de febrero de 1819], en Bolívar, 1950, III, 685. Las impresiones de Bolívar sobre la constitución inglesa son en gran medida un reflejo de las de Montesquieu.
80. «Un pensamiento sobre el Congreso de Panamá» [1826], *ibid.,* 756.
81. Para un desarrollo más detallado de esta cuestión, véase Pagden, 1991, 221-225.
82. «Memoria dirigida a los ciudadanos de la Nueva Granada por un caraqueño» [15 de diciembre de 1812], en Bolívar, 1950, III, 544.
83. «Discurso de Angostura», *ibid.,* 678.
84. De Pradt, 1825, 75.
85. Turgot, 1791, 18.
86. *Ibid.,* 21.
87. Franklin, 1959-1993, XXII, 122-125.
88. De Pradt, 1817, 477.
89. *De l'influence de la Révolution Américaine sur l'Europe* [1786], en Condorcet, 1847-1849, VIII, 26.
90. *Federalist,* 11, en Hamilton *et al.,* 1987, 133-134.
91. Citado en Tucker y Hendrickson, 1990, 160-161.
92. Jefferson, 1984, 1408.

Bibliografía

Con objeto de facilitar la consulta, no se ha establecido distinción entre manuscritos, obras impresas o artículos, ni tampoco entre fuentes principales y secundarias.

ABERCROMBY, James. 1986. *Magna Charta for America*. James Abercromby, «An examination of the Acts of Parliament Relative to the Trade and the Government of Our American Colonies» (1752) y «*De Jure et Gubernatione Coloniarum*, or An Inquiry in the Nature, and the Rights of Colonies, Ancient and Modern» (1714), eds. Jack P. Greene, Charles F. Mullett y Edward C. Papenfuse, hijo, Filadelfia.

ADAMS, John. 1819. *Novangalus and Massachusettensis: Or Political Essays Published in the Years 1774 and 1775,* Boston.

ADORNO, Theodor y Horkheimer, Max. 1979. *Dialectic of Enlightenment [Dialektik der Aufklärung),* trad. John Cumming, Londres.

ÁLAMOS DE BARRIENTOS, Baltasar. 1867. *Discurso al rey nuestro señor [Felipe II] del estado que tienen sus reinos y señoríos, y de los amigos y enemigos con algunas advertencias sobre el modo de proceder y gobernarse con los unos y con los otros* [1598], ed. J. M. Guardi, París.

–, 1987. *Aforismos al Tácito español* [1594], ed. J. A. Fernández Santamaría, 2 vols., Madrid.

ALBERT, S. 1980. *Bellum Iustum* (Frankfurter Althistorische Studien 10), Kallmunz.

AMAYA, Francisco de. 1633. *Observationum iuris libri tres,* Ginebra.

ANDREWS, Charles M. 1934-1938. *The Colonial Period of American History,* 4 vols., New Haven.

ANON, N. D. «Un mot à l'oreille», s. d. (aunque probablemente en Santo Domingo).

ANQUETIL-DUPERRON, Abraham-Hyacinthe. 1993. *Considérations philosophiques, historiques et géographiques sur les deux mondes (1789-1804),* ed. Guido Abbattista, Pisa.

ARANDA, Abarca de Bolea, Pedro Pablo, conde de. 1959. «Exposición del conde de Aranda al rey Carlos III sobre la conveniencia de crear reinos independientes en América», en Andrés Muriel, *Gobierno del señor rey Carlos III* [1838], ed. Carlos Seco Serrano, Biblioteca de Autores Españoles, 115, Madrid.

Archives de la Province de Québec. 1924. *Archives de la Province de Québec. Ordonnances, comissions, etc. etc. des gouverneurs et intendants de la Nouvelle France, 1639-1706*, ed. Pierre Georges Roy, 2 vols., Beauceville.

ARMITAGE, David. 1992. «The Cromwellian protectorate and the languages of empire», *The Historical Journal,* 35, 531-555.

–, 1995. «The New World and British historical thought: from Richard Hakluyt to William Robertson», en Karen Ordahl Kupperman (ed.), *America in European Consciousness, 1493-1730,* Cambridge. De próxima publicación. *The Ideological Origins of the British Empire,* Cambridge.

ARREDONDO Y ALVARADO, Gonzalo. 1528. *Castillo inexpugnable defensorio de la fe. Y concionatorio admirable para vencer a todos enemigos espirituales y corporales*, París.

AUBÉPIN, H. 1855. *De l'influence de Dumoulin sur la législation française*, París.

AXTELL, James. 1985. *The Invasion Within. The Contest of Cultures in Colonial North America*, Nueva York y Oxford.

AZOR, Johannes. 1610-1616. *Institutionum moralium in quibus universae quaestiones ad conscientiam recte aut prave factorum pertinentes, breviter tractantur*, 3 vols., Lovaina.

BACON, Francis. 1857-1874. *The Works of Francis Bacon,* ed. James Spedding, 14 vols., Londres.

BAILYN, Bernard, ed., 1965. *Pamphlets of the American Revolution. I 1750-1765.* [no hay más editados]. Cambridge, Mass.

–, 1967. *The Ideological Origins of the American Revolution*, Cambridge, Mass.

BARKER, Ernest. 1923. «The conception of empire», en Cyril Vailey (ed.), *The Legacy of Rome,* Oxford.

BARNARD, sir Francis. 1774. *Select Betters on the Trade and Goverment of America; and the Principles of Law and Polity, applied to the American Colonies,* Londres.

BARNAVE, Antoine. 1791a. «Rapport fait à l'Assemblée Nationale, sur les colonies, au nom des Comités de Constitution, de Marine, d'Agriculture, de Commerce et des Colonics, le 23 Septembre, 1791» [París].

–, 1791b. «Rapport de M. Barnave sur les colonies, et décret rendu sur cette affaire par l'Assemblée Constituante, le 28 Septembre 1791; sanctionné par le Roi, le 29 du même mois» [París].

BARNES, J 1986. «Cicéron et la guerre juste», *Bulletin de la Société Française de Philosophie,* 80, 41-80.

BARNES, Viola. 1923. *The Dominion of New England. A Study of British Colonial Policy,* New Haven.

BARTOLO DE SAXOFERRATO. 1588-1589. *Iuriscon. Coryphaei Bartoli a Saxoferoi Opera quae nunc extant omnia excellentiss. I.C. tarn veterum quam recen tiorum additionibus illustrata,* 12 vols., Basilea.

BATAILLON, Marcel. 1966. *Erasmo y España* (2.a ed. en cast.), México.

BAYLY, C. A. 1989. *Imperial Meridian. The British Empire and the World 1780-1830*, Londres y Nueva York.

BELLARMINO, Roberto. 1950. *Scriti politici,* ed. Carlo Giacon, Bolonia.

BELTRÁN DE HEREDIA, Vicente. 1931. «Colección de dictámenes inéditos», *Ciencia tomista*, 43, pp. 27-50, 169-180.

BENOT, Yves. 1963. «Diderot, Pechmeja, Raynal et l'anticolonialisme», *Europe,* 41, 137-153.

–, 1970. *Diderot de l'athéisme à l'anticolonialisme,* París.

BERANGER, J. 1990. «L'expression du pouvoir suprême chez Tacite», en Claude Nicolet (ed.), *Du pouvoir dans l'antiquité: mots et réalités.* Cahiers du Centre Glotz, 1, Ginebra.

BERKELEY, George. 1871. *The Works of George Berkeley, D. D.,* ed. Alexander Fraser, MA, 4 vols., Oxford.

BERNARD, F. 1775. *Analyse de l'histoire philosophique et politique,* Leiden.

BIGGAR, H. P. 1930. *A Collection of Documents Relating to Jacques Cartier and the Sieur de Roberval.* Publications of the Public Archives of Canada, n.° 14, Ottawa.

BIONDI, Carminella. 1979. *Ces esclaves sont des hommes. Lotta abolizionista e letteratura negrofila nella Trancia del Settecento,* Pisa.

BLACK, Anthony. 1992. *Political Thought in Europe 1250-1450,* Cambridge.

BLACKBURN, Robin. 1988. *The Overthrow of Colonial Slavery 1776-1848,* Londres.

BLAND, Richard. 1764. *The Colonel Dismounted: or The Rector Vindicated* [Williamsburg], en Bertrand Bailyn (ed.), *Pamphlets of the American Revolution. 11750-1765,* Cambridge, Massachusetts, 1965.

–, 1769. *An Inquiry into the Rights of the British Colonies,* Londres.

BLEWITH, George. 1725. *An Inquiry wether a general Practice of Virtue tends to the Wealth or Poverty, Benefit or Disadvantage of a People,* Londres.

BLIN. 1790. «OPINION DE M. BLIN, député de Nantes» [1 de marzo de 1790, París].

BLUNT, P. A. 1978. «Laus imperii», en P. A. Garnsey y C. R. Wittaker (eds.), *Imperialism in the Ancient World,* Cambridge, 159-191.

BOLÍVAR, Simón. 1950. *Obras completas,* ed. Vicente Lecuna, 2.a ed., 3 vols., La Habana.

BORELLI, Gianfranco. 1993. *Ragion di stato e leviatano. Conservazione e scambio alle origini della modernità politica,* Bolonia.

BORELLO, Camillo. 1611. *De regis catholici praestantia, eius regalibus, iuribus et praerogatiuis commentari,* Milán.

BOSBACH, Franz. 1986. *Monarchia Universalis. Bin politischer Leitbegriff der frühen Neuzeit,* Gotinga.

BOSSUET, André. 1961. «La Formule "Le Roi est empereur dans son royaume". Son emploi au XVe. siècle devant le Parlement de Paris», *Revue Historique de Droit français et Étranger*, 371-381.

BOTERO, Giovanni. 1607. «Discorso dell'eccelenza della monarchia», en *I Capitani del signor Giovanni Botero Benese,* Turín.

–, 1956. *The Reason of State [Della ragion di stato*, 1589], trad. y ed. P J. y D.P. Waley, Londres.

BOUWSMA, William. 1968. *Venice and the Defence of Republican Liberty,* Berkeley.

BRADING, David. 1971. *Miners and Merchants in Bourbon Mexico, 1763-1810,* Cambridge.

–,1991. *The First America, the Spanish Monarchy, Creole Patriots and the Liberal State, 1492-1867,* Cambridge.

BRETSCHNEIDER, C. G. 1834. *Corpus reformatorum,* vol. II, Halle.

BRETT, Annabel Sarah. 1994. *Nature, Rights and Liberty.* De próxima publicación, Cambridge.

BRISSOT DE WARVILLE, Jacques-Pierre. 1786. *Examen critique des voyages dans l'Amérique septentrionale de M. le Marquis de Chastellux,* Londres.

–, 1790. *Lettre de J. P. Brissot à M. Barnave.* París.

«Britanno sed Dunensi». 1700. *A Defence of the Scots Abdicating Darien: Including an Answer to the Defence of the Scots Settlements There,* s. l.

BROWN, Peter. 1977. *Relics and Social Status in the Age of Gregory of Tours,* Reading.

BRUNNER, Otto; Conze, Werner y Koselleck, Reinhart (eds.), 1972-1992. *Geschichtliche Grundbegriffe,* 7 vols., Stuttgart.

BULKLEY, John. 1725. *[An Inquiry into the Rights of the Aboriginal Natives to Land in America]* impreso como *Preface to Poetical Meditations, being the Improvement of Some Vacant Hours by Roger Wolcott Esq.,* New London.

BURKE, Edmund. 1775. *Speech of Edmund Burke Esq. on Moving his Resolution for Conciliation with the Colonies* [22 de marzo de 1775], 3.a ed., Londres.

BURKE, Edmund y Burke, William. 1757. *An Account of the European Settlements in America,* 2 vols., Londres.

BURNS, J. H. 1991. «The "Monarchia" of Antonio de' Roselli (1380-1466): text, context and controversy», en *Proceedings of the Eighth International Congress of Medieval Canon Law, San Diego, 1988,* Ciudad del Vaticano.

–, 1992. *Lordship, Kingship and Empire. The Idea of Monarchy 1400-1323,* Oxford.

CAIETANUS, [Tommaso de Vio]. 1888-1906. *Sancii Thomae Aquinatis doctoris angelica opera cum commentaris Thomae de Vio Caetani,* 12 vols., Roma.

CALASSO, Francesco. 1957. *I glossatori e la teoria della sovranità. Studio di diritto comune publico* (3.a ed.), Milán.

CAMPANELLA, Tommaso. 1633. *Monarchia Messiae,* Iesi.

CAMPBELL, John. 1755. *State of the British and French Colonies in North America,* Londres.

CAMPILLO Y COSSÍO, José de. 1789. *Nuevo sistema de gobierno económico para la América,* Madrid.

–, 1969. *Lo que hay de más y menos en España para que sea lo que debe ser y no lo que es, España despierta* [1741], ed. Antonio Elorza, Madrid.

CAMPOMANES, Pedro Rodríguez. 1775. *Discurso sobre la educación popular de los artesanos y su fomento,* Madrid.

–, 1988. *Reflexiones sobre el comercio español a Indias* [1762], ed. Vicente Llombart Roas, Madrid.

CANNING, Joseph. 1987. *The Political Thought of Baldus de Ubaldis,* Cambridge.

CANNY, Nicholas y Pagden, Anthony (eds). 1987. *Colonial Identity in the Atlantic World 1500-1800,* Princeton.

CHARLEVOIX, Pierre François-Xavier. 1744. *Histoire et description générale de la Nouvelle-France avec le journal historique d'un voyage fait par ordre du Roi dans l'Amérique Septentrionale,* 3 vols., París.

CHARTERS. 1975. *THE THREE CHARTERS OF THE VIRGINIA COMPANY OF LONDON WITH SEVEN RELATED DOCUMENTS,* con introducción a cargo de Samuel M. Bemiss. Jamestown 350th Anniversary Historical Booklets, Williamsburg.

CHASTELLUX, François Jean, marquis de. 1772. *De la félicité publique, ou Considérations sur le sort des hommes dans les différentes époques de l'histoire,* 2 vols., Ámsterdam.

–, 1787. *Discours sur les avantages ou les désavantages qui résultent pour l'Europe de la découverte de l'Amérique,* Londres.

CHIARAMONTE, José Carlos. 1993. «El mito de los orígenes en la historiografía latinoamericana», *Cuadernos del Instituto Ravignani,* 2.

CHILD, sir Josiah. 1751. *A New Discourse on Trade* [1665], Glasgow.

CHINARD, Gilbert. 1923. *Volney et l'Amérique d'après des documents inédits et sa correspondance avec Jefferson*, París y Baltimore.

CLARK, Bruce. 1990. *Native Liberty, Crown Sovereignty. The Existing Aboriginal Right of Self-government in Canada*, Montreal.

COLLOT, Victor. 1800. *Mémoire sur la réorganisation de la colonie de Saint-Dominique*, París.

CONDORCET, Marie-Jean Antoine, marqués de. 1781. *Réflexions sur l'esclavage des nègres*, Neufchâtel.

–, 1846-49. *Oeuvres de Condorcet,* ed. A. Condorcet O'Connor y M. F. Arago, 12 vols., París.

–, 1988. *Esquisse d'un tableau historique des progrès de l'esprit humain,* ed. Alain Pons, París.

CONSTANT, Benjamin, 1988. *Political Writings,* trad. y ed. Bianca Fontana, Cambridge

COROLEU, Alejandro, 1992. «Il "Démocrates Primus" di Juan Ginés de Sepúlveda: una nuova prima condanna contro il Machiavelli», *Il pensiero politico*, 25, 263-268.

CORRESPONDANCE. 1893. *Correspondance échangée entre les autorités françaises et les gouverneurs et intendants,* Quebec.

CORTÉS, Hernán. 1989. *Letters from Mexico [Cartas de México*] trad. y ed. Anthony Pagden, New Haven y Londres.

–, 1993. *Cartas de Relación,* ed. Ángel Delgado Gómez, Madrid.

COVARRUBIAS Y LEYVA, Diego de. 1583. *Regulae Peccatum*, en *Didaci Couarrubias a Leyva toletani epsicopi, Opera Omnia, 2* vols., Frankfurt.

DAVENANT, Charles. 1771. *The Political and Commercial Works of that Celebrated Writer, Charles D'Avenant LL.D.,* 5 vols., Londres.

DE BROSSES, Charles. 1756. *Histoire des navigations aux terres australes,* 2 vols., París.

DEBTASCH, Yvan. 1967. *Couleur et liberté. Le jeu du critère ethnique dans un ordre juridique esclavagiste,* 2 vols., París.

DE CURT. 1789. «MOTION DE M. DE CURT, député de la Guadeloupe au nom des colonies réunies», París.

DELANGLEZ, Jean. 1939. *Frontenac and the Jesuits,* Chicago.

DENTON, Daniel. 1670. *A Brief Description of New York: Formerly Called New Netherlands,* Londres.

DE PRADT, Dominique Dufour. 1801-1810. *Les trois âges des colonies, our de leur état passé, présent et à venir,* 2 vols., París.

–, 1817. *The Colonies and the Present American Revolutions*, Londres.

–, 1825. *Congrès de Panama*, París.

DIAMOND, Sigmund. 1961. «An experiment in feudalism: French Canada in the seventeenth century», *William and Mary Quarterly*, 18, 3-34.

DIDEROT, Denis. 1875-1877. *Oeuvres complètes,* ed. Jules Assevat y Maurice Tourneaux, 20 vols., París.

–, 1955. *Supplément au voyage de Bougainville* [1773], ed. Herbert Dieckmann, Ginebra y Lille.

–, 1956. *Oeuvres philosophiques,* ed. Paul Vernière, París.

–, 1968. *Oeuvres esthétiques,* ed. Paul Vernière, París.

–, 1992. *Political Writings*, ed. John Hope Mason y Robert Wokler, Cambridge.

DUBUISSON, Paul-Ulrich. 1785. *Lettres critiques et politiques sur les colonies et le commerce des villes maritimes de France, adressées à G. T. Raynal par M***,* Ginebra.

DUCHET, Michèle. 1971. *Anthropologie et histoire au siècle des lumières. Buffon, Voltaire, Helvétius, Diderot*, París.

–, 1978. *Diderot et l'«Histoire des Deux Indes» ou récriture fragmentaire*, París.

DU CREUX, François. 1951. *The History of Canada or New France* [1664], trad. Percy J. Robinson, 2 vols., Toronto.

DUMMER, Jeremiah. 1721. *A Defence of the New-England Charters*, Londres.

EBURNE, Richard. 1624. *A Plaine Path Way to Plantations: That is, a Discourse in General, concerning the Plantation of our English People in Other Countries*, s. l.

ECCLES, W. J. 1964. *Canada under Louis XIV. 1663-1701*, Londres y Nueva York.

–, 1987. «Sovereignty association, 1500-1783», en *Essays on New France*, Toronto, 158-181.

ECHEVARRÍA BACIGALUPE, Miguel Ángel. 1988. «Una original contribución al pensamiento antimercantilista: la doctrina Struzzi de 1629», *Hispania*, 47/167, 897-928.

Edits. 1854-1856. *Edits, ordonnances royaux, déclarations et arrêts du conseil du Roi concernant le Canada,* 3 vols., Quebec.

ELLIOTT, John. 1970. *The Old World and the New 1492-1630*, Cambridge.

–, 1990. *España y su mundo 1300-1700*. trad. Ángel Rivero Rodríguez y Xavier Gil Pujol, Madrid.

Encyclopédie. 1772. *Encyclopédie, ou dictionnaire raisonné des sciences, des arts et des métiers,* 28 vols., Ginebra.

FERGUSON, Robert. 1699. *A Just and Modest Vindication of the Scots Design, for Having Established a Colony at Darien*, s. l.

FERNÁNDEZ DE MEDRANO, Juan. 1602. *De la república mixta,* Madrid.

FERNÁNDEZ DE OVIEDO Y VALDÉS, Gonzalo. 1851-1855. *Historia general y natural de las Indias, islas y tierra-firme del Mar Océano,* ed. José Amador de los Ríos, 4 vols., Madrid.

FERNÁNDEZ NAVARRETE, Domingo. 1676. *Tratados históricos, políticos, ethicos y religiosos de la monarchia de China*, Madrid.

FERNÁNDEZ NAVARRETE, Pedro. 1626. *Conservación de monarquías y discursos políticos sobre el gran consulta que el consejo hizo al señor Rey don Felipe Tercero,* Madrid.

FEUGÈRE, Anatole. 1922a. *Un précurseur de la Révolution. L'abbé Raynal (1713-1796),* París.

–, 1922b. *Bibliographie critique de l'abbé Raynal,* Angulema.

FINLEY, Moses. 1976. «Colonies an attempt at a typology», *Transactions of the Royal Historical Society,* 5th serie, 26, 167-188.

–, 1980. *Ancient Slavery and Modern Ideology,* Londres.

–, 1983. *Politics in the Ancient World,* Cambridge.

FLETCHER, Andrew. 1737. *The Political Works of Andrew Fletcher,* Londres.

FOLZ, Robert. 1969. *The Concept of Empire in Western Europa from the Fifth to the Fourteenth Centuries,* Londres.

FOX MORCILLO, Sebastián. 1536. *De regni regisque institutione,* Amberes.

–, 1566. *Brevis et perspicua totius ethicae, seu de moribus philosophiae descriptio,* Basilea.

FRANKLIN, Benjamin. 1950. *Benjamin Franklin's Letters to the Press, 1738-1773,* ed. Verner W. Crane, Chapel Hill.

–, 1959-1993. *The Papers of Benjamin Franklin,* ed. William B. Wilcox, 30 vols. [hasta la fecha], New Haven y Londres.

FRANKLIN, Julian H. 1991. «Sovereignty and the mixed constitution: Bodin and his critics», en J. H. Burns (ed.), *The Cambridge History of Political Thoughts 1430-1700*, Cambridge, 298-328.

FREITAS, Serafim de. 1960-1961. *Do justo imperio asiático dos Portugueses (De iusto imperio Lusitanorum Asiatico,* 1625), ed. y trad. Miguel Pinto de Meneses, 2 vols., Lisboa.

FROBISHER, Martin. 1867. *The Three Voyages of Martin Frobisher,* ed. Richard Collinson, Londres.

FROSSARD, Benjamin. 1793. *Observations sur l'abolition de la traite des nègres présentées à la Convention Nationale,* s. 1.

FULLER, Mary. 1991. «Raleigh's fugitive gold: reference and deferral in *The Discoverie of Guiana*», *Representations,* 33, 40-64.

GARCÍA GALLO, Alfonso. 1951-1952. «La "Nueva recopilación de las leyes de las Indias" de Solórzano y Pereira», *Anuario de historia del derecho español,* 21-22, 529-606.

GERBI, Antonello. 1983. *La Disputa del Nuovo Mondo. Storia di una polemica: 1730-1900,* Milán y Nápoles.

GIBBON, Edward. 1900-1902. *The History of the Decline and Fall of the Roman Empire,* ed. J. B. Bury, 2.a ed., 7 vols., Londres.

GIBSON, Charles. 1977. «Reconquista o conquista», en *Homage to Irving Leonard. Essays on Hispanic Art, History and Literature,* ed. R. Chang-Rodríguez y D. A. Yates, Nueva York, 17-28.

GIMÉNEZ FERNÁNDEZ, Manuel. 1944. «Nuevas consideraciones sobre la historia y el sentido de las letras alejandrinas de 1493 referentes a las Indias», *Anuario de estudios americanos,* 1, 173-429.

GOEZ, Werner. 1958. *Translatio Imperii: ein Beitrag zur Geschichte des Geschichtsdenkens und der politischen Theorien in Mittelalter und in der Neuzei,* Tubinga.

GOGGI, Gianluigi. 1976-77. *Denis Diderot, Pensées détachées. Contributions à «L'Histoire des Deux Indes»*, 2 vols., Siena.

–, 1990. «L'Utopia dimidiata», *Intersezioni. Rivista di storia delle idee,* 3, 563-588.

GOLDSMITH, Oliver. 1768. *The Present State of the British Empire in Europe, America, Africa and Asia*, Londres.

– ,1927. *New Essays by Oliver Goldsmith,* ed. R. S. Crane, Chicago.

GORDON, Thomas. 1728. *The works of Tacitus... To which are prefixed Political Discourses upon that Author, 2* vols., Londres.

GRAY, Robert. 1609. *A Good Speed to Virginia*, Londres.

GREEN, L. C. y Dickason, Olive P. 1989. *The Law of Nations and the New World*, Alberta.

GREENBLATT, Stephen. 1988. «Murdering peasants: status, genre and the representation of rebellion», en *Representing the English Renaissance,* ed. Stephen Greenblatt, Berkeley.

–, 1991. *Marvellous Possessions. The Wonder of the New World,* Oxford.

GREENE, Jack P. 1970. «Search for identity: an interpretation of the meaning of selected patterns of social response in eighteenth-century America», *Journal of Social History*, 3, 189-220.

–, 1986. *Peripheries and Centre. Constitutional Development in the Extended Polities of the British Empire and the United States 1607-1788,* Athens (Georgia) y Londres.

GROTIUS, Hugo. 1631. *The iure belli ac pads*, Ámsterdam.

–, 1916. *Mare liberum. The Freedom of the Seas or the Right which Belongs to the Dutch to Take Part in the East India Trade,* trad. y revisión del texto en latín de 1633 de Ralph van Deman Magoffin, Oxford.

GUTIÉRREZ DE TORRES, Álvaro. 1524. *El sumario de las maravillosas y espantables cosas que en el mundo han acontecido,* Toledo.

HAKLUYT, Richard. 1935. *The original Writings and Correspondence of the two Richard Hakluyts,* ed. E. G. R. Taylor, 2 vols., Londres.

HAMILTON, Alexander; Madison, James y Jay, John. 1987. *The Federalist Papers,* ed. Isaac Kramnick, Harmondsworth.

HAMILTON, Raphael N. 1976. «Who wrote Premier Établissement de la Foy dans la Nouvelle France?», *Canadian Historical Review,* 57, 265-288.

HARLOW, Vincent T. 1952. *The Founding of the Second British Empire, 1763-1793,* 2 vols., Londres.

HARRINGTON, James. 1977. *The Political Works of James Harrington,* ed. J. G. A. Pocok, Cambridge.

HEADLEY, John M. 1983. *The Emperor and his Chancellor. A Study of the Imperial Chancellery under Gattinara*, Cambridge.

HERDER, Johann Gottfried. 1800. *Outlines of a Philosophy of the History of Man [Ideen zur Philosophie der Geschichte der Menschheit],* trad. T. Churchill, Londres.

HILLIARD D'AUBERTEUIL, Michel René. 1777. *Considérations sur l'état présent de la colonie française de Saint Domingue,* 2 vols., París.

–, 1785. *Du commerce des colonies, ses principes et ses lois*, s. 1.

HIRSCHMAN, Albert O. 1971. A *Bias for Hope. Essays on Development and Latin America*, New Haven.

–, 1992. «Industrialization and its manifold discontents: West, East and South», *World Development,* 20, 1225-32.

Historical Collection. 1863. *Historical Collection of South Carolina; Embracing Many Rare and Valuable Pamphlets and Other Documents relating to the State from its First Discovery until its Independence in the Year 1776,* 2 vols., Nueva York.

HONT, Istvan. 1993. «The rhapsody of public debt: David Hume and voluntary state bankruptcy», en Nicholas Philipson y Quentin Skinner (eds.) *Political Discourse in Early-Modern Britain*, Cambridge, 321-348.

HUME, David. 1932. *The Letters of David Hume,* ed. J. Y. T. Greig, 2 vols., Oxford.

–, 1985. *Essays, Moral, Political, and Literary* [1777], ed. Eugene F. Miller, con un aparato crítico de lecturas divergentes de la edición de 1889 de T. H. Green y T. H. Grose, Indianápolis.

HUTCHINSON, Aaron. 1745. *A Collection of Original Papers Relating to the History of the Colony of Massachussets,* Boston.

IMBRUGLIA, Girolamo. 1983. *L'invenzione del Paraguay. Studio sull'idea di communità tra seicento e settecento*, Nápoles.

JEFFERSON, Thomas [Tribunus]. 1774. *A Summary View of the Rights of British America*, Londres.

–, 1955. *Notes on the State of Virginia* [1787], ed. William Peden, Chapel Hill.

–, 1984. *Writings* (Library of America), Cambridge, Massachusetts.

JOHNSON, Robert. 1609. *Nova Britannia, Offering Most Excellent Fruits by Planting in Virginia*, Londres.

–, 1612. *The New Life of Virginea: Declaring the Former Successe and Present Estate of that Plantation Being the Second Part of Noua Britannia*, Londres.

JONES, Dorothy V. 1982. *License for Empire. Colonialism by Treaty in Early America*, Chicago y Londres.

KANT, Immanuel. 1970. *Kant's Political Writings,* trad. y ed. Hans Reiss y H. B. Nisbet, Cambridge.

–, 1991. *The Metaphysics of Morals [Die Metaphysik der Sitten],* trad. y ed. Mary Gregor, Cambridge.

–, 1992. *The Conflict of the Faculties [Der Streit der Fakultaten],* trad. y ed. Mary Gregor, Lincoln y Londres.

KANTOROWICZ, Ernst. 1957. *Frederick the Second 1194-1250,* trad. E. O. Lorimer, Londres.

KELLEY, Donald R. 1991. «Law», en J. H. Burns (ed.) *The Cambridge History of Political Thought 1450-1700*, Cambridge, 66-94.

KENNEDY, W. P. M. ed. 1918. *Documents of the Canadian Constitution*, Toronto.

King of Spains Cabinet, The. 1658. *The King of Spain's Cabinet Councel Divulged; or A Discovery of the Prevarications of the Spaniards with all the Princes and States of Europe for Obtaining the Universal Monarchy*, Londres.

Koselleck, Reinhard. 1988. *Critique and Crisis. Enlightement and the Pathogenesis of Modern Society [Kritik und Krise. Eine Studie zur Pathogenese der bürgerlichen Welt],* Oxford, Nueva York y Hamburgo.

KROEBNER, Richard. 1961. *Empire*, Cambridge.

KUPPERMAN, Karen Ordahl. 1980. *Settling with the Indians. The Meeting of English and Indian Cultures in America, 1580-1640*, Totowa.

–, 1993. *Providence Island, 1630-1641. The Other Puritan Colony*, Cambridge.

KUTTNER, Stephan. 1937. *Repertorium der Kanonistik (1140-1234),* Ciudad del Vaticano.

LA MARTINIÈRE, Antoine Augustin Bruzen de. 1732. *Introduction à l'histoire générale et politique de l'univers par Mr. le Baron de Pufendorf,* 7 vols., Ámsterdam.

LACOUÉ-LABURTHE, Philippe. 1980. «Diderot, le paradoxe et la misésis», *Poétique, revue de théorie et d'analyse littéraires*, 43, 267-281.

LAMONTAGNE, Roland. 1961. «Témoignages de Barrin de La Galissonière sur la situation interne de l'Amérique française», *Revue de l'Histoire de l'Amérique Française,* 15, 333-343.

LAS CASAS, Bartolomé de. 1969. *De regia potestate* [1554], ed. Luciano Perena *et al.* Madrid.

LE CLERQ, Chréstien. 1691. *Premier établissement de la foy dans la Nouvelle France*, 2 vols., París.

LÉVI-STRAUSS, Claude. 1969. *The Elementary Structures of Kinship,* trad. Harle Bell *et al.,* Londres.

LINTOTT, Andrew. 1981. «What was the *Imperium Romanum*?», *Greece and Rome,* 28, 53-67.

LOCKE, John. 1967. *Locke's Two Treatises of Government,* edición crítica con introducción y notas de Peter Laslett, 2.ª ed., Cambridge.

LÓPEZ, Gregorio. 1843. *Las Siete Partidas del Sabio Rey don Alonso el IX* [1555], ed. Ignacio Sanponts y Barba et al. 4 vols., Barcelona.

LÓPEZ MADERA, Gregorio. 1625. *Excelencias de la monarquía y reyno de España,* [Madrid].

MABLY, Gabriel Bonnot de. 1768. *Doutes proposés aux philosophes économistes sur l'ordre naturel et essentiel des sociétés politiques,* La Haya.

MACHIAVELLI, Niccolò. 1960. *Il Principe e I Discorsi sopra la prima decada di Tito Livio,* ed. Sergio Bertelli, Milán.

MADISON, James. 1900-1910. *The Writings of James Madison,* ed. Gaillard Hunt, 9 vols., Nueva York.

MAFFEI, Domenico. 1964. *La Donazione di Constantino nei giuristi medievali*, Milán.

MALOUET, Pierre-Victor, baron de. 1788. *Mémoire sur l'esclavage des nègres*, Neufchâtel.

–, 1797. *Examen de cette question: Quel sera pour les colonies de l'Amérique le résultat de la Révolution Française, de la guerre qui en est la suite, et de la Paix qui doit le terminer?,* Londres.

–, 1810. *Considérations historiques sur l'empire de la mer chez les anciens et les modernes*, Amberes.

–, 1868. *Mémoires de Malouet publiés par son petit-fils le baron Malouet,* 2 vols., París.

MANDRILLON, Joseph. 1784. *Le spectateur américain, ou remarques générales sur l'Amérique septentrionale... Suivi de recherches philosophiques sur la découverte de l'Amérique*, Ámsterdam.

MANZANO MANZANO, Juan. 1951-1952. «La adquisición de las Indias por los Reyes Católicos y su incorporación en los reinos castellanos (en torno a una polémica)», *Anuario de historia del derecho español,* 21-22, 1-170.

MARAVALL, José Antonio. 1954. *El concepto de España en la Edad Media,* Madrid.

MARGY, Pierre. 1867. *Relations et mémoires inédits pour servir à l'histoire de la France dans les pays d'outre-mer*, París.

MARINEUS SICULUS, Lucius. 1579. *De rebus Hispaniae memorabilibus opus,* en *Rerum Hispanicarum escriptorum,* vol. II, Frankfurt.

MATIENZO, Juan de. 1580. *Commentaria in librum quintum recollectionis legum Hispaniae,* Mantua.

MAXWELL, Kenneth. 1993. «The Atlantic in the eighteen century: a southern perspective on the need to return to the "big picture"», *Transactions of the Royal Historical Society*, 6.a serie, 3, 209-236.

MAYHEW, Jonathan. 1759. *Two Discourses Delivered, October 25, 1759,* Boston.

MCGINN, Bernard. 1979. *Visions of the End,* Nueva York.

MECHOULAN, H. 1974. *L'Antihumanisme de J. G. Sepúlveda. Étude critique du «Democrates Primus»,* París.

MEDE, Joseph. 1677. *The Works of the Pious and Profoundly-Learned Joseph Mede, Corrected an Enlarged according to the Authors Own Manuscripts,* Londres.

MENÉNDEZ PIDAL, Ramón. 1963. *Idea imperial de Carlos Quinto,* Madrid.

MERCIER DE LA RIVIÈRE, Pierre Paul. 1767. *L'Ordre natural et essentiel des sociétés politiques,* Londres.

MERLET, Jean François, s. f. (aunque probablemente 1792). «Opinion de Jean-François Merlet, député du département de Maine et Loire, sur la question de la représentation des colonies dans le corps législatif», París.

MEXÍA, Pedro de. 1561. *Historia imperial y caesarea, en la qual en suma se contiene las vidas y hechos de todos los caesares emperadores de Roma desde Julio Caesar hasta el Emperador Carlos Quinto,* Amberes.

MILLAR, Fergus. 1977. *The Emperor in the Roman World (31 BC-AD 337),* Londres.

MILLER, Peter. 1994. *Defining the Common Good: Empire, religion and philosophy in Eighteen-century Britain*, Cambridge.

MIRABEAU, Victor Riqueti, marquis de. 1758. L'*Ami des hommes, ou traité de la population*, 3 vols., La Haya.

MOMMSEN, Theodor. 1896. *Le Droit publique romain. [Romisches Staatsrecht],* trad. P. F. Girard. 3.a ed., 7 vols., París.

MONCADA, Sancho de. 1619. *Restauración política de España,* Madrid.

MONTESQUIEU, Charles de Secondât, baron de. 1949-1951. *Oeuvres complètes,* ed. Roger Caillois, 2 vols., París.

MORALES OLIVER, Luis. 1927. *Arias Montano,* Madrid.

MORE, Thomas. 1965. *Utopia,* ed. E. Surtz y J. H. Hexter, New Haven y Londres.

MOREAU DE SAINT-MÉRY, Médéric Louis Élie. 1789. *Observations d'un habitant des colonies*, París.

MORGAN, Edmund S. 1975. *American Slavery, American Freedom. The Ordeal of Colonial Virginia,* Nueva York y Londres.

NICOLSON, Père. 1776. *Essai sur l'histoire naturelle de l'île Saint Dominique,* París.

NICOLTER, Claude. 1988. *L´inventaire du monde. Géographie et politique aux origines de l'empire romain,* París.

NUIX, Juan. 1782. *Reflexiones imparciales sobre la humanidad de los españoles en las Indias, contra los pretendidos filósofos y políticos. Para ilustrar las historias de MM. Raynal y Robertson,* Madrid.

NUTI, Lucia. 1988. «The mapped views of Georg Hoefnagel: the merchant's eye, the humanist's eye», *World and Image,* 4, 545-570.

OLDMIXON, John. 1741. *The British Empire in America, containing the History of the Discovery, Settlement, Progress and State of the British Colonies on the Continent and Islands of America* [2.ª ed., primero publicada en 1708], 2 vols., Londres.

OLIVER, J. H. 1953. «The ruling power: a study of the Roman empire in the second century after Christ through the Roman orator Aelius Aristides», *Transactions of the American Philosophical Society,* s. d., 43, punto 4.

OLTRA, Joaquín y Pérez Samper, María Ángeles. 1987. *El conde de Aranda y los Estados Unidos,* Barcelona.

ONUF, Peter S. 1983. *The Origins of the Federal Republic. Jurisdictional controversies in the United States 1773-1787,* Filadelfia.

Ordonnances. 1803-06. *Ordonnances des Intendants et arrêts portant réglement du conseil supérieur de Québec,* 2 vols., Quebec.

OROZCO Y BERRA, Manuel. 1853. *Noticia histórica de la conjuración del Marqués de la Valle,* Ciudad de México.

OTIS, James. 1764. «The rights of the British Colonies asserted and proved» [Boston], en Bernard Bailyn (ed.) *Pamphlets of the American Revolution. I 1739-1763.* Cambridge, Massachusetts, 1965.

PAGDEN, Anthony. 1986. *La caída del hombre natural. El indio americano y los orígenes de la etnología comparativa,* trad. Belén Urrutia Domínguez, Madrid.

–, 1991. *El imperialismo español y la imaginación política,* trad. Soledad Silió, Madrid.

–, 1993. *European Encounters with the New World. From Renaissance to Romanticism,* New Haven y Londres.

PARADISI, Bruno. 1983. «Il pensiero politico dei giuristi medievali», en Luigi Firpo (ed. general) *Storia delle idee politiche, economiche e sociali,* Turín, vol. II, 211-366.

Parecer [1556], *Parecer acerca de la perpetuydad de las encomiendas de Indias del Reyno del Piru. Que Hizieron los tres comisarios iuezes que al dicho rey no embio el rey Don Felipe II nuestro señor por el año 556...* [¿Lima?].

PARKER, Geoffrey. 1979. *Spain in the Netherlands, 1550-1659,* Londres.

PARUTA, Paolo. 1599. *Discorsi politici,* Venecia.

PATERSON, William. 1858. *The Writings of William Paterson, Founder of the Bank of England,* ed. S. Bannister, 2 vols., Londres.

PETIT, Émilien. 1776. *Observations sur plusieurs assertions extraités littéralement de l'«Histoire Philosophique des Établissements des Européens des deux Indes»,* París.

«Philo-Caledon». 1699. *A Defence of the Scots Settlements in Darien with an Answer to the Spanish Memorial against it,* Edimbugo.

PIKE, Fredrick B. 1960. «The *Cabildo* and colonial loyalty to the Habsburg rulers», *Journal of Inter-American Studies,* 2, 405-420.

PINTO, Isaac de. 1776. *Letters on the American Troubles,* Londres.

POCOCK, J. G. A. 1975. *The Machiavellian Moment. Florentine Political Thought and the Atlantic Republican Tradition,* Princeton.

–, 1985. *Virtue, Commerce, and History. Essays on Political Thought and History, Chiefly in the Eighteen Century,* Cambridge.

–, 1988. «States, republics, and empires: the American founding in early modern perspective», en Terence Ball y J. G. A. Pocock (eds.) *Conceptual Change and the Constitution,* Lawrence, Kansas, 55-77.

–, 1993a. ed. con la colaboración de Gordon J. Schochet y Lois G. Schwoerer. *The Varieties of British Political Thought, 1500-1800,* Cambridge.

–, 1993b «A discourse on sovereignty: observations on the work in progress», en Nicholas Phillipson y Quentin Skinner (eds.), *Political Discourse in Early-Modern Britain,* Cambridge, 377-428.

PORTOCARRERO Y GUZMÁN, Pedro. 1700. *Theatro monárchico de España que contiene las más puras como cathólicas máximas de estado, por las quales, así los príncipes, como las repúblicas aumentan... sus dominios,* Madrid.

POSTLETHWAYT, Malachy. 1751-1755. *The Universal Dictionary of Trade and Commerce, Translated from the French of the Celebrated Monsieur Savary... with Large Additions and Improvements upon the Whole Work; wich More Particularly Accomodate the Fame and the Trade and Navigation of the Kingdoms,* 2 vols., Londres.

POWNALL, Thomas. 1752. *Principles of Polity, being the Grounds and Reasons of Civil Empire,* Londres.

–, 1765. *The Administration of the Colonies,* 2.a ed., Londres.

PRICE, Richard. 1991. *Political Writings,* ed. D. O. Thomas, Cambridge.

Projet [1792]. *Projet de constitution pour la partie françoise de Saint-Dominique,* París.

PROSDOCIMI, Luigi. 1954-1955. «"Ex facto oritur ius". Breve nota di diritti medievale», *Studi senesi*, 66-67, 808-819.

PUFENDORF, Samuel. 1764. *An introduction to the History of the Principal States of Europe,* comenzada por el barón Pufendorf y continuada por Mr. de la Martinière, mejorada por Joseph Sayer, abogado, 2 vols., Londres.

–, 1934. *De iure naturae et gentium libri octo*, reproducción fotográfica de la edición de 1688 con una traducción de C. H. y W. A. Oldfather, 2 vols., Oxford.

–, 1991. *On the Duty of Man and Citizen,* trad. Michael Silverthorne, ed. James Tully, Cambridge.

QUESNAY, François. 1888. *Oeuvres économiques et philosophiques de F. Quesnay,* ed. Auguste Oncken, París.

–, 1958. *François Quesnay et la physiocratie,* 2 vols., París.

RALEIGH, sir Walter. 1848. *The Discoverie of the Large, Rich and Beautiful Empire of Gviana, with a Relation of the Great and Golden City of Manoa (which the Spaniards call El Dorado) and the prouinces of Emeria, Arromaia and other Countries, with their Riuers, Adioyning* [1596], ed. Robert Schomburgk, Londres.

RAMSAY, David. 1789. *The History of the American Revolution,* 2 vols., Filadelfia.

RAYNAL, Guillaume-Thomas, abbé. 1781. *Histoire philosophique et politique des établissements et du commerce des Européens dans les deux Indes,* 10 vols., Ginebra.

–, 1785. *Essai sur l´administration de St. Domingue,* s. 1.

Recopilación. 1791. *Nueva Recopilación de leyes de los reynos de las Indias,* 3 vols., Madrid.

RICHARDSON, J. S. 1991. «*Imperium Romanum*: empire and the language of power», *Journal of Roman Studies*, 81, 1-9.

ROBERTSON, John. 1987. «Andrew Fletcher's vision of union», en Roger A. Mason (ed.), *Scotland and England 1286-1815,* Edimburgo, 216-218.

–, 1994. «Union state and empire. The Britain of 1707 in its European setting», en Lawrence Stone (ed.), *An imperial State at War. Britain from 1689-1815*, Londres, 224-257.

–, De próxima publicación. *A Union for Empire: The Union of 1701 in the History of British Political Thought,* Cambridge.

ROBERTSON, William. 1800. *The History of America. Ninth Edition in which is Included the Posthumous Volume Containing the History of Virginia to the Year 1688 and of New England, to the Year 1652,* 4 vols., Londres.

ROCHEFORT, Charles de. 1665. *Histoire naturelle et morale des Isles Antilles de L'Amérique,* Rotterdam.

RODRÍGUEZ, Mario. 1976. *La revolución americana de 1776 y el mundo hispánico. Ensayos y documentos,* Madrid.

ROTHKRUG, Lionel. 1965. *Opposition to Louis XIV. The Politics and Social Origins of the French Enlightement*, Princeton.

RUBIES I MIRABET, Joan Pau. 1991. «Hugo Grotius's dissertation on the origins of the American peoples and the use of comparative methods», *Journal of the History of Ideas,* 52, 221-244.

RUSSELL, Frederick H. 1975. *The Just War in the Middle Ages,* Cambridge.

RUSSELL, Peter. 1978. «Influencia del descubrimiento de Canarias sobre el debate medieval acerca de los derechos del hombre pagano y de los Estados paganos: la documentación portuguesa», *Revista de Historia Canaria,* 36, 9-32.

SAAVEDRA FAJARDO, Diego. 1976. *Empresas políticas. Idea de un príncipe político-cristiano* [1639], ed. Q. Aldea Vaquero, 2 vols., Madrid.

SAID, Edward. 1993. *Culture and Imperialism,* Londres.

SALAZAR, Juan de. 1945. *Política española. Contiene un discurso acerca de su monarquía, materias de estado, aumento i perpetuidad* [1619], ed. Miguel Herrero García, Madrid.

SCAMMELL, G. V. 1981. *The World Encompassed*, Londres y Nueva York.

SCHAEPER, Thomas. 1980. «Colonial trade policies late in the reign of Louis XIV», *Revue Française d'Histoire d'Outre Mer,* 67, 203-215.

SCHELLER, Robert W. 1981-82. «Imperial themes in art and literature of the early French Renaissance: the period of Charles VIII», *Simiolus, Netherlands Quarterly for the History of Art,* 12, 5-69.

SCHUMPETER, Joseph. 1951. *Imperialism and Social Classes [Zur Soziologie der Imperialismen],* trad. Heinz Norden, Oxford.

SCHWARTZ, Stuart B. 1978. «New World nobility: social aspirations and mobility in the conquest and colonization of Spanish America», en Miriam Usher Chrisman y Otto Grundler (eds.), *Social Groups and Religious Ideas in the Sixteenth Century*, Kalmazoo, 23-37.

SCRIBONIUS, Cornelius. 1550. *La très admirable, très magnifique, et triumphante entrée, du très haut et très puissant Prince Philipes, Prince d'Espaignes, fils de L'empéreur Charles V.* Amberes.

SEED, Patricia. 1993. «Taking possession and reading texts: establishing authority of overseas empires», en Jerry M. Williams y Robert E. Lewis (eds.), *Early Images of the Americas. Transfer and Invention,* Tucson y Londres, 111-147.

SEELMAN, K. 1979. *Die Lehre des Fernando Vázquez de Menchaca vom «dominium»,* Colonia y Graz.

SEPÚLVEDA, Juan Ginés de. 1780. *Johannis Genesii Sepulvedae Opera,* 4 vols., Madrid.

SHARP, Granville. 1776. *An Essay on Slavery proving from* SCRIPTURE *its Inconsistency with Humanity and Religion,* Londres.

SHKLAR, Judith. 1987a. «Alexandre Hamilton and the language of political science», en Anthony Pagden (ed.) *The Languages of Political Theory in Early-Modern Europe,* Cambridge, 339-355.

–, 1987b. *Montesquieu*, Oxford.

SKINNER, Quentin. 1978. *The Foundations of Modern Political Thougth,* 2 vols., Cambridge.

–, 1990. «Machiavelli's *Discorsi* and the pre-humanist origins of republican ideas», en Gisela Bock, Quentin Skinner y Maurizio Viroli (eds.), *Machiavelli and Republicanism*, Cambridge, 121-141.

SMITH, Adam. 1976. *An Inquiry into the Nature and Causes of the Wealth of Nations* [1776], ed. R. H. Campbell y A. S. Skinner; ed. textual W. B. Todd (vol. II de la Glasgow Edition of the Works and Correspondence of Adam Smith), 2 vols., Oxford.

–, 1977. *The Correspondence of Adam Smith*, ed. Ernest Campbell Mossner y Ian Simpson Ross (vol. VI de la Glasgow Edition of the Works and Correspondence of Adam Smith), Oxford.

–, 1978. *Lectures on Jurisprudence*, ed. R. L. Meek, D. D. Raphael y P. G. Stein (vol. V de la *Glasgow Edition of the Works and Correspondence of Adam Smith*), Oxford.

SMITH, John. 1986. *The Complete Works of Captain John Smith*, ed. Philip J. Barbour, 3 vols., Chapel Hill.

SMITH, J. H. 1950. *Appeals to the Privy Council from the American Plantations*, Nueva York.

SOLÓRZANO Y PEREIRA, Juan de. 1647. *Politica Indiana, sacada en lengua castellana de los dos tomos del derecho i govierno municipal de las Indias occidentales,* 2 vols., Madrid.

SOTO, Domingo de. 1556. *De Iustitia et iure*, Salamanca.

SPRAT, Thomas. 1734. *History of the Royal Society*, Londres.

STAROBINSKI, Jean. 1989. *Le remède dans le mal. Critique et légitimation de l'artifice à l'âge des Lumières,* París.

STRACHEY, William. 1953. *The Historie of Travell into Virginia Britania* [1612], ed. Louis B. Wright y Virginia Freund, Londres.

STRAHAN, William. 1722. *The Civil Law in its Natural Order, together with the Public Law, written in Trench by Monsieur Domai and translated by William Strahan Ll.D.,* 2 vols., Londres.

SUÁREZ, Francisco. 1856-1878. *Opera Omnia,* ed. C. Berton, 28 vols., París.

–, 1954. *Disputatio xii. De Bello, from Opus de triplice virtute theologica, fide spe et charitate* [París, 1621], en vol. II de Luciano Pereña Vicente, *Teoría de la guerra en Francisco Suárez,* 2 vols., Madrid.

–, 1971. *Tractatus de legibus ac Deo legislatore* [1612], trad, y ed. Luciano Pereña *et al,* Madrid.

TALLEYRAND-PÉRIGORD, Charles Maurice de. 1840. *Essai sur les avantages à retirer des colonies nouvelles dans les circonstances présentes: lu à la séance publique de 15 messidor an V,* París.

TANNER, Marie. 1993. *The Last Descendant of Aeneas. The Habsburgs and the Mythic Image of the Emperor,* New Haven y Londres.

TARRADE, Jean. 1972. *Le commerce colonial de la France à la fin de l'Ancien Régime: l'évolution du régime de «l'Exclusif» de 1763 a 1789,* 2 vols., París.

–, 1989. «Les colonies et les principes de 1789: les Assemblées révolutionnaires face au problème de l'esclavage», *Revue Française d'Histoire d'Outre-Mer,* 76, 9-34.

TAYLOR, Charles. 1989. *Sources of the Self. The Making of the Modern Identity,* Cambridge.

TEMPLE, sir William. 1720. *The Works of Sir William Temple Bart,* 2 vols., Londres.

THEVET, André. 1575. *La Cosmographie universelle,* 2 vols., París.

TOURNEAUX, M. 1877. *Correspondance littéraire, philosophique et critique par Grimm, Diderot, Raynal, Meister, etc.,* 16 vols., París.

TRIGGER, Bruce G. 1986. «The historian's Indian: Native-Americans in Canadian historical writing from Charlevoix to the present», *Canadian Historical Review,* 67, 315-342.

TRUDEL, Marcel. 1971. *The Seigneurial Regime* (Canadian Historical Society Association Historical Booklet no. 6), Ottawa.

–, 1973. *The Beginnings of New France, 1324-1663,* trad. Patricia Claxton, Toronto.

–, 1979. *Histoire de la Nouvelle France II. La seigneurie des Cents Associés 1627-1663,* 2 vols., Montreal.

TUCK, Richard. 1993. *Philosophy and Government 1372-1631,* Cambridge.

–, De próxima publicación. *Sorry Comforters: Political Theory and the International Order from Grotius to Kant.*

TUCKER, Josiah. 1775. *A Letter to Edmund Burke, Esq., A Member of Parliament for the City of Bristol... in Answer to his Printed Speech,* Gloucester.

–, 1776. *Four Treatises on Political and Commercial Subjects,* Gloucester.

–, 1782. *Cui Bono? Or, an Inquiry, What Benefits Can Issue either to the English or the Americans, the French, Spaniards or Dutch, from the Greatest Victories or Succeses in the Present War,* 3.a ed., Londres.

TUCKER, Robert W. y Hendrickson, David C. 1982. *The Fall of the First British Empire. The Origins of the War of American Independence,* Baltimore y Londres.

–, 1990. *Empire of Liberty. The Statescraft of Thomas Jefferson,* Oxford.

TULLY, James. 1993a. *An Approach to Political Philosophy: Locke in Contexts,* Cambridge.

–, 1993b. «Placing the "*Two Treatises*"», en Nicholas Philipson y Quentin Skinner (eds.) *Political discourse in Early-Modern Britain,* Cambridge, 253-280.

–, 1994. «Aboriginal property and western theory: recovering a middle ground», *Social Philosophy and Policy,* 11, 153-180.

–, De próxima publicación. *Strange Multiplicity. Constitutionalism in an Age of Diversity,* Cambridge.

TURGOT, Anne Robert Jacques. 1791. *Mémoire sur les colonies américaines, sur leurs relations politiques avec leurs métropoles, et sur la manière dont la France et l'Espagne ont du envisager les suites de l'indépendance des États Unis de l'Amérique* [6 de abril de 1776], París.

–, 1913-1923. *Oeuvres de Turgot et documents le concernant,* ed. Gustav Schelle, 5 vols., París.

UGARTE DE HERMOSA Y SALCEDO, Francisco. 1655. *Origen de los deviernos divinos i humanos i forma de su exercicio en lo temporal,* Madrid.

ULLMAN, Walter. 1979. «This Realm of England is an Empire», *Journal of Ecclesiastical History,* 30, 175-203.

UZTÁRIZ, Jerónimo de. 1742. *Theórica y práctica de comercio y de marina,* Madrid.

VARGAS MACHUCA, Bernardo de. 1599. *Milicia y descripción de las Indias*, Madrid.

VATTEL, Emeric de. 1916. *Le droit de gens ou principes de la loi naturelle, appliqués à la conduite et aux affaires des nations et des souverains* [1758], ed. James Brown Scott, 3 vols., Washington.

VAUGHAN, Alden T. 1978. «"Expulsion of the Savages": English policy and the massacre of 1622», *William and Mary Quarterly*, 3.ª serie, 35, 57-84.

VÁZQUEZ DE MENCHACA, Fernando. 1931. *Controversiarum illustrium aliarumque usu frequentium, libri tres* [1563], ed. Fidel Rodríguez Alcalde, 3 vols., Valladolid.

VENTURI, Franco. 1991. *The End of the Old Regime in Europe, 1776-1798,* trad. R. Burr Litchfield, 2 vols., Princeton [trad. de la 1.a y 2.a partes del vol. IV de *Settecento riformatore*].

VINER, Jacob. 1965. «Power versus Plenty as objectives of foreign policy in the seventeenth and eighteenth centuries», en D. C. Coleman (ed.), *Revisions in Mercantilism*, Londres, 61-91.

VITORIA, Francisco de. 1991. *Political Writings*, ed. Anthony Pagden y Jeremy Lawrance, Cambridge.

–, 1967, *Relectio De Indis,* ed. crítica binlingüe por L. Pereña y J. M. Pérez Prendes. *Corpues Hispanorum de Pace*, vol. V, Madrid.

WALTHER, Helmut. 1976. *Imperiales Königtum. Konziliarismus und Volkssouveranität*, Múnich.

WARD, Bernardo. 1799. *Proyecto económico en que se proponen varias providencias, dirigidas a promover los intereses de España, con los medios y fondos para su plantificación* [1762], Madrid.

WILKES, Michael. 1964. *The problem of Sovereignty in the Later Middle Ages. The Papal Monarchy with Augustus Triumphus and the Publicists*, Cambridge.

WILLIAMS, Bernard. 1993. *Shame and Necessity,* Berkeley, Los Ángeles y Oxford.

WILLIAMS, Robert A. 1990. *The American Indian in Western Legal Thought. The Discourses of Conquest,* Nueva York y Oxford.

WILSON, James. 1967. *The Works of James Wilson,* ed. Robert Green McCloskey, 2 vols., Cambridge, Massachusetts.

WINCH, Donald. 1965. *Classical Political Economy and Colonies,* Londres.

WOLPE, Hans. 1956. *Raynal et sa machine de guerre. «L'Histoire des Deux Indes» et ses perfectionnements,* París.

WOOD, Gordon. 1972. *The Creation of the American Republic 1776-1787,* Nueva York y Londres.

–, 1991. *The Radicalism of the American Republic,* Nueva York.

WOOLF, C. N. S. 1913. *Bartolus of Sassoferato. His Position in the History of Medieval Political Thought,* Cambridge.

YATES, Frances. 1975. *Astrae. The Imperial Theme in the Sixteenth Century*, Londres.

YOUNG, Arthur. 1772. *Political Essays Concerning the Present State of the British Empire*, Londres.

ZELLER, G. 1934. «Les rois de France candidats à l'empire: essai sur l'idéologie impériale en France», *Revue Historique*, 173, 273-331; 497-543.

ZOLTVANY, Yves. 1971. «Esquisse de la coutume de Paris», *Revue d'histoire de l'Amérique française,* 25, 365-384.

ZUCKERMAN, Michael. 1977. «The fabrication of identity in early America», *William and Mary Quarterly*, 3.a serie, 34, 183-214.

ZURARA, Gomes Eanes de. 1973. *Crônica de Guiné*, ed. José de Braganza, Barcelos.

Índice onomástico